国家精品在线开放课程教材

组织行为学

主　编　王淑红
副主编　韩　翼　刘文兴

机械工业出版社

本书按照组织行为学研究内容的经典框架，对组织行为学的个体部分、群体部分以及组织部分的相关内容进行了系统介绍，并将文字内容与视频内容相结合，可以作为王淑红老师主讲的 2017 年首批国家精品在线开放课程"组织行为学"的配套教材。

本书的写作特点主要体现在四个方面：一是纸质图书与数字资源相结合，文字内容与视频内容相补充；二是在注重介绍组织行为学经典理论的同时，适当拓展了对相关理论新近研究成果的介绍；三是书中案例以及理论的运用部分均突出了与管理实践的紧密结合；四是文字内容的可读性强，从文字的表达到图、表的运用等均注重可读性。

本书既可以作为普通高等院校、高职高专学校经济管理类相关专业的教材，也可以作为企事业单位管理人员以及 HR 从业者的阅读参考书籍，还可以作为对员工管理感兴趣的一般社会人士的阅读书籍。

图书在版编目（CIP）数据

组织行为学 / 王淑红主编. —北京：机械工业出版社，2020.12（2024.1重印）
　国家精品在线开放课程教材
　ISBN 978-7-111-67173-2

Ⅰ.①组… Ⅱ.①王… Ⅲ.①组织行为学－高等学校－教材 Ⅳ.①C936

中国版本图书馆CIP数据核字（2020）第268633号

机械工业出版社（北京市百万庄大街22号　邮政编码100037）
策划编辑：刘鑫佳　责任编辑：刘鑫佳　佟　凤
责任校对：潘　蕊　封面设计：陈　沛
责任印制：李　昂
北京捷迅佳彩印刷有限公司印刷
2024年1月第1版第4次印刷
184mm×260mm・22印张・526千字
标准书号：ISBN 978-7-111-67173-2
定价：68.00元

电话服务　　　　　　　　　　网络服务
客服电话：010-88361066　　　机　工　官　网：www.cmpbook.com
　　　　　010-88379833　　　机　工　官　博：weibo.com/cmp1952
　　　　　010-68326294　　　金　书　网：www.golden-book.com
封底无防伪标均为盗版　　　机工教育服务网：www.cmpedu.com

PREFACE 前言

任何一名管理者都会面临这样一个问题：如何让下属表现出合适的行为，从而产生更高的工作绩效？组织行为学正是帮助管理者去理解组织情境下员工行为背后规律的一门学科。随着知识经济、互联网经济时代的到来，"90后"员工开始成为工作中的员工主体，"00后"也开始进入职场，这些变化导致组织对员工的管理也需要做出相应的改变。例如，组织结构越来越扁平，团队形式越来越普及，更强调发挥员工的工作自主性与创造性，组织与员工之间的关系更加偏向于"伙伴"关系等。关于组织行为学的研究需要解答由于经济与社会环境变化而导致的组织管理情境中出现的新问题和新挑战。正是在这种背景下，我们在机械工业出版社的大力支持下，历经近两年半的时间，编写了本书。同时，本书也可以作为王淑红老师主讲的2017年首批国家精品在线开放课程"组织行为学"的配套教材。

本书分为四篇，共十四章。第一篇为第一章，主要介绍了组织行为学的研究层次、学科基础、发展脉络等。第二篇为第二～六章，系统介绍了组织行为学个体部分的相关知识，第二、三章分别从个体的能力和人格部分阐述了个体的相关特征对行为的影响以及在组织管理情境中的应用，第四章讲述了社会认知与归因方面的相关理论及应用，第五章系统介绍了激励方面的相关理论，分析了其在组织情境中的应用，第六章主要介绍了态度的概念、理论以及相关应用。第三篇为第七～十一章，系统介绍了组织行为学群体部分的相关知识，第七章分析了群体的相关概念、群体发展过程以及群体效应等，第八章阐述了团队建设的相关理论框架，第九章分析了领导以及相关理论，第十、十一章系统阐述了群体中的沟通以及冲突现象。第四篇为第十二～十四章，系统介绍了组织行为学组织部分的相关知识，第十二章阐述了组织结构设计的相关理论，第十三章系统分析了组织变革与组织发展的相关知识，第十四章介绍了组织文化的相关理论知识。

本书的写作特点主要体现在以下四个方面：

一是纸质图书与数字化资源相结合，文字内容与视频内容相补充。在本书的相应部分，读者扫书中的二维码就会出现相应的视频内容，读者可以在阅读文字的同时，观看视频讲解。

二是既注重介绍组织行为学经典理论，也强调适当拓展对相关理论新近研究成果的介绍。本书除了系统地对基本理论和知识点进行介绍之外，还有选择地将最新研究进展进行了补充。

三是突出理论与实践操作的合理结合，书中所用案例以及理论的运用部分都强调与管理实践的紧密结合。

四是注重文字内容的可读性，从文字的表达到图、表等直观性材料的运用等都着重提升本书的可读性。

  本书由王淑红提出写作大纲，集体讨论后确定写作框架，最后由王淑红进行统稿。其中，第一章由王淑红和汤林涛负责，第二章由王淑红和黄昇负责，第三章由王淑红和刘欢负责，第四章由王淑红和尹丹丽负责，第五章由韩翼和李敏负责，第六章由王淑红和薛梦晓负责，第七章由王淑红和吉延霞负责，第八章由刘文兴和王淼负责，第九章由刘文兴和刘旭东负责，第十章由刘文兴和孙奥负责，第十一章由刘文兴和刘旭东负责，第十二章由王淑红和尹丹丽负责，第十三章由刘文兴和姚雪负责，第十四章由韩翼和王娟负责。

  本书在写作过程中，参阅了国内外许多专家学者的著作和研究成果，在此表示衷心感谢。本书得以与读者见面还要感谢机械工业出版社刘鑫佳编辑，感谢她的耐心与辛苦工作。与此同时，还要借此机会感谢所有支持我们工作和学习的老师、同学、同事和朋友。

  由于编者水平与时间有限，组织行为学又有着非常庞大的内容体系，所以，本书的错误与疏漏之处在所难免，恳请各位专家与读者批评指正，欢迎将意见反馈至邮箱：wwindy2000@126.com。

编　者

CONTENTS 目录

前言

第一篇 导 论

第一章 组织行为学概述 ... 3
引导案例 ... 3
第一节 什么是组织行为学 ... 3
第二节 组织中的管理者 ... 9
第三节 组织行为学发展脉络 ... 14
第四节 组织行为学的研究方法 ... 19
本章核心概念 ... 24
思考题 ... 24
讨论题 ... 24
案例分析 ... 24

第二篇 个 体

第二章 能力与学习 ... 29
引导案例 ... 29
第一节 能力概述 ... 30
第二节 学习及其理论 ... 34
第三节 行为的培养与塑造 ... 39
本章核心概念 ... 47
思考题 ... 48
讨论题 ... 48
案例分析 ... 48

第三章 价值观与人格 ... 49
引导案例 ... 49
第一节 价值观 ... 49
第二节 人格 ... 55
第三节 人格理论 ... 57
本章核心概念 ... 74
思考题 ... 74
讨论题 ... 74

案例分析 ··· 74

第四章　知觉与归因 ·· 77
　　引导案例 ··· 77
　　第一节　社会知觉概述 ··· 78
　　第二节　归因理论 ·· 87
　　本章核心概念 ·· 91
　　思考题 ·· 91
　　讨论题 ·· 91
　　案例分析 ··· 92

第五章　激励理论 ·· 93
　　引导案例 ··· 93
　　第一节　激励概述 ·· 94
　　第二节　内容型激励理论 ··· 96
　　第三节　过程型激励理论 ··· 103
　　第四节　工作特征模型与工作设计 ·· 111
　　第五节　激励的实践应用 ··· 115
　　本章核心概念 ·· 118
　　思考题 ·· 119
　　讨论题 ·· 119
　　案例分析 ··· 119

第六章　态度及其理论 ··· 123
　　引导案例 ··· 123
　　第一节　态度 ·· 124
　　第二节　态度改变理论及方法 ·· 128
　　第三节　组织中的态度 ··· 135
　　本章核心概念 ·· 146
　　思考题 ·· 146
　　讨论题 ·· 146
　　案例分析 ··· 146

第三篇　群　体

第七章　群体心理与群体行为 ·· 151
　　引导案例 ··· 151
　　第一节　群体的概念及其分类 ·· 152
　　第二节　群体的发展过程 ··· 157
　　第三节　群体属性 ·· 161
　　第四节　群体对个体行为的影响 ·· 169

第五节　群体决策 174
　　本章核心概念 182
　　思考题 182
　　讨论题 183
　　案例分析 183

第八章　团队建设 185
　　引导案例 185
　　第一节　团队概述 186
　　第二节　团队的类型 189
　　第三节　高绩效团队 192
　　本章核心概念 203
　　思考题 203
　　讨论题 203
　　案例分析 203

第九章　领导 205
　　引导案例 205
　　第一节　领导基础知识 206
　　第二节　领导中的权力 208
　　第三节　领导理论 213
　　第四节　领导理论研究的新发展 223
　　本章核心概念 229
　　思考题 229
　　讨论题 230
　　案例分析 230

第十章　沟通 232
　　引导案例 232
　　第一节　沟通的概念 233
　　第二节　互联网时代的沟通 241
　　第三节　有效沟通的障碍及技巧 244
　　本章核心概念 248
　　思考题 248
　　讨论题 249
　　案例分析 249

第十一章　冲突与冲突管理 252
　　引导案例 252
　　第一节　冲突的基本概念 253
　　第二节　冲突产生的原因 258

第三节　冲突过程 …………………………………………………………………… 263
　　第四节　冲突管理 …………………………………………………………………… 267
　　本章核心概念 ………………………………………………………………………… 273
　　思考题 ………………………………………………………………………………… 273
　　讨论题 ………………………………………………………………………………… 273
　　案例分析 ……………………………………………………………………………… 273

第四篇　组织系统

第十二章　组织结构设计 …………………………………………………………… 279
　　引导案例 ……………………………………………………………………………… 279
　　第一节　组织结构设计的要素 ……………………………………………………… 279
　　第二节　常见的组织结构设计 ……………………………………………………… 287
　　第三节　组织结构设计的影响因素 ………………………………………………… 292
　　本章核心概念 ………………………………………………………………………… 295
　　思考题 ………………………………………………………………………………… 295
　　讨论题 ………………………………………………………………………………… 295
　　案例分析 ……………………………………………………………………………… 295

第十三章　组织变革与发展 ………………………………………………………… 299
　　引导案例 ……………………………………………………………………………… 299
　　第一节　组织变革 …………………………………………………………………… 300
　　第二节　组织发展 …………………………………………………………………… 312
　　本章核心概念 ………………………………………………………………………… 315
　　思考题 ………………………………………………………………………………… 315
　　讨论题 ………………………………………………………………………………… 316
　　案例分析 ……………………………………………………………………………… 316

第十四章　组织文化 ………………………………………………………………… 318
　　引导案例 ……………………………………………………………………………… 318
　　第一节　组织文化的内涵与功能 …………………………………………………… 318
　　第二节　组织文化建设 ……………………………………………………………… 326
　　第三节　组织的跨文化管理 ………………………………………………………… 330
　　本章核心概念 ………………………………………………………………………… 336
　　思考题 ………………………………………………………………………………… 336
　　讨论题 ………………………………………………………………………………… 337
　　案例分析 ……………………………………………………………………………… 337

参考文献 …………………………………………………………………………………… 339

第一篇
导　论

第一章

组织行为学概述

引导案例

荷米公司是一家非常与众不同的企业，它的管理者德普瑞认为，他的雇员们不是牛马，而是有着情感、理智和才能的有血有肉的人。他下决心了解他的每位雇员的性格、潜质和才干。他还宣称，管理层不是一个特殊阶层，管理是企业内部的每一个人都应该参与并做贡献的企业的根本职能。因此，荷米公司是世界上第一批提供雇员股份并采用分红激励计划的企业之一，这种方式激发了员工的参与积极性；公司还努力保持贯通整个组织的开放的沟通渠道。因此，荷米公司虽然也经历了20世纪80年代的计算机销售大滑坡，但是公司的雇员们没有因此而被裁减，而是和公司共渡难关。公司从困境中解脱出来后，发展得比以往更加强大了。

（资料来源：https://www.docin.com/p-1614998784.html.）

"管理是一种器官，是赋予机构以生命的、能动的、动态的器官。没有机构（如工商企业），就不会有管理。但是，如果没有管理，那也就只会有一群乌合之众，而不会有一个机构。而机构本身又是社会的一个器官，它之所以存在，只是为了给社会、经济和个人提供所需的成果。"彼得·德鲁克（Peter F. Drucker）在《管理的实践》这本书中的一段话指出了组织管理的重要性。要加强组织管理就需要了解组织及组织中员工的行为，了解其发展规律以及组织中管理者所需要承担的职能、角色及所具备的技能等。

第一节 什么是组织行为学

一、基本概念

学习组织行为学，首先需要对相关的基本概念有相应的了解。

（一）组织的概念

了解组织行为学之前，首先需要明确什么是组织，组织又是如何产生的？因为组织行为学研究的是组织情境中人的行为。

组织这个词，英语是organization，来源于organ（器官）。器官是自成系统的具有特定功能的细胞结构，后来将其运用到管理情境中，指代由人群构成的、为了达到共同目标而形成的完整有机体。古人云"树桑麻，习组织"，这里的"组织"是指把丝麻编结成布帛，即组合编织的意思。现代组织的定义也汲取了其中为实现特定目标有机组合的内涵。

每一个从事经济活动或者社会活动中的人都或紧密或松散地隶属于某一个或多个组织。组织存在于社会中的每个角落，如企业、学校、医院、政府机关、军队、协会……人们利用各种组织把资源集中起来，从事政治、经济、文化等方面的社会活动。

人类的组织产生于人类社会的生产斗争和社会斗争。这是因为在人类社会发展中，由于个人有所期望而又无力实现这一期望，于是就需要与他人相互依存，相互合作，联合起来，共同行动，为实现共同目标而努力。长期的实践使得人们有了发展这种合作，增进相互依存关系，并使得这种关系科学化、合理化，以不断提高群体效能的需求。组织就是人们对这种需求的认知和行动的产物。同时，组织也是国家、社会、地区、部门实现有效管理，维持秩序和发挥效能的重要手段。绝大多数成年人大半生的时间在组织中工作。正是因为组织的重要性，使得广大学者对此进行研究。但由于人们所站角度不同，得出的结论也不尽相同。

一些学者从静态的角度提出：组织是指社会集团，是一套人与人、人与工作的关系的系统或模式。如：约翰·高斯（John M. Gaus）认为组织就是经过工作和责任的分配，以便于实现共同的目标而进行的人事配合。托姆斯·孟尼（Tomes D. Mooney）和艾伦·雷利（Alan C. Reiley）认为组织是为达成共同目的的人所组合的形式。

另一些学者从动态的角度提出：组织是一个动态系统，社会组织是一个不断处于发展运动中的社会机体。如：威廉·怀特（William H. Whyte）认为组织是人们工作关系的配合，是人类所要求的人格联合。亨利·西斯克（Henry L. Sisk）认为组织这个词有两个不同的意义，其中之一涉及作为实体本身的组织，另一个涉及作为一个过程的组织。

此外，还有学者从发展的观点来分析组织，认为组织不仅有静态的结构、动态的运动过程与功能，而且还是一个有机的"生长体"。它是随着时代的演变而不断地加以适应、自动调整的社会团体。

基于以上三种观点，我们给出以下定义：

组织是一种人们有目的地组合起来的社会单元，它由两个或多个个体组成，以实现一个共同目标。

（二）组织行为学

组织行为学是商学院（经管学院或管理学院）的重要基础课程。为什么从事管理或学习管理的人都要了解或学习组织行为学呢？因为不论是学习哪个具体方向的管理专业，比如财务管理、生产管理、营销管理、运营管理等，甚至不论是不是学习管理专业的，只要职业发展方向是管理者，那就会有下属，就离不开管人，也就必须要了解如何去管理下属，更为重要的是必须学会如何有效地管理他们。

下面的例子可以让我们对组织行为学的重要性有更深入的了解。

码 1-1

曾经有一位十分有名的学者，在一次关于"客户关系管理"的讲座上提到这样一个例子：有一次因为参加会议，学者入住了当地的一家酒店，仅仅一天时间，他就对这个酒店的管理赞不绝口。学者绘声绘色地描绘着酒店的服务，所有的员工都特别热情主动，具有主人翁意识。客户刚进门就笑脸相迎，服务细致周到，上到大堂经理，下到清洁人员，整个酒店都笼罩在一种强烈的主动性氛围中。

一般而言，对于管理者本人，工作积极主动是常见的事情，但对于员工而言，其与管理者的工作态度还是存在较大差异的。有管理经验的人会发现，想让员工像自己一样尽心尽力，具备主人翁意识不是一件容易的事情。因此，能够让员工个个都有像管理者一样的服务态度，这对管理者来说是一个巨大的挑战。不同企业员工的主动性和工作态度会有很大的差异。对于管理者来说，如何让员工能够主动工作，关心组织发展，具有高忠诚度，是亟待解决的问题。

企业管理的目标是要提高组织绩效，而组织绩效的提升是通过员工的一系列行为来实现的，表现为低离职率、高工作满意度、高工作绩效、关心组织和同事等。员工能有这些行为表现，离不开组织的管理措施加以引导和控制。这些管理措施包括组织结构设计、各种规章制度等，但是管理措施的有效性在不同企业可能存在差异，作为管理者，需要解决的问题是如何让管理措施更有效。管理者首先需要明确管理措施有效与无效背后的作用机制，这种作用机制就是行为背后的心理规律。管理措施终归还是由人来制定的，我们每个人都会琢磨人，也都会有自己对他人行为归纳总结出来的一些看法，但是根据日常经验来解读和预测他人的行为是有可能发生偏差和错误的。因此，管理者要想制定出有效的管理措施，减少个人认知上的偏差和错误，就需要提升自己解读和预测员工行为的准确性，就需要更为精准的研究结论帮助我们减少个人认识上的可能偏差和错误。组织行为学就是运用科学的方法对组织情境中人的行为规律进行系统分析，得到规律性的结论，帮助管理者提高对行为解读和预测的准确性，从而更好地控制和引导员工行为。

组织行为学是指通过对组织中人的心理和行为进行系统研究，从而帮助管理者解释、预测、控制和引导组织中人的行为，最终实现组织目标的学科。

能够实现组织目标的学科很多，比如财务管理、营销管理。组织行为学主要是强调对人的管理，而且作为管理者不仅要管理好下属，其实还需要有效地管理上司和同事，因为日常工作的内容既需要上级的支持，也需要同级部门的配合。

二、组织行为学的研究层次与内容

在学校，如果发现学生上课的逃课率比较高，想要控制学生的逃课率，我们首先会分析逃课的原因，其次采取相应措施，通过这些措施来控制逃课率。同样，对于其他的组织（如公司），如果员工离职率过高，想要控制员工的离职率，首先也必须分析员工离职的原因。

可是，影响员工离职的因素有很多，比如待遇低，福利不好，工作环境差，企业文化不良，员工难以胜任工作……那么，作为一名管理者，怎样才能比较系统地分析员工行为，找出真正的原因呢？为更好地分析组织中员工的行为，组织行为学聚焦于分析三个不同层面的内容——个体、群体和组织。下面以员工离职为例，来分析组织行为研究的三个层次。

（一）个体

如果某公司员工的离职率正常，各部门之间也没有明显的差异，但是还是有几个员工申请离职，那么这个离职的原因就可能主要从员工个体身上去寻找了，比如下属与上司不和、下属的需求与公司不匹配（有更高的发展需要或工资需求），家离公司太远等。

个体的心理与行为是组织行为学研究的基础和重点。人的积极性、主动性和创造性发挥得如何，直接影响着人在组织活动中的行为效率，而人的行为效率又直接影响着群体和组织活动效率。个体部分主要包括个性心理发展的过程及个性特征的表现形式、学习及行为塑造、社会认知的调整、需要和动机及动机的激发、态度的形成与改变等内容。其中，如何根据个体的特征进行不同岗位上的人员配置，如何激发人的工作动机，调动人的积极性，发挥人的主观能动性是个体心理与行为研究的核心问题。

（二）群体

如果某个学校，有些专业的逃课率明显比其他专业高，那么影响逃课率的原因很有可能就与这个专业有关，比如该专业的课程设置、该专业的考试方式、该专业的就业前景等。类似地，如果员工离职率在不同部门存在差异，有的部门比较高，有的部门比较正常，有的部门比较低，那么导致员工离职的原因就可能与部门特征有很大的关联性，比如本部门的领导风格、本部门的工作特征、本部门的工作氛围等。

群体成员在工作中既要有分工，又要有协调与合作，这样才能产生一加一大于二的功效。群体心理与行为是为了特定目标，由两个以上的人所组成的相互依赖、相互影响的人群所表现出来的共同的、有相似性的心理和行为。组织行为学对群体的研究主要包括群体的结构与功能、群体的发展过程、群体的凝聚力、人际关系、群体沟通、群体决策、领导理论等。

码 1-2

（三）组织

如果某个学校的学生，不论哪个专业普遍逃课率都比较高，那么很可能是学校层面的问题，例如学校风气或者学校的教育质量存在问题。类似地，如果某公司员工离职率比较高，而且这种情况在各个部门之间没有太大差异，是公司整体离职水平比其他公司高，那么影响员工离职的原因很大程度上可能是来自于组织层面的特征，比如公司氛围、公司的薪酬结构、公司的发展前景、公司的管理方式等。

组织、群体、个体是相互联系的，组织由群体构成，群体存在于组织中，群体由个体构成，任何个体的生活和工作都需要在一个特定的群体中展开；群体和个体的行为会直接影响组织心理与行为，组织的整体状况又会反作用于群体和个体的行为效率。

组织心理与行为的研究任务主要集中在：组织结构的设计、组织管理原则的制定、组织变革和组织发展的突破，以及组织文化的有效建立等。

每个人进入到组织中的时候，都不是一张白纸，每个人都有自己稳定的个人特点，这些特点会影响他们在工作中的态度和行为，所以个体自身的因素会影响其行为，例如，个体的需要是否能得到有效满足会影响到个体是否会离职（如员工期望的薪资与实际落差很大）。而个体进入组织后，组织当中的制度、氛围等也会影响到个体是否会离职（如长期加班）；除此之外，个体所在团队的特点（如团队领导风格）也会影响到下属是否会离职。因此，综合起来，有三个层级的原因会影响到下属是否会离职：个体、群体（所在部门或团队）、组织。

在实际问题分析解决中，如果是个体原因，那就要针对个体的特征来想办法，如果是系统原因，就要去改变系统因素。但是，实践中会发现往往以下现象比较普遍：当员工个体行为或结果出现问题时，管理者会更习惯去寻找员工个体身上的原因；而员工个体则更习惯于寻找个体外部的因素，例如所在群体或组织的原因。当管理者发现员工行为出现问题时，要考虑从系统层面去寻找原因，找到解决问题的办法，这样能够更好地提高解决问题的效率。例如，开会的时候有人玩手机或者没有把电话调成静音是个体原因还是系统原因？我们可以解释为这个人纪律性不强或者不关心他人感受，但是如果会议室可以屏蔽信号，就可以完全解决来电铃声的问题，即有时候从系统层面进行管控往往更有效。作为管理者，如果仅仅从个体因素去思考问题，每次可能只解决一个人的问题，而且还可能反复出现；可是从系统层面去解决问题，往往可以杜绝同类问题在不同个体身上反复发生，可以做到以一当十或以一当百。所以，作为管理者要学会从系统层面去寻找原因。

三、组织行为学的学科基础

组织行为学是一门交叉应用性学科，交叉应用性体现了组织行为学的两大特点：一是应用性，组织行为学强调的是运用相关理论来解决管理实践中的相关问题，主要是运用对人的心理与行为进行解释的相关理论来对组织中员工的行为进行有效管理；二是交叉性，组织行为学是建立在多门学科理论知识的基础之上的。凡是对组织情境中人的行为具有解释作用的相关学科都可以是组织行为学理论知识的来源，例如，心理学、社会学、人类学和政治学等多门学科的知识。

（一）心理学

心理学是研究人类心理现象及其规律的科学，所谓心理现象及其规律包括心理活动的规律和心理特征的规律两部分。一般来说，心理活动是内在的，行为是外显的，要研究组织中人的外显行为的规律性，必须要以心理学作为理论基础，因为心理活动和心理特征是人们产生行为的重要原因和内在动力。

当人们的需要未得到满足时会产生一种紧张不安的心理状态，在遇到能够满足需要的目标时，这种紧张的心理状态就会转化为动机，推动人们去从事某种活动，去实现目标。动机促使行为的产生，因而要研究组织中人外显的行为的规律性，必须要找到行为背后的动机和需要，这就要以心理学的理论基础作为支撑。

与组织行为学相关的早期心理学研究主要聚焦于疲劳、厌倦等其他一些与工作条件相关的因素，随着问题的逐步解决，近年来心理学的关注点已经转移到学习、知觉、需要和动机、工作满意度、工作压力、睡眠剥夺、心理契约等方面。研究的领域进一步扩大，层次进一步深入。

（二）社会学

社会学是一门综合性很强的学科，它把社会作为一个整体，综合研究社会现象各方面的关系及其发展变化的规律。从广义上说，社会是人类关系的体系，包括人类所有直接和间接的关系。从狭义上说，社会是某种特殊的和比较具体的人类结合体。凡是一群有某些共同观念、态度和行为习惯的人，或者是在一起共同生活的人，都可构成社会。任何社会都是有组织的，而社会的组织又可分为动态的和静态的两种：动态的是指社会中人们的互动，如合作与冲突等；静态的是指社会现象的关系模式，如家庭结构、群体、组织、阶级等。

组织中人的行为是离不开社会关系的，研究组织行为学就要从其所处的整个社会关系着手，这样才能全面认识人的行为规律。

例如，研究组织中个人的行为受组织内外社会环境的影响，个人在社会中所担任的角色和社会地位，群体的动力、结构、交往、沟通、权力和冲突、非正式组织，组织变革和组织文化，群体之间的配合或合作以及人与人之间的相互关系都需要社会学的知识。

（三）人类学

人类学是研究组织行为学的重要理论基础之一。人类学是研究人类的科学，一般分为体质人类学、文化人类学（又称社会人类学）和考古学，其中与研究组织行为学关系最为密切的是文化人类学。

人类的行为，并不是完全按照本能产生的。人的行为中文化性的行为多于生物性的行为。人类通过不断社会化的学习过程，其行为一般来说已经超越了本能的行为。人们的价值观念、规范、风俗习惯、宗教信仰等是在特定文化环境中逐步形成的，由于民族文化背景的差异性，其所熏陶出来的民族性格也不同。在同一个组织中，其成员的受教育程度、家庭背景、成长的社会环境都有可能存在差别，这些都会影响到他们的态度和行为。文化对个体、群体、组织乃至整个国家的行为影响极大。一个组织中的有效管理者或领导者，对组织成员和群体的个性与共性要有清楚的了解，不仅要针对不同个体的特点，还要针对文化背景不同的群体和组织，采取不同的管理方式和领导方式。

例如，西方人有西方的文化，从而有西式管理，日本人有日本的文化，从而有日本式管理。管理方式只有结合国情、社会习俗等文化背景，才可能收到显著的成效。

人类学关注的是社会怎样认识人类及双方活动。人类学的研究有助于日后组织行为学的研究，比如不同组织文化、组织环境、民族文化对组织内部人员造成的价值观、态度、行为的差异等，这些方面的探索为组织行为学学者对群体和组织系统的深入研究提供了有力依据。

（四）政治学

随着政治学的发展和人们对组织是政治实体的认识，组织行为学的研究中引入了政治学的观点。政治学的研究领域，如冲突、组织内的政治和权力，对我们准确解释和预测组织中各个利益主体的权力资源分配和平衡、利益争夺与管制具有十分重要的贡献。

例如，政治学研究表明造成各种国际冲突的根本原因是经济因素和国家利益的冲突，这对于理解组织行为学中冲突的缘由提供了基础，组织中冲突的产生也离不开个体、群体、组织中利益的对抗。

（五）其他学科

上述四大学科是组织行为学的主要理论基础，还有其他学科也为组织行为学的产生和发展做出了贡献，如伦理学、生物学、生理学、历史学、经济学等。以生物学和生理学为例，人体有自己的生物节奏，有体力，有作息时间的合理安排，这些都会影响人的行为。例如，一般的工作时间定为八小时工作制，朝九晚五，而不是晚上工作，白天休息，这与人的生理结构和生理特征有关。

20世纪80年代，组织行为学开始研究工作压力对个体、群体和组织的行为与工作绩效的影响，分析了当人们承受工作压力时，身体的生理反应，以及引起身体生理结构的不利变化和如何防治等。

第二节　组织中的管理者

彼得·德鲁克指出：机构是社会的器官，管理层是机构的器官。组织要达成目的并取得成功离不开管理，离不开管理者。

美国著名的管理学教授斯蒂芬·罗宾斯（Stephen P. Robbins）对管理者给出了这样的定义：在组织中做出决策、分配资源、指导别人的活动，以实现工作目标者。没有管理者，组织将变得无序，失去活力。对于教师而言，其绩效不是自己学得好，能力强，而是让学生学得好，愿意学。管理者也是如此，其绩效不是个人的工作成果，而是管理的下属的整体绩效表现。简单地说，可以把管理者界定为：管理者即通过别人来完成工作的人。

码 1-3

一、管理者的职能

管理职能最早由法国实业家亨利·法约尔（Henri Fayol）提出，他指出管理有五大职能：计划、组织、指挥、协调、控制。随后管理的职能被各个学派的学者进一步探究和补充。迄今为止，比较主流的观点是斯蒂芬·罗宾斯于1984年提出的管理的四大职能的观点：计划、组织、领导、控制。在实践中，管理的四大职能并不是孤立存在的，而是相互融合的。

（一）计划职能

计划（planning）职能是管理者职能中的首要和基本职能。"凡事预则立，不预则废"，从这句话可以看出计划的重要性。同样，在企业经营管理中，计划也是非常重要的。每个企业的未来生产经营活动都需要进行计划安排，只有先进行计划，其他的管理职能才能被体现出来。

计划包括确定组织目标、制订相应的总体战略、把计划划分到各个层级，对不同的活动进行整合和协调，确保组织战略的适应性（suitability）、可行性（feasibility）及接受性（acceptability）。正确发挥计划职能的作用，有利于组织主动适应市场需求和环境变化，根据组织的竞争态势，对生产经营活动做出统筹安排；而且有利于组织准确把握未来，在变动的环境中稳定发展。

（二）组织职能

组织（organizing）职能就是通过建立科学合理的组织结构使组织目标得以较好实现。在组织职能中，资源如何分配、人员如何安排、方案如何实施等成为关键问题。资源的分配，包括工作任务、工作职责、工作权限的分配；人员的任命，包括组织层级、职务的设立；方案的实施，包括实施策略、时间安排、制度安排等。管理者只有明确这些方面的问题，才能避免由于职责不清造成的执行中的问题，才能促使组织协调运转，从而保证组织目标的实现。

组织的职能包括决定所要完成的任务，决定责任者和承担者，如何对任务进行分类，工作由谁来完成，谁向谁汇报工作及在什么地方工作等。

（三）领导职能

领导（leading）职能是管理的重要职能，贯穿于管理活动的整个过程。领导者运用权力或权威对组织成员进行引导或施加影响，以使组织成员自觉地与领导者一起去实现组织目标。领导的关键在于对组织成员的激励和控制。一个好的领导者应该懂得如何指导、激励自己的团队，并懂得运用一定的方法协调各方的利益，化解组织中的各种冲突。

下属一般愿意服从那些能理解其思想和行为并且能满足其需要的领导者，所以领导职能包括运用影响力、激励下级、指导其行动、选择沟通渠道及解决成员冲突等事项，以期达到指挥及协调的目的。

（四）控制职能

控制（controlling）一词源于技术工程系统，自从1948年诺伯特·维纳（Norbert Wiener）的《控制论》问世以来，控制的概念广泛运用于生命机体、人类社会和管理系统之中。

控制是指监督任务完成情况，防止意外发生，例如，制定标准的工作流程和绩效标准。通过控制，可以提高企业经营管理的效率，保证信息的真实可靠，保护资产的安全完整，促进法律法规有效遵循，推动企业战略目标的实现。

管理的四项职能是相互联系的，它们既相互依存，又各自发挥其独立的作用。虽然组织中所有管理者都要执行管理的四项基本职能，但处于不同层次的管理者在这四项职能上所花费的时间是不一样的。例如，高层管理者要花费更多的时间来考虑组织的发展战略和整个组织的设计，而基层管理者则要更多地考虑如何激励下属和小组或个人的工作设计，见表1-1。

码1-4

表 1-1　处于组织不同层次的管理者在各项管理职能上的时间分布

管理职能 管理者	计划	组织	领导	控制
高层管理者	28%	36%	22%	14%
中层管理者	18%	33%	36%	13%
基层管理者	15%	24%	51%	10%

（资料来源：编译自 MAHONEY T A, JERDEE T H, CARROLL S J. The job(s) of management[J]. Industrial Relations, 1965, 4(2): 103.）

二、管理者的角色

作为管理者必须有一个正确的自我角色定位。人贵有自知之明，有一个清晰的管理者角色认知，才有可能较好地承担管理者角色。20 世纪 60 年代末期，亨利·明兹伯格（Henry Mintzberg）经过大量的观察和研究，发现管理者的所有活动可以归纳为三个方面共十种不同但又高度相关的角色，见表 1-2。

表 1-2　重要的管理角色

类别	角色	行为示例
人际关系角色	代表人	参与庆祝大会，签署文件
	领导者	鼓励员工提高工作积极性
	联络者	协调两个部门的活动
信息传递角色	监督者	了解外部竞争对手的相关信息
	传播者	传递上一层级管理者的工作指示
	发言人	代表员工发布相关信息
决策者角色	目标制订者	制订新阶段工作目标
	冲突处理者	调解员工之间的矛盾纠纷
	资源分配者	分配下属的工作与资金预算
	谈判者	进行合同谈判

（一）人际关系角色

人际关系方面的角色涉及管理者与其他人的关系，包含三个具体的角色，即代表人、领导者和联络者。代表人这一角色是指所有的管理者都要从事本部门或组织中礼仪性的和象征性的活动，如签发各种文件、颁奖等。所有的管理者又都是领导者，这一角色包括招聘、激励、培训、奖励和惩罚员工等。联络者这一角色是指管理者需要与上级、同级及外部建立良好的外部关系，帮助整个团队建立较好的生存环境。这种角色也是组织中信息的提供者，这种信息既可能来源于组织内部，也有可能来源于组织外部。例如，人事经理从销售经理那里获得信息就属于内部联络关系，当人事经理与外部的人才招聘机构发生联系时，他就有了外部联络关系。

码 1-5

(二)信息传递角色

在一定程度上都要从外界收集和接受信息以确保其下属以及工作团队具备充分的信息完成工作任务。管理者在信息方面扮演着三个明显而又具体的角色,即监督者、传播者、发言人。监督者角色是指管理者作为一个团队的负责人,需要时刻关注内外部环境的变化,以获得足够的信息帮助团队更好地发展。在监督者的基础上,还需要做一个传播者的角色,即管理者需要向团队成员传递必要信息,同时管理者还需要担任向团队外部传递信息的角色,部门工作做得怎么样,部门内部员工绩效如何,需要让上级、同级了解,而这更多地依靠团队负责人把信息向上及向外传递。如果上级领导者不了解团队成员所做的事情,如果部门工作需要同级部门的协调,而同级部门不了解该部门工作的特点,就不能很好地实现目标。当管理者代表团队向外界表态时,他们扮演的就是发言人的角色。

(三)决策者角色

决策者角色包含四个方面的内容,即目标制订者、冲突处理者、资源分配者和谈判者。对于管理者而言,为团队和组织的发展确定明确的目标并设法实现这些目标是非常重要的。在组织活动过程中,人与人之间、部门与部门之间不可避免会发生一些矛盾、纠纷或冲突,从而给组织发展带来不利影响甚至造成一些混乱。管理者必须善于处理这些矛盾、纠纷并能驾驭混乱的局面。资源分配角色是指在团队需要分配人力、物资、信息、时间资源时,管理者应当确保组织资源分配的合理性和有效性。最后,当管理者代表组织与上级、同级、外部客户、供应商等进行谈判时,他们所扮演的角色就是谈判者角色。

三、管理者的技能

一般而言,管理者的能力可以分为三大类:技术技能、人际技能、概念技能。

(一)技术技能

技术技能是完成组织内具体工作所需要的技能。这些技能通常与组织运营过程中的具体业务有关。技术技能一般可通过学习或正规培训获得,所有的工作顺利完成都需要一定的专业技能。

(二)人际技能

人际技能是指个人与他人共事、理解他人和激励他人的能力。正如前文所述,由于管理者是通过别人完成工作的,所以同他人打交道的能力就很重要。

码 1-6

(三)概念技能

概念技能是指管理者进行抽象思考的能力。概念技能较强的管理者能够看到"宏观景象"。管理者不仅要懂得回答"是什么"(理解表面现象)这样的问题,还要懂得回答"为什么"(了解深层原因)及"怎么办"(寻求并选择解决方案)这样一些与事物发展规律及组织目标实现有关的重大问题。例如,当史蒂夫·乔布斯(Steve Jobs)斯史蒂芬·盖瑞·沃兹尼亚克(Stephen Gary Wozniak)在车库中制造出他们自己设计的第一台小型计算机后，沃兹尼亚克只将它看作一个需要改进的新玩具，而乔布斯却看得更远，他说服合作者开设公司来制造和销售计算机，结果就有了今天的苹果公司。同样，当年张瑞敏在看到人们排队抢购冰箱时，意识到这个产品在市场上大有可为，由此开始了海尔的成长历程。

有效管理活动与成功管理活动

1988 年，弗雷德·卢森斯（Fred Luthans）和他的助手们从不同的角度考察了管理者究竟在做什么这一问题。他们试图通过研究回答这一问题：在组织中提升最快的管理者与有效管理者所从事的活动一样吗？人们往往会认为，在工作中取得最好成绩的人，也应该是组织中提升最快的人，但卢森斯等人的调查结果表明，事实并非如此。

卢森斯将管理者分为三类：一般的管理者、成功的管理者（以升职的速度为衡量指标）和有效的管理者（以工作质量和数量、下属的满意度和承诺程度为衡量指标）。卢森斯及其助手们研究了 450 多位管理者，他们发现这些管理者都从事以下四种活动：①传统管理：决策、计划和控制等；②沟通：交流日常信息和处理文件；③人力资源管理：激励和惩戒、调解冲突、人员配备和培训等；④网络联系：社交活动、政治活动以及与组织外部人士联系。

研究表明，一般的管理者花费 32% 的时间从事传统的管理工作，29% 的时间从事沟通活动，20% 的时间从事人力资源管理活动，19% 的时间从事网络联系活动。但是，不同的管理者花在上述四项活动上的时间和精力有着明显的差别，见表 1-3。成功的管理者与有效的管理者各自强调重点显著不同。从表 1-3 可以看出，网络联系与管理者的成功与否关系最大，从事人力资源管理的相关性则最小；而对有效的管理者来说，沟通的相对贡献最大，而网络联系的贡献则最小。

表 1-3 一般的、成功的和有效的管理者从事不同管理活动的时间分布

活动 管理者	传统管理	沟通	人力资源管理	网络联系
一般的管理者	32%	29%	20%	19%
成功的管理者	13%	28%	11%	48%
有效的管理者	19%	44%	26%	11%

（资料来源：编译自 LUTHANS F, HODGETTS R M, ROSENKRANTZ S A. Real managers[M]. Cambridge, MA: Ballinger, 1988.）

卢森斯及其助手们的研究使我们对管理者所从事的活动有了更深刻的了解。一般来说，管理者在传统管理、沟通、人力资源管理和网络联系这四项活动上各花约 20%～30% 的时间。但是，成功的管理者与有效的管理者所强调的重点却很不一样。这一情况对晋升基于绩效的传统假设提出了挑战，它生动地说明，社交活动和施展政治技巧对于在组织中获得更快的提升起着重要的作用。

码 1-7

管理者职能、角色、技能都是对管理者工作或活动的不同描述。它们从不同方面揭示了管理者的工作内容及其为实现组织目标所必须承担的基本职责，并为进一步理解组织的行为奠定了基础。

第三节 组织行为学发展脉络

管理活动随着人类文明程度及社会性质发展到一定阶段而出现，并随着文明程度的提高和社会活动的复杂化进一步发展。组织行为学的发展正是管理活动和管理思想不断演化进步的成果。

有人说，自从有了人类历史就有了管理。管理思想和理论一直是随着历史的发展而不断演变的。古埃及、古巴比伦王国、古希腊以及我国古代都出现过闪光的管理思想和理论。

可以说，20 世纪前对管理产生最大影响的是西方的工业革命。工业革命发源于 18 世纪的英国，在美国国内战争结束后又传到了美国。工业革命使机器取代了人力，工厂取代了家庭作坊。

一、科学管理的先驱

亚当·斯密（Adam Smith），被称为"现代经济学之父"，1776 年出版《国民财富的性质和原因的研究》（简称《国富论》），奠定了现代政治经济学研究的基础。亚当·斯密对组织管理的贡献主要包括经济人假设和劳动分工的观点。经济人假设指出一个人之所以从事某种工作完全是由于这种工作能够给他带来利益，只有有利可图他才会做。作为经济活动主体的"经济人"具有两个特质：一是自利，即人们的行为动机在于实现自身利益；二是理性，即人们的行为具有目的性，并且能够对目的和手段关系进行分析和比较。人在经济活动中，追求的是个人利益，但个人利益又被他人利益所限制，这就使得每个人必须顾及他人的利益，由此产生了相互的共同利益，并进而发展为社会利益。

所谓劳动分工的观点，是指分工的起源是由于人的才能具有自然差异，如果个人乐于专业化，就会提高生产力，这样既会促进个人增加财富，也会因为扩大社会生产，促进社会繁荣。分工促进劳动生产力的原因主要有三个：

1）劳动者的技巧因专业而日进。

2）由一种工作转到另一种工作，通常需损失不少时间，有了分工，就可以免除这种损失。

3）许多简化劳动和缩减劳动的机械发明，只有在分工的基础上方才可能。

查尔斯·巴贝奇（Charles Babbage）是早期科学管理的先驱者，主要著作是《论机器和制造业的经济》，其贡献主要有以下几点：

1）提出了在科学分析的基础上可能测定出企业管理的一般原则。

2）制定了一种"观察制造业的方法"，这种方法同后来别人提出的"作业研究的科学的、系统的方法"非常相似。

3）进一步发展了亚当·斯密关于劳动分工的利益的思想，分析了分工能提高劳动生产率的原因，并提出脑力劳动也同体力劳动一样可以进行分工。

二、科学管理思想

19世纪末20世纪初，科学技术和社会经济都发生了巨大变化，这对企业管理提出了新的要求，也为创造管理理论提供了有利条件。

弗雷德里克·泰勒（Frederick W. Taylor）出生于美国宾夕法尼亚州一个富裕的律师家庭。他曾在哈佛大学读书，但他不幸得了眼疾，不得不于18岁退学。他进入费城一家小机械厂当学徒工，四年后进入米德维尔钢铁公司当技工。由于他努力工作，表现突出，很快被提升为负责全厂维修的总技师，并于1884年升为总工程师。他通过函授学习和自学，1883年获得了斯蒂芬工艺学院的机械工程学士学位。1891年他独立开业从事工厂管理咨询工作。

泰勒参加工作后，发现许多工人在工作中往往表现出所谓的"故意偷懒""磨洋工"，工作效率很低；虽然实行计件工资制，但由于雇主在工人提高产量后就降低计件单价也造成很多工人不愿多做工作，实行"有组织的偷懒"，生产效率仍难以进一步提高。根据自己的经验，泰勒认为，谋求提高生产率，生产出较多的产品是完全有可能实现的，关键在于要确定一个工作日的合理工作量。从这一点出发，泰勒于1880年在米德维尔钢铁公司的一个车间进行实践研究和金属切削等实验。通过这些实验和长期的管理实践，他总结了一些管理原理和方法，并将它们系统化，形成了"科学管理"，因此，泰勒被尊称为"科学管理之父"。

科学管理理论的内容主要包括：

1）进行动作研究，确定操作规范和动作规范，确定劳动时间定额，完善科学的操作方法，以提高工效。

2）对工人进行科学的选择，培训工人使用标准的操作方法，使工人提高工作效率。

3）制定科学的工艺流程，使机器、设备、工艺、工具、材料、工作环境尽量标准化。

4）实行计件工资，超额劳动获得超额报酬。

5）管理和劳动分离，即将管理职能和执行职能区分开。

三、行为科学的发展

这一阶段主要是指从1927年乔治·梅奥（George E. Mayo）介入霍桑工厂的实验开始，到20世纪60年代中期组织行为学科的基本建立。

乔治·梅奥，早期行为科学——人际关系学说的创始人。在人际关系学派以前，各种管理理论主要强调管理的科学性和严密性，忽视人的社会性，把工人看作机器的附属品。1924年，美国西部电器的霍桑工厂开始一项旨在揭示工人的疲劳对生产效率的影响的现场实验研究（通常称为照明实验），但实验结果没有证实预期的假设。1927年梅奥等人介入，又继续进行了福利实验、访谈实验和绕线实验等。霍桑实验的结果由梅奥于1933年正式发表，书名为《工业文明中人的问题》，这标志着人际关系学说的建立。

霍桑实验的研究结果否定了传统管理理论对人的假设，表明了工人不是被动的、孤立的个体，他们的行为不仅受工资的刺激，影响生产效率的最重要的因素不是待遇和工作条件，而是工作中的人际关系。据此，梅奥提出了自己的观点：

1）人是"社会人"而不是"经济人"。人们的行为并不是单纯地出于追求金钱的动机，还有社会方面的、心理方面的需要，即追求人与人之间的友情、安全感、归属感、受人尊重和自我实现等，而后者更为重要。

2）组织中存在着非正式群体。这种非正式群体的作用在于维护其成员的共同利益，使之免受其内部个别成员的疏忽或外部人员的干涉所造成的损失。

3）新的领导能力在于提高工人的满意度。在决定劳动生产率的诸因素中，处于首位的因素是工人的满意度，而生理条件、工资报酬只是第二位的。员工的满意度越高，其士气就越高，从而生产效率就越高。高满意度来源于工人个人需求的有效满足，不仅包括物质需求，还包括精神需求。

四、人力资源学派

道格拉斯·麦格雷戈（Douglas M. McGregor）在1957年11月的美国《管理评论》杂志上发表了《企业的人性面》一文，提出了有名的"X理论—Y理论"。麦格雷戈认为，有关人的本性和人的行为的假设对于管理人员的工作方式来讲是极为重要的。各种管理人员以他们对人性假设为依据，采用不同的方式来组织、控制和激励。基于这种思想，麦格雷戈提出了有关人性的两种截然不同的观点：一种是消极的X理论，即人性本恶；另一种是积极的Y理论，即人性本善。

克里斯·阿吉里斯（Chris Argyris）在1957年提出了"不成熟—成熟"理论。阿吉里斯认为，在组织理论发展中，一个十分重要的问题就是个人与组织的关系。但早期的组织理论专家更多地关注组织，而忽视了组织中的"人"。随着行为科学的诞生，"人"开始成为组织的主题，然而，个人与组织的关系却没有得到理性深入的探讨。他通过研究指出，人的个性，均会经过一个由"不成熟"到"成熟"的发展过程，而正式组织同人性发展背道而驰。其主要观点包括以下三种：

1）正式组织的要求和健康个性的发展是不协调的。
2）组织与个性的不协调，将导致员工的挫折、失败、短期行为和思想矛盾。
3）正式组织的原则会导致竞争和压力，产生并激化人际冲突，割裂工作的整体性。

基于对组织中人性的发展及其与组织的冲突研究，阿吉里斯认为要跳出上述恶性循环，关键在于通过新的组织设计来实现个性与组织的协调，如工作扩大和丰富化，实行参与式的以员工为中心的领导方式，给员工授权等。

五、当代组织管理理论

20世纪80年代，随着全球化和信息技术的逐渐发展，管理学界认为需要对企业组织的制度、流程、文化等方方面面进行创新，由此产生了大量新的组织管理理论，如企业再造、学习型组织、虚拟组织以及轰轰烈烈的管理的本土化运动等。

企业再造。企业再造始于20世纪80年代，该理论的创始人是原美国麻省理工学院的教授迈克尔·哈默（Michael Hammer）和管理咨询公司董事长詹姆斯·钱皮（James Champy）。所谓企业再造，是指为了获取可以用诸如成本、质量、服务和速度等方面的绩效进行衡量的显著成就，对企业的经营过程进行根本性的再思考和关键性的再设计。现代企业普遍存在所谓的"大企业病"，应变能力差，管理和运营成本高。他们认为企业应以工作流程为中心，重新设计企业的经营、管理及运作方式，进行所谓的"再造流程"。美国企业从20世纪80年代起开始了大规模的企业重组革命，日本企业也于90年代开始进行所谓第二次管理革命，这十几年间，企业管理经历着前所未有的、类似脱胎换骨的变革。

学习型组织。20世纪80年代末，信息化和全球化浪潮迅速席卷全球，客户的个性化、消费的多元化决定了企业必须适应不断变化的消费者需要，在全球市场上赢得客户信任，才有生存和发展的可能。这一时代，管理理论研究主要针对学习型组织展开。彼得·圣吉（Peter M. Senge）在其所著的《第五项修炼》中更是明确指出企业唯一持久的竞争优势源于比竞争对手学得更快更好的能力，学习型组织正是人们从工作中获得生命意义、实现共同愿景和获取竞争优势的组织蓝图。现代企业和其他许多组织面临复杂多变的环境，只有增强学习能力，才能适应种种变化，未来真正出色的组织将是能够设法使组织各阶层人员全身心投入，并有能力不断学习的组织，也就是"学习型组织"。

虚拟组织。虚拟组织是一种新的组织形式，它运用技术手段把人员、资产、创意动态地联系在一起。具体来说，就是指两个以上的独立的组织实体，为迅速向市场提供产品和服务，在一定时间内结成动态联盟。虚拟组织具有开放的组织结构，是在拥有充分信心的条件下，从众多的组织中通过竞争招标或自由选择等方式精选出合作伙伴，从而形成组织的结构成本优势和机动性，完成单个组织难以承担的市场功能，如产品开发、生产和销售。因此，虚拟组织中的成员可以遍布在世界各地，彼此也许并不存在产权上的联系，相互之间的合作关系是动态的，完全突破了以内部组织制度为基础的传统的管理方法。

管理的本土化运动。所谓本土化，就是一方面要研究本地（人）所特有的管理现象，另一方面要求研究者要让自己作为一个当地人，将其所具有的思想、观念及认知方式反映在问题界定、概念分析、方法设计、工具制作、结果解释及理论建构之中。著名华人管理学家徐淑英（Anne S. Tsui）提出四种类型的管理知识：

1）独立于背景的知识，也称普遍的知识，能够运用于所有的背景条件，某种条件在不同的背景里面以相同的方式预测相同的结果。

2）背景限定性知识，只是在给定的背景里面有效。

3）背景独特性知识，即本土化理论体系，采用本土的语言对本土的现象的独特揭示。

4）前面三类知识共同构成了全球性管理知识。为了对全球管理知识库做出贡献，必须对单个国家进行本土研究，发展与本地相关且有效的管理模型，进而增加对全球管理的认识。

泰勒创建"科学管理"的出发点

首先,谋求最高工作效率。在《科学管理原理》中,泰勒开宗明义地说,最高的工作效率是工厂主和工人共同达到繁荣的基础。它能使较高的工资和较低的劳动成本结合起来,工厂主得到最大利润,工人得到最高工资,进一步提高他们对扩大再生产的兴趣,从而促进生产的继续发展,以及工厂主和工人的共同富裕。因此,提高劳动生产率,是泰勒"科学管理"理论的基本要求。

其次,用科学管理代替传统管理是达到最高工作效率的重要手段。泰勒认为,完善的组织管理,虽然是无形的,但却比有形的设备更为宝贵,而完善的管理是一门科学,必须采用科学的方法。把科学的方法应用于管理问题,是管理制度化,要建立明确的规章条例,而不是寻找超人来管理业务。因此,要努力建立起科学管理的原理。这种原理对于人类的一切行为,从最简单的个人行动,到最需要合作的企业日常业务,都是适用的。

最后,科学管理的精华是要求管理者和员工双方实行重大的精神变革。泰勒强调,科学管理是一种概念性的哲学,其精华不在于具体的制度和方法,而在于重大的精神变革。科学管理要求工人进行彻底的精神变革,改变对工作、对同伙、对雇主的责任的观念;同时科学管理也要求管理人员——领工、监工、企业所有者、董事会等进行完全的精神变革,改变对同事、对工人以及对一切日常问题的责任的观念。这种重大的精神变革使管理人员和工人双方都把注意力从盈余的分配转移到增加盈余量上来。

积极组织行为学

以工作领域中的绩效改进为目标,结合以往研究中严重的消极倾向,组织行为学家弗雷德·卢森斯意识到有必要将积极组织行为取向引入组织行为研究中。他将这种以积极心理学运动为基础和出发点的、全新的、积极取向的组织行为学模式称为积极组织行为学(positive organizational behavior, POB)。具体而言,积极组织行为学是对积极导向的且能够被测量、开发和有效管理,从而实现提高绩效目标的人力资源优势和心理能力的研究和应用。

符合积极组织行为学定义标准的概念主要有乐观、自我效能感、希望、主观幸福感和恢复力等,它们是积极组织行为学取向最典型的代表。

乐观:心理学家把乐观定义为一种倾向于做积极结果预期和积极因果归因的认知特性。乐观者倾向于做外部的(不是自己的错)、非稳定的(暂时的挫折)以及特定的(只是这一情境中的问题)归因;悲观主义者则倾向于做内部的(是自己的错)、稳定的(会持续较长一段时间)以及总体的(会破坏他们所做的一切)归因。

自我效能感:自我效能感是指人们对自己实现特定领域行为目标所需能力的一种信念。它是目前POB诸概念中研究最多、理论发展最为成熟的一个。这一概念最主要的理论家和研究者阿尔伯特·班杜拉(Albert Bandura)强调,自我效能感是积极性发挥作用最普遍也最为重要的心理机制，人们只有相信自己的行为能够达到理想的效果，并能阻止不理想结果的发生，才会有行动的动机。

希望：希望是指个体相信自己能够设置目标，想出实现目标的途径，并激励自己去实现目标的一种信念。它不仅反映了个体达到目标的决心，而且包括了个体对能够制订完美计划和确定达到目标的有效途径的一种信心。

主观幸福感：主观幸福感是指人们关于自己生活的情感性和认知性的评价。从这个概念来看，决定人们是否幸福的并不是实际发生了什么，关键是人们对所发生的事情在情绪上做出何种解释，在认知上进行怎样的加工。

恢复力：恢复力是指面对困难或者逆境时的有效应对和适应。当生活变化对人们造成威胁时，这种自我保护的生物本能就会展现出来。恢复力包含着需要人们在童年期和成人期都要不断学习的一系列关键技能，它的提高意味着成长、健康和幸福。恢复力的相关因素涵盖了人类自身大量的积极品质，比如自尊、自我效能、责任感、成就动机、计划能力、内控、高期望、自律、批判思维、热情、乐观、好脾气、敏捷、积极行动、高智商、问题解决能力、人际沟通能力等。

（资料来源：关培兰.组织行为学[M].4版.北京：中国人民大学出版社，2015：13-15.）

第四节　组织行为学的研究方法

作为一门科学，组织行为学着重于揭示组织中人的行为活动的规律。为了科学地描述组织环境中人们的行为并正确地进行解释、预测，组织行为学的研究者需要借助科学的研究方法。下面将简单介绍组织行为学的一些常见的研究类型以及研究方法。

一、常见的研究类型

一般而言，根据研究的目的，可以将研究分成三种类型：探索性研究、描述性研究和因果性研究。

（一）探索性研究（exploratory research）

探索性研究是指在研究者对研究问题、研究对象的内在联系、研究假设和方向并不清楚或不能确定的基础上，对问题进行探索和搜寻资料的研究。这类研究通常出现在管理研究的初期阶段，其目的是提供一些资料以帮助调研者认识和理解所面对的问题。在做探索性研究的过程中，研究人员对所需要获取的信息不做严格的定义，也不遵循固定的工作程序，很少使用结构清晰的调查问卷，常常针对小样本或典型个案做调查。例如，研究者想研究某组织中的员工士气不高、工作态度不积极的现象，此时的他并没有一个明确的研究问题，也并不清楚士气不高现象的内在逻辑与联系，因此他可能会通过搜集各种资料去厘清这个现象，在不断探索的过程中明确了员工的工作满意度可能是与这个现象相关的研究问题。

（二）描述性研究（descriptive research）

描述性研究是指对组织中的某些事物和现象及其特点进行说明的研究。这类研究一般出现在管理研究中期，即探索性研究之后，其目的在于说明研究对象的状况、特点和出现频率，一般只反映事物的现实，而不涉及事物之间的联系，即只回答"是什么"的问题，不回答"为什么"的问题，也不讨论具体的干预措施。在前文的例子中，当研究者确定了要研究员工的工作满意度时，他就可以通过对员工工作满意度数据进行调查以及分析，了解组织中员工的工作满意度状态。例如，组织中员工的整体工作满意度处于什么水平，不同部门、不同职位或不同薪酬水平的情况下员工的工作满意度水平以及之间的差异等。

（三）因果性研究（causal research）

因果性研究是对组织中各个因素间的相互关系进行探索的研究。这类研究是管理研究最重要的一个部分，在描述性研究之后，其目的是了解一种因素的变化对另一种因素产生作用的大小，掌握它们之间因果关系的作用规律。这类研究主要解释"为什么"的问题，要求研究人员事先形成因果关系假设，清楚所要采集的具体信息，同时也要求以有代表性的大样本为基础，然后对获取的资料做出定量分析以检验之前的因果关系假设。在上述例子中，研究者通过调查发现，该组织中员工的士气低下可能与员工的薪酬水平有关系，他就想探究员工的薪酬水平与员工工作满意度之间的因果关系，其事先可能会提出员工的薪酬水平与员工工作满意度呈正向因果关系的假设，然后对员工的薪酬水平和员工工作满意度的数据进行搜集，最终通过定量数据分析法对其提出的因果关系假设进行检验并得出结论。

二、常见的研究方法

一般而言，组织行为学的研究主要包括以下几种方法，即文献研究法、案例研究法、问卷调查法以及实验法。

（一）文献研究法（literature research method）

文献研究法是指通过查阅和分析已经发表的文献资料，经过综合和归纳得出结论的方法。研究者通常不与研究对象进行直接的接触，而是完全依据现有文献资料间接地对研究对象的本质和规律进行研究。这种研究方法可以通过定性的方式对文献进行分析和总结，得出一些综合性的评价结论，也可以对原有文献资料做进一步研究，得出进一步的研究结果。例如，研究者想知道影响员工离职的因素有哪些，就可以通过查找和分析大量与员工离职行为相关的文献，从中总结出员工离职行为的影响因素。文献研究法的好处是研究对象不易受影响而且成本较低，缺点是实证分析的缺乏导致其准确性不足。

（二）案例研究法（case study method）

案例研究法是研究者选择一个或几个研究样本，系统地收集数据和资料，进行深入的研究，用以探讨某一现象在实际生活环境下的状况的方法。该方法适用于现象与实际环境边界不清而且不容易区分，或者研究者无法设计准确、直接又具系统性控制的变量的情况，主要帮助回答"怎么样"和"为什么"的问题。例如，研究者想研究一种新型的管理方式对企业流程优化的影响，就可以深入到已实行这种管理方式的公司中，通过对组织各个部门、领导、员工的资料的搜集、分析得出结论。相对于其他研究方法，案例研究法能够对情况进行详细的描述和系统的理解，对研究要素之间动态相互作用过程与所处的情境脉络加以掌握，可以获得一个较全面与整体的观点。案例研究法也有其不足之处，由于通常聚焦于一个或几个案例，其得出的结论很难"放之四海而皆准"，即存在外部效度不足的问题；此外，由于案例研究容易受到研究者的专业背景、素养与爱好、企业内部提供资料的可靠性影响，其结论可能带有一定的主观性，并且由于案例研究需要调查者深入地与调查对象接触并处理大量资料，其对时间和人力成本的要求较高。

（三）问卷调查法（questionnaire survey method）

问卷调查法是一种基于某一特定样本进行的信息搜集方法，研究者希望以此为基础得出关于样本总体的定量化描述。一般而言，问卷调查法有两个目的，第一，了解和描述某个群体；第二，获取变量间的样本数据以进行假设检验。问卷调查法适用范围较广，大到国家的人口普查，小到企业的员工满意度调查，都属于问卷调查法。此外，该方法由于能够较快地完成数据搜集，调查者干扰较小且成本较为低廉，所以得到研究者的广泛应用。问卷调查法局限之处在于对数据搜集的精确度依赖于对问卷的合理设计，如果一份问卷设计得不合理，如过于冗长引起回答者反感、用词不精确引起回答者误解等，就会大大降低所搜集数据的质量，对研究结果的有效性造成负面影响。此外，问卷调查只需要被调查对象回答问卷题目，研究者无法获得更加深入的信息，因此难以挖掘出某一现象背后的深层原因。

（四）实验研究法（experiment research method）

实验研究法是根据一定的研究目的，采用一定手段对研究对象进行干预或控制，在典型的环境中或特定的条件下进行研究的方法。按实验场地不同，实验法一般分为实验室实验法（lab experiment）和自然实验法（field experiment）两种。实验室实验法是按照周密的实验设计在实验室里进行的实验。在实验室进行实验能够较好地控制各种无关因素的干扰，但是也可能使被试由于知道自己是实验对象从而导致其行为不够真实自然。自然实验法则是在自然环境下进行的有控制的实验。在自然环境中，个体的行为表现会比较自然，符合真实情况，但自然实验法无法像实验室实验法那样能够对无关的干扰变量进行严格的控制。实验研究法是管理科学研究的主流方式之一，例如，管理学历史上著名的霍桑实验。研究者将工人分为两组，一组为控制组，所有工人在与以往环境不变的情况下持续工作；另一组为实验组，对工人的工作照明、员工福利等工作条件进行变化，然后希望通过分析两组工人在工作绩效以及行为表现上的差异，探讨工作条件的改变是否能够影响到员工工作效率的改变。相较于其他方法，实验研究法的优点在于其能够提供更令人信服的因果关系且能够有效控制外在无关因素的影响，其缺点在于实验研究的实施条件要求较高、研究难度较大，若研究问题较为复杂，实验成本会急剧上升，且组织行为学实验对象大多是人，这使得实验研究面临许多伦理和法律方面的限制。

三、研究模型与结构

组织行为学研究的对象是组织中个体行为、群体行为以及组织行为等复杂现象，为了准确而又清晰地将这些复杂的事物表达出来，研究者们往往采用建立模型的方法。模型是对复杂事物的一种简化的表达形式。模型与理论不同，虽然这两者都是对现实事物的抽象，但理论是抽象出事物的本质特征并加以概括，具有普遍的指导意义；而模型则不一定抽象出本质特征，而是根据研究的需要只抽取事物的某些特征，目的是便于更清楚地了解事物的真实情况。根据国内学者的研究，模型主要由三个部分组成，即目标、变量和关系。

（一）目标

目标是一个模型编制和使用的目的，即这个模型有何作用。例如，是要预测员工的离职率，还是要选拔优秀人员；是要解释员工的工作动机，还是要考察管理者的领导素质；是要解释生产率为什么下降，还是要试图解决企业的产品质量问题等。只有明确了模型的目标，才能进一步确定影响这种目标的各种关键变量，进而把各变量加以归纳、综合并确定各变量之间的关系。

（二）变量

变量是事物在幅度、强度和程度上变化的特征。人的行为变量通常在两个维度上变化：一是定性的，即人的不同工作行为的性质各不相同，如操作工的行为不同于检修工的行为，生产部门管理人员的行为不同于销售部门管理人员的行为；二是定量的，即不同性质的行为有不同的计量单位，例如，生产绩效可以用产量、出错率、产品不合格率、操作的精确度以及单位时间内完成的工作数量做定量测量，人的行为可以用缺勤率、任职时间的长短或态度量表来做定量测量。

一般而言，行为变量的定性和定量维度都很重要，对于人的工作行为，首先要做定性分析，然后再做定量分析。变量的定性比较容易，而定量研究则比较复杂。因此，在组织行为学的研究中，确定了影响行为的重要变量之后，要选择适当的标准测量工具测定这些变量，从而确定相关变量之间的相互关系。组织行为学研究模型中一般包含五种类型的变量，即自变量、因变量、中介变量、调节变量以及控制变量。

1. 自变量（independent variables）

自变量也称前因变量、预测变量，它是因变量的假定的原因变量。自变量被假设为影响或使因变量发生改变的变量。例如，研究者想探讨个体薪酬水平高低是否对其离职意愿发生影响，在这个研究中，薪酬水平就是自变量。

2. 因变量（dependent variables）

因变量也称结果变量、效标（criterion），是假定的效果。因变量在模型中被假设为受到自变量影响而发生改变的变量。在上文提到的薪酬水平与离职意愿的研究中，由于离职意愿是受到薪酬水平影响的变量，随着薪酬水平的改变而改变，因此离职意愿就是因变量。

3. 中介变量（mediating variables）

中介变量是介于自变量和因变量之间的变量。中介变量是自变量对因变量发生影响的中介，是自变量对因变量产生影响的实质性的、内在的原因。从模型上来看，假设自变量 X 对因变量 Y 存在影响，且 X 是通过影响变量 M 来影响 Y，则称 M 为中介变量。同样地，在上文提到的薪酬水平与离职意愿的例子中，我们会思考，薪酬水平为什么会影响员工的离职意愿？工作满意度可能是一个合理的解释，薪酬水平可能会通过影响员工的工作满意度而最终影响其离职意愿，因此工作满意度就是薪酬水平影响离职意愿的中介变量。

4. 调节变量（moderating variables）

调节变量是影响自变量和因变量之间关系的方向、强度的变量。调节变量可以是定性的（如性别、种族、学校类型等），也可以是定量的（如年龄、受教育年限、刺激次数等）。从统计上来看，如果因变量 Y 与自变量 X 的关系系数是变量 M 的函数，即 Y 与 X 的关系受到第三个变量 M 的影响，则称 M 为调节变量。在上面所提到的例子中，薪酬水平会影响工作满意度，进而影响离职意愿，我们就会进一步思考，薪酬水平对工作满意度的影响程度是否会受到其他因素的影响？是否在所有情况下薪酬水平对员工工作满意度的影响都是一样的呢？答案也许是否定的，我们可以合理地认为一个更在乎工作提供的薪酬高低的员工和一个更在乎工作提供成长发展机会的员工对于降薪的反应是不同的，降薪对前者工作满意度的影响显然比后者要大得多。因此，工作价值观就会影响到薪酬水平与工作满意度之间的关系，工作价值观可以作为一个调节变量调节薪酬水平与工作满意度之间的关系。

5. 控制变量（control variables）

控制变量是指对因变量有影响，且其影响作用必须被排除的变量。从理论上来说，自变量和控制变量都会影响到因变量，但在具体的研究中，我们只关心某一个或几个自变量对因变量的影响，因此我们就需要通过一定方法将该自变量之外的其他一些与研究目的无关的变量的作用控制起来，排除它们对因变量的影响作用，这些与研究目的无关，但是必须排除其对因变量影响作用的变量就称为控制变量。例如，在前文的例子中，我们要研究的是薪酬水平对离职意愿的影响，我们就需要考虑除了薪酬水平之外，会不会有其他的变量也能对离职意愿产生影响，比如员工的职位发展前景、职位层级、组织认同等。在进行研究的时候，我们就需要通过一定的方法将这些与研究目的无关的变量对离职意愿的影响作用排除掉，这些变量就称之为控制变量。各研究变量的模型示例图如图 1-1 所示。

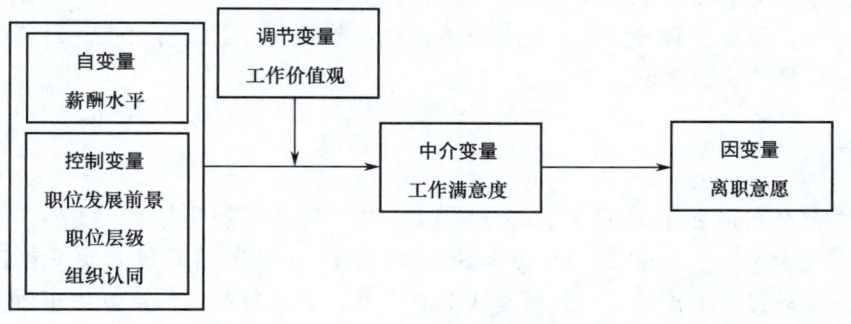

图 1-1　研究变量模型示例图

（三）关系

在确定了一个模型的目标以及确定了影响目标的各种变量之后，就需要对各变量之间的关系进行确认。在组织行为学的研究中，我们一般研究的是因果关系。在确定因果关系时，我们常常会先通过理论推导的方式，提出因果关系假设，之后再通过定量的数据分析对假设进行检验，最终确定模型中的因果关系。值得注意的是，由于现实世界的各种现象是复杂的，我们用模型简化得出的因果关系可能在现实生活中并非如此，不同事物可能是复杂地交织在一起的。我们不能因为两个变量之间存在着理论上或统计上的关系，就简单地认为它们之间存在着因果关系，这就需要研究者们对何者为因、何者为果的判断保持科学的态度。

本章核心概念

组织　组织行为学　计划职能　组织职能　领导职能　控制职能　人际角色　信息角色　决策角色　技术技能　人际技能　概念技能　自变量　因变量　中介变量　调节变量

思考题

1．组织行为学的定义是什么？其研究对象和内容是什么？
2．管理者的三大技能分别指什么？
3．管理者在组织中扮演哪些角色？
4．组织行为学的学科基础主要有哪些？
5．试简要论述组织行为学的发展脉络。

讨论题

1．对于刚入职新公司的员工而言，其直系管理者的能力水平对于员工自身的发展尤为重要。如果您就是这个新员工，您会从哪几个方面或者细节对直系管理者的水平进行评判呢？试用本章所学的管理者技能及角色理论进行分析讨论，并举例说明。

2．员工张欣在工作岗位上勤奋认真，被提拔为部门主管，管理12个人的团队，成为管理者后，张欣更加努力了，每天第一个到，最后一个走，给自己安排的任务最重，但是年终绩效考核，张欣得到的结果仅仅是合格，试从管理者与员工的角色差别角度来讨论张欣绩效考核结果不佳的原因。

案例分析

马丁吉他公司成立于1833年，位于美国宾夕法尼亚州拿撒勒市，被公认为世界上最好的乐器制造商之一，就像Steinway & Sons的钢琴、Buffet的单簧管，或者Rolls Royce的轿车一样，每把马丁吉他的价格超过10000美元，是你能买到的最好的东西之一。这家家族式的企业历经艰难岁月，已经延续了六代。目前的首席执行官是克里斯琴·弗雷德里克·马丁四世,他秉承了吉他的制作手艺。他甚至遍访公司在全世界的经销商,为他们举办培训讲座。很少有哪家公司像马丁吉他一样有这么持久的声誉,那么,马丁吉他公司成功的关键是什么呢?一个重要原因就是公司的管理和杰出的领导技能,它使组织成员始终关注像质量这样的重要问题。

马丁吉他公司自创办起做任何事都非常重视质量。即使近年来在产品设计、分销系统以及制造方法方面发生了很大变化,但公司始终坚持对质量的承诺。公司在坚守优质音乐标准和满足特定顾客需求方面的坚定性渗透到公司从上到下的每一个角落。不仅如此,公司在质量管理中长期坚持生态保护政策。因为制作吉他需要用到天然木材,公司非常审慎和负责地使用这些传统的天然材料,并鼓励引入可再生的替代木材品种。基于对顾客的研究,马丁吉他公司向市场推出了采用表面有缺陷的天然木材制作的高档吉他,然而,这在其他厂家看来几乎是无法接受的。

马丁吉他公司使新老传统有机地整合在一起。虽然设备和工具逐年更新,雇员始终坚守着高标准的优质音乐原则。所制作的吉他要符合这些严格的标准,要求雇员极为专注和耐心。家庭成员弗兰克·亨利·马丁在1904年出版的《公司产品目录》的前言里向潜在的顾客解释道:"怎么制作具有如此绝妙声音的吉他并不是一个秘密,这需要细心和耐心。细心是指要仔细选择材料,巧妙安排各种部件,关注每一个使演奏者感到惬意的细节。所谓耐心是指做任何一件事不要怕花时间,优质的吉他是不能用劣质产品的价格造出来的,谁会因为买了一把价格不菲的优质吉他而后悔呢?"虽然100年过去了,但这些话仍然是公司理念的表述。虽然公司深深地植根于过去的优良传统,现任首席执行官马丁却毫不迟疑地推动公司迈向新的方向。例如,在20世纪90年代末,他做出了一个大胆的决策,开始在低端市场上销售每件价格低于800美元的吉他。低端市场在整个吉他产业的销售额中占65%。公司DXM型吉他是1998年引入市场的,虽然这款产品无论外观、品位和感觉都不及公司的高档产品,但顾客认为它比其他同类价格的绝大多数吉他产品的音色都要好。马丁为他的决策解释道:"如果马丁公司只是崇拜它的过去而不尝试任何新事物的话,那恐怕就不会有值得崇拜的马丁公司了。"

马丁吉他公司现任首席执行官马丁的管理表现出色,销售收入持续增长,2000年达近6亿美元。位于拿撒勒市的制造设施得到扩展,新的吉他品种不断推出。雇员们描述他的管理风格是友好的、事必躬亲的,但又是严格的和直截了当的。虽然马丁吉他公司不断将其触角伸向新的方向,但却从未放松过对尽其所能制作顶尖产品的承诺。在马丁的管理下,这种承诺决不会动摇。

问题:

1. 根据管理者的三大技能理论,您认为哪种管理技能对马丁最重要?请解释您的理由。

2. 根据明兹伯格的管理者角色理论,请说明马丁在如下三种情况分别扮演什么管理角色,并解释您的选择。

1)当马丁访问马丁吉他公司世界范围的经销商时。

2)当马丁评估新型吉他的有效性时。

3）当马丁使员工坚守公司的长期原则时。

3．马丁宣布："如果马丁公司只是崇拜它的过去而不尝试任何新事物的话，那恐怕就不会有值得崇拜的马丁公司了。"这句话对全公司的管理者履行计划、组织、领导和控制职能意味着什么？

4．马丁的管理风格被员工描述为友好、事必躬亲，但是严格和直截了当。您认为这意味着他是以什么方式计划、组织、领导和控制的？您认为这种管理风格对其他类型的组织也有效吗？请说明您的观点。

第二篇

个 体

第二章
能力与学习

引导案例

某一生产高温砖的工厂，由于工作有一定的危险性，所以工作安全制度十分严厉，如要求穿隔热的衣服，注意力必须十分集中等。哈利·莫斯毕业于美国一所大学，精通会计理论和实践。由于毕业后一时未找到合适的工作，就到该工厂当了一名普通的工人，负责搬运工作。哈利由于工作不如意，曾在工作中出了一些差错，也因此受到过几次警告，但哈利对此不以为意。

有一次，哈利因伤住进医院，让妻子替其请假。在主管没同意的情况下，哈利未准时上班，上司决定开除他。哈利知道公司的开除决定后，向工会请求帮助。经过工会与公司的交涉，公司妥协了，恢复了哈利的工作。但哈利由于身体原因无法进行原职工作，于是他被调任混合机的操作工，可是哈利的业绩仍然不好，他想调换更适合自己的工作。正好国家招聘公务员，哈利以其他理由向主管请假半天参加公务员面试，主管也同意了。

第二天，上级检查工作，正好发现哈利的机器无人操作，于是公司再次决定开除哈利。哈利再次向工会请求帮助，工会认为哈利敢于与老板做斗争，因此全面支持哈利，工会的斗争使公司第二次让步。

公司向人力资源专家进行咨询，人力资源专家认为，哈利目前的工作不适合他，建议公司给哈利换一个更合适的岗位。公司接受了人力资源专家的意见，将哈利调换至财务岗，并对其进行岗位培训。哈利担任相关财务工作后，业绩十分突出，此时他偷偷去参加的公务员考试也已经通过，并接到被录用的通知。哈利面临两个选择，但他最终选择留在原公司，继续做财务工作，后来哈利在公司的工作一直受到肯定，最终成为公司的高级管理人员。

（资料来源：https://wenku.baidu.com/view/4966cd5eb04e852458fb770bf78a6529657d356e.）

引例中哈利的多次调岗，其实是寻找个体能力特长与工作匹配的一个过程。哈利最终在担任财务工作后取得了不错的业绩，这说明在这一岗位上哈利充分发挥了自己的能力。那么什么是能力？能力为什么要与岗位匹配？在运用能力时应该注意什么？本章将首先介绍能力的相关内容，然后再介绍一些主要的学习理论以及塑造员工行为的方法。

第一节　能力概述

一、能力的概念与类型

（一）能力的概念

能力（ability）是指个体拥有的能直接影响活动效率、使活动顺利完成的个性心理特征。

从事任何一种工作都要求参与者具备一定的能力，能力直接影响着活动的效率。例如，从事外交工作，要具有灵活而敏捷的思维、较好的语言表达、较强的记忆等能力；从事管理工作，要具备一定的组织、交际、沟通等能力。只有在能力上足以胜任工作，才能取得良好的工作绩效。否则，工作就不能顺利进行。

能力的发展受个体遗传的生理因素和后天社会实践的影响。个体的先天遗传因素是个体能力发展的前提，在某种程度上，它决定了个体能力发展的空间。但遗传只是提供了个体能力发展的基础，后天能够达到的程度就取决于后天的社会实践。包括个体后天受到的系统教育、培训以及自己的社会实践经验等。

码 2-1

能力和知识是紧密联系又有区别的。知识是人类经验的总结概括，而能力是一个人比较稳定的个性心理特征，它在一定程度上制约着人们掌握知识的深度、广度、难度和速度。一般来讲，掌握知识较快，而培养某种能力较慢。能力与知识的发展并不是完全一致的，在不同的人身上可能具有相同水平的知识，但不一定具有相同水平的能力；而具有同样水平能力的人也不一定有同等水平的知识。能力是在掌握知识的过程中形成和发展起来的，离开了学习和训练，能力就难以发展；另外，掌握知识又必须以一定的能力为前提，能力是掌握知识的内在条件和可能性。

码 2-2

（二）能力的分类

1. 按能力的构造分类

根据能力的构造可把能力分为一般能力和特殊能力。一般能力是指在不同种类的活动中都必须具备的共同能力，它适用于广泛的活动范围，如观察能力、记忆能力、注意能力、想象能力、抽象思维能力等。在西方心理学中把一般能力称为"智力"。特殊能力是指个体从事某种专业活动应具备的能力，如色彩鉴别能力、计算能力、音乐能力等。

2. 按能力的分工分类

根据能力的分工可把能力分为基本能力和综合能力。基本能力是指某些单因素能力，即主要通过大脑某一种功能完成的心理活动中表现出来的能力，如感知能力、记忆能力等。综合能力是在许多基本能力分工合作下完成的活动中表现出来的能力，如学习能力、销售能力、管理能力等，这些都是由某些基本能力结合而成的综合能力。

3. 按能力所涉及的领域分类

根据能力所涉及的领域可把能力分为认知能力、操作能力和社会交往能力。认知能力是指人脑加工、存储和提取信息的能力，例如，知觉、记忆、注意、思维和想象的能力都被认为是认知能力。操作能力是指操纵、制作和运动的能力。例如，劳动能力、实验操作能力、体育运动能力等。操作能力是在操作技能的基础上发展起来的，又成为顺利地掌握操作技能的重要条件。社交能力是指人们在社会交往活动中所表现出来的能力，如组织管理能力、沟通表达能力、人际交往能力等。

4. 按创造的程度分类

根据创造的程度可把能力分为模仿能力和创造能力。模仿能力是社会学习的重要能力，即个体自觉或不自觉地重复他人行为过程的能力，如儿童在家庭中模仿父母说话，模仿大人的表情。创造能力是善于运用前人经验并以新的内容和形式来完成工作任务的能力。一个具有创造能力的人往往能够挣脱具体的知觉情景、思维定式、传统观念和习惯的束缚，在习以为常的事物和现象中发现新的联系或关系，提出新的思想，做出新的产品。

模仿能力和创造能力是两种不同的能力。动物能够模仿，但不会创造；模仿只能按现成的方式解决问题，而创造能提供解决问题的新方式和新途径。

5. 按能力的测验观点分类

根据能力的测验观点可把能力分为实际能力和潜在能力。实际能力是"所能为者"，是指个体目前已经达到的实际的能力水平。潜在能力是"可能为者"，是指在外部环境或教育条件许可时，可以通过一定的经验发展为实际能力的一种能力。

二、能力的差异与运用

（一）能力的差异

能力是个性心理特征之一，不同的人在能力方面是存在差异的，其差异一般表现在以下几个方面：

1. 能力结构差异

每个人所具有的能力都是多方面的，故其能力都是多种能力以特定的结构结合在一起的。由于能力结合得不同，就构成了结构上的差异，如有的人擅长记忆，有的人擅长想象。甚至对于同一种能力，也有结构上的差别。例如，记忆能力，有的人擅长形象记忆，对情境与物体形象的记忆能力比较强；有的人擅长语词记忆，对于语言、文字、数字等的记忆能力比较强；有的人擅长操作记忆，对操作过的动作记忆比较深刻；还有的人擅长情绪记忆，对于个体体验过的某种情绪或情感记忆比较深刻。

能力结构的差异，使每个人具有不同的能力组合，故人们在实践活动中处理问题的方式常常各不相同。虽然完成的是相同的任务，但往往是通过综合不同的能力来实现的。如完成推销工作，有的人充分发挥自己的语言表达能力，通过劝说完成销售任务；有的人则可能充分发挥自己的记忆能力，通过记住客户的名字、喜好等信息赢得客户的信任来完成销售任务。

2. 能力发展水平差异

能力发展水平差异，是指人与人之间各种能力的发展水平高低不同，因此所达到的能力水平不同。例如，正常的人均具有记忆能力，但不同人之间的记忆能力水平高低不同；正常的人也有思维能力，但不同人的思维的广度和深度不同。能力和活动结果以及效率呈正相关关系。如果相比另一个人，一个人拥有较高的完成这项活动所需要的能力，则在其他条件相当的情况下，可能在这项活动中表现得比另一个人更好。

3. 能力年龄差异

个体的能力在其成长的不同时期的表现因人而异。古今中外的"少年早慧"或"大器晚成者"不胜枚举。如诗仙李白"五岁诵六甲，十岁观百家"，古典音乐家沃尔夫冈·莫扎特（Wolfgang A. Mozart）5岁发现三度音程并且开始作曲，8岁作交响乐，11岁作歌剧；相反，齐白石66岁才表现出绘画才能。造成这些现象的原因是多方面的：可能是由于早期没有学习或表现自己能力的机会，也可能是早期智力平常，但经过长期的勤奋努力，能力有了明显提高。

（二）能力的运用

合理用人，从古至今都是成事的关键，也历来是管理的重要原则之一。一个管理者只有根据员工的能力状况做到量才为用，才能把员工的作用最大限度地发挥出来，从而提高管理效率。具体来说，管理者在使用人时，应注意以下三个原则：

1. 能职匹配原则

能职匹配原则是指每一种工作都对从事该工作的人的能力水平有一定的要求，管理者在安排人员时，应尽量使职工本身所具有的能力与实际工作的要求匹配。若一个人的能力低于实际工作所要求的水平，则这个人将无法胜任工作，不能很好地完成工作任务。但一个人的能力水平如果高于实际工作要求的水平，则这个人会不满足于现状，这样不仅浪费人才，而且工作效果也可能不佳。

举个例子说明这个问题。美国在建立第一个农业大工厂时，需要雇佣一批保安人员，由于当时劳动力过剩，工厂规定雇用保安人员的最低标准为高中毕业生，并具有三年警察或工厂警卫的经验。按这个标准雇用的人员工作后，感到所从事的工作（只检查进门的证件）单调、乏味，表示无法容忍，因而对工作漠不关心，不负责任，而且离职率很高。后来工厂雇用只受过四五年初等教育的人来担任这份工作，他们对工作满意，责任心强，缺勤率和离职率都很低，保卫工作做得很出色。这说明，当人的能力高于工作的要求时，会影响到工作效率，只有二者达到匹配，才能最有效地发挥人的作用。作为管理者，在可能的情况下，应尽量使员工的能力与工作要求相匹配，这样才能做到人尽其才，提高组织效益。

2. 能职优化组合原则

能职优化组合原则是指人的能力是多方面的，而且有着类型的差别。在使用人时，应该从人的"强项"出发，实现工作与长处的结合，使其较强的能力充分发挥出来。在用人时扬长避短，这是人所共知的道理，但在实际管理中做到这一点并非易事。因为人有所长，必有所短，而且常常是优点越突出缺点也越明显。在现实中，有些管理者由于不能容其短，因而就难以展其长。或者由于被某些"反映"或"舆论"所左右，宁可使用平庸而没有争议的人，也不敢启用有争议而才华突出的人。

实际上，世界上很难有十全十美的人。鲁迅曾说："倘要完全的书，天下可读的书，怕要绝无；倘要完全的人，天下配活的人也就有限。"彼得·德鲁克在《有效的经营者》一书中写道："倘要所用的人没有短处，其结果至多是一个平平凡凡的组织。所谓'样样皆是，必然一无是处，才干越高的人，其缺点往往越明显'。一位经营者如果仅能见人之短而不能用人之长，从而刻意挑其短而非着眼于展其长，则这样的经营者本身就是一位弱者。"他还特别举了亚伯拉罕·林肯（Abraham Lincoln）在南北战争中任命嗜酒贪杯的尤里西斯·格兰特（Ulysses S. Grant）将军为总司令的事例。林肯知道喝酒可能误事，但他更知道格兰特是难得的帅才，所以容忍了他的缺点而委以重任，事实证明，格兰特将军的受命，使南北战争出现了转折点。因此，作为管理者，应善于发现和发挥人的长处，尽力使每个员工所从事的工作都是最能发挥其较强能力的工作。

3. 能力互补原则

能力互补原则是指在组建团队时，考虑成员之间能力上的搭配与协调，使之在工作过程中能够配合默契，相互补充。坚持这一原则应考虑到两个方面的问题：

一是人的能力是有类型差异的。要圆满完成群体工作任务，实现组织目标，往往需要各种能力类型的人，因此，在组建工作团队时应考虑到各种能力类型的成员的搭配与互补。整个团队应尽可能具有各个方面的专门人才，这样才能在具体工作中取长补短、相互配合，保证工作任务顺利完成。

二是实际工作是分层次的。有管理与被管理、领导与被领导之分，有职责分工和级别的差异。不同的工作对人能力水平的要求也不同。因此，在组建团队时应考虑到这种差异，尽可能使成员的能力有高低层次之分，按梯次结构搭配，这样可以增加团队的稳定性和效率。在现实中，有些管理者认为，人才越多越有利于组织发展，所以，总是千方百计聚集人才。事实上如果人才超过了实际工作的需要，则可能会适得其反。成员的能力水平都很高，往往不如能力水平有层次更有利于相互配合、协调与互补。

总之，在一个团队或组织中，只有能力类型齐全，能力水平有层次，才更有利于整体功能的发挥。

刘邦的"用人之道"

在昔日楚汉相争中，无论是个人武功，还是军队实力，刘邦都远不及项羽。刘、项之间历经百余战，起初刘邦屡战屡败，后来终于转弱为强，反败为胜，夺取天下。究其原因固然种种，但其中一个重要的原因，就是刘邦比项羽善于用人。项羽虽然勇力过人，但不过是匹夫之勇。刘邦在与群臣议论战胜项羽的原因时曾说："夫运筹帷幄之中，决胜于千里之外，吾不如子房；镇国家，抚百姓，给馈饷，不绝粮道，吾不如萧何；连百万之军，战必胜，攻必取，吾不如韩信。此三者，皆人杰也，吾能用之，此吾所以取天下也。"就是说，在出谋划策方面，他的能力不如张良；在治理国家、管理百姓、筹措粮饷方面，他的能力不如萧何；在统帅百万大军战无不胜、攻无不克方面，他的能力不如韩信。但是，他能够恰当地使用这三位人才，这就是他能够夺取天下的原因。

第二节　学习及其理论

一、学习的含义

学习是一种人类生活中的普遍现象，如幼儿学语，学生学习各门课程等都是学习。在如此广泛的学习现象中，学习的共同本质特征是什么呢？

学习是指个体因经验而使行为或行为潜能产生较为持久的改变的过程。

这一含义包含如下三个要点：

第一，学习意味着行为和行为潜能的变化。两者的区别是前者的改变表现于外，后者的改变表现于内，行为潜能的变化可以引起外在行为的改变。

第二，这种变化是相对持久的。暂时的变化可能仅仅是刺激的结果而不是学习的结果。例如，诸如兴奋剂的药物可以刺激人的神经系统，让人的行为发生变化，使人的运动成绩提高，但是这种变化是由暂时性的生理原因导致的，不能称之为学习。

第三，经验是学习发生的基本条件。个体可以通过观察或直接经验来学习，也可以通过间接经验（如阅读、模仿等）来学习。在动物和个体身上，有一些类似本能的行为，它们的出现无须通过经验，或者经验只起辅助作用，故而不是学习，如蜘蛛编制精细的蛛网。

二、学习理论

学习理论是指阐明学习的性质、过程以及影响学习的条件的相关学说。下面简要介绍几种比较有代表性的学习理论。

（一）经典条件反射

经典条件反射（classical conditioning）又称伊万·巴甫洛夫（Ivan P. Pavlov）条件反射，是指无条件刺激会产生一个自然反应，接着一个条件刺激与产生行为的无条件刺激相联结，可使个体学会在单独呈现该条件刺激时，也能引起条件反应的过程。

巴甫洛夫的研究证明了经典条件反射过程。巴甫洛夫用狗做实验，当他给予狗食物时，狗会分泌唾液，随后他将铃声（条件刺激）与食物（无条件刺激）进行关联，铃声之后给予狗食物。最后，铃声单独响起时，狗也发生了唾液分泌现象（条件反应）。经典条件反射过程如图 2-1 所示。

> **补充阅读**
>
> 该实验可以简化如下：
> 食物 ⟶ 唾液分泌
> 食物 ＋ 铃声 ⟶ 唾液分泌
> 铃声 ⟶ 唾液分泌

经典条件反射的过程涉及四个事项，两个属于刺激，两个属于机体反应。第一个是条件刺激（铃响），它在条件反射形成之前，并不引起预期的反应（分泌唾液）；第二个刺激是无条件刺激（食物），它在条件反射形成之前就能引起预期的反应（分泌唾液）。由于条件刺激（铃响）引起的反应叫作条件反应（分泌唾液）；而对于无条件刺激（食物）引起的唾液分泌反应叫作无条件反应。条件刺激和无条件刺激相随出现数次后，条件刺激就逐渐引起唾液分泌，如此循环往复，条件刺激（铃响）再次单独出现时即可引起唾液分泌。也就是说，当两个刺激紧接着（在空间和时间上相近）反复地出现，就形成了条件反射。

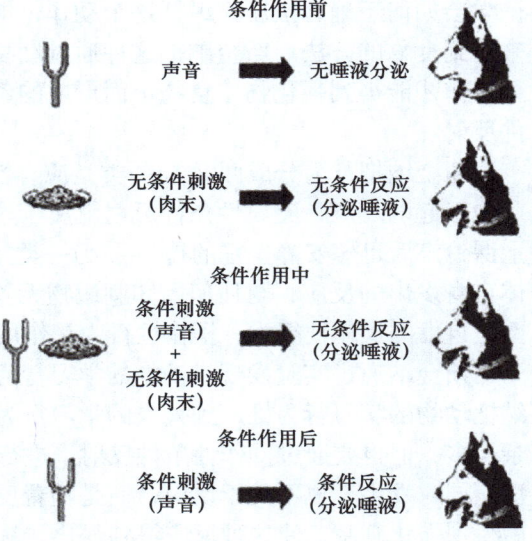

图 2-1　经典条件反射

（资料来源：格里格，津巴多. 心理学与生活 [M]. 16 版. 王垒，王甦，等译. 北京：人民邮电出版社，2006：164.）

经典条件反射的过程能够帮助我们理解发生于组织日常工作中的很多行为。例如，一家工厂的车间主任，每当厂长来定期视察时，就要员工把车间打扫得干干净净，要求员工表现出良好的精神面貌，这种做法已经保持了数年。最后，员工只要一看到窗明几净就会立刻表现出良好的精神面貌，即使没有厂长视察。

经典条件反射是被动的，由于事件的发生而使我们以某种特定的形式进行反应。它产生于我们对于具体的、可识别的事件做出的反应，可以帮助我们解释一些行为。然而，大多数行为，尤其是个体在组织中的复杂行为，都是主动出现的，是一种自觉的行为，既不是诱导出来的，也不是被动的反射。如在无人监督的条件下消极怠工等，这些行为的形成与操作性条件反射有关。

（二）操作性条件反射

操作性条件反射（operant conditioning）由博尔赫斯·斯金纳（Burrhus F. Skinner）于 1937 年首次提出，他在经典条件反射的基础上，深入地研究了有机体行为（例如小白鼠按压操纵杆）受到行为结果（例如食物）的影响。斯金纳为研究操作性条件反射精心设计制作了一种特殊的仪器，即著名的斯金纳箱。简化后如图 2-2 所示，箱内放进一只小白鼠，并设有一个操纵杆。小白鼠可在箱内自由活动，当它按压操纵杆时，就会有食物掉进箱子下方的食物盘中，小白鼠就能吃到食物。箱外有一个装置记录小白鼠的动作。偶然一次按压操纵杆，小白鼠得到食物，就会导致小白鼠按压操纵杆的频率越来越高，最后小白鼠学会如何正确地按压操纵杆这个动作，即学会了通过某一操作来得到食物的方法。斯金纳把这种通过动物自己的某种活动或某种操作才能得到强化物（食物）而形成的条件反射称为操作性条件反射。

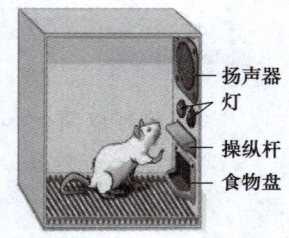

图 2-2　斯金纳箱

斯金纳把行为分成两类：一类是应答性行为，这是由已知的刺激引起的反应，经典性条件反射就属于这种类型，如学生听到上课铃声后迅速安静坐好的行为；另一类是操作性行为，是有机体自身发出的反应，与任何已知刺激物无关。他认为人类行为主要是自发的操作性行为，操作性行为是作用于环境而产生结果的行为。

斯金纳通过实验发现，动物的学习行为是随着一个起强化作用的刺激而发生的。斯金纳把动物的学习行为推广到人类的学习行为上，他认为虽然人类学习行为的性质比动物复杂得多，但也要通过操作性条件反射来进行。操作性条件反射的特点是：强化刺激既不与反应同时发生，也不先于反应，而是随着反应发生。有机体必须先做出所希望的反应，然后得到强化刺激，使这种反应得到强化，从而学会某种行为反应。

斯金纳认为，操作性条件反射的关键是强化，操作性条件反射强调行为结果对行为的影响，某一操作行为一旦受到行为结果的强化，则该行为发生的概率就会增加。行为结果决定有机体行为的加强或减弱，以及是否重复某行为。斯金纳认为凡是能够增加某行为发生概率的刺激物都是强化物。他把强化分为正强化和负强化：正强化是在个体行为之后，给予一个正向刺激（例如表扬、奖赏等），从而能提高个体行为发生概率；负强化是在个体行为之后，撤销一个负向刺激（例如撤销处分），从而提高个体行为发生概率。无论是正强化还是负强化，都能够增加个体行为发生的概率。因为强化可以用来改变员工的行为，使员工从事某一种行为的概率增加或减少，所以也是激励过程中的一个重要理论。

在组织中，人们通过行为及其结果之间的联系来学习该怎么做事情。目前，对于斯金纳的操作行为理论仍然存在争议，但是，他的研究成果和控制行为的实际技术，已经日益深入人们的现实生活，并对人类社会的各个领域产生越来越大的影响。在医疗领域，心理学家们从操作性条件反射原理出发，运用行为矫正法来治疗许多行为问题，如恐惧症、酗酒、药癖、青少年犯罪等；在教育领域，斯金纳对操作性条件反射的研究为教育科学提供了许多新的理论和手段；在生产和社会管理领域中，操作性条件反射也许还没有受到足够的重视，然而这并不意味着它在这一领域中不能起作用。并且，斯金纳提出的关于强化、惩罚、消退等方面的理论，以及对各种间歇强化程序作用的考察，给管理工作提供了很多宝贵的启示。

（三）社会学习理论

社会学习理论（social-learning theory）由美国心理学家阿尔伯特·班杜拉（Albert Bandura）于 20 世纪 60 年代提出。班杜拉的社会学习理论与传统的行为主义对学习的认识不同。传统的行为主义者认为学习是以直接经验为基础的，而班杜拉认为人除了直接学习外，更重要的还在于他可以通过观察进行间接学习。人的社会行为大部分是通过观察学习获得的，例如，人们通过观察榜样（如父母、教师、同伴等），可以学到很多新东西。

1. 观察学习

观察学习是班杜拉社会学习理论的一个基本概念，亦称之为"替代学习"。他认为靠直接经验获得的行为都可以通过观察榜样的行为来获得。但观察学习不同于简单的模仿，模仿是学习者对榜样行为的一个简单复制，而观察学习则是一种较为复杂的学习过程。下面是班杜拉做的一个比较经典的实验：抗拒诱惑实验。

被试者为 5 岁儿童，实验分为三个阶段。第一个阶段，将儿童带入放有玩具的房间，让他们参观，并告诉儿童："这些玩具禁止玩，但可以翻字典。"第二阶段，让儿童看一部短的影片，儿童被分为三组：第一组为榜样奖励组，他们看到的影片是一个男孩在玩被告知不准玩的玩具，不久，男孩的妈妈进来了，夸奖他并和他一起玩；第二组为榜样训斥组，他们看到的影片是男孩在玩被告知不准玩的玩具，男孩的妈妈进入房间后，严厉训斥孩子违反禁令，男孩表现出很害怕的样子；第三组为控制组，被试者不看影片。第三阶段，让每个孩子都在有玩具的房间单独待 15 分钟。第一组儿童很快屈从于诱惑，约在 80 秒后便动手玩玩具；第二组儿童能克制 7 分钟，有的甚至能坚持完 15 分钟而不去玩玩具；第三组即控制组儿童平均能克制约 5 分钟。

这一实验说明抗拒诱惑的行为可以通过观察榜样进行学习和改变，榜样具有替代性强化作用。班杜拉认为强化除了对直接行为后果的外部强化外，还有替代强化和自我强化。替代强化是指观察到别人的行为受到奖惩强化时，对自己的行为也有一个间接的强化作用。在替代强化过程中，观察者不直接受到强化，而是看到榜样受到强化，这种强化也会影响到观察者的动机。

自我强化是指在行动的过程中，人们根据自己设立的一些内在的行为标准，以自我奖惩的方式，对自己的行为进行调节。例如，小孩子喜欢玩"过家家"的游戏，在没有外部强化的情况下，他们仍会玩得很开心。

观察学习发生于一个人观察另一个人的行为及其结果（奖励或惩罚）时。主要分为四个阶段：

第一，注意阶段。观察学习的第一阶段是注意榜样及其行为。观察学习的第一步是注意学习的对象，观察学习的数量和类型都由注意过程筛选和确定。观察者的觉醒水平、价值观念及态度定势、示范活动本身的性质，是影响示范活动进入注意过程的三个主要因素。我们往往向那些我们认为重要的或与我们相似的榜样学习。

第二，保持阶段。保持阶段是把榜样行为转换成表象或言语符号保持在记忆中。虽然榜样不再出现，但是个体注意到的榜样行为仍然保持在记忆中。

第三，再现阶段。它是动作再现的过程，是观察学习的中心环节，是指把记忆中的动作观念转换成行为。

第四，动机阶段。动机阶段是个体因表现出所学到的行为而受到激励的过程。班杜拉认为人们习得的行为是否会表现出来，取决于强化的作用。当个体的行为产生有价值的结果，则先前未表现出来的但已保持的观察学习便会被转化为行为。学习的不断进行有赖于行为不断被强化的结果，强化会促进观察者表现出所习得的行为。

观察学习是许多正式工作培训的关键部分。受训人有机会观察专业人员的工作过程，接着又有机会实践这些技能并且在工作中得到反馈，使得培训效果更好。

2. 自我调节

班杜拉认为人的行为活动不仅受外界因素的影响，最主要的还是受内在因素的影响，这种内在因素就是自我调节。我们都有这样的体验，不管别人怎么评价，我们都很清楚自己出色地完成了某项工作，并感到欣慰。同样，当我们的表现不尽如人意时，自己也很清楚。自我调节理论是由观察学习理论中的自我强化概念衍生出来的。自我强化强调行动是否达到了自己的预期标准，从而受到自我奖惩的内部强化。人在行动的过程中总会有自己的预期标准，如果达到了自己的预期标准就会更积极地去行动，否则就会改变行动。个体会根据自己的知识和技能经验，形成一种内在的行为标准，并根据这一标准对自己预期的行为结果进行对比与评价，并对未达到自己预期的行为结果进行调节。

自我调节包括自我观察、自我判断和自我反应三个基本过程。第一个过程是自我观察。自我观察是指人们根据不同的活动中存在的不同衡量标准，对行为表现及结果进行观察的过程。第二个过程是自我判断。自我判断是指人们为自己的行为确立某个标准，以此来判断自己的行为与标准之间的差距并引起肯定或否定的自我评价过程。自我评价的核心是自我标准的建立。人们在行动之前总为自己确定一个标准，并以之判断和评价自己的行为结果与标准之间的差距，如果结果超过了标准，就会产生积极的自我评价；反之，会产生消极的自我评价。第三个过程是自我反应。自我反应是指个体评价自我行为后产生的自我满足、自豪、自怨或者自我批评的内心体验。如果个体对行为结果自我赞赏和感到自我满足将对个体起到正强化作用，产生积极影响，这种自我强化会进一步加强个体做这件事情的动机。

自我调节理论的形成，把社会学习理论推向了一个崭新的阶段。班杜拉及其社会学习理论不赞成行为决定于外在奖罚的行为主义观点，认为如果那样，人们会像风向标一样，连续不断地改变方向；自我调节理论对行为主义忽视人类自我控制能力进行了否定。班杜拉认为人的行为不仅受到外在因素的影响，也受到内在因素的影响，可以自己调节自己的行为。该理论强调人的心理的主观能动性，表明人具有理性认知的能力，能合理地控制和调节自己的行为。

3. 自我效能感

班杜拉从社会学习的观点出发，在1982年提出了自我效能理论，用以解释在特殊情景下动机产生的原因。班杜拉认为替代强化的作用机制可以描述如下：当一个人观察到别人的行为时，会产生两种认识，一是认识到行为所导致的结果是什么，如外界对此行为的反馈与强化；另一个是认识到此任务的难度及其行为方式。这两种认识将会影响观察者对模仿此行为的预期，此预期包括两种成分：对行动结果的预期及从事此行为把握的预期。这两种预期将对观察者是否采取此行为产生重要的影响作用。班杜拉把上述两种预期分别称为结果期待和效能期待。结果期待是指人对自己的某一行为会导致某一结果的推测。如果人预测到某一特定行为会导致一种好的结果，那么这一行为将会被激活，得到选择。效能期待是指人对自己能够进行某一行为的实施能力的推测或判断，它是自己对自身能力的一种主观上的评估。在"效能期待"的基础上班杜拉提出了"自我效能感",并进行了深入的研究。

自我效能感是指人们对自己在特定领域中实现行为目标所拥有的能力的信心或信念,是个人对自己完成某方面工作能力的主观评估。评估的结果如何,将直接影响到一个人的行为动机。班杜拉把自我效能感看作是对自己在特定的情境中是否有能力操作行为达到某种结果的预期,这种预期对个体行为的选择、目标设置、完成任务的努力程度、在困难和失败面前的坚定程度与紧张程度等有着深远的影响。自我效能感来源于个体已有的成败经验、替代性经验、言语劝说、情绪的唤起、情境条件。自我效能感会对学习行为产生以下影响:

第一,影响个体为自己选择的活动和目标。人作为主体倾向于回避那些他们认为超过自身能力所及的任务和情境,而愿意承担并执行那些他们认为自己能做好的事。

第二,影响个体对工作的努力程度。当被困难缠绕时,具有很强自我效能感的人会以更大的努力去迎接挑战。

第三,影响个体在某项复杂任务上的持久性。自我效能感会影响个体的动机水平,动机水平反映了个体对于其行为坚持的时间长度。

第四,影响个体在活动时的情绪,比如自信。自我效能感低的人与环境发生作用时,会过多想到自己的不足,并将潜在的困难看得比实际更严重,自信心缺失。有较高自我效能感的个体则会努力将注意力集中在情境的要求上,并且障碍会激发出更大的动力。

班杜拉最主要的贡献之一在于他提出了社会学习理论。在社会学习理论中,既可以看出行为主义的影子,又可以看到认知心理学的影响。他坚持了行为主义心理学的一些基本观点,如强调研究人类的行为,强调学习中强化的作用;但另一方面,他也探索了内部的心理过程,强调自我因素对行为的中介调节作用。他主张行为和认知的结合,主张必须以环境、行为、人三者之间的交互作用来解释人的行为。

第三节 行为的培养与塑造

一、行为的学习过程

人类几乎所有的复杂行为都是通过学习掌握的。如果想要对人的行为进行解释、预测和控制,我们就必须理解人们是如何学习的。前面我们了解了什么是学习以及学习的相关理论。那么,我们究竟是如何学习的呢?图2-3总结了学习过程。

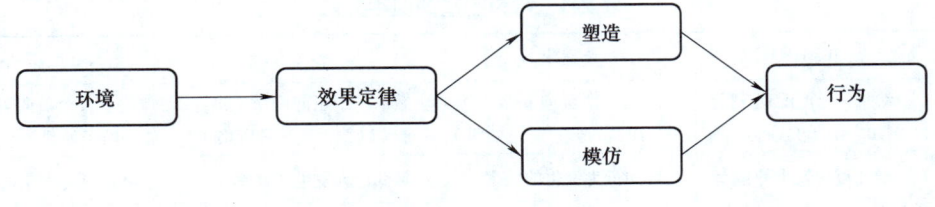

图2-3 学习过程

首先，学习帮助我们适应并且控制环境。通过改变我们的行为来适应周围环境的变化，我们使自己成为负责的公民和高效的员工。但是学习建立在效果定律之上，这个定律告诉我们，行为是结果的函数，行为根据紧随的结果而发生变化。愉快的结果提高了个体做出某种行为的频率，而不愉快的结果降低了该行为出现的频率。愉快的结果被称为强化物，不愉快的结果被称为惩罚物。例如，如果老板赞扬你的销售方法，你可能会重复该方法。相反，如果你的销售方法遭到训斥，你就不太可能再用这种方法。然而，学习过程的真正关键是塑造和模仿。

当学习依照一个循序渐进的过程进行时，叫作塑造。通过对员工进行系统地强化以及提供反馈，管理者可以塑造员工的行为使之逐步接近所期望的标准。人们很多的学习都是通过塑造来完成的。当我们说到"从错误中学习"时，所指的就是塑造。我们不断尝试，经历失败，然后继续尝试。通过这种一系列的反复尝试，我们学会了骑自行车，弹奏乐器，做基本的数学运算等。

除了塑造之外，人们学到的很多东西来自于观察和模仿其他人的行为。反复试验的学习方式通常比较缓慢，而模仿则能很迅速地产生复杂的行为改变。例如，我们中的大多数人都有这种经历，当我们在学校里或者班里遇到困难时，会看看那些似乎游刃有余的人是怎么做的，然后观察他们采用的方法与我们有什么不同，如果发现的确有什么不一样，我们会有意识地模仿他们的做法。如果我们的表现得到改进（愉快的结果），我们可能会永久地改变自己的行为。这一过程在工作中与在学校里是类似的。如果新员工想在工作中取得成功，他很可能会观察组织中那些受到尊重的成功人士是怎么做的，然后模仿他们的行为。

二、行为塑造的方法

行为塑造是指采用有规律的、循序渐进的方式引导出所需要的行为并使之固化的过程。行为塑造通过系统强化，使个体行为越来越适宜于组织的需要。行为塑造有四种方法：正强化（积极强化）、负强化（消极强化）、消退和惩罚。正强化是指对某种行为给予肯定或奖励，使该行为巩固、保持；负强化是指撤销一个不良刺激，使个体的某种行为得以加强，例如，预先告诉员工某种不符合要求的行为可能引起的不良后果，从而使员工按照组织所要求的方式行事以避免导致这些令人不愉快的后果；消退是指在个体的行为之后撤销一个愉快刺激，从而减少员工的某种行为，例如，预先告诉员工如果从事了某种行为，将会导致自己损失哪些利益，从而使员工避免产生一些不当行为；惩罚是指为了减少不良行为而给予否定或不愉快的刺激。这四种方法的比较见表2-1。

表 2-1 行为塑造的四种方法

	正强化	负强化	消退	惩罚
刺激	给予一个正向刺激（例如，给予奖励）	撤销一个负向刺激（例如，撤销处分，避免处罚）	撤销一个正向刺激（例如，不予奖励，丧失某种资格）	给予一个负向刺激（例如，给予处罚）
作用	增加行为发生的概率	增加行为发生的概率	降低行为发生的概率	降低行为发生的概率
应用	形成正向行为	形成正向行为	消除不良行为	消除不良行为

（一）正强化

正强化（positive reinforcement）是指运用某种有吸引力的结果，使得员工的行为重复出现。

那些能产生积极或令人满意的结果的行为，以后会经常得到重复，即得到强化。反之，那些产生消极或令人不满意的结果的行为，以后重新出现的可能性则很小，即没有得到强化。

1．正强化的使用原则

组织在使用正强化时，需要遵循以下四个原则：

第一，适当强化的原则。强化物只有在员工从事了组织期望的行为时才能给予。没有从事组织期望的行为也给予强化物是没有强化效果的。如在阿里巴巴，丰厚的奖励取决于员工以往的业绩，若是如"双十一"等重要的购物节的交易额有重大突破，员工可以得到如红包、年终奖、期权奖励和例行加薪等丰厚年终大礼包。

第二，即时强化的原则。如果在想要的行为发生后立即给予强化，强化效果更好。实施强化的时间越是滞后于行为，强化就越没有效果。如在阿里巴巴，年终大礼包在"双十一"购物节结束后两个月内便发放给员工。

第三，强化大小原则。在想要的行为之后给予的强化物越大，强化对想要的行为的频次的影响作用越大。强化物的数量或大小是相对的，对一个人有作用的强化物对其他人不一定有用。

第四，强化剥夺原则。员工被剥夺的某强化物越多，就会更加渴望该强化物，则强化的效果会越好，组织期望的员工行为的发生频次会越高。如果个体对某种强化物已足够拥有，则强化的效果就不强。

2．组织中的正强化

组织中的正强化一般是指奖赏。不过，并不是所有的奖赏都能成为正强化，只有能增加所期望出现的行为的频次的奖赏才能称为正强化。如果一项奖赏本身没有带来所期望行为的重复出现，那么它就不是一种正强化。例如，一位管理者曾当着同事们的面表扬某员工发现了团队报告中的一个错误，这位管理者坚信她是在强化想要的行为。然而，后来她却发现这位员工因此受到团队其他成员的冷淡，再也不寻找错误了。可见并不是所有奖赏都是正强化。如果行为的频次减少或者保持不变，则这时的奖赏就不再是正强化。

组织中的奖赏即包括物质的奖励，例如薪水、奖金、额外的福利等，也包括非物质奖赏，例如言辞赞同、分配给员工想要的任务、改善工作条件以及额外的休假时间等。不少组织在如何奖励员工的方式上不断地创新，例如，对员工的实物奖赏范围扩展至员工家属（如将一部分奖金直接发给员工父母），通过奖励员工家属来激励员工（表2-2中实物奖励中的社会/人际奖赏就是指此种类型），有些时候奖励员工家属会比直接放在工资单上奖励员工本人更有效果。表2-2包含了一系列相当广泛的组织中可能运用的强化手段。值得注意的是奖赏只有在个人自愿接受它们，并觉得它们是自己想要的或令人快乐的时候，才能成为强化物。

表 2-2 组织中常用的奖赏

实物奖励	附加福利	地位象征
工资	公司汽车	靠墙角的办公室
加薪	健康保险计划	有窗户的办公室
股票期权	年金捐赠	地毯
利润分享	假期和病休	帘子
延期补偿	娱乐设施	油画
红利计划	儿童抚养补助	手表
激励计划	俱乐部特权	戒指
报销花费	因双亲的原因而准假	私人休息室
社会/人际奖赏	来自任务的奖赏	自我实施的奖赏

（资料来源：郝尔雷格尔，等．组织行为学 [M]．俞文钊，丁彪，译．上海：华东师范大学出版社，2009：170．）

（二）惩罚

惩罚（punishment）是指以某种带有强制性和威胁性的结果（例如，批评、降薪、降职、罚款、开除等）来创造一种令人不快甚至痛苦的环境，以表示对某些不符合要求行为的否定，从而消除这种行为重复发生的可能性。

惩罚是跟随在一个已经出现的行为之后，以减少该行为频次的一个带有强制性、威胁性的不快乐事件。与正强化一样，一项惩罚可能包括一个特定的前提，该前提暗示员工实施特定的行为后会有不愉快的结果。正强化是增加想要行为的频次，而惩罚则是要减少不想要的行为的频次。

1. 惩罚的负效应

第一，导致一些不想要的情绪反应。因为多休息一会儿而遭到责备的员工可能对管理者和组织产生愤怒的反应。这些反应可以导致有损组织的行为发生。例如，怠工就是典型的以惩罚为中心的管理体系所导致的结果。

第二，只能在短期内压制但不能消除不想要的行为。如果要长期压制不想要的行为，就要求持续的甚至是逐步加重的惩罚。另一个问题是，对不想要的行为的控制也要看管理者是否在场。当管理者不在周围时，组织的不想要行为可能会复发。

第三，被惩罚的个体会设法回避或逃避这种情境。从组织的观点来看，如果员工是在回避一项特别的、必要的任务时，则这种反应可能就是不可接受的。高旷工率是一种回避反应，当经常使用惩罚时，它就可能发生。辞职是员工最后的一种逃避形式，依靠惩罚的组织就有可能出现员工较高的流动率。一定的流动率是需要的，但是过度的流动对组织是有害的。

第四，会压制员工的创造力和适应能力。基于对惩罚做出反应，员工将可能只做被告知的事情而不会主动多做。这样的态度显然是组织所不想要的，因为组织得依靠员工创造性地工作。过分惩罚会产生冷漠的员工，持续惩罚也可能导致低自尊。低自尊反过来会影响员工的自信，而自信对于完成大多数工作而言是非常必要的。

第五，会使员工对管理者产生条件性恐惧。也就是说，员工形成了一种对以惩罚为中心的管理者的恐惧。这样的管理者已经成了一种环境线索，它暗示员工不愉快事件发生的可能性。员工对恐惧的反应，如"躲避"或不愿意与管理者沟通，会极大地影响员工的绩效。

2. 惩罚的使用

管理者依赖惩罚也许是因为惩罚在短期内会迅速奏效。从本质上来说，管理者使用惩罚也是被强化的，因为这种方法会使员工的行为发生迅速的改变。这也可能导致管理者忽视惩罚带来的长远的、可能逐步递增的负面效果。所以，从长远来看，正强化比惩罚效果更好。然而，惩罚只要有效地使用，在管理中还是有一席之地的。在组织中，最普遍的惩罚形式就是口头责备。它会减少或消除某个不想要的员工行为。一条古老的经验就是：公开赞扬，私下惩罚。一般而言，私下惩罚更具有教育性与启发性。公开惩罚可能会带来负效应，因为当着同辈群体的面，遭到惩罚的员工会觉得难堪。

惩罚是训练人不要做什么，而不是要做什么。因此，管理者必须把替代行为描述给员工。当员工表现出想要的替代行为后，管理者应该对之给予积极强化。

（三）强化程序

1. 强化程序的类型

强化程序主要有两种类型：连续强化与间歇强化。

连续强化（continuous reinforcement）是指当每一次理想行为出现时，都给予强化物。它是一种最简单的强化程序。

比如，对于一个有迟到行为的员工，每次在他准时上班时，主管都会对他的好行为进行表扬。在一些直销组织中，销售人员每做一笔买卖都会得到一份提成，提成比率大概是销售额的25%~50%。尽管强化物（钱）并没有立即收到，但是人们会立即盘算自己的销售额，并迅速把销售额转化成组织应该付给他们的提成。

间歇强化（intermittent reinforcement）是指在想要的行为发生一定次数之后（而不是每次）才给予强化物。

间歇强化又分为比率强化和间隔强化两种。比率强化强调强化措施要在行为人完成了一定数量的行为后才采取。间隔强化则取决于上次强化过后所经历的时间，个体在第一次恰当的行为之后要再经历一段时间才会得到强化。这两种强化程序又分别可以细分为固定式（不变化的）和可变式（不断变化的）程序。这样就有了四种主要的间隔强化程序：固定间隔、可变间隔、固定比率以及可变比率。表2-3对四种间歇强化程序进行了比较。

表 2-3 间歇强化程序间的比较

程序	奖赏的形式和例子	对绩效的影响	奖赏撤销对行为的影响
固定间隔	基于固定时间进行奖赏：每周或每月付薪水	导致平均水平和不规则的绩效	行为迅速消除
固定比率	奖赏与特定数量的行为联系起来：计件工资体制	迅速导致非常高而稳定的绩效	行为较快消除

(续)

程序	奖赏的形式和例子	对绩效的影响	奖赏撤销对行为的影响
可变间隔	不定时给予奖赏：没有事先声明的检查或评价以及每月随机给予奖赏	导致较高和稳定的绩效	行为慢慢消除
可变比率	行为出现若干数量才给予奖赏：销售奖金与卖出 x 数量金额联系起来，但 x 围绕平均数持续变化	导致非常高的绩效	行为消除得非常慢

固定间隔程序（fixed-interval schedule）是指每隔一定的固定时间给予一次强化的方式。这种类型的关键变量是时间，而且必须持续进行。

如每个月按固定的时间发工资，老板每天或每周在特定的时间到员工那里，看看他们是否在认真工作。但是这种强化时间表在维持行为方面并不是特别有效，因为老板不在，或除了在这特定的时间里，员工们就可能在工作中偷懒，因为他们知道努力了也不会得到奖励，不工作也不会被惩罚。

可变间隔程序（variable-interval schedule）是指奖励根据时间分配，但强化的时间却是不可预测的方式。

按照间歇节律，强化措施的采取也要经过一定的时间间隔，时间的长短并不完全相同，不过这段时间的长短会围绕着某个平均值变动。例如，一家公司的一批新员工，他们在连续全日工作满一年以后，有些人可能在 10 个月后被提升，另一些人则可能需更长的时间后才能被提升。再如，管理人员平均 4 周对分公司进行一次突击性访问（有时 2 周，有时 4 周，有时 6 周），采用这种可变间隔强化时间表，员工们不知道自己什么时候会被检查，所以他们不敢掉以轻心。所以，这种可变间隔强化要比固定间隔强化更有效。

固定比率程序（fixed-ratio schedule）是指一个想要的行为的发生频次达到一个固定的数目后，便给予强化物。

例如，计件工资制就是固定比率强化。又如，在一个商场里，一定的购物数目内购物满一定的金额便可以成为该商场的会员，享受一定的折扣或者得到一份礼品等，这也是固定比率强化。

可变比率程序（variable-ratio schedule）是指给予强化物之前必须有一定数量的行为发生，只不过行为的数量围绕着某些平均数上下变化。

如果一个人知道自己的行为在达到一定的数量后会得到强化，但却不知道这样的行为的数量到底是多少，于是会不断地以一种执着的期望、以高且稳定的频率进行反应，彩票购买者的心理即是如此。

2. 强化程序与行为

连续强化程序容易导致过早的满足感，在这种程序下强化物一旦消失，行为倾向于迅速衰减。不过，连续强化方式适于新出现的、不稳定的或低频率的行为反应。与之对照，间歇强化程序不容易产生过早的满足感，因为它并不是每一次反应之后都有强化，这种方式适合于稳定的或高频的反应。

总之，可变程序倾向于导致比固定程序更高的绩效水平。组织中的大多数员工以固定间隔程序的强化方式得到报酬，但是这种方式并未清楚明确地表明绩效和奖励之间的清晰联系，奖励是根据工作中所花费的时间而不是具体的反应（工作绩效）而提供的。相反，可变间隔程序方式会产生更好的行为反应和更稳定一致的行为，因为在这种方式里，绩效与奖励之间的相关性很高，而且其中包括不确定性的因素，由于这是一个出其不意的因素，员工们倾向于更为警觉。

比率程序经常比间隔程序效果要好。原因在于，间隔程序强调的是隔着固定或是不定的时间给予强化物，比率程序更强调行为需要发生一定或是不定的数量后才能给予强化物。比率程序依据期望的行为出现数量多少进行强化，而不管时间有多久。间隔程序根据时间间隔进行强化，而不管行为出现了多少次，因此，比率程序更能够导致期望行为的发生。

（四）强化理论的应用

在实际管理中，运用强化理论来保持和加强积极行为、减少和消除消极行为具有重要作用。管理者应在全面认识强化理论的合理性和局限性的基础上，正确、恰当地运用强化手段，这样才能收到预期的激励效果。以下是一些应用时需要注意的事项：

第一，注意强化的时效性和多样性。工作绩效的反馈会对员工行为产生强化作用，对工作结果的奖励，会使员工保持和加强自己的行为；对工作结果的惩罚，会使员工调整和改变自己的行为。但是，工作绩效的反馈应注意时效性，只有及时的反馈才能最有效地发挥强化作用。出色的管理者很注意及时反馈。有这样一个管理的小故事：福克斯波罗公司的技术提升迫在眉睫。一天傍晚，一位工程师拿着技术改进方案和工作样品来到总经理办公室，总经理发现这项方案十分有价值，应该马上给予奖励，他在抽屉里东翻西找，最后拿出一根香蕉奖励给了这位工程师，这是当时他唯一能够当即拿出来的奖品。这件奖品虽然微不足道，但由于时效性很强，极大地鼓舞了这位工程师。自此，该公司制作了一种小小的"金香蕉"奖章，总经理随身携带，随时奖励为公司做出贡献的人。通过这个故事我们可以得到启示，在管理中，应该让职工尽快知道自己工作效果的好坏或进展情况，这样就可以使职工及早明确自己应如何去做，从而提高强化效果。

同样组织也应该"因人制宜"，采用不同的强化方式。由于人的个性特征及需要层次不同，不同的强化机制和强化物所产生的效应会因人而异。因此，在运用强化手段时，强化方式应随着对象和环境的变化而相应调整。

第二，正强化比惩罚更有效。在运用强化手段时，应以正强化为主；同时，在必要时也要对坏的行为予以惩罚，做到奖惩结合。

第三，注意根据实际情况运用强化程序。如销售岗位可以运用比率程序，当销售员的销售额达到某一数量后才给予强化物，这样销售员才会不断地朝着组织期望的销售额前进。如企业在制定员工的晋升制度时，更适合使用可变间隔程序，因为每一个员工的能力和业绩都不一样，故其晋升时间也不一样。

三、学习原理在组织中的应用

（一）培训：学习和开发工作技能

学习原理在组织中最明显的应用是培训。培训是人们系统地获得和改进用以改善他们的工作绩效所需的知识、技能和能力的过程。培训不但用来为新雇用的员工所面对的工作挑战做准备，而且也用来提升和更新现有员工的技能。许多企业在培训上花费了巨额的费用，鉴于这种在培训上大量的投资，考虑提高员工培训有效性的途径是非常重要的。有五个原则我们需要注意：

第一，促进参与。当人们积极地参与到学习的过程中时，不但能够学得更快，而且也能够更长久地保持技能。如学习游泳时，没有什么可以代替"到实践中去学"。

第二，鼓励重复。古语有云：熟能生巧。这是反复学习的好处。员工通过一次次重复操作，会逐渐熟练掌握技能。当然反复学习并不是集中于一个时间段内的，是可以分摊到不同的时间段的，这样学习效应会更好，在某一个时间段内只学习少量知识技能可以使这些知识技能被较好地理解和吸收。

第三，利用主动学习的技巧。为了使学习最有效，员工必须以一种主动的方式参与进去（如提出建议），而不是被动的方式（只听不说）。主动学习技巧使得员工可以控制他们的学习经验，并且要求员工对任务进行探索和实验，这样员工可以更好地完成任务。

第四，利用培训迁移。将自己已经知道的知识技能应用于学习新的知识技能的过程。一般而言，培训计划与工作要求的匹配性越紧密，培训就越有效。

第五，给予反馈。反馈提供一个人培训有效性的信息，比如 360 度反馈。

（二）组织行为矫正：积极强化期望的组织行为

组织行为矫正又称为"行为矫正"，是强化理论在管理实践中的应用，指的是采用有规律的、循序渐进的方式引导出所需要的行为并使之固化的过程。在上文的操作性条件反射中，可以看到我们的行为结果决定了我们是重复这种行为还是放弃它。得到奖励的行为往往得到加强并在未来被重复。记住这一点，有可能通过有选择地管理奖励来帮助强化那些组织期望的行为。

组织行为矫正在许多组织中被成功运用，促进了很多行为的重复发生。一个著名的案例是艾默瑞公司（Emery Air，现在是联邦快递的一部分）进行的关于包装搬运工工作方式的研究。该公司出于经济考虑，希望工人尽量使用运输专用的金属箱。当管理人员询问工人搬运的货物中有多少使用了金属箱时，工人的回答一律是 90%，但事实上比例仅有 45%。为了鼓励员工使用金属箱，管理层建立了一个反馈和积极强化方案。每个装运工接受指导并记录他每天的装运量，每天工作结束后由工人自行计算金属箱使用率，并据此发放奖励。结果，该制度实施的第一天，金属箱的使用率猛增到 90%，并一直保持该水平。据公司称，这项措施在 3 年里为公司节省了 200 万美元。

（三）纪律：消除不期望的组织行为

所谓纪律就是对惩罚的系统管理。正如组织系统地运用奖励来鼓励期望行为，它们也运用惩罚来阻止不期望的行为。缺勤、迟到、旷工等问题扰乱了组织的工作秩序，给组织带来损失，导致许多组织试图通过纪律来实施管理。

通过对不期望行为所带来的令人不愉快的结果（如罚钱等）进行管理，组织寻求消除不期望的行为。无论采取哪种方式，运用纪律都是种相对普遍的做法。要想使纪律发挥有效的作用，就要知道如何以公平和合理的方式来管理惩罚。我们可以遵循以下五个原则：

第一，在不期望的行为发生后，马上给予惩罚。不期望行为的发生与负面结果的管理之间的时间间隔越短，人们对两者之间的联系也就越强。当人们得出这样的联系后，其结果就会是一种惩罚，从而降低不期望行为的频率。因此，管理者最好在下属表现出不期望行为后马上就告诉他。在事情过去一段时间之后才来表达不赞同，其效果就比较差，因为时间的流逝将削弱行为与结果间的联系。

第二，给予适度的惩罚——既不要太重也不要太轻。如果不期望行为的结果受到的惩罚不是很严厉（如翻白眼表示不赞同），那么它们就不太可能被当作惩罚。相反，结果过于严厉可能会被视为不公正或不人道。当发生这种情况时，不但个体有可能会辞职，而且也会向别人传递企业措施不合理的强烈信号。

第三，惩罚不期望的行为而不是人。有效的惩罚本质上应该是客观的，它关注的是个人的行为而不是人格。例如，在处理一名多次被抓获工作间隙休息时间太久的员工时，说"你太懒惰且态度不好"是不明智的。相反，最好这样说："由于你没能在需要的时候坐在办公室里，使得我们所有的人很难准时完成工作"，以这种方式做出反应不会太羞辱那个人。此外，把注意力集中在人们确切地可以做些什么来避免这种不许可的行为（在这个例子中，就是减少工作间隙不正当的休息时间），会提高他们以组织期望的方式改变他们行为的可能性。相反，感受到人身攻击的人不仅可能"不理睬"这个信息，而且也不知道如何确切地去改进。

第四，惩罚保持一贯性——在任何时间，对任何人。有时候，管理者想对员工仁慈一点，对于违反企业规则的事睁一只眼闭一只眼。这样做带来的损害远比好处多，因为它在无意中强化了不期望的行为（它向员工展示违反规则后可以侥幸逃脱）。因此，最有效的方式就是在每一个不期望的行为发生后给予惩罚，同样地，很重要的是要显示所有员工待遇的一贯性。换句话说，犯了同一错误的人将受到同样的惩罚，不管由谁来给予这种惩罚。这样，管理者就不太会被控告有偏袒行为。

第五，清晰地沟通给予惩罚的原因。清楚地表述什么样的行为导致什么样的纪律性惩罚，将极大地提高惩罚的有效性。管理者清晰地与员工沟通组织的期望有助于增强员工行为与结果间的感知联系。聪明的管理者利用他们与员工间的沟通，清楚地表达出给予惩罚不是为了报复，而是为了消除不期望的行为。

本章核心概念

能力　能职匹配原则　能职优化组合原则　能力互补原则　学习　经典条件反射　操作性条件反射　社会学习理论　行为塑造　强化　正强化　惩罚　连续强化　间歇强化　固定间隔程序　可变间隔程序　固定比率程序　可变比率程序

思考题

1. 什么是能力？能力和知识有什么样的联系和区别？
2. 管理者在用人时，应注意能力运用的哪些原则？
3. 如何在组织的管理中做到量才为用？请举例说明。
4. 请对比分析经典条件反射理论与操作性条件反射理论。

讨论题

1. 一个团队的领导在使用惩罚时要注意的问题有哪些？
2. 举例说明你对行为塑造的理解？

案例分析

李厂长的治厂术

李厂长是某机械厂的新任厂长。该厂是个有1400多名职工、四个生产车间、一个检修车间的中型企业，近年来刚从国外引进一条全自动生产线，但由于纪律松弛、管理混乱，产量和利润呈下降趋势，李厂长正是在这种情况下上任的。一上任，他就和厂里的其他领导制定了"以经济效益为中心，以劳动纪律为突破口"的整顿方针，并明确了分工，李厂长亲自抓劳动纪律。他宣布了加强劳动纪律的规定，亲自到厂门口抓迟到者，宣布决定的第二天，就抓获了40多名因电车晚点而迟到10分钟的工人，并按规定扣了半日工资。这引起了工人的不满，这些人干脆就半天不干活。此外，李厂长还亲自对一些脱岗闲逛者、睡觉者做了扣除当日工资的处理，经过一段时间的努力，厂里的迟到和脱岗现象大大减少了。可也出现了另一种情况，只要李厂长不在，迟到和脱岗现象就会猛增。因此，李厂长被拴在了劳动纪律这一块，而劳资科却起不到应有的作用。这使他感到头疼：难道治厂不该严格？

李厂长在抓纪律的同时，也抓了生产方面的一些工作，经常到车间去处理一些生产方面的具体问题。李厂长非常严格，对一些小问题绝不容忍，经常训斥一些操作出错的工人。并且白天检查，晚上查岗，对于查岗时遇到的员工怠工问题尤其生气，对怠工者采取扣工资或是降职的处罚。当主管生产的黄副厂长不在时，他在现场拍过几次板，过后才知道和黄副厂长过去制定的方案正好相反。这样一来就招来了麻烦：车间主任大事小事都要向他请示、汇报。他更感到头痛的是：包括黄副厂在内的中层干部近来积极性都不高，似乎有满肚子怨气。

（资料来源：https://wenku.baidu.com/view/047a621d6bd97f192279e97f.html？from=search.）

问题：

1. 试从强化理论的角度考虑：李厂长在组织管理方面有什么缺陷？
2. 如果你是这个厂的厂长，那么你将采取哪些措施来解决案例中李厂长面临的问题？

第三章 价值观与人格

引导案例

2011年2月，阿里巴巴B2B公司发布公告，为维护公司"客户第一"的价值观及诚信原则，2010年公司清理了1107名涉嫌欺诈的"中国供应商"客户，该公司CEO卫哲、COO李旭辉为此事引咎辞职。

阿里巴巴委托专门的调查小组对事件进行了独立调查，发现直销团队的一些员工为了追求高业绩高收入，故意或者疏忽而导致一些涉嫌欺诈的公司加入阿里巴巴云平台。

CEO卫哲为事件进行公开道歉时表示，"这四五年里，我刻骨铭心地体会到以客户第一为首要的阿里巴巴价值观是公司存在的立命之本！尽管我们是一家上市公司，但我们不能被业绩所绑架，放弃做正确的事！阿里巴巴公司存在的第一天就不在乎业绩多少，业绩是结果，不是目标！我学习到作为阿里人要勇敢地面对并承担自己的责任。"

阿里巴巴B2B董事会主席马云在随后写给员工和客户的邮件里痛斥了这种行为，称"对这种触犯商业诚信原则和公司价值观底线的行为，任何的容忍姑息都是对更多诚信客户、更多诚信阿里人的犯罪！"

（资料来源：http://baike.baidu.com/item/阿里巴里ceo卫哲引咎辞职事件/6317687?fr=aladdin。）

引例中的阿里巴巴CEO卫哲引咎辞职事件，是阿里巴巴对坚持价值观式管理的最好诠释。那么价值观（value）是什么？为什么要重视价值观呢？价值观又能在多大程度上影响员工的行为呢？本章将首先介绍价值观的相关内容，再介绍一些主要的人格理论，来揭示价值观和人格是如何影响员工行为的。

第一节 价值观

一、价值观的概念与类型

（一）价值观的概念

价值观是指一个人对周围的客观事物（包括人、事、物）的意义、重要性的总体评价和看法。

匈牙利爱国诗人裴多菲·山陀尔（Petöfi Sándor）曾写过一首短诗，"生命诚可贵，爱情价更高；若为自由故，两者皆可抛！"裴多菲将他人生中最为重要的三种东西进行了排序，从中可以看出他的价值观，当然这也反映了当代一部分人的价值观。像这种对诸事物的看法和评价在个体心目中的主次、轻重的排列次序，就是价值观体系。在同样的客观条件下，具有不同价值观的人会产生不同的行为。比如，同一个组织中的员工，有的喜欢恭维上司，有的则专注于自己的工作，这种差异很大程度上是由他们的价值观决定的。

虽然个体价值观和价值观体系会随着生活的变迁而发生变化，如幼年认为珍贵的东西，到老年却不喜爱了，但是有些基本的观念是相对稳定的，它们对行为起着长期的指导作用。例如，一项研究发现，中世纪阿拉伯社会主流价值观随着时代发展有所扬弃，但以伊斯兰思想为核心的价值观却稳定恒久⊖。

码 3-1

（二）价值观的类型

1. 奥尔波特分类

戈登·威拉德·奥尔波特（Gordon Willard Allport）及其助手对价值观的分类是本领域中最早的尝试之一。他们根据德国哲学家爱德华·斯普兰格（Eduard Spranger）《人的类型》一书中对人的性格的分类，将价值观划分为六种类型。

1）经济型：强调有效性和实用性。例如，大多数商人追求高效和利润就属于经济型价值观。

2）理论型：以追求知识和真理为中心。例如，乔达诺·布鲁诺（Giordano Bruno）就是理论型价值观的典型代表，他为了捍卫"日心说"，可以甘愿赴死。

3）审美型：以形式协调和美为中心。例如，魏晋时期的男子十分重视外貌，日日敷粉剃须，他们认为美是非常重要的，这反映了他们审美型的价值观。

4）宗教型：以信仰为中心。例如，革命志士为了心中的信仰，可以舍家弃友，剖肝沥胆。生命、家庭和友情等对宗教型的人而言，都不如信仰来得重要。

5）政治型：以权力、地位、名望为中心。很多政治家、企业家属于这一类型，他们会为了追求权力、地位和名望等，牺牲家庭和亲情。例如，古代许多官员为了升官和获取更高的地位，会将自己的女儿许给权贵。

6）社会型：以他人和群体为中心。举个典型的代表人物，德兰修女（Blessed Teresa）。德兰修女从 12 岁起，到 87 岁逝世前都在为穷人、病人和流浪者服务。德兰修女逝世后，印度政府为她举行了国葬，来自 20 多个国家的 400 多位政府要人参加了她的葬礼，其中包括了三位女王与三位总统。社会型的人还有很多，例如支教老师和志愿者等。

通过问卷调查的方式，研究者发现，不同的工作环境下人们的价值观有很大的差异。比如，对一位科学家而言，理论型价值观是最重要的；而对一个无国界医生而言，居于首位的则是社会型价值观。

⊖ 陆培勇. 从《一千零一夜》看中世纪阿拉伯社会主流价值观[D]. 上海：上海外国语大学，2009.

2. 罗克奇分类

米尔顿·罗克奇（Milton Rokeach）设计了罗克奇价值观调查问卷（Rokeach values survey，RVS），它包括终极价值观和工具价值观两种价值观类型，每一种类型有 18 项具体的内容。表 3-1 列出了每一种价值观的内容。

终极性价值观（terminal values）是指一种期望存在的终极状态，是个人期望通过一生来追求和实现的目标。

工具性价值观（instrumental values）是指偏爱的行为方式或实现终极价值观的手段。

表 3-1 罗克奇价值观调查问卷（RVS）

终极性价值观	工具性价值观
舒适的生活（富足的生活）	雄心勃勃（辛勤工作、奋发向上）
振奋的生活（刺激的、积极的生活）	心胸开阔
成就感（持续的贡献）	能干（有能力、有效率）
和平的世界（没有冲突与战争）	欢乐（轻松愉快）
美丽的世界（艺术与自然的美）	清洁（卫生、整洁）
平等（兄弟情谊、机会均等）	勇敢（坚持自己的信仰）
家庭安全（照顾自己所爱的人）	宽容（谅解他人）
自由（独立、自主选择）	助人为乐（为他人的福利工作）
幸福（满足）	正直（真挚、诚实）
内在和谐（没有内向冲突）	富于想象（大胆、有创造力）
成熟的爱（性和精神上的亲密）	独立（自力更生、自给自足）
国家的安全（免遭攻击）	智慧（有知识的、善于思考的）
快乐（快乐的、闲暇的生活）	符合逻辑（理性的）
救世（救世的、永恒的生活）	博爱（温情的、温柔的）
自尊（自重）	顺从（有责任感、有自尊心）
社会承认（尊重、赞赏）	礼貌（有礼的、性情好）
真挚的友谊（亲密关系）	负责（可靠的）
睿智（对生活有成熟的理解）	自我控制（自律的、约束的）

一些研究证实了罗克奇价值观在不同人群中有很大的差异。与奥尔波特的研究发现一致，这些研究也表明，相同职业或类别的人倾向于拥有相同的价值观。例如，一项研究比较了公司经营者、钢铁业工会成员和社区工作者，结果发现三组人的价值观有重叠之处，但是也存在显著的区别，见表 3-2。社区工作者认为"平等"是最重要的终极价值观，而公司经营者和钢铁业工会成员却分别将这种价值观排到第 14 位和第 13 位；"助人为乐"在社区工作者的工具性价值观中位居第二，其他两类人则对此不以为然。

表 3-2　公司经营者、钢铁业工会成员和社区工作者的价值观排列

排名	公司经营者		钢铁业工会成员		社区工作者	
	终极性价值观	工具性价值观	终极性价值观	工具性价值观	终极性价值观	工具性价值观
1	自尊	诚实	家庭安全	平等	平等	诚实
2	家庭安全	负责	自由	诚实	世界和平	助人为乐
3	自由	能干	快乐	勇敢	家庭安全	勇敢
4	成就感	雄心勃勃	自尊	独立	自尊	负责
5	快乐	独立	能干	能干	自由	能干

（资料来源：罗宾斯.组织行为学[M].7 版.孙健敏，李原，等译.北京：中国人民大学出版社，1997：158.）

二、职业价值观

（一）职业价值观的概念

职业价值观（occupational theory）也称为职业锚（career anchor），是指人生目标和人生态度在职业选择方面的具体表现，即一个人对职业的认识和态度以及他对职业目标的追求和向往。

职业锚理论是由美国组织行为学家埃德加·沙因（Edgar H. Schein）创立的。人们在一生中可能会多次更换职业，甚至跨行业选择职业，但是这些选择的背后会存在一种执着，或者是对薪水的坚持，或者是对晋升通道的坚持等。即使是被迫选择了不符合个体职业价值观的职业，个体也会存在一种内驱力，使其重新选择符合其职业价值观的职业。

码 3-2

（二）职业价值观的分类

1）技术型：强调技术并不断成长，职业发展围绕自己所擅长的技术或专业能力而进行。

2）管理型：希望成为管理人员，倾心于权力，升迁动机强烈，成为组织的高层管理者是他们的最终目标。例如，高校中的老师，有的热爱科研，喜欢参加讲座，出国留学，关注于自我技能的不断增长，这是技术型的职业价值观；还有些老师，则希望能走上管理岗位，从事管理方面的工作，这体现了管理型的职业价值观。

3）创造型：也称为创业型，这种人创造欲强，偏好高风险，意志坚定，在职业选择方面大多围绕创造性活动或创业性活动，如创办属于自己的企业。

4）自主型：也称为独立型，这种人愿意自己决定事情，倾向于选择可以自己安排时间，自己决定生活和工作方式的职业，如作家、顾问、创业者等。

5）安全型：极为重视长期的职业稳定和工作的保障，愿意在一个熟悉的环境中维持一种稳定的、有保障的职业。安全型的人在选择就业单位时，可能会更加倾向于国企、事业单位等；在职业选择方面则倾向于公务员、老师等稳定性较强的职业。

6）服务型：也称为奉献型，这种人关注工作本身的价值，并且具有较强的利他主义

倾向。他们不仅把工作作为一种谋生手段，更强调工作应该体现他们的个人价值和一定的社会意义。

7）生活型：这种人更喜欢能够使他们的工作和家庭平衡稳定，可以同时满足个人需要、家庭需要和职业需要的工作环境。他们不喜欢只有工作没有家庭生活的工作方式。生活型价值观比较强的人，很难忍受长时间的加班和很少的休假。在生活型价值观上得分比较低的人，在选择职业时，可能就不会在意目标企业的加班文化，愿意为了工作牺牲个人休息时间。

8）挑战型：这种人喜欢工作能够提供挑战，希望工作具有新奇感、变化性和困难，如果工作过于简单，可能马上令人感到厌烦。对于挑战型的人来说，工作的清闲、稳定都不重要，重要的是他能够在工作中感到有挑战性，能获得成就感。

职业价值观可以帮助我们了解员工或者求职者对于职业或者组织有一个什么样的期望，然后管理者就可以将员工或者求职者的职业价值观与他们的职业进行一个比对，以此来做出更有效的人力资源管理决策。例如，某组织要招聘一名员工外派到北非，有两位求职者，第一位是安全型和生活型价值观得分比较高的，第二位则是挑战型价值观得分高、安全型价值观得分比较低的，那么作为一名管理者，选择哪位员工更为合适是显而易见的。如果某位员工的职业价值观与组织文化和岗位要求不相符合，那么他的工作满意度和工作效率很有可能会比较低。

除了人岗匹配，人与组织特征的匹配也是十分重要的。一个自主独立型的员工可能很难喜欢权威导向的、权力距离大的组织文化，一个服务型的员工可能很难适应只追求利润、不在乎社会效益的组织。

码 3-3

三、职业性向理论

学习了价值观及职业价值观的部分，您可能会想到一个很有意思的问题：个体觉得有价值的职业，就一定会去从事吗？可能很多人都觉得服务社会、帮助他人很有价值，比如去偏远山区支教等，但这些人最后都真的会去支教吗？答案是不确定的。因此，在考察个体的职业选择时，除了职业价值观，还应该考察他的职业兴趣。举个例子来说，有一位中学的英语老师，不喜欢他的工作，过得十分不开心，后来他移民到了加拿大，去了一家窗帘厂工作，从事竹制窗帘的制造工作，一份普通人看来十分无趣乏味的工作，这位老师却十分喜欢，这正是因为窗帘制造工作满足了他的职业兴趣。

美国职业指导专家约翰·霍兰德（John Holland）提出了非常具有影响力的理论——职业性向理论（career orientation theory）。霍兰德将人的职业兴趣和职业类型分为六类，并通过他开发的一套测验来判断个体的职业性向，以此来进行相应的职业匹配。职业兴趣和职业类型分为以下六类：

1）现实型（realistic）：愿意使用工具从事操作性工作，动手能力强，做事手脚灵活，动作协调；偏好于具体任务，不善言辞，性格腼腆，情绪稳定，讲究实际；缺乏社交能力，通常喜欢独立做事。

主要职业：工程师、建筑师、摄影师、园艺工人等。

2）研究型（intellectual）：抽象思维能力强，重分析，好内省，喜欢逻辑分析、推理以及创造性的活动。

主要职业：科学家、教师、计算机编程人员等。

3）社会型（social）：喜欢与人交往，善于合作，注重友谊，关心社会问题，喜欢从事能为他人服务的或能与他人建立和发展各种关系的职业。

主要职业：教育工作者、外交家、宗教工作者、社会工作者、临床心理学家等。

4）企业型（enterprising）：支配性强，富有冒险精神，自信，精力旺盛，喜欢说服和影响他人；偏好能够影响他人和获得权力的活动。

主要职业：企业家、房地产商、律师、政府官员、金融家、小企业主等。

5）艺术型（artistic）：想象力丰富，情绪化，不实际，好创作；喜欢从事非系统化的、自由度大的活动。

主要职业：设计师、艺术表演家、作家、画家等。

6）传统型（conventional）：易顺从，自制力强，想象力差，缺乏灵活性，喜欢照章办事；偏好有规范、有秩序、任务明确的工作。

主要职业：银行出纳员、统计员、图书管理员、邮递员、会计等。

人们通常倾向于选择与自我兴趣类型相匹配的职业环境，如具有现实型兴趣的人希望在现实型的职业环境中工作，可以充分地发挥个人的潜能。但在现实生活中，很多人最后选择的工作并不是自己最感兴趣的，原因有三个：一是因为个体本身通常是多种兴趣类型的综合体，单一类型显著突出的情况不多见，而一个人的职业选择很难同时满足人所有的兴趣点，所以大部分人会选择一个或几个职业兴趣点进行满足；二是因为影响职业选择的因素是多方面的，不完全依赖于个人兴趣，并不是个人喜欢什么就能做什么，还要看个体有没有做这个事情的可能性，比如说一个人想要当外科医生，他就能成为外科医生吗？不一定，这要取决于他是否有能力当一名外科医生；三是因为个体不一定会去做自己最感兴趣的事情，比如说一个人对爬山有兴趣，他就一定会成为一名专业的攀爬者吗？不一定。例如，安吉丽娜·朱莉（Angelina Jolie）最感兴趣的是开殡葬馆，结果却成了一名演员。乔治·克鲁尼（George Clooney）想当一个大联盟棒球手，最后也成了一名演员。也就是说，在做职业选择时，除了考虑到自己的兴趣，还必须考虑到社会的职业需求以及这个职业的现实可能性。人们的职业选择过程是一个不断妥协的过程，最后选择的不一定是最契合职业兴趣的。当然，如果个体能够选择到完全契合自己职业兴趣的工作，自然是最好的。但是如果个体选择到完全不契合自己职业兴趣的工作时，个体可能难以适应这份工作，或者难以做到工作时感觉很快乐，甚至每天都因工作而烦恼。

那么，这六种职业兴趣是否存在关联呢？实际上，这六种职业兴趣中有些类型相似度较高，有些类型之间相容性程度较低。霍兰德提出用一个六边形模型来表示六大职业兴趣类型的关系，如图 3-1 所示。两种职业性向之间的连线越短，表明这两种职业性向之间越能够相容，越有相似性，那么个体在做职业选择时所面临的内在冲突和犹豫就会越少；两种职业性向之间的连线越长，表明这两种职业性向之间越难相容，相似度越低，那么个体在做职业选择时所面临的内在冲突和犹豫就会越多。在这个六边形模型中，对角线是最长的，也就是说，对角线相连的两种职业性向之间是最难相容的。例如，传统型的人喜欢做很常规的、很有条理性的事情，而艺术型的人喜欢做很自由的、没有规律性的事情，这两种人的差异是比较大的。如果两种职业性向是相邻的，比如说是现实型和研究型的人，他们就有相似性，如都不太喜欢与人打交道，那么他们就比较适合从事社交性比较低的工作。

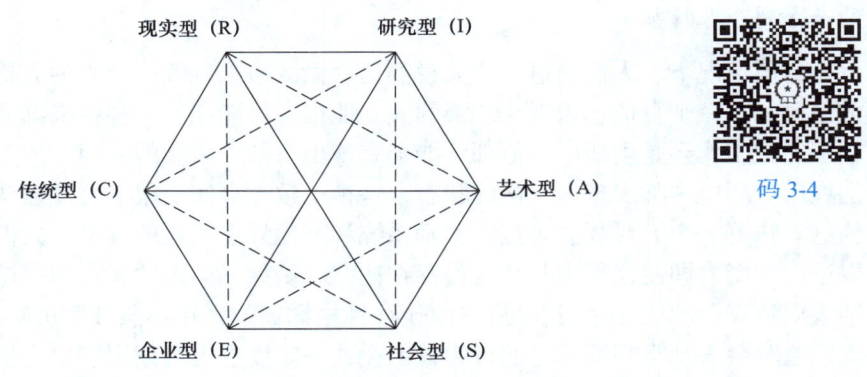

图 3-1 霍兰德职业兴趣六边形模型

个体可以怎样去了解自己的职业兴趣点呢？首先，可以通过反省自己在日常工作当中喜欢干什么事，厌烦干什么事，这些喜欢干的事就会和职业兴趣产生关联，而令人厌烦的事情则肯定与个体的职业兴趣关联程度比较低。其次，可以通过霍兰德编制的职业性向测验来快速了解自己的职业性向。实际上，职业性向理论不仅可以帮助个体去做职业选择，还可以帮助管理者进行工作岗位的设计与安排。一个岗位可能具有多个岗位职责，如果这些岗位职责之间的相似性较低，例如，某一个工作岗位，其中有些职责需要与人交流，有些职责需要处理事情，有些职责又需要与设备打交道，那么这个人就很难处理好所有的事情，因为一个个体很难在这么多不同的点上具有较高兴趣和热情。也就是说，管理者在设计工作岗位时，一定要考虑到岗位职责的相似性，并且选择符合职业兴趣的个体来处理相对应的工作任务。

第二节 人格

在招聘毕业生时，国内许多组织可能很重视毕业生的学历或证书，借此来评估毕业生的能力。但绝大多数大型跨国公司则更为看重毕业生的人品与人格（personality）。以安利集团为例，一般毕业生要通过"一般能力测试""人格胜任力测试"和"英文水平测验"才能获得面试资格，而其中的"人格胜任力测试"意在评估毕业生的心理素质、性格倾向等，如是否诚信、偏执、有无潜在心理问题等，其结果几乎具有一票否决权。那么，人格具体指什么呢？接下来，本节将主要介绍人格的概念、相关理论及几种重要的人格特质。

一、人格的概念

一些人安静而被动,另一些人热烈且进取,当人们使用安静、被动、热烈、进取、外向、好交际这些词汇来描述一个人时,实际上是按照人格特质对人进行了分类。

人格是指用以描述个体所具备的独特心理特质的综合,即影响个体行为的、相对稳定的一系列个人特征。

一般情况下,人们通过一个人说的话、做的事来判断一个人的人格。人格是相对稳定的。例如,一个自信、乐观、友善的人,他很有可能在过去和将来都具有这样的品质,而且不管在工作还是生活中,他都可能会表现出自信、乐观的一面。当然,这并不意味着人们在所有环境中都表现出一样的状态,这种一致性事实上很有可能被认为是不正常的,因为这意味着一个人对社会规范、奖励系统和其他外在因素的麻木。人们通常会改变其行为以适应环境,即使这行为与其人格存在冲突。例如,话多的人在图书馆这种明确规定"不准大声喧哗"的地方会表现得相对安静;性格懦弱的人在小孩被欺负时也可能会挺身而出。人们通常会表现出幅度广泛的行为,但在这一幅度中也可以识别出人格特征,而且,人格特征可以预测一个人的未来行为。例如,研究表明一个人小时候的人格特征可以预测其长大成人后的行为和结果,包括受教育程度、事业的成功、婚姻关系、违法行为等。因此,可以通过人格特质来判断和预测组织中的个体可能表现出的行为,比如离职行为和组织公民行为等,从而更好地对组织成员的行为进行管理。

二、人格的特征

(一)独特性和一般性

每个人既具有独特的人格特征,也具有其从属的群体的一些共同人格特征。众所周知,世界上不可能存在两个完全相同的个体,即"人心不同,各有其面"。由于所处社会环境和社会经历以及遗传因素的不同,每个人都会形成与他人不同的个性倾向和个性心理特征。同时,个体也会有其所属群体的一些共同特征。例如,我国的北方人作为一个群体,有一些共同的人格特征,如豪爽大气;而南方人作为一个群体,可能具有另一些共同的人格特征,如温婉细致。如果知道一个人所属的群体,就可以推断他具有某些特定的人格特征。当然,这里也要注意其独特性,避免出现认知偏差。

(二)整体性和层次性

人格并非是由单个的心理特征构成的,而是相互联系的一系列心理特征的总和,并且以整体形式表现出来,是一个统一的整体。因此,我们在考察一个人的人格特征时,也要将这一特征放在整体中加以考虑,才能准确而全面地了解一个人。比如,看到某人在宴席上沉默不语,就断定此人是内向型的,这是片面的,还必须观察他是否缺乏自信、好沉思、善内省等。

层次性是指根据各种人格成分的意义和作用不同,可以分为不同的层次。高层次的人格成分对低层次的人格成分具有控制作用,处于核心地位。例如,武松和林冲都是勇谋兼备的人物，但是他们高层次的人格却有差别，武松有仇必报而林冲循规蹈矩，因此在行事时呈现出不同的特点。

（三）稳定性和可变性

每一个人的人格都是在先天的生理基础上，受社会、家庭潜移默化的影响和学校教育的熏陶以及实践活动的锤炼塑造形成的。所以，人格一旦形成，就比较稳定，总以重复性、持续性、必然性的面貌出现，在不同的时间、场合表现出一些一致、持久的特质。比如，认真仔细的人，对己、对人、对事、对物都会表现出谨慎细致的特点。也就是说，这为从一个人目前的行为来推断其未来的表现提供了理论基础。当然，强调人格的稳定性并不意味着人格在人的一生中是一成不变的，随着生理的成熟和环境的变化，人格也有可能产生或多或少的变化，这是人格可变性的一面。

第三节 人格理论

人格产生的根源是什么？这是人格理论家和研究者一直致力研究的问题。人格心理学家从不同角度对这个问题做出了回答，并形成了人格理论的六个流派，分别为精神分析流派、特质流派、生物学流派、人本主义流派、行为主义与社会学习流派以及认知流派。

这六个流派类似于盲人摸象，各自阐明并验证了人格的一个重要方面。例如，精神分析流派的心理学家认为，人的无意识心理对他们行为方式的差异影响很大。特质流派的心理学家坚信，人是处在各种各样的人格特征的连续体的某个位置上的。生物学流派的心理学家用遗传素质和生理过程来解释人格的个体差异。人本主义流派认为，人的责任感和自我接纳感是造成人格差异的主要原因。行为主义与社会学习流派的心理学家把稳定的行为方式说成是条件反射和期望的结果。认知流派则用人们加工信息的方式来解释行为的差异。

一、精神分析流派——荣格理论

很多人都曾有过试图解梦的想法，这其实是在支持因为西格蒙德·弗洛伊德（Sigmund Freud）才广为人知的精神分析思想。弗洛伊德被认为是精神分析短暂发展史中最具影响力的心理学家。聚集在弗洛伊德周围进行研究的一群学者中，不乏那一时代的思想领袖。他们当中有许多人逐渐形成了自己对人格本质的看法并形成了相应的理论，但这些理论只是使弗洛伊德的理论更为详尽，并未形成更激进的人格新流派，因此人们把这些理论统称为新弗洛伊德学说。本书将介绍其中的一个代表人物的理论——荣格理论。

（一）人格结构理论

卡尔·荣格（Carl G. Jung）认为人格由意识（consciousness）、个体无意识（individual unconsciousness）、集体无意识（collective unconsciousness）三部分组成。

*意识*是人格结构的最顶层，是心灵中能够被人觉知的部分，如知觉、记忆、思维和情

绪等，其功能是使个人能够适应其周围环境。

个体无意识是人格结构的第二层，是由冲动、愿望、模糊的知觉以及经验组成的无意识。

集体无意识是人格结构的最底层，是从人类原始祖先继承下来的集体经验，能够在每个个体心中找到，带有普遍性。

荣格认为意识是心灵中很小的一部分，具有选择性和淘汰性。个体无意识的内容主要是情结，即一组组压抑的心理内容聚集在一起的情绪性观念群，如恋父情结、性爱情结等。它决定着个体的人格取向和发展动力。集体无意识由原始意象组成，反映了人类在以往历史进化过程中的集体经验，由于是共同的精神遗传，所以每个个体所拥有的内容都是相似的。荣格根据人们以特定方式对外界做出的潜在反应来描述这些意象。例如，新生儿很快就能对他的妈妈做出反应，这是因为每个人的集体无意识中都保留着母亲的意象。同样，人们对黑暗的反应也是因为从祖先那里继承了无意识意象。荣格把这些意象统称为原型（prototype）。

荣格描述过许多原型，包括母亲、父亲、智慧老人、太阳、月亮、英雄、上帝和死亡。原型的数量几乎无穷无尽，但是在荣格的理论中，有几个原型特别重要，其中比较有趣的是人格面具（personality mask）和阴影（shadow）。

人格面具是指基于个体应对外界而存在的一个体系，具有统合性、独立性和整体性。

人格面具与弗洛伊德人格三结构中奉行"现实原则"的"自我"相对应，是一种适应社会和人的本能要求的生存机制，在人生舞台上，它为自我穿上外衣，戴上各种面具以扮演各种角色，调整个人同他人及社会的关系，实现个人的目的。但是人格面具不等于个人的全部心灵，如果过分认同某种美好的人格面具，即一丝不苟地按照自己的人格面具行事，就很容易陷入麻烦中，比如产生情绪问题。人格面具与真实自我的不协调，将带来许多心理上的问题与障碍。人格面具越强，人越容易迷失自我，越容易出现心理健康问题。

阴影是指不为人们的意识所接受的内容。

阴影可比喻为人格的阴暗面，是人们心中被压抑而没有表现出来的部分，这些部分并非都是邪恶和泛性色彩的。而且，荣格认为个体如果没有阴影便不是一个完整的个体。另外，人类祖先所遗传下来的动物本性，即非理性因素，既是破坏性的，又是创造性的、充满活力的。阴影中的动物本性如果能受到人格面具力量适当的抵制，或能同自我保持适度和谐，便可激发个人创造力，在身心两方面得到满足，人格主体会更加丰满，最终导致个性化；反之，阴影会对抗个性化的努力，形成扭曲人格。

（二）人格类型理论

历史上出现过很多人格类型学说，至今为止，百年前荣格提出的人格类型理论依然是活跃在心理测评和人才培养领域的经典理论。

在荣格的人格类型理论中，有两种基本的心理态度，外向（extroversion）和内向（introversion），以及四种基本的心理功能，即感觉（sensation）、直觉（intuition）、思维（thinking）、情感（feeling）。

外向/内向型——外向型的人从外部世界（周围的人和事物）获取能量，而内向型的人从内部世界获取能量。外向型的人在与他人互动时思维活跃，能产生许多新的观念和想法，而内向型的人则在独处中产生新的观点和想法。值得注意的是，内向型的人并不必然缺乏社交技能，而是他们倾向于把兴趣和精力放在想法而不是社交上。内向型的人在独处时会感觉很舒适，而外向型的人则相反。

感觉/直觉型——这种划分方式建立在人们偏好怎样收集信息或者感知周围的世界。感觉通过五个感官获取信息，关注现实环境的各个方面，以亲身经历和实践来获取信息，通过细节来认识整体。直觉更依赖于洞察力和主观经验去发现不同事物的关系，喜欢抽象思考和探索新思想，认识事物时首先关注的是整体，然后再到细节。

思维/情感型——这种划分方式建立在人们如何根据感知到的东西获取信息和做出决策。思维型的人依赖于理智的因果逻辑和系统化的数据收集去做决策。那些情感型的人依赖于他们对不同选择和这些选择相互影响的情绪反应来做决策。

将两种基本的心理态度和四种基本的心理功能搭配，就形成了八种基本的人格类型。当然，这种划分并不是割裂式的。在实际生活中，绝大多数人都是兼有外向型和内向型的中间型，纯粹的外向型和内向型的人是没有的。

（三）迈尔斯-布里格斯类型指标（MBTI）

迈尔斯-布里格斯类型指标（Myers-Briggs type indicator，MBTI）是20世纪40年代凯瑟琳·布里格斯（Katharine C. Briggs）和伊莎贝尔·迈尔斯（Isabel B. Myers）母女俩根据荣格的理论提出的，是被最广泛使用的人格框架之一。

迈尔斯和布里格斯在荣格理论的基础上，又增加了判断（judgement）和知觉（perception）两种类型。判断型个体倾向于以一种有序的、有计划的方式对其生活加以控制，他们期望看到问题被解决并喜欢做决定；而知觉型个体喜欢不断收集信息以使生活保持弹性和自然。这两种类型加上荣格提出的六种类型组成了人格的四维八极特征，彼此结合就构成了十六种人格类型。MBTI人格类型范例见表3-3。

表3-3　MBTI人格类型范例

类型	描述
INFJ（内向、直觉、情感、判断）	沉着坚定、有责任心、关注他人。这种人的优势在于持之以恒，思维独特，对任何必要和想要的东西都有一种做事的冲动。常常因为自己毫不妥协的做事原则而受到尊重
ESTP（外向、感觉、思维、知觉）	心直口快但有时粗心大意。这种人能直面现实，很少焦虑、紧张或担惊受怕。他们随遇而安，对任何事都能泰然处之。擅长那些需要进行分解组合的事情

(续)

类型	描述
ISFP（内向、感觉、情感、知觉）	敏感而温和，谦逊而羞怯，待人十分友好。这种人非常不喜欢意见分歧，并且总是试图回避它们。他们是忠实的追随者，而且常常让事情干起来很轻松
ENTJ（外向、直觉、思维、判断）	热情而友好，直率而果断，通常擅长任何需要推理和智能的任务，但有时对自己的能力水平估计过高

（资料来源：罗宾斯，库尔特.管理学[M].11版.孙健敏，等译.北京：机械工业出版社，2012：398.）

研究证实了 MBTI 的有效性，MBTI 有助于识别该个体喜欢和擅长的工作类型。例如，ESTJ 类型的人擅长组织和管理。一项关于 MBTI 的集中研究表明，被研究的 7463 名管理者中大多数属于 ESTJ 型。而 ENTP 型则为抽象思考者，敏捷聪明，善于处理挑战性的事物，但在处理常规工作时则表现欠佳。

二、特质流派

（一）卡特尔的人格特质论

雷蒙德·卡特尔（Raymond B. Cattell）人格特质理论的形成与化学有关，卡特尔曾在伦敦大学主修化学，门捷列夫的化学元素周期表对他影响深远。当卡特尔的兴趣从化学转向心理学，在伦敦大学研究心理问题时，他确信人格的构成同样有自己的基本元素，即特质。卡特尔在以往特质理论的基础上结合因素分析的方法，把个性特质分为表面特质（surface trait）和根源特质（root trait）。

特质是个体在不同的时间与不同的情境中行为一致的原因，是构成人格的最小单位。

表面特质是指经常发生的，从外部可以直接观察到的各种行为表现。

根源特质是指隐藏在表面特质背后的并且制约着表面特质的特质，是构成人格的基本要素。

卡特尔认为人们总共有 35 个表面特质。他进一步对这 35 个表面特质进行因素分析，得出 16 个根源特质。例如，某个人在日常生活中表现出好强、固执、自负、武断的特点，这些都是个性的表面特质。通过因素分析，可以发现这些特质之间有很高的相关度，实际上是某个共同的因素在起作用，这个因素就是"恃强性"这一根源特质，也就是说每一种表面特质都来自于一种或多种根源特质，而一种根源特质可以影响多种表面特质。卡特尔提出的 16 种人格特质见表 3-4，这些特质可以在他编制的人格测验中得到测量。卡特尔编制的 16 种人格因素测验（简称 16PF）在组织管理情境中使用得也十分广泛。

表 3-4 卡特尔提出的 16 种人格特质

因素	特质名称	低分特征	高分特征
A	乐群性	缄默孤独	乐群外向
B	聪慧性	迟钝、学识浅薄	聪慧、才识过人
C	稳定性	情绪激动	情绪稳定
E	恃强性	谦逊服从	好强固执
F	兴奋性	严肃审慎	轻松乐天
G	有恒性	权宜敷衍	始终负责
H	敢为性	胆怯退缩	冒险犯难
I	敏感性	敏感	理智求实
L	怀疑性	怀疑刚愎	信赖随和
M	幻想性	合乎成规	异想天开
N	世故性	天真直率	老于世故
O	忧虑性	忧虑抑郁	沉着自信
Q1	实验性	保守	激进
Q2	独立性	随群依附	自立
Q3	自控性	不拘小节	自律严谨
Q4	紧张性	心平气和	紧张困扰

（二）大五人格理论

20 世纪八九十年代，随着对人格结构特质研究的深入，许多研究者在对人格特质进行因素分析的时候发现，人格研究的一系列资料中一般都显示出了五个人格维度的证据，形成了近十几年来最为流行的人格理论模型——"大五"人格模型（Five-Factor model）。至今为止，这一理论的研究得到了令人瞩目的进展，其稳定性在自我报告和他人评定、词汇研究和问卷测量、各种样本以及不同文化背景或不同分析方法的大量研究中得到验证。大五模型及其具体的层次特质应用非常广泛，无论什么年龄、性别、民族、种族、社会经济背景的人，都可以运用大五人格特质来描述自己的人格特点。

大五人格模型将五种一般人格特质置于人格特质层级的顶层，即外倾性（extroversion）、随和性（agreeableness）、经验开放性（openness）、尽责性（conscientiousness）、神经质（neuroticism），每项人格特质都是由各种具体的特质构成，见表 3-5。仔细观察可以发现，五种人格特质的英文首字母合起来，可以组成一个英文单词，OCEAN，因此，人们又把大五人格称为人格的海洋。

表 3-5 人格的层级组织

大五人格维度	外倾性	随和性	经验开放性	尽责性	神经质
与大五人格相关的具体特质	积极情绪 好交际 热情	守信 正直 温柔	想象力 行动 想法	有能力 有条理 自我约束	焦虑 自我意识 脆弱

（资料来源：MCCRAE R R, COSTA P T. Discriminant validity of NEO-PIR facet scales[J]. Educational & Psychological Measurement, 1992, 52(1): 229-237.）

1）外倾性：描述的是个体对关系的舒适感程度。外倾性典型的个体喜欢群居，善于言谈、乐于交往，做决策时果断、自信；外倾性不典型的个体则比较封闭内向、胆小害羞和安静少语。在工作中，外倾性典型的人更容易处于积极的情绪状态，更容易对工作、组织和周围的人满意，也更容易与同事进行合作，在需要频繁人际交往的岗位上，外倾性的个体表现往往更为出色，如管理或销售方面的工作。也就是说，外倾性可以在一定程度上预测管理人员和销售人员的工作绩效，那么企业招聘管理人员或销售人员时，可以更加关注应聘者的外倾性特征。

2）随和性：或称宜人性，反映的是个体信任他人、愿与他人协作的倾向性。高随和性的人是乐于合作的、热情的和信赖他人的；低随和性的人则比较冷淡、难相处、不信任他人、经常有敌对情绪等。高随和性的人一般很容易与人相处，那么对于需要与他人发展良好关系的工作来说，随和性无疑是一个优点。举个例子来说，空乘人员是一个非常强调与乘客关系的职业，如果空乘人员随和性低，那么双方就很难处于和谐状态，因此就会在很大程度上影响乘客的满意度和空乘人员的绩效。

3）经验开放性：描述的是个体对新奇事物的兴趣和热衷程度。开放性非常高的人富有创造性、好奇心和艺术敏感性；开放性比较低的人则比较保守，喜欢处于熟悉的环境中，对新事物的探索意愿性不强。对于那些需要经常变化、要求创新或者包含一定风险的工作，经验开放性高的人更占优势。也就是说，企业如果想要招聘一个研发人员，就应该特别关注应聘者在经验开放性上的表现。

4）尽责性：或称责任心，描述的是个体的谨慎、可靠和自律。高责任心的人富有责任感、有条不紊、持之以恒、值得信赖；低责任心的人容易精力分散，做事缺乏规划性，自我约束力差，不值得信赖。研究发现，尽责性这个维度基本在所有的职业领域都能够较好地预测个体的工作绩效。

5）神经质：或称情绪稳定性，描述的是个体体验消极情绪的倾向。情绪稳定性强的个体一般更为平和、自信和富有安全感；情绪稳定性弱的个体则容易紧张、焦虑、失望，缺乏安全感。但是，情绪稳定性不强的个体往往自我要求更高，因此在诸如对质量控制、批判性思考和评价等方面有很高要求的工作上，会表现得更为优秀。而且，情绪稳定性不强的人往往在组织或群体中扮演挑剔的角色，常常指出决策中的消极方面，从而提高决策的科学性。

码 3-5

大五人格不仅与个体的工作绩效有关，而且与我们的日常生活也有很大关联性。比如，研究发现，相对于内倾性的人，外倾性的人拥有更多的朋友，生活幸福感更强，但是也可能更为冲动和冒险，容易在工作中出现失误。随和性高的人更容易感受到幸福感。尽责性强的人更关注自己的生活，较少去冒险，自律性强，因此寿命可能更长。在大五人格的五个维度中，情绪稳定性与生活满意度和工作满意度的关系最为密切，情绪稳定性强的人一般生活满意度和工作满意度都较高。开放性较强的人不仅有更高的创造性，而且有更强的外部环境适应力。

（三）影响组织行为的其他人格特质

1. 冒险性

冒险性（adventure）是指趋近或回避风险的倾向性。

人们在冒险意愿上存在一定的差异，这种冒险性上的差异可以将人分为两种类型：风险偏好型，即这些人更愿意去冒险；风险规避型，这种类型的人面对高风险的情境会比较有压力，不愿意去冒比较大的风险。这种倾向性对管理者做出决策所用时间以及决策所需信息量都有影响。有学者对此进行了研究，研究者让79名管理者模拟人事练习，要求他们做出聘用决策，结果发现，高冒险性的管理者要比低冒险性的管理者决策更为迅速，在做出选择时使用的信息量也更少。有趣的是，两组管理者所做出的决策准确性相当[⊖]。

冒险性这个人格特质会影响个体的职业选择和就业单位选择。比如，风险规避型的人更可能会选择一份安定的工作，如公务员和教师等，更愿意接受固定工资占比较大的薪酬结构。在职业匹配上，风险偏好型的人适合从事高风险的工作，如创业和股票买卖等；风险规避型的人适合从事需要控制风险的工作，如财会、出纳等。另外，冒险性也会影响人们的其他选择行为，比如购买理财产品、选择人生伴侣、运动类型等，如风险偏好型的人可能会喜欢高空跳伞和帆船等运动。

一般情况下，不同工作对风险偏好的要求程度有所差异。正因为这些差异的存在，认识这些差异并且根据工作的具体要求考虑冒险性就变得很有意义。比如，对于一名股市操盘手来说，高冒险性可能会带来更高的业绩，因为这类工作要求决策迅速；对于一名从事审计工作的财会人员来说，高冒险性则可能是一种障碍和风险。

码 3-6

2. 主动性

主动性人格（proactive）是指个体主动采取行动以改变环境的倾向。

举个例子，当员工在组织中发现潜在问题时，高主动性人格的员工会采取行动以应对这种潜在问题，比如向上级或相关部门建言；而低主动性人格的人则会缄口不语。

研究发现，具有主动性人格的人往往更有可能产生高绩效，并且更有可能取得职业生涯的成功，也更可能成为一名优秀的管理者和变革推动者。

码 3-7

3. 核心自我评价

核心自我评价（core self-evaluations）是指个体对自我的喜好程度以及能力或效能的认知程度。

拥有积极核心自我评价的人喜欢自己，认为自己是有能力和效能的，能够控制周围的环境；拥有消极核心自我评价的人则讨厌自己，质疑自己的能力，认为无力控制周围的环

⊖ KOGAN N, WALLACH M A. Group risk taking as a function of members' anxiety and defensiveness levels[J]. Journal of Personality, 2010, 35(1): 50-63.

境。核心自我评价包括两个因素：自尊（self-esteem）和控制点（control point）。

（1）自尊

自尊是指个体喜不喜欢自己以及对自我价值评价的认知。

高自尊的人喜欢自己，能够认识到自己的优点和缺点，相信自己的优点比缺点更重要，并且认为自己是有价值的；低自尊的人对自己的看法是消极的，更看重他人对自己的看法。高自尊者内心坚定，对外界的评价不太关心，能坚定自己的观点和行为，不太受周围人的影响；相反地，低自尊者内心深处对自己不太肯定，所以他需要从他人那里获得积极的评价，因此比较容易受到外界的影响。高自尊者的情绪一般更为积极稳定，更能坚定自己的看法，幸福感也会更强；而低自尊者更可能会去寻求他人外在的认同，更在意他人的看法，因此他的情绪更容易受他人影响。

一个人的自尊会影响其许多方面的态度，并对组织行为产生重要影响。高自尊者相信自己拥有工作成功所必需的大多数能力，他们往往更倾向于选择高冒险性的工作和非传统性的工作；又因为他们不容易受别人的意见影响，所以决策和行动也更加坚决；同时，高自尊者往往在不利的工作条件下，如高工作压力、冲突等环境下，能够不受其他因素的干扰，工作满意度更高。低自尊者更可能寻求他人的承认，更加倾向于遵循德高望重者的信念而表现出相应行为，而且低自尊者更注重取悦别人，他们很少站在不受欢迎的立场上。

一个人的自尊也会受到环境的强烈影响。所取得的成就会增强自尊，失败则会降低自尊。一般而言，自尊是一个积极的人格特质，管理者应该帮助员工增强自尊，如给员工提供一些合适的挑战性的工作和成功的机会。

码 3-8

（2）控制点

控制点是指个体相信自己能够掌握自己命运的程度。

茅盾有这样一句名言：命运，不过是失败者无聊的自慰，不过是懦怯者的解嘲。人们的前途只能靠自己的意志、自己的努力来决定。赞同这句名言的人就属于内控型，他们相信"我命由我不由天"，认为自己能够主宰自己的命运。而不赞同这句名言的人，则属于外控型，他们认为自己很难控制自己的命运，生活中所发生的一切是运气和机遇的作用。研究表明，外控型的人更容易将自己的失败归于外因，因此更容易产生抱怨，情绪稳定性较差，对工作的满意度较低，工作的投入度也相对较低；而内控型的人在同样情况下往往将自己的成败都归因为自己的作为，情绪稳定性较强，对工作投入度较高，满意度也较高，更加适合管理职位，并且偏好参与型管理方式。

控制点的研究对于管理实践是有重要意义的。首先，由于内控型的人相信他们能控制发生在自己身上的事，并乐于在工作情境中行使控制力，因此，在工作安排方面了解他们的意见非常重要。相反，在严密的监管之下，他们不会有好的表现。外控型的人则正好相反，他们可能更喜欢程序化的工作安排，而不喜欢参与决策。另外，内控型的人更相信自己，更加积极乐观，注重个人感受和想法，较为独立，一般而言性格比较内向；外控型的人倾向于与

码 3-9

周围环境交流，性格外向。因此，内控型的人在需要复杂的信息处理、学习和创造性的工作中做得更好，而外控型的人对于结构明确、规范清楚，只有严格遵从指示才会成功的工作来说，会做得很好。

4. 自恋

自恋（narcissism）这个概念来自希腊神话人物纳西塞斯（Narcissus），他非常虚荣、高傲，以致爱上了自己水中的倒影。自恋者的特征主要表现为：自我优越感强，坚信自己值得别人无条件的关注和帮助；受到挫折又会倍感抑郁和绝望。高度自恋的人很自负，总想得到他人的欣赏和上司的肯定，所以对于威胁自己的人，他们倾向于用高人一等的口气谈话。自恋者过分强调他人对自己的关注和帮助，导致他们往往要求被爱，而不懂得为他人付出，在与人相处方面存在障碍。一些研究发现，在工作环境中，虽然自恋者认为自己比同事更优秀，但他们的上司往往认为他们实际上很糟糕，尤其是在乐于助人方面。

上述人格特质的研究有助于帮助了解组织中个体的行为。对于组织中的单个个体来讲，需要全面了解自己，有"自知之明"，知道自己的优点和缺点，了解自己适合做什么，不适合做什么，在工作选择时达到人格与工作的较高匹配。只有人格和工作匹配时，才会产生更高的积极性、满意度。对于组织中的管理者来说，了解组织中个体的人格特质就是要做到"知人善任"，只有对下属人格有充分了解，才可以选择合适的人到合适的岗位，创造最佳的工作绩效，实现组织目标与个人发展的统一。需要注意的是，在预测一个人的行为时，除了考虑人格特质外，情境因素也是一个重要的因素，在不同情境下，人格特质对行为的影响可能存在差异。

三、生物学流派——气质理论

有句话叫作"江山易改，禀性难移"，说的就是人的禀性的改变比江山的变迁还要难，禀性指的就是气质。例如，一个稳定沉着、具有内倾气质的人，不论是参加婚礼还是葬礼，不论是受到夸赞还是批评，都会喜乐自持、动静得宜，很难表现出手舞足蹈或呼天抢地等举动。

（一）气质的概念

气质（temperament）是指表现在人的心理活动和行为的动力方面的、稳定的个人特征。

首先，气质是先天的个性心理特征，是人在神经系统反应快慢、强弱、平衡性和灵活性等高级神经活动方面的特征，与人的遗传密切相关，不因人的动机、活动的内容而转移。如做事冲动急躁的张飞，不管说话、办事、走路都比较急、咋咋呼呼的。

其次，气质是人的心理活动的动力特征。心理活动的动力特征是指心理活动过程中的速度、强度、稳定性和指向性。所谓心理活动进行的速度，主要指知觉的速度、思维的敏捷性以及情感发生的快慢等。如有人当面批评了你一句，你可能很快反应过来，也很有可能慢很多拍才知觉到。心理活动过程的强度是指情绪、情感的强弱程度和意志努力的强弱程度等。如同看一部电影，有的观众哭得稀里哗啦，有的观众只流淡淡几滴泪，这些观众在心理活动的强度上就存在明显差异。心理活动的稳定性是指注意力集中的时间长短。如有的小朋友上课坐得住，有的小朋友就会在座位上动个不停，那么在稳定性上前者比后者要得分高。心理活动的指向性是指人的反应与活动是主要指向外部世界还是内心世界。平常人们常说的"内向"和"外向"，就是指心理活动的指向性。

气质作为决定人的心理活动方面的自然属性，使每个人增添了独特的色彩，表现出各式各样的个性特征。

码 3-10

（二）气质的类型

最早的气质类型理论始于公元前 500 年左右，由希腊医生希波克拉底（Hippocrates）提出，他认为人的体内有四种基本体液：血液、粘液、黑胆汁和黄胆汁，每种体液对应一种气质类型，分别为多血质、粘液质、抑郁质和胆汁质。四种基本体液可能会有不同的配比，占优势的体液主导着个体的气质类型。

后来，苏联著名的生物病理学家伊万·巴甫洛夫的高级神经活动学说为这种分类提供了科学基础。他指出，气质是与个人神经过程的特性相联系的行为特征，神经过程可以分为兴奋过程和抑制过程。其基本特征是：①神经过程的强度是指大脑细胞的工作忍耐力有强弱之分；②神经过程的均衡性是指兴奋过程和抑制过程之间的强度关系，有均衡与不均衡之分；③神经过程的灵活性是指兴奋过程与抑制过程之间的转换速度，有灵活与不灵活之分。按照神经系统活动的特性的不同组合方式形成不同的气质类型，见表 3-6。一般来说，一个人无论从事什么活动，即使各种活动的性质和内容千差万别，但是他的气质特征却会有相同或相似的表现。

表 3-6　神经系统活动过程的特性与气质类型

强度	神经系统活动的特性			气质类型	
	均衡性	灵活性	神经活动类型	气质类型	主要行为特征
强	均衡	灵活	活泼型	多血质	活泼好动；行为反应灵活而敏捷，喜欢与人交往；注意力与兴趣容易转移变换；情绪易表现且多变换；行为外倾性明显
强	不均衡		兴奋型	胆汁质	精力充沛，直率热情，胆量较大，但是往往粗枝大叶；反应敏捷而迅速；易冲动；行为外倾性明显
	均衡	不灵活	安静型	粘液质	沉着平稳、安静；行为反应缓慢，不灵活，沉默寡言；情绪不易表露；注意力集中且难以转移，善于忍耐；行为内倾性明显
弱	不均衡		抑郁型	抑郁质	对事物感受深刻，特别敏感多疑；精力较不足，忍耐力较差，胆量较小；行为缺乏果断和自信；反应迟缓，适应力较差；行为内倾性明显

（资料来源：李伟，王淑红，刘文兴．组织行为学[M]．武汉：武汉大学出版社，2017：47-48.）

1）多血质（灵活型）。多血质的神经过程强，均衡且灵活。其主要的行为特征是：活泼好动；行为反应灵活而敏捷，喜欢与人交往；注意力与兴趣容易转移变换；情绪易表现且多变换；行为外倾性明显；对行为的改变较容易。这类人适合从事公关、外交、运动员、管理、记者工作，但是不适合从事过于细致和过于单调的工作。

2）胆汁质（反应型）。胆汁质的神经过程强，不均衡。其主要行为特征是：精力充沛，直率热情，胆量较大，但是往往粗枝大叶；反应敏捷而迅速；情绪抑制较难，易冲动；行为外倾性明显，大都脾气暴躁，易动感情，脾气一上来就很难控制；对兴奋性行为的改变较不容易。这类人适合从事导游、主持人、推销员、演员等工作，他们能适应喧闹、嘈杂的工作环境，但对于需要长期安坐、细心检查的工作而言则难以胜任。

3）粘液质（耐受型）。粘液质的神经过程强，均衡，不灵活。其主要行为特征是：有精力，但是沉着平稳、安静；行为的反应迟缓，不灵活，沉默寡言；情绪易受控制，不易表露；注意力集中且难以转移，善于忍耐；行为内倾性明显；可以较容易地调整兴奋性行为。这类人适合从事科研、金融、保险和会计等工作，变化快、需要灵活应变的工作会使他们倍感压力。

4）抑郁质（抑郁型）。抑郁质的神经过程弱，不均衡。其主要行为特征是：对事情感受性很强，体验深刻、持久，特别敏感多疑；精力较不足，忍耐力较差，胆量较小；行为缺乏果断和自信；反应迟缓，带有刻板性，适应力较差；行为内倾性明显，对行为的改变较难。这类人对于胆汁质类型无法适应的工作反倒更加得心应手，比如，校对、打字、化验、艺术等工作。

码 3-11

以上四种基本气质类型的典型个体在同一处境中所表现出来的言行、举止均有所差异。例如，排队的时候有人插队：胆汁质的人马上暴跳如雷，与插队的人争吵起来，甚至说些不尊重的话；多血质的人可能不会与插队者发生争吵，而是采取一些灵活的处理方式；粘液质的人则从表面上看起来已经接受了，而内心却不一定认同；抑郁质的人更为敏感，会认为自己倒霉透顶，排个队都能被人插队。在现实社会或文学作品中还可以找到这些气质类型的典型代表人物。例如，《水浒传》中的李逵就是胆汁质的代表，林冲则是粘液质的代表。下面以《红楼梦》为例，简单分析一下四种气质类型的代表人物。

在《红楼梦》中多血质的代表人物是王熙凤，在书中曹雪芹借周瑞家的这个人的嘴，说明了他心中的王熙凤是个什么样的人物，"这位凤姑娘年纪虽小，行事却比世人都大呢。如今出挑得美人一般的模样，少说一万个心眼子。再要赌口齿，十个会说话的男人也说她不过。"她的伶牙俐齿和机敏善变，读过《红楼梦》的人都应有所了解。书中有很多情节都表现了王熙凤的灵活性，比如赵姨娘闹事时，王熙凤几句话，指桑骂槐，就立刻唬得赵姨娘不敢吭声；在宝钗过生日时，王熙凤看出贾母和王夫人偏爱宝钗，便加倍铺张浪费地给薛宝钗过生日，这种察言观色和辨风测向足以表明王熙凤的灵活性了。那在《红楼梦》中胆汁质的代表人物是谁呢？史湘云可以算得上一个。薛宝钗曾评价史湘云"说你没心，却又有心，虽然有心，到底嘴太直了"。史湘云确实是个直率的人，听说邢岫烟受婆子欺负时，就急忙要去骂那婆子给邢岫烟出气，这种性格虽然豪爽大气，但未免鲁莽。另一个很明显的例子是，史湘云直言唱戏的女子像林黛玉，在场的贾宝玉和薛宝钗尚且避之三分，她偏直言不讳，因而得罪了黛玉，还与宝玉产生了矛盾。《红楼梦》中另外一个重要角色薛宝钗则是粘液质的典型代表。连书中对谁都不怀好意的赵姨娘都说薛宝钗"大度周到",可见薛宝钗的行事周全、大度沉稳。抑郁质的代表人物是林黛玉。林黛玉可谓是书中落泪次数最多的人了,听十二女伶演习《牡丹亭》,心痛神痴;吟唱《葬花词》,恸倒山坡;贾薛大婚,泪尽而逝等。她敏感多疑,初入府时步步留心、时时在意,唯恐被人耻笑;而后因薛宝钗大得下人之心,便心有悒郁;周瑞家的薛姨妈给贾府众姐妹送宫花时,林黛玉只一望便问是单送她的,还是别的姑娘都有,知道是最后两枝,就冷笑道"别人不挑剩下的也不给我。"

码 3-12

气质容易改变吗?实际上,气质类型往往带有很大的先天性,是个性特征中最为稳定的特征之一。那么气质类型会发生变化吗?比如说,一个胆汁质的人随着年龄的增长和阅历的增加,也许会变得更加沉稳,胆汁质特点就不那么突出,但要想使一个胆汁质的人成为一个典型的粘液质,是比较困难的。那么,气质类型是否有好坏之分呢?气质类型是没有好坏之分的,每一种类型的气质特点各有长短,例如,多血质的人的优点是灵活,缺点是不够稳定;胆汁质的人的优点是反应快速,缺点是容易冲动;粘液质的人的优点是忍耐性强,缺点是不够灵活;抑郁质的人的优点是具有很高的感受性,缺点是敏感多疑。作为一个个体,了解自身的气质类型,可以使自己充分掌握自身的长处与短处,扬长避短;作为一个管理者,了解员工的气质类型,可以更好地知人善用,从而提高管理的有效性。

虽然存在不同的气质类型划分,但是单一类型的人极少,多数人为混合型,可能是两种甚至是三种的混合,或者是不明显地偏向于某种气质类型。气质类型的划分,给我们认识人的心理特征提供了强有力的理论指导,并帮助我们更好地理解个体心理以及行为表现。

四、人本主义流派

近年来,娱乐圈不断爆出明星吸毒的丑闻。对此,有的人将其原因归咎于社会,认为是家庭的重担、作品的压力、观众的苛刻把明星推向了吸毒的深渊;而有的人认为,没有人强迫明星吸食毒品,也没有人强迫他们必须留在娱乐圈,如果觉得压力不堪重负完全可以退出。

这两种观点中哪一种更符合"人本主义"呢?实际上,第二种观点比第一种观点更为接近人本主义心理学的思想。这并不是说,人本主义心理学家对社会带给我们的困难视而不见,而是人本主义心理学家认为当面临困难时需要承担个人责任。也就是说,人本主义流派主张,人应该对其行为负主要责任。虽然个体有时会对一些事件自动做出反应,有时也会受无意识冲动的驱使,但是几乎在任何指定的时刻,个体都有能力决定自己的命运,并决定自己的行动。

接下来,我们将介绍人本主义流派的一个代表人物——卡尔·罗杰斯(Carl R. Rogers)的人格理论。

(一)充分发挥功能的人

罗杰斯认为,人们会很自然地争取获得生活的最佳满足感。罗杰斯把实现这一目标的人称为充分发挥功能的人。

充分发挥功能的人是什么样子的？罗杰斯确定了以下三个特征：

1）充分发挥功能的人对自己的经历持开放态度。他们不喜欢陷入熟悉的生活方式中，而要看生活能给他们带来什么。

2）充分发挥功能的人相信自己的感觉。只要觉得对的事情，他们就会去做。他们对别人的需要不会漠不关心，但不会过分在意社会给他们制定的行为标准。虽然充分发挥功能的人不太屈从于社会期待的角色要求，但这并不意味着他们桀骜不驯，他们也会走过上大学、工作、结婚成家的传统道路，但是这些选择都是符合他们自己的兴趣、价值观和需要的。

3）充分发挥功能的人比其他人更能深刻而强烈地体验他们的情感，无论是积极情感还是消极情感。因为这种敏感性，这些人在生活中体验到的东西更加丰富多彩。

（二）焦虑和防御

实际生活中，人们经常会接触到与自我看法不一致的信息，比如你认为你是一个宽容温和的人，偶然听到有人说你是一个脾气暴躁的人。如果你是充分发挥功能的人，你会接受这个信息，即虽然你是一个脾气很好的人，但有人不这么认为。遗憾的是，并不是所有人都能做出这种适应良好的反应。更多的可能是这种不一致会给人们带来焦虑，如果这个信息严重威胁到人们的自我概念，焦虑将很难克服。

罗杰斯认为，人们是在意识之下的某一水平接收这一威胁性信息的。罗杰斯称这一过程为潜知觉。如果这一信息没有威胁，它就容易流入意识。但是，它若跟自我概念相抵触，人们将防御它，不让它进入意识，以此来对付焦虑。

最普遍的防御是扭曲。回到前面那个例子，你可能会认为，说你脾气暴躁的人心情不好，或者人品有问题。再举一个例子，有的人认为自己不可爱，但听说有人非常喜欢他，就可能会对自己说，他们可能只是出于礼貌，或者别有所图。

还有一种防御是否定的。每个人都可能会做出不符合自己标准的事情，比如骗朋友的钱，对爱人说出伤人的话。在多数情况下，这些人承认他们的问题并试图从中吸取教训。但人们也常常会否定事实以自我防御，如"我不知道这些钱是他的"。

扭曲和否定可以暂时减轻焦虑，但这种缓解是有代价的。每一次扭曲都使我们离充分地感受生活越来越远。严重时，人们会把现实与幻想混淆。比如，一个因疾病而肥胖的女孩认为，她的邻居一直喜欢着她，并且认为邻居没跟她在一起是因为外界因素，所以一直深陷其中，最后产生了幻觉，出现了精神错乱。有时候，自我概念与现实之间的沟壑太深，即使是防御也不起作用。此时，人们会体验到混乱状态，抵御威胁性信息的防御墙彻底崩塌，结果是更加焦虑。

（三）有条件的赞赏和无条件积极关注

为什么人们很难接受某些信息并将其纳入自我概念呢？罗杰斯认为，多数人都是在有条件积极关注的环境中长大的。小时候，父母给我们爱和支持，然而很多父母并不会无条件地这么做，即多数父母只在孩子符合他们期望的时候才爱孩子。如果父母对孩子的行为不满，他们就隐蔽对孩子的爱。孩子们得到的提示是，只有做了父母想让他们做的事，才能得到爱。也就是说，孩子需要并希望得到的积极关注是以他们的行为为条件的。

这种有条件积极关注的结果是，儿童学会放弃真实情感和愿望，只接受他们身上被父母赞许的那部分。简言之，他们拒绝自己的弱点和错误，变得越来越不了解自己。遗憾的是，当孩子长大成人，这种状态仍然在延续。人们只是把那些能赢得生活中重要人物赞许的方面纳入自我概念。人们不去接受和表达别人不赞赏的情感，而选择否认或扭曲它们。结果，人们就失去了与自己情感的联系，变成不能充分发挥功能的人。

矫正这种弄巧成拙做法的良药，就是无条件积极关注。当人们被无条件积极关注时，人们知道，无论做什么，都会被接受和被爱。即使不满意孩子的某些行为，父母也应该和孩子交流，父母会一直爱孩子，接受孩子。在这种情况下，孩子不再需要拒绝可能导致积极关注被撤回的思想和情感。他们可以自由地感受身上的所有东西，自由地把错误和弱点都纳入自我概念中，自由地体验生活中的所有东西。

当然，父母并不是无条件积极关注的唯一来源，与朋友和爱侣建立的成人关系也可以建立在无条件积极关注的基础上。同样，在心理治疗中，治疗师也可以创造这种无条件积极关注的氛围。

人本主义和其他流派最大的不同是其特别强调人的正面本质和价值，而并非集中研究人的问题行为，并强调人的成长发展，这称为自我实现。对于个体而言，人们的行为都是自我的选择，是可以控制的，因此人们需要主动去构建自己的生活和工作，相信自己有能力做到任何想做的事情。对于管理者而言，不应该把组织中的个体仅仅视为一种生产要素或资源，而应该尊重人的价值和自我实现的需要，这也是推动组织成长的途径之一；另外，不应该片面追求产值和利润，也要承认员工对企业和社会的贡献。

五、行为主义与社会学习流派——社会学习理论

美国心理学家阿尔伯特·班杜拉在吸取了认知学习理论观点后，构建了一种认知—行为主义的模式，并形成了很有特色的社会学习理论，他是社会学习理论的创始人。班杜拉是新行为主义的主要代表人物之一，他所提出的社会学习理论是在与传统行为主义的继承和批判的历史关系中逐步形成的。

传统行为主义对心理学乃至人格领域的影响是不容忽视的。传统行为主义提供了对人类行为科学的解释和易于测量的方法。但是大约在20世纪五六十年代，人们对传统行为主义的热情开始减退。因为传统的行为主义过分强调外在强化对行为的影响，因此受到了心理学家的质疑。班杜拉认为，如果行为仅仅由外部的奖励或惩罚所决定，人就会像风向标一样，不断改变方向，以适应作用于他们的各种短暂影响。班杜拉的社会学习理论主要有三个方面：交互决定论、观察学习、强化类型。

1）交互决定论。班杜拉认为个体、环境和行为三者都是作为相互决定的因素而起作用的。也就是说，个体因素会受到环境的影响，从而产生相应的行为，如孩子看到同学因为上课发言而受到自己喜爱的老师夸奖，从此也常常上课发言。在这个过程中，孩子并不是被动地形成刺激—反应之间的联结，而是主动地进行观察，并根据所观察到的行为结果

来决定是否产生相应的行为。

2）观察学习。观察学习又称为替代学习，是指通过对他人行为及其强化性结果的观察，一个人获得某些新的反应，或者矫正原有的行为反应，而在这一过程中，学习者作为观察者并没有外显的操作。观察学习可以分为三类：直接的观察学习、抽象性观察学习和创造性观察学习。直接的观察学习是对示范行为的简单模仿，如小朋友模仿父亲走路的姿势；抽象性观察学习是指从对他人行为的观察中了解一定的行为规则或原理，从而根据这些规则或原理表现出某种类似行为，如学生在打完某些暴力游戏后，在学校里出现霸凌同学的行为；创造性观察学习是指观察者通过不同的榜样的行为特点进行新的组合，从而形成一种全新的行为方式，如青少年从父母、兄弟、同学及老师那里获得了不同的行为特点后，最终形成了自己独特的行为风格。

3）强化类型。强化分为直接强化、替代性强化和自我强化。直接强化是指观察者表现出观察行为而受到强化，如捡钱后交给警察叔叔而受到表扬；替代性强化是指观察者看到榜样的行为被强化而受到强化；自我强化是指人们观察自己的行为，并根据自己的标准进行判断，由此强化或惩罚自己，如自己获取了优异的成绩后奖励自己一顿大餐。

首先，社会学习理论是组织奖惩制度的一个理论基础。也就是说，组织需要奖励那些为组织做出贡献的员工，并且以合理的方式进行奖励，这对于组织中所有个体的行为都可以起到强化作用。其次，组织中榜样的作用对员工的行为起到不可忽视的作用，尤其是领导。研究指出，只有当下属感知到领导的良好品质及个人魅力，认同领导的行为并产生情感上的依附与归属时，才可能更主动地学习、模仿领导的行为。也就是说，如果希望领导的一些行为能够影响到员工，让员工也产生相同的行为，就必须设法增强领导的魅力，让员工产生对领导的情感依附。

六、认知流派——凯利的个人建构论

1955年出版的两卷本的《个人建构心理学》标志着乔治·凯利（George Kelly）个人建构论的诞生。这一理论从20世纪60年代以后迅速发展起来，成为当今心理学界一个富有生机的学说。

凯利对人格的探讨开始于一个独特的有关人类的概念——科学人观点，即人像科学家一样，不断地提出关于他们的世界的假设并进行检验。例如，你可能对你的朋友做出几个假设。其中一个假设是，这是个善良的人。无论你什么时候见到你的朋友，你都会收集更多的信息，并且把新资料与你的假设相比较。如果它被证实（这位朋友的行为和善良的人一样），你就会继续使用。如果没有被证实（他辱骂过小孩），你就会放弃这一假设，用一个新的假设取代它。这一过程类似于科学家在实证发现基础上保留或拒绝假设的过程。

凯利把这种用来解释和预测事件的认知结构称作个人建构。没有任何两个人会使用相同的个人建构，也没有两个人会以相同的方式组成其建构。那么这些建构是什么样子的呢？凯利认为它们是两极的。就是说，我们把有关的对象在我们的建构中以"不是……就是……"的形式加以区分。当你第一次见某人时，会用诸如友好—不友好、高—矮、聪明—愚笨等个人建构来建立对此人的形象。你可能会判断这个人是友好、高个子和聪明的人。但这并不意味着我们看待世界的方式是非黑即白的。在使用最初的建构以后，我们往往还会用其他的两极建构来确定黑与白的程度。例如，在确定一个刚认识的人是聪明的人之后，还会用学业智力—常识智力建构来获取关于此人更清晰的认识。

怎样用个人建构来解释人格呢？凯利认为，人格差异主要来自于人们解释世界的不同方式。假设 A 和 B 都认识了 C，A 可能用友好—不友好、有趣—无聊、外向—害羞等建构来形成对 C 的印象，但 B 可能用教养—粗俗、敏感—不敏感、聪明—不聪明等建构来形成对 C 的看法。A 跟 C 交往时，会以对待一个友好、有趣、外向的人的方式来对待 C，而 B 则可能以对待一个粗俗、不敏感、愚笨的人的方式对待 C。虽然 A 和 B 都处在相同的情境中，但由于 A 和 B 对情境的解释不同，所以做出的反应也不同。另外，当 A 遇到其他人时，A 仍然喜欢用同样的建构，因此 A 与人交往的方式是独特的。换句话说，人们相对稳定的行为模式来自相对稳定的解释世界的方式。

七、个性心理在组织中的应用

（一）合理的人员选拔和安置

1. 人岗匹配原则

现代管理强调管理者要知人所长，避人所短。管理者通过了解不同员工的特点，并根据其不同的气质类型和个性特征来安排相适应的工作，达到人尽其才的目的。比如，内控型的人，更喜欢参与性的工作，这样可以发挥他们的能力；而外控型的人则正相反，他们可能更喜欢程序化的工作安排，而不喜欢参与决策。多血质和胆汁质的人更能适应那些需要迅速做出反应的工作；而粘液质和抑郁质的员工对这类工作的适应性则较差。因此，把适当的人安排在合适的岗位有助于调动其工作积极性，提高效率。

2. 人与组织匹配原则

人与组织匹配，更多的是指人的价值观与组织价值观的匹配，也就是人所追求的东西与组织追求的核心理念是不是一致的，人所需要的东西是不是组织能够提供的。目前，组织在招聘选拔过程中，主要采用结构化面试的方法考察应聘者与组织特征是否匹配，考查内容主要为应聘者的个人价值观、个人目标与组织价值观、组织目标之间的一致性。

3. 人与人匹配原则

人与人的匹配主要是指员工与其他员工、上司及下属等在个性特征方面的匹配。以控制点为例，一个内控型的员工很难接受指令型领导的全方位式管理，而外控型的员工则较容易适应这种管理方式。以气质类型为例，气质类型为粘液质的管理者很难忍受胆汁质员工的粗心大意和暴躁冲动。因此，在招聘选拔过程中，需要根据组织中已有的员工或者上司、下属的个性特点，聘请和选拔合适的员工。

（二）恰当的管理，合适的沟通

现代管理区别于传统管理的本质在于人在组织中的核心地位的确立。为此，管理者应该树立以人为本的管理意识，将刻板的制度化管理方式转变为面向个体的差异化管理方式。通过了解不同员工的人格差异，可以使管理者更灵活地采用相应的管理方式去调动员工的积极性，发挥员工的最大价值。

拥有不同个性特质的员工具有各自不同的特点，对管理方式和沟通方式有不同的偏好。在工作方面，对于内控型的员工，管理者应该进行充分的授权，让他有一定的自由度和控制力；外控型的员工则更喜欢具有详细规则的工作；对于冒险性高的员工，更喜欢从事有挑战性的工作，而冒险性低的人更愿意接受一个比较稳定的工作。另外，抑郁质的员工更需要领导的鼓励，对胆汁质的员工则应避免过分的刺激，多血质的员工需要适时的督促和提醒，粘液质的员工则比较慢热，需要更充足的时间。

（三）科学的团队成员配置

在组成一个项目团队或工作小组时，除了要考虑安排合理的年龄结构、知识结构、能力结构外，还应该考虑合理的人格结构，这样就可以在人格上形成一个互补的组合团队，有效克服人格的消极影响，增强团队或组织凝聚力和战斗力。例如，多血质和胆汁质的人精力充沛，有干劲，敢于变革和创新，但是不如粘液质和抑郁质的人做事细心，有规划性。

补充阅读

素质冰山模型

美国心理学家大卫·麦克利兰（David C. McClelland）1973 年提出了一个著名的素质冰山模型。所谓"冰山模型"，就是将人员个体素质的不同表现形式划分为表面的"冰山以上部分"和深藏的"冰山以下部分"。

其中，"冰山以上部分"包括专业知识和专业技能，是外在的表现，是容易观察与测量的部分，也比较容易通过培训来改变和发展。"冰山以下部分"包括社会角色、自我概念、个性品质、动机和内驱力。它们不容易被观测，也不容易被改变，但却对人的行为绩效起着关键性作用。

社会角色是指在社会系统中与一定社会位置相关联的符合社会要求的一套个人行为模式，也可以理解为个体在社会群体中被赋予的身份及该身份应发挥的功能。比如说，同为教师，第一个人认为教师应该认真备课、能够激发学生兴趣，让学生觉得学有所得；第二个人认为教师把课讲完了就可以，至于学生愿不愿意听，听课效果如何，则跟自己无关。两个人都是教师，但他们对自己承担的社会角色认知完全不一样，因此他们所表现出来的行为也完全不一样。对组织中的员工来说，如果他们对自己的社会角色认知存在差异，那么他们的行为也会有很大的差异。

自我概念是指个体对自己的看法和认知。自我概念也会对个体的行为产生很大影响，比如一个人认为自己是个很诚实的人，那么他就无法心平气和地欺骗他人。在很多美剧里，会有这样一个情节设置，连环杀人案的凶手是退休法官或退休警察，原因是他们认为自己代表了正义，因而通过杀戮来惩罚因证据不足或势力强大等各种原因没有被定罪的犯罪者。这个例子说明，个体对自己有怎样的看法，就很容易做出与之相对应的行为。

个性品质是指个体对环境和各种信息所表现出来的稳定的方式，如责任心、毅力、正直等。比如，一个很正直的人，在各种环境下都会表现出正直的品质，遇到不平之事会仗义执言，遇到可怜之人会慷慨解囊等。

动机和内驱力是指在需要的基础上产生的一种内部唤醒状态或紧张状态，表现为推动个体活动以达到满足的内部动力。动机和内驱力是冰山素质模型最核心的要素，在根本上影响个体的行为表现。个体会产生各种需要，当需要没得到满足，个体内部就会产生内驱力，内驱力驱动行为的产生，以使需要得到满足。

要想更好地做到知人善用，只关注人岗匹配是不够的。人岗匹配只能帮助管理者挑选到能够从事相应岗位的员工，却不一定能够产生高绩效。决定员工高绩效的因素可能更多地来自于素质冰山模型"冰山以下部分"。因此，在人岗匹配的基础上，即在个体的能力、兴趣、价值观都与岗位要求相匹配的情况下，如果能够更多关注个体的个性品质和基本素质，就更可能产生高绩效。

本章核心概念

价值观　职业价值观　职业性向理论　人格　气质　大五人格　冒险性　主动型人格　核心自我评价　自尊　控制点

思考题

1．什么是价值观？
2．职业价值观有哪些类型？
3．职业性向理论对管理实践有何作用？
4．人格的特征有哪些？
5．什么是大五人格模型？
6．个性心理如何在组织中进行合理应用？

讨论题

1．从个人经历及生活实践出发，谈谈个性特征与职业类型的匹配。
2．以您的职业为例，讲讲不同价值观的人在您的职业上会呈现出什么不一样的特点。

案例分析

谁当总经理更合适

ABC电子电气工业公司是一个由十几家小厂组成的专业公司，公司行政领导班子由一正三副四个成员组成。总经理由于年事已高即将退休，需要物色一名合适的接班人。该公司的高层经过一段时间的研究考察，认为现任三位副经理不宜提升，新的总经理需要从下面的工厂进行挑选。最后综合各方面的意见，选定了刘厂长和张厂长作为最终的总经理备选人员。下面是他们两人的资料。

刘厂长,男,39岁,大学本科文化程度(电子专业),中共党员,原是该厂技术员,高级知识分子家庭出身,工作十分积极努力,也认真学习科学文化知识,并善于把学到的知识用来指导工作,为本厂的产品开发和更迭、质量的提高、科学检测手段的建立等都做出了重要贡献。他从技术科长提升为厂长后,对厂里进行了一系列的改革,加强了科学管理,使工厂的面貌大为改观,大大提高了经济效益,年创利和人均创利都居本系统的首位,职工收入也大幅度提高。全厂精神振奋,呈现出一派欣欣向荣的景象。

刘厂长性格开朗,精力充沛。善言谈,好交际,沟通能力很强,积极开展横向联系,在全国十多个省市开设了200多个经销点,30多个加工企业,效益都很显著。他认为,要发展就要靠技术,因此千方百计,不惜重金引进人才,至今该厂已有十多位外来的高级工程师。他还很重视产品的宣传,每年要花几十万元广告费。刘厂长事业心强,一心扑在工作上,早出晚归,南来北往,一年到头风尘仆仆,不辞辛苦。该厂曾被评为市企业管理先进单位,刘厂长获市优秀厂长称号,该厂的产品也被评为市优质产品。

但刘厂长也有一个明显的缺点,就是骄傲自满,自以为是,有时性情急躁,甚至还会大发脾气,不太把公司的领导放在眼里,经常顶撞他们,因此公司领导对他这一点颇为不满。各科室也不大愿意和他打交道,他与公司下属的其他几个兄弟厂关系也不融洽。这些厂的厂长们对他敬而远之,对上级表彰他颇有微词。他也不善于做思想工作,认为这是党支部的事。所以平时遇到思想问题,他都是作为"信息"告诉书记,要支部去做工作,他和几个副厂长关系处理得也不太好,领导几次协调也没有什么效果。

张厂长,男,37岁,大专文化程度(企业管理专业),中共党员,多年来集中精力钻研业务,组建该厂时就担任了厂长,至今已近十年。他经历了该厂由衰到盛、几起几落的整个过程。对电子行业的特点非常熟悉,自己又有能力动手设计。他最大的特点是精于企业管理,在学校学了计算机原理后,他率先把计算机运用到了企业管理中。他对整个厂的机构设置、行政人员的配备、岗位责任以及各副厂长、科长、车间主任和各级管理人员的职责都有明确的规定,每年考核两次,奖惩分明。因此,平时大家各司其职,他却显得很悠闲自在,经常上这个科室转转,到那个车间看看,以便了解情况,发现问题。公司及有关部门召开的会议,他从来不缺席,而有的厂长常常忙得脱不开身。他似乎比别的厂长"超脱"得多,厂长们都很羡慕他。

张厂长性格内向、沉稳,不喜欢大大咧咧地发议论,对什么事情总要深思熟虑,三思而后行,人们说他"内秀"。他对自己厂今后五年的发展有一个远景规划,听起来切实可行,也颇鼓舞人心。对一些出风头的社会活动,他不太喜欢参加,但对各科开阔思路的业务技术讲座却很感兴趣。他很善于做职工的思想工作,他认为企业职工的思想问题都是在生产过程中产生的,都和生产有关。一厂之长,要抓好生产怎么能不做思想工作呢?因此,对一些老大难问题,他都是亲自处理。他和党支部、工会的关系都很好,积极支持他们的工作。他待人谦和、彬彬有礼,与本公司上下左右关系都不错,公司有什么事,只要打一声招呼,他就帮人解决了。因此,他的人缘挺好,厂里进行民意测验,几乎异口同声称赞他。与刘厂长不同,他不喜欢花高价引进工程技术人员,他认为这些人中不乏见利忘义之徒，只能同甘，不能共苦。关键时刻还是要靠自己，宁愿多花些钱来培养自己厂里的技术人员，近几年来，厂里也确实培养了一批技术骨干，有些人还很拔尖。他也不喜欢高价做广告，他说我们的产品质量自己有数。他把做广告的钱用来购买先进的技术设备，为提高质量服务。他说等质量到经得起"吹"的时候再做广告。实际上他们厂的产品质量还是不错的，开箱抽查合格率达98%。

该厂是市企业管理先进单位，区文明单位。工会是区"先进职工之家"，团支部是区"先进团支部"，他本人则荣获市优秀厂长和局优秀党员称号。但也有不少人认为，张厂长缺乏开拓精神，求稳怕变，按部就班，工作没有多大起色。按照厂里的基础和实力，应该发展得更快些，可他们的效益都比不上刘厂长他们厂。与刘厂长比，他就显得保守、过于谨慎、处事比较圆通、不得罪人。张厂长听了这些议论，不以为然，依旧我行我素。

刘厂长和张厂长谁当总经理更合适，上级领导部门至今议而未定。

（资料来源：http://www.docin.com/p-115967981.html）

问题：

1. 结合相关理论和实践，谈谈做总经理需要哪些具体条件？
2. 从人格理论的角度来看，您觉得谁更能胜任总经理呢？

第四章
知觉与归因

引导案例

案例 1

第一名裁判:"对于一些球和一些队员间的碰撞,我是按它/他们是什么样而判决的。"

第二名裁判:"对于一些球和一些队员间的碰撞,我是按'我所看到的情况判决的'。"

第三名裁判:"对于一些球和一些队员间的碰撞,如果我不判决,它们就没什么事。"

案例 2

照片上的这个人是一家大公司的经营管理人员。从照片上看,您认为他是在工作还是在休息?这可能无法辨别。但这位经营管理人员的老板却时时刻刻对他做着判断。在这里,老板认为他是"看着某个物品发呆"还是"陷入深深的思考中"受很多因素的影响。比如,老板认识他有多久?他过往的绩效如何?他过去是否有过这样的举动?其他人在同样工作中会表现出怎样的行为?这些问题的回答很大程度上影响老板对这名经营管理人员行为的解释。

这个例子提醒我们,我们并不是看到现实,而是对自己所看的东西做出解释并称它为现实。一门课程刚结束时,你可能会针对该课程及讲课教师填写一份评价表,如果班级足够大,显然对讲课老师的评价会在一定区域中。一些学生对教师的评价可能是极优,而另一些学生则会对同一教师评为"不满意",这种情况不足为奇。讲课教师的教学行为显然是稳定的,尽管学生看到的是同样的教师,但对讲课效果的知觉却不相同。知觉就像美丽,它取决于是否出自"情人的眼里"。

引例中老板对经营管理员的评价受到很多因素的影响,在很多情况下,我们对他人以及事情的认知并不是我们所认为的那样。如果不能准确地去进行认知,很显然,我们会做出错误的决定,我们生活在一个由人包围着的社会里,每天都在认识他人,认知他人的性格,认知他人的能力、态度、处事方式,也在认知他人的情绪感受等。那么,我们怎样才能准确地认知他人呢?

第一节 社会知觉概述

准确地认识他人是我们与他人相处,以及沟通交往的基础。如果对他人的为人以及想法等的认识是错误的,就会对他人产生误解,影响到人与人之间的关系以及我们将会对对方采取的态度、行为等。在人力资源管理中我们经常讲要知人善用,那么首先就应该要知人,才能够善用,用专业术语说叫人岗匹配。认知因素是影响组织管理活动中人的行为差异的重要心理条件之一。心理学的研究表明:人的认知因素直接影响到人对工作的物理环境、社会心理环境的认知和理解,并由此影响人的心理状态和行为,从而影响到管理的绩效。

一、知觉的概念和特征

(一) 知觉的概念

知觉(perception)是人脑对直接作用于感觉器官的客观事物的整体反映。

如看到一个苹果,听到一首歌曲,这就是知觉。与人的知觉相关的另一个感念是感觉(feeling)。人的感觉是指人脑对客观事物某一方面属性的反映,知觉则是人脑对客观事物许多属性及其关系综合性的整体反映。感觉和知觉在日常生活中是密不可分的,统称感知觉。

可以按照不同的划分标准对知觉进行分类。依据分析器官不同可分为:视知觉、听知觉、嗅知觉、味知觉、触摸知觉等。这类知觉对于维持个体的生存、安全及辨别事物和从事各种职业活动都有重要意义。根据知觉反映的客观对象不同,有如下几种:①空间知觉,这是由物体的大小知觉、方位知觉、平面形状知觉、深度知觉等构成的复杂的知觉形式;②时间知觉,这是对运动物体时间特征的反映(如时间长短知觉、节奏快慢知觉、先后顺序知觉等);③运动知觉(如真正运动、似动、诱动、自动等);错觉等。

我们还可以根据知觉的对象把知觉分为物体知觉和社会知觉,物体知觉是指对自然界中的各种现象的知觉。社会知觉是指由人所构成的社会现象的知觉,包括对人、人际关系、群体以及各种社会事件、因果关系等的知觉。

(二) 知觉的特征

1. 知觉的整体性

知觉对象是由许多部分组成的,各部分具有不同的特征,然而人们并不是把对象感知为许多个别的孤立部分,而总是把它知觉为一个统一的整体。例如,如果被知觉的客体在空间上或时间上接近的话,则人们就容易把它们知觉为一个整体,如图4-1所示。如果被知觉的客体在颜色、强度、形状、大小等物理性质上相似的话,则人们更容易把这些类似的属性组合成一个整体;此外,如果客体具有连续、对称、闭合和共同运动方向等特点,则人们也很容易把它们知觉为一个整体。知觉的整体性对于人们快速识别客观事物具有重要意义。因为万事万物都处于千变万化之中，如果因为客观事物发生了一定的变化，我们就不能识别了，那就会给我们的生活带来许多困难。因此，当我们在认识客观事物时，只要抓住了主要特征就可以做出整体性的反映，从而可以节省时间和精力。

2. 知觉的理解性

知觉的理解性是指在知觉过程中，人们用过去所获得的有关知识经验，对感知对象进行加工理解，并以概念的形式表示出来。其实质是旧经验与新刺激建立联系，以保证理解的全面和深刻。在理解过程中，知识经验是关键。对知觉对象的理解，是以已有经验为前提的，具有不同知识经验的人对同一对象产生的知觉不尽相同。例如，面对一张X光片，不懂医学的人很难知觉到有用的信息，而放射科的医师却能获知病人的病情。正如鲁迅评价《红楼梦》时所说，"《红楼梦》是中国许多人所知道，至少，是知道这名目的书。谁是作者和续者姑且勿论，单是命意，就因读者的眼光而有种种：经学家看见《易》，道学家看见淫，才子看见缠绵，革命家看见排满，流言家看见宫闱秘事……在我的眼下的宝玉，却看见他看见许多死亡；证成多所爱者当大苦恼，因为世上，不幸人多……"为什么同一本书，不同的人读完有不同的感受，就是因为人在认知其他对象时，总是从自身过去的知识经验出发，用过去的知识经验去理解，而个人的知识经验存在差异，所以认知也存在差异。

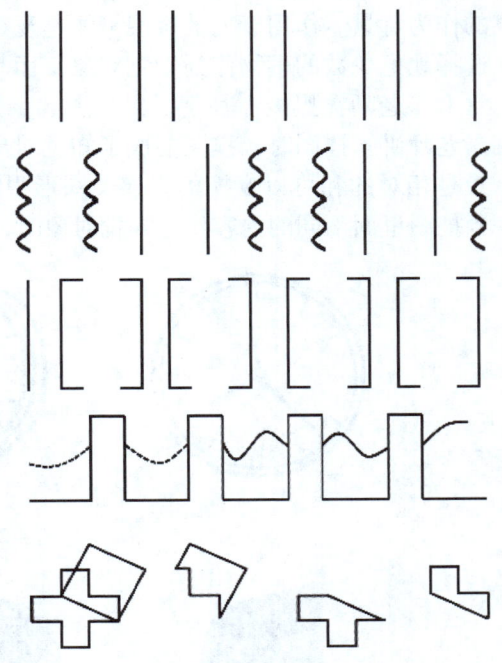

图 4-1　知觉的整体性

码 4-1

3. 知觉的恒常性

知觉的恒常性是指当知觉条件（如距离、照明度等）发生某种变化时，知觉的印象仍然保持相对不变。例如，对于墙上挂着的一面挂钟，我们在 0.5~10 米的距离内，不论我们从正面看还是从侧面看，其大小和形状都是一样的。虽然在视角改变时，视网膜的成像是不同的，如图 4-2 所示，但我们总是把挂钟知觉为圆形，而且知道是同一个挂钟。知觉的恒常性，是以往的知识和经验参与的结果。实际上，知觉对象的大小、形状、亮度、颜色等特性的主观认知与对象本身的关系并不完全服从于物理学的规律，而是在知识和经验的影响下保持一定的不变性和稳定性。这种不变性和稳定性，对于人们能够准确而真实地反映客观事物，从而有效地适应环境具有特殊的意义。在视知觉中，不仅有形状的恒常性、亮度的恒常性，而且还有颜色的恒常性。

4. 知觉的选择性

知觉的选择性是指人们在某一具体时刻只是以对象的部分特征作为知觉的内容，其他的作为背景。作用于人的客观事物是复杂多样的，人们并非能全部清楚地知觉它，总是有选择地把少数的事物作为知觉对象，而其他则成为衬托这种对象的背景。例如，在教学课堂上，老师在黑板上写字，黑板上的字是学生的知觉对象，至于附近的墙壁等则是背景。当老师讲解挂图时，挂图便成了知觉对象，而黑板上的字则成了背景。知觉中的对象和背景是相对的和可以变换的，双关图形很好地说明了这一点，如图4-3所示。同一张图片，当把图里面不同的内容作为知觉对象时，知觉到的就是不同的物体。

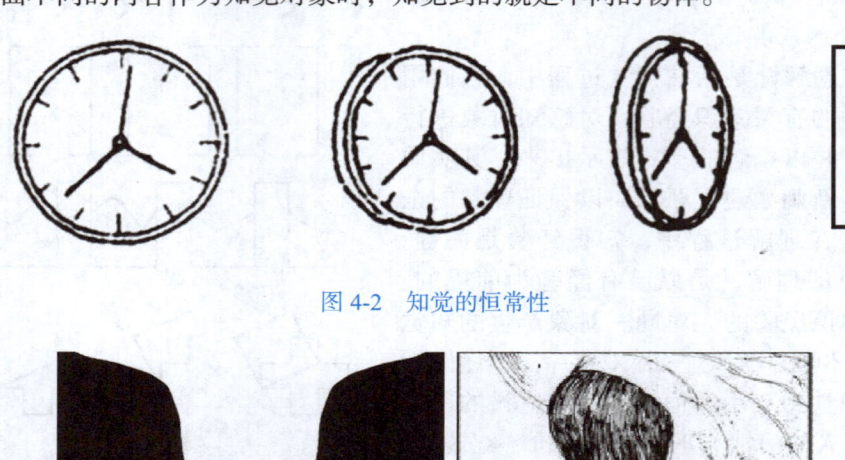

图4-2 知觉的恒常性

图4-3 知觉的选择性

心理学的研究告诉我们，影响知觉的选择性既有客观因素，又有主观因素。刺激的变化、对比、位置、运动、大小程度、强度、反复等，属于客观因素；经验、情绪、需要、兴趣等，属于主观因素。

码4-2

（三）影响知觉的主要因素

1. 知觉的主体因素

在知觉的主体方面，影响个体对别人认知的主要因素是其动机、经验和情感。一个人是否具有同别人交往、认识别人的动机，以及这种动机的强弱，对于他认识别人具有重要影响。美国心理学家约翰·阿特金森（John W. Atkinson）用速视器向被试者快速显示四张一组的画片，每组画片之中有一张是人物面孔，而另外三张则是萝卜、饭锅等类似人头的画面。要求被试者回答"看见了什么？"结果表明，交往动机强的人，对于人物面孔知觉得更为迅速、清楚。

人是根据自己的经验从一个陌生人的衣着打扮推断他的民族、性别、年龄、职业与性格特征的。人已有的知识经验将影响其知觉的选择性和对知觉对象的理解，缺乏有关的经验是不可能凭借人的外部形象推断内部特点的。美国心理学家巴格比（J. W. Bagby）用速视器向被试者分别呈现同样的图片，图片的一侧是棒球比赛图，而另一侧则是斗牛图，尽管给所有的被试者都是左右两眼同时看着两种不同图景，结果却大不相同。美国被试者中有 85% 的人说看到了斗牛。一个人的经验不仅影响他对别人的认识，而且也影响他对别人的感情。一个陌生人，仅仅由于他的外貌同我们所厌恶的人的面貌相像，就可能会成为我们所讨厌的人。

人们自己当时的情感、情绪状态，对于他对别人的认知也有明显影响。霍夫·凡·鲍尔（Hoff Van Bauer）把被试者分成两组，观看同一组照片，甲组在观看喜剧片之后立即被要求观看照片并说出照片上人物的表情，被试者倾向于认为照片上人物的表情是喜悦的；乙组在观看乏味的、令人生厌的录像之后观看照片，则认为照片上人物的表情是厌恶的。由此可见，人们往往把自己的情绪、情感投射到别人身上，认为别人的面孔表现的是同自己体验的一样的情绪、情感。换句话说，人们倾向于用自己当时的情绪状态，解释判断他人的面部表情。事实表明，不仅一个人对他人个性特征的认识影响他对此人的好恶感，而且反过来，一个人对他人的好恶感，也影响他对此人的个性特征的认识。

2. 知觉的客体因素

在知觉过程中，知觉对象本身的内在因素也会对知觉产生影响。知觉对象本身与环境的对比度越大，被注意到的可能性也越大。例如，在黑色的背景下，白色的图形往往很容易被人知觉到，类似的现象还有"万花丛中一点绿"。另外，那些强度较强、体积较大、运动变化、色彩鲜艳的事物，更容易被人注意到而被选择成知觉对象；相反，那些强度弱、体积小、静止不动、色彩灰暗的事物，则容易被忽略。正如行人在晚上总是容易被各种闪烁的霓虹灯吸引。不过当知觉对象变得越来越抽象时，人的知觉受知觉对象本身特点的影响可能就越小，而受知觉者及环境因素的影响则越大。

3. 知觉的情境因素

在人际知觉中，除去知觉的主体、客体之外，知觉的情境也具有重要作用。一个人所处的环境以及他同什么人为伍，是同王公贵族、百万富翁还是同平民百姓、流浪汉在一起，深刻影响着别人对他的认识和评价。美国心理学家丹尼尔·西格尔（Daniel J. Seigel）的研究表明，同一个男人，当他和一个美丽的女人坐在一起时，人们认为他是和气友好、富有自信心的；而当他坐在一个丑陋的女人旁边时，人们对他的知觉印象可能就大不相同了。人们对知觉情境的理解能够转移到知觉对象的身上，影响着对知觉对象的认知。例如，人们看到西装笔挺、手拿高级公文包进出银行大楼的人，就倾向于认为他不是银行高级职员就是公司经理；不是来存款的就是来取款的，人们一般不会想到他是来偷钱或是抢钱的。

为什么情境对于认识一个人会具有如此重要的作用呢？这是因为，人们的行为是由情境所要求、所规定的。出席生日晚会的人，应该面带笑容、举杯祝贺；参加追悼会的人应该愁容满面，而且要在一定位置采取一定姿势站立。既然行为是由情境决定的，那么，人们根据情境判断人的行为，或者认识一个人的时候会依赖于他所处的环境，也就不难理解了。

制约人际知觉的因素和条件除去主体、客体以及情境方面之外，交往时间的长短也是一个重要因素。为了深入认识一个人，总是需要时间、需要接触、需要共同活动的。俗语说"路遥知马力，日久见人心"。然而，在人际交往时间长短、彼此熟悉程度与相互认识、理解的准确性之间并不总是存在正相关。有些情境下，交往时间很长，彼此十分熟悉的人，容易过高估计对方个性的积极方面，而难于察觉第三者一眼就能看出的弱点，人对人恰如其分的认识与理解，也许并不需要很长时间和过分亲密。

二、社会知觉

（一）社会知觉的概念

社会知觉是指对由人的世界所构成的社会现象的知觉，主要包括对人的知觉，对人际关系的知觉和对社会事件因果关系的知觉等。

社会知觉主要是对社会性信息的知觉，社会知觉的过程是人们在社会情境中对人的心理、行为及特性进行推断和判断的过程。作为社会知觉对象的可以是个人，也可以是群体和社会，还可以是人际关系；个人可以是他人，也可以是自己。所涉及的外部特征除了服装、表情、外貌、体态、风度和人际关系外，还包括人格品质、群体心理氛围等。

（二）社会知觉的种类

根据知觉的对象，社会知觉可以分为对他人的知觉、人际知觉、角色知觉和自我知觉等。

1. 对他人的知觉

对他人的知觉是指对他人的需要、动机、情感、观点、信念、性格等内部心理状态的知觉。这种知觉主要是通过一个人的仪表、表情、姿态、言谈、行为举止等外部特征，来认识这个人的需要、动机、情感、观点、信念、性格等心理特点与内在品质，即"听其言观其行而知其人"。这种知觉受以下两种条件制约：

1）知觉对象的外部特征：包括一个人的仪表、风度、表情、姿态、言谈、行为举止等。例如，西装革履的人往往给人留下正派、大方、严谨、绅士、循规蹈矩等印象；而着牛仔装或运动装（休闲便装）的人则给人活泼、热情、随便、不拘小节、马虎、充满活力等印象。人的外貌特征也是如此。在初次交往中，一个人面貌端正、言谈高雅、举止端庄往往给人留下良好的印象；反之，五官不正、言谈粗俗、举止轻浮的人则往往给人留下不良的印象。

2）知觉者的知觉组织结构：指一个人在知觉他人时所特有的观点、态度，即站在什么角度，用什么标准来观察、衡量对方。知觉者的知觉组织结构不同，知觉的结果也不相同。例如，在观察、了解同一个人时，有的人侧重于道德品质，有的人着眼于智力特征，所以每个人所得的印象也各不相同。

2. 人际知觉

人际知觉是指对人与人之间相互关系的知觉，包括对自己与他人，以及对他人与他人之间关系的知觉。人际关系的状况既是一种客观的存在，同时对知觉者而言，又是一种主观判断。

3．角色知觉

一个完整的角色知觉过程包括角色期待、角色认知、角色行为和角色评价四个环节。角色期待是指他人对该角色承担者应表现出什么样的行为和态度的期待。角色认知是指个体对某个社会角色应该表现出来的行为和态度的认知，包括个体自身对该角色的认知和个体对他人扮演该角色的认知两个方面。角色行为是指一个人在角色认知基础上所实际表现出的行为和态度，这一行为和态度可能与角色期待相一致，也可能不一致。角色评价是指对人们角色扮演的评价，它既包括个体对他人角色扮演的评价，也包括个体对自身角色扮演的评价。

4．自我知觉

自我知觉是指对自己的心理和行为状态的知觉，即通过对自己行为的观察而形成的对自己的思想、情感、能力、性格、道德水平等的认知。自我知觉对于个体行为以及生活态度具有重要的影响作用。一般来说，一个能够全面、正确地认识自己的人，比较不容易发生行为失当的现象，但是人并非在任何情况下都能正确认识自己的心理状态。例如，在顺利的情况下，往往过高地估计自己的水平（得意忘形）；而在受挫的情况下，往往对自己的能力、水平产生怀疑（妄自菲薄）。

在自我观察的自我知觉中，一个人观察别人与观察自己是有区别的。这种区别在于：第一，人们观察自己时所掌握的信息要比观察别人时更多。例如，一个人虽然工作成绩并不显著，但却做出了最大的努力，这在自己看来是心中有数的，如果别人观察他的行为就不一定能够了解。第二，观察自己与观察别人有熟悉和陌生的区别，对自己行为的知觉比对别人更熟悉，这主要是因为自己对自己的知识、经验和过去的经历要比对别人知道得更多一些。第三，在知觉别人时自己是观察者，别人是被观察者，而在自我知觉时，自己既是观察者又是被观察者，所以自我知觉有时是比较困难的。

尽管自我知觉与对别人的知觉有上述区别，但这并不是说自我知觉一定比对别人的知觉更正确。有人在企业中曾做过实验，设计了四种情境，让工人解释在每种情境下积极工作或者能坚持工作的动机。第一种情境，给予很高的报酬，但工作比较单调乏味；第二种情境，报酬并不高，但工作很有趣；第三种情境，报酬不高，工作也很乏味；第四种情境，报酬很高，工作也很有趣。实验结果：在第一、第二种情境中，绝大多数工人均能解释自己积极工作的原因，指出在第一种情境中之所以积极工作是因为有很高的报酬，在第二种情境中是因为工作很引人入胜。但是在第三种情况下，对自己能坚持或积极工作的原因往往不能做出正确的解释。虽然以上这个实验研究的主要目的在于研究内在奖励和外在奖励对人的工作积极性的作用，但这也表明，自我知觉不是在任何情况下总是正确的，故真正做到"有自知之明"并非易事。

（三）社会知觉偏差

在现实生活中，人们往往由于受到客观条件的限制而不能全面地看待问题，尤其是看待别人时，往往受到各种偏见的影响而造成社会知觉的歪曲，或对别人的行为做出错误的归因判断。研究在社会知觉过程中产生的各种偏见和归因偏差,对于做好人的管理工作具有重要意义。

1. 晕轮效应

晕轮效应(halo effect)是指在知觉过程中,将知觉对象的某一突出行为特征扩大成为整体行为特征的知觉现象,它是一种"以偏概全"的评价倾向。

即在社会认知时,人们常从所认知到的某个特征泛化推及未被认知的特征,从局部信息而形成一个完整的印象,根据个人的个别品质做出对其全面的评价。

当认知者对个体的某种特征形成好或不好的印象后,他就会倾向于据此推论该个体其他方面的特征,进而产生以点概面、以偏概全的现象。好恶评价是印象形成中最重要的方面,在知觉他人时,人们往往根据少量的信息将人分为好和坏两种,如果认知对象被标明是"好"的,他就会被"好"的光环笼罩着,并被赋予更多好的品质;如果认知对象被标明是"坏"的,他就会被"坏"的光环笼罩着,他所有的品质都会被认为是坏的。后者是消极品质的晕轮效应,也称扫帚星效应(forked-tail effect)。

1946 年,所罗门·阿希(Solomon E. Asch)以七种描述个人人格特征的词为刺激物,以大学生为被试者研究了有关人格印象的形成过程。这七种人格修饰语为"精干、坚信、健谈、冷酷/热情、机智、进取、有说服力"。实验分 A、B 两组(A 组为冷酷、B 组为热情)进行,除第四个人格修饰语不同外,给予两组被试的刺激物没有区别,提示的方式、时间间隔、重复次数也一概相同。实验结果发现,两组被试都很快根据七种人格修饰语描述了该人的人格形象,但两组的印象大相径庭。不仅 A 组被试说该人是个"冷型"的人,B 组被试说该人是个"热型"的人,而且两组被试者都咬定,在这七种修饰语中,最关键的是冷酷或热情。而阿希将这个词抽出后,用另外六个词进行的实验表明,两组被试者此时形成的印象转变为中性的了,已不再具有前述褒贬性质。据此,阿希认为人们对他人形成印象时不是等量齐观地加工每一则信息,而是抓住中心品质,"以点代面"地形成印象。不过,中国人的中心品质可能跟西方不一样,在中国,与个人道德修养及"做人"有关的品质是最重要的,如果知道某人的个人品质有问题,即使他有许多其他的优点,人们也难以对他产生好印象。

晕轮效应的问题在于:第一,它容易抓住事物的个别特征,习惯以个别推及一般,就像盲人摸象一样,以点代面;第二,它把并无内在联系的一些个性或外貌特征联系在一起,断言有这种特征必然会有另一种特征;第三,它说好就全部肯定,说坏就全部否定,这是一种受主观偏见支配的绝对化倾向。

在考核中由于晕轮效应的作用,一个人某方面的优缺点常常可以形成光环扩张到其他方面,而这些优缺点一旦被夸大,其他方面的优缺点就会隐退到光环的背后被遮挡住。晕轮效应主要出现于员工的招聘选拔和绩效考核中。首先,管理人员可能选用一种品质作为基础来判断员工其他方面的表现。例如,如果某人全年无一次旷工、迟到行为,那么,很可能由此就会认为他的生产效率高、工作质量好、工作勤勉。其次,管理人员评价员工时往往跟某些品质联系起来。例如,可能认为进取心强的人必然精力充沛,能控制别人,必有成就；待人友好的人，必然是热情、慷慨的，且富有幽默感。

晕轮效应的启示：第一，正确地利用晕轮效应，能达到事半功倍的作用；第二，在看待他人、评价他人和使用人才时，要避免因晕轮效应而产生偏差和失误；第三，警惕偶像崇拜或个人崇拜。

2. 对比效应

对比效应（contrast effect）是指人们在对他人的知觉过程中，将其与自己熟知或最近接触到的人和事进行比较而得出评价结论的一种知觉现象。

在对比性的知觉过程中，人们常常由于参照点选择得高或低而产生知觉错误。例如，在招聘员工进行面试的情景中，可以明显看到对比效应的影响。在面试一名求职者时，对应聘者的评价不仅取决于这个人的真实水平，可能还取决于其他应聘者的水平。例如，如果在此人之前的应聘者是个平庸的人，则可能会更有利于对他的评价，如果排在此人之前的应聘者是个极为出色的人，则可能不利于对他的评价。这说明了对比效应可能产生知觉失真。目前面试中常用的一种评价中心的方法是无领导小组讨论。这种方法很容易发生对比效应，一个小组其他成员的表现很容易影响到评委对某名候选人的评价。

3. 刻板印象

刻板印象（stereotypes effect）是指社会上对于某一类人产生的一种比较固定、概括和笼统的看法。

刻板印象是指人们会把在头脑中形成的对某类知觉对象的形象固定下来，并对以后有关该类对象的知觉产生强烈影响。例如，我国的北方人豪爽率直、南方人精明算计；商人唯利是图、教师文质彬彬、农民朴实憨厚；已婚员工比未婚员工更稳定等，这都是刻板印象的例子。

刻板印象是我们在认识他人时经常出现的一种相当普遍的现象，其一经形成就很难改变。因此，在日常生活中，一定要考虑刻板印象的影响。例如，市场调查公司在招聘入户调查的访员时，一般都应该选择女性，而不应该选择男性，因为在人们心目中，女性一般来说比较善良、较少攻击性、力量也比较单薄，因而入户访问对主人的威胁较小；而男性，尤其是身强力壮的男性如果要求登门访问，则很容易被拒绝，因为他们更容易使人联想到一系列与暴力、攻击有关的事物，使人们增强防卫心理。但是，"人心不同，各如其面"，刻板印象毕竟只是一种概括而笼统的看法，忽视了个体之间的差异并不能代替活生生的个体，因此，由于刻板印象导致的认知错误总是在所难免。

码 4-4

4. 首因效应

首因效应（primacy effect）是指在社会认知过程中，首先呈现的信息对人的认知具有极其重要影响的现象。

首因效应反映了社会认知过程中信息出现的次序对印象形成所产生的影响。在信息呈现的顺序中，首先呈现的信息要比后来呈现的信息在印象形成中有更大的影响作用。如某人在初次会面时给人留下了良好的印象，这种印象就会在很长一段时间内左右人们对他以后的一系列心理与行为特征进行解释。由于首因效应的存在，使得人们对他人的知觉往往表现出这样的倾向，即当人们只获取了有关他人的少量信息时，就力图对他人的另外一些特征进行推理、判断，以期形成有关他人的统一的、一致的印象。

与首因效应比较相关的是第一印象。对某人的第一印象一旦形成，就会影响人们对他以后一系列行为的解释。第一印象在实际生活中有重要的影响作用。一位新上任的管理人员若被他的下属获得较为满意的印象，这就能为日后彼此间接触交往、搞好人际关系和进行有效管理打下良好的基础；良好的第一印象也有助于建立管理人员的威信。一般说来，"新官上任三把火"，这就意味着新的领导要特别重视第一印象，要想方设法给下属留下好印象，为今后工作的顺利开展创造有利条件。

第一印象比较持久，但在形成对他人的正确印象方面有下述局限性：

首先，第一印象的形成会不同程度地受到周围不同环境或事物的影响，而很少会单纯地根据人们的观察去直接形成印象。例如，在一个豪华餐厅中遇到一个人，与在一个普通饭馆里遇到一个人，这两种环境下形成的第一印象会有很大的差别。第一印象是根据被观察对象的有限行为形成的，因而是不全面的，带有一定的片面性。

其次，第一印象是高度个性化的反应，从而有可能歪曲被观察对象的印象。第一印象仅从偶然的交谈中，而不去全面考察被观察对象的个性、智力等，因而可能形成片面形象。它会造成认知上的惰性，形成对被知觉对象的固定看法。如果第一印象非常强烈，由此而认为该人很好，那么就会一直认为此人很好；反之，第一印象很坏，则会一直认为此人不好。

最后，第一印象在实际生活中会造成"先入效应"，这会给管理人员带来认识上的片面性。这种先入为主的第一印象是好的时候，就会看不到别人的缺点；反之，第一印象是坏的时候，就看不到别人的优点。作为一名管理者既不能忽视第一印象的积极作用，同时，也要克服第一印象的消极影响，要从全面、客观、变化发展中考察被知觉对象，最终获得正确的人际知觉。

5. 近因效应

近因效应（immediate cause effect）是指最近呈现的信息对人的认知具有重要影响的现象。

码 4-5

在社会知觉中既存在首因效应，又存在近因效应，那么如何解释这似乎矛盾的现象呢？换言之，究竟在何种情况下首因效应起作用，在何种情况下近因效应起作用呢？社会心理学家对此进行了多种解释，具体来说，有这样几种看法：卢钦斯（A. Ladins）认为，在关于某人的两种信息连续被人感知时，人们总倾向于相信前一种信息，并对其印象较深，即此时起作用的是首因效应；而在关于某人的两种信息断续被人感知时，起作用的则是近因效应。也有人指出，认知者在与陌生人交往时，首因效应起较大作用；而认知者与熟人交往时，近因效应则起较大作用。

首因效应和近因效应是绩效考核和员工招聘中常见的社会认知偏差，对于管理有重要影响。例如，在对员工进行绩效考核时，由于直接或间接的第一印象对人的认知评价影响非常深刻，使考核者只关注被考核者的最初印象，对其后来的表现视而不见，或只凭在第一印象中获取的少量信息，就力图对被考核者的其他特征和表现加以推测与判断。这种认知偏差，多见于人才聘用以及新进人员的考核中；近因效应是与首因效应截然相反的时间效应偏差，它是指最近的信息对人的认知所产生的重要影响。考核评定人员对考核对象近期的表现关注较多，而忽视了他们以往的表现。如果某人最近一段时间工作表现突出，考核的意见就比较好；反之，考核意见就差。所以，有些员工为了在年终绩效考核中取得好成绩，临近考核的那一段时间工作会更加认真。

在实际的管理工作中，上司应该把首因效应和近因效应结合起来对人、事进行感知。首先，要预防两种效应的消极影响，既不能"先入为主"，也不能不看过去只看现在，而应该以联系发展的态度感知事物，把对人、对事的每一次感知，都当作认知事物过程中的一个阶段，避免形而上学的片面性。其次，要在一定条件下，发挥两种效应的积极作用。讲话、办事、接触人、做具体工作都要善始善终，不能使人感觉"无头无尾""虎头蛇尾"或"蛇头龙尾"。

6. 投射效应

投射效应（projection effect）是指以己度人，以为自己具有某种特点，他人也具有相同或相似特点的现象。

古代一位喜欢吃芹菜的人，总以为别人也像他一样喜欢吃芹菜。于是到公众场合就向别人热情推荐芹菜，成为一个众所周知的笑话。但是生活中每个人都免不了犯类似这样的错误，这种"以己度人"的现象，心理学上称为投射效应。

投射效应常使人们对他人的知觉产生失真现象。人们倾向于按照自己是什么样的人来知觉他人，而不是按照被观察者的真实情况进行知觉。心理学家罗斯（L. Ross）做过这样的实验来研究投射效应，在 80 名参加实验的大学生中征求意见，问他们是否愿意背着一块大牌子在校园里漫步 30 分钟。结果，40 名大学生同意背牌子在校园内走动，并且认为大部分学生都会乐意背，而拒绝背牌子的学生则普遍认为，只有少数学生愿意背。可见，这些学生会将自己的态度投射到其他学生身上。由于这种偏差导致人们通常高估或夸大自己的信念、判断及行为的普遍性，这种倾向也被称为虚假一致偏差（false consensus bias）。例如，自己好交际，也认为别人好交际；自己疑心重，也认为别人疑心重。

第二节　归因理论

一、归因的概念

人们对社会对象的知觉不同于对自然对象的知觉。对自然对象的知觉，主要是通过对自然对象的各种物理属性及其特征的感知而认识它。对人的认识则不同，我们对人的认识，总要涉及他的内部心理因素,如动机、情绪、品德、个性等。由于人的内在心理特征无法被人们所直接观察到,人们只能根据他的言语和行为来推断,这样就产生了归因问题。

归因(attribution)是指人们对他人或自己的所作所为进行分析,指出其性质或推论其原因的过程。

由于人们不愿轻易付出自己的认知资源,所以并不是对所有发生的事情进行归因,在下面两种情况下人们更倾向于进行归因:一是发生出乎意料的事情,二是发生令人不愉快的事情。

二、归因理论

归因理论是专门研究人们如何理解特定事件的原因,如何明确事件的责任,以及如何对事件中的当事人做出评价的理论。以下介绍三种主要归因理论。

(一)海德的朴素心理学与归因理论

弗里茨·海德(Fritz Heider)是最早研究归因理论的心理学者,他认为,每个人都会致力于寻找人们行为的因果性解释,他把这种普遍现象称为朴素心理学(naive psychology)。1958年,海德在他的著作《人际关系心理学》中,从朴素心理学的角度提出了归因理论,该理论主要解决的是日常生活中人们如何找出事件的原因。海德认为人有两种强烈的动机:一是形成对周围环境一贯性理解的需要,二是控制环境的需要。要满足这两个需求,人们必须有能力预测他人将如何行动。因此,海德指出每个人(不只是心理学家)都试图解释别人的行为。海德认为事件的原因无外乎有两种,即内在因素和外在因素(内因和外因)。

1. 内在因素

内在因素包括能力、动机、努力程度、人格、心境、态度以及其他个体所具有的特点等,也称为个人倾向归因。

2. 外在因素

外在因素包括环境、他人、任务难易程度、外在奖赏与惩罚、运气等,也称为情境归因。

海德归因理论的核心在于,只有清楚行为的根本原因是内因还是外因,才能有效地控制个体的行为。他的归因理论引起了后来一系列的归因理论研究。

(二)凯利的三度归因理论

美国社会心理学家哈罗德·凯利(Harold H. Kelly)于1967年提出了一种颇有说服力的理论,即三度归因理论(cube theory),见表4-1。他认为任何事件的原因最终可以归于三个方面:行动者、刺激物以及情境。如对张三打李四这件事的归因,张三是行动者,李四是刺激物,打架时的背景是情境。凯利指出,在归因的时候,人们要使用三种信息:一致性信息、一贯性信息、区别性信息。他认为人们在对行为原因进行归因时,一般根据以下线索来进行:

1）原因：行动者、刺激物、情境。
2）三种信息。

① 一致性信息：行动者与他人行为是否一致，即其他人面对相似情境是否会有相同的反应。

② 一贯性信息：行动者在其他时间、地点是否也会发生此行为，即是否不论时间地点如何变化，行动者都表现出同样的行为。

③ 区别性信息：对其他对象是否也会有同样的反应，即行动者在不同情境下是否会表现出不同行为。

码 4-7

表 4-1 凯利的三度归因理论

一致性	一贯性	区别性	归因于
低	高	低	行动者
高	高	高	知觉对象（刺激物）
低	低	高	情境

例如，小玉在遇到菲菲时没和菲菲打招呼。在这个事件中，区别性是指小玉今天是否跟所有人都不打招呼，如果小玉今天跟所有人都没打招呼，则为低区别性，反之则为高区别性。一贯性是指小玉在遇到菲菲时是否总是不打招呼，如果是则为高一致性，否则为高一贯性。一致性是指今天所有遇见菲菲的人是否都不跟她打招呼，如果所有遇见菲菲的人都没有和她打招呼，则为高一致性，如果不是则为低一致性。

（三）韦纳的成就归因理论

1972 年，伯纳德·韦纳（Bernard Weiner）在海德的归因理论和约翰·阿特金森的成就动机理论的基础上提出了自己的归因理论，该理论要说明的是对成功或失败进行归因的维度以及归因对后续行为的影响。韦纳认为，内因与外因的区分只是归因的维度之一，在归因时，人们还应从其他维度来分析问题，例如，稳定性与可控性，见表 4-2。

表 4-2 韦纳的成就归因理论维度

归因 \ 维度	内/外因	稳定/不稳定	可控/不可控
能力	内	稳定	不可控
努力	内	不稳定	可控
运气	外	不稳定	不可控
任务难度	外	稳定	不可控

韦纳认为，能力、努力、运气和任务难度是个体分析成败的主要因素。个体把成功或失败归因于不同的原因会导致人后续不同的行为反应。当个体把成功归因于内部因素，例如努力或能力，则个体会感到满意或自豪；当个体把成功归因于外部因素，例如任务难度或运气，则会感到惊喜或满意；当把失败归因于内部因素，如努力或能力，则感到内疚或者无助；如果把

码 4-8

失败归因于外部因素，例如任务难度或运气，则令人感到气恼或敌意。若把成功归结于稳定因素，便会提高以后的工作积极性；若把成功归因于不稳定因素，以后的工作积极性既可能提高，也可能降低；若把失败归因于稳定因素，则会降低以后的工作积极性等。

三、归因偏差

对行为归因过程的解释，是以关于人们的归因总是用理性的、有逻辑的方式进行假设为前提的。但实际上，人们的归因行为并非总是完全是纯粹理性活动的产物，也并不一定是逻辑严密的，这就会使人们对行为的归因出现偏差。常见的归因偏差有以下三种。

（一）基本归因偏差

在人们对他人的行为进行归因时，人们往往倾向于将行为归因于他人内部稳定的个性因素，而忽视引起行为的外部因素。这一归因现象被社会心理学家称为"基本归因偏差"（fundamental attribution error）。此时，人们往往忽视某种行为产生的环境因素，如社会规范或社会角色的作用，而将行为看成是行为者自由选择的结果，是其稳定的人格品质的一种系统反映。

基本归因偏差又叫对应偏差，是指人们在解释他人行为时，夸大行动者个人因素、低估环境因素的现象。其产生的原因有：

1）人们相信个体能对自己行为负责，所以多用内因来解释人的行为，而忽略外因的影响。

2）情境中的行动者比情境中的其他因素更突出，所以人们更容易注意行动者，而忽略背景因素和社会因素。

基本归因偏差在社会生活中的影响是很大的。由于它的影响，处境困难的人常常被认为是咎由自取，他们的困难是他们自己造成的。例如，当发现一名员工迟到时，人们更多地将其归因于其懒散，而不是交通堵塞；管理者在对员工进行绩效考评时，对于未完成任务的员工，倾向于认为是员工自身能力因素的影响，从而往往夸大行动者的个人因素，低估环境因素。

（二）行动者—观察者偏差

行动者—观察者偏差（actor-observer effect）是指人们常常倾向于将他人的行为归因于他人较稳定的人格因素，但却倾向于将自己的行为归因于外部因素，即情境因素。为什么在看待他人和看待自己时会存在上述这种差异呢？行动者与观察者归因偏差可能是由下列原因引起的：

1）行动者注意环境，观察者更注意行动者。

2）观察者对行动者的过去了解得少，行动者对自己的过去了解得多，知道前因后果。

码4-9

具体来说，作为行动者，人们不能清晰地看见自己是如何行动的，这时自己的行为就不那么突出，而影响自己行为的外在环境因素却很突出，所以很容易将自己的行为归因于外部因素；反过来，作为他人行为的观察者时，他人的行为就成了知觉对象，而环境则成了模糊的知觉背景,所以人们常将他人的行为归因于行动者自身。

(三)自利性归因偏差

自利性归因偏差(self-serving attribution bias)也称自我服务偏差,是指人有一种居功自赏而避免对失败负责的倾向。当人们更希望对成功而非失败负责时,就产生了利己主义倾向。对自己的不良绩效进行归因时,人们往往高估外部环境的影响。例如,对于一个未完成任务的员工来说,倾向于否认自己对其后果应当负有的责任,而全部归结为外部环境的不利影响;反之,对自己在工作上的成就,又倾向于夸大自身的作用。

企业管理者往往容易产生利己主义的归因偏差,即把积极的结果归因于自身,而将消极的结果归因于自身以外的方面。这种偏差是由个体维护自我价值感的动机造成的,即为了减少因失败造成的焦虑、沮丧等情绪,在加工过程中特别重视甚至夸大有利的信息资料,而不利的因素则被忽视、低估或缩小。这种归因具有自我保护、自我防御的作用,但也带有明显的自我欺骗性质。在组织中,如果领导和下属都受到自利性归因偏差的影响,那么很容易出现归因矛盾,导致成功时争抢功劳,失败时互相推诿责任。

总的来讲,我们一般倾向于过多强调人的行为是内因使然,而对外因的作用则有低估的倾向。相反,个体会将个人的成功归结为内因使然,而将失败归结为外因导致。因此,将不同个体对同一个对象的评价加以比较将会减少归因偏差。例如,一个组织在绩效考核时会更多地选择 360 度考核等多角度评价法。

本章核心概念

知觉　社会知觉　知觉的整体性　知觉的恒常性　知觉的理解性　知觉的选择性　晕轮效应　对比效应　刻板印象　首因效应　近因效应　投射效应　归因　基本归因偏差　行动者—观察者偏差　自利性归因偏差

思考题

1. 知觉的基本特征有哪些?
2. 影响知觉的因素有哪些?
3. 有哪些常见的社会认知偏差?
4. 海德的归因理论的基本观点是什么?
5. 韦纳成败归因理论的基本观点是什么?
6. 归因的基本偏差有哪些?

讨论题

如果你在路上遇到一个迷路的孩子,你会怎么做?

最近,联合国儿童基金会做了一次社会实验,6 岁的格鲁吉亚女孩阿娜诺,被打扮成两种截然不同的样子,独自一人,站在人来人往的街头,测试其他人是否会留意和关心这个看似迷路的孩子，结果出人意料。

实验一：小女孩穿着精致的裙子和小大衣出现在格鲁吉亚的大街上，马上有人上前关心这个看似迷路的女孩。路人纷纷驻足，想要帮助女孩，大家显得很有爱心。第一次实验的结果似乎让人欣慰。

实验二：工作人员为小女孩改变妆容，换上破旧的衣服，让她灰头土脸地再次出现在同样的地方时，来测试她会得到什么样的待遇。街上依旧人来人往，然而人们对小女孩视而不见，没有一个人过去关心她。

实验三：这次把实验地点改在一家中高档的餐厅。先是给女孩进行精致的装扮，穿着好看的花衣服进入餐厅，大家都对她笑脸相迎，有位奶奶还亲吻了她。可当小女孩再次以脏兮兮的形象出现在餐厅时，人们脸上没有了笑意，大家对她充满戒备。有位女士拿起了放在椅子上的包，一位男士让她走开，还有人直接叫来服务员。小女孩最后哭着冲出了餐厅，实验也因为小女孩的情绪低落而终止。

请用相关理论解释，为什么仅仅是因为着装不同，小女孩所遇到的境遇却截然不同？

案例分析

J＆J汽车销售公司

乔·鲍姆（Joe Baum）热爱他所做的事情。他并不在意别人如何看他。乔拥有一家二手车销售公司，位于圣路易斯西南部。任何时候，他的专用场地总是会有30辆车。

"二手车经销商的声誉不好"，乔说。他并不知道其中的原因。直到1997年他开了自己的经销公司才知道二手车经销商竟是如此声名狼藉。"圣诞节的时候，当家人问我要做什么生意时，我告诉他们，然后，他们就问我为什么要做那个。"

尽管公众对二手车经销商的印象并不好，乔却很喜欢他的生意。他喜欢做自己的老板，喜欢做他地盘的唯一的销售人员。他享受工作的多样化——买车、组装，帮助买主安排付款事宜。重要的是，乔喜欢与客户打交道。他说："这周围有一千多个伙计在卖车，而且他们的销售做得都比我好，我更有兴趣发展关系。"

乔的一个优势就是他喜欢汽车。这是与生俱来的，他的父亲为一家新车经销商工作，经常销售家庭用车。乔认为他广博的汽车知识使得他的销售工作更容易。他说："我可以告诉你汽车的刹车片是剩75%还是全新的，因为我做过这个。"

为了与客户建立良好的关系，乔必须克服二手车销售人员的刻板印象。他认为是他所在行业的一些人员所使用的不良销售技术导致了刻板印象的产生。

每当客户把他看作另一个"黑心"的销售人员时，乔就会很沮丧。他努力工作来建立客户的信任，所以，当他意识到自己失败时，就会感觉受到了伤害。他说："如果他们（客户）质疑我的正直，那是最难办的事情。"

问题：

1. 您认为以上案例中的刻板印象主要是通过什么途径产生的？
2. 如果您是乔·鲍姆，会采取什么行动来避免客户对自己产生这种刻板印象？

第五章 激励理论

引导案例

2018年9月27日,微信公众号中一篇《离职能直接影响中国登月的人才,只配待在国企底层?》的文章引发网友关注。文章中称,西安一家航天科研机构的研究员张小平被一家民营企业挖走,而该名科研人员离职前任副主任设计师职务,在我国大推力火箭发动机研制过程中处于"最关键的技术岗位"。该公众号中的文章称,"据爆料,张小平的待遇是12万一年,跳槽后加入了北京蓝箭空间科技有限公司,年薪直接达到百万。"27日下午,张小平原单位负责个体告诉北青报记者,张小平个体的离职不存在影响研发任务的问题,但是研究机构也会反思如何留下更多的人才。27日夜,当事研究所发布情况说明,承认在劳动仲裁材料中措辞失当,夸大了张小平在所参与研制项目中的地位和作用。业内人士告诉北青报记者,相关专业研究生毕业后到民营企业工作,第一年收入就能达到35万元,"大概是在研究所工资的2.5倍。"该业内人士表示,"工资太低,自我提升不大"是越来越多研究所留不住人才的主要原因。科研机构中的离职纠纷不在少数,值得研究所反思。而包括科研机构、企业在内的各个用人单位,如何有效地留住人才、激励人才,需要广泛的理论探究和学习。

(资料来源:http://epaper.ynet.com/html/2018-09/28/content_304976.htm?div=1.)

从上述引例中可以看出,激励人才对于组织的重要性。在充满不确定性和竞争性的时代,激励员工比以往任何时候都更重要,大多数管理者都承认激励员工已经变得更加富有挑战性。一方面是因为全球化在很大程度上改变了工作形式和内容,导致企业的破产、重组和裁员变得日益频繁。这些行为严重损害了员工对组织的信任和承诺。很多组织甚至放弃对员工采取综合性或更为复杂却更为高效的激励手段,转而按照绩效付薪并采取灵活的工时制度。但实践证明,单纯的金钱激励或灵活工时并不足以充分激发员工的工作潜力。

此外,现代组织的组织结构不断精简,许多组织采取扁平化的组织结构设计来降低成本,不再依赖于以"命令和控制"为主的传统领导方法。当然,这也可能是由于"命令和控制"的方法不适合今天知识员工以及新生代员工的价值观。新生代员工的价值观呈现出多样化和丰富化的特征。80后、90后员工对工作的期望与60后、70后员工存在明显差异,许多组织还没有适应这种改变。劳动力的多样化和全球化也增加了问题的复杂性,不同员工具有不同的价值观。这些价值观影响人们的需要,影响着组织应该采取什么措施来满足这些需要。在本章中我们讨论员工的需要和动机、组织中经典的激励理论以及这些理论在实际管理中的运用。

第一节 激励概述

一、需要和动机

（一）需要

需要（need）是指个体缺乏某种东西时所产生的一种主观状态。

个体的需要多种多样，可以按照不同的分类标准，将其进行划分。

按照需要的起源，可以分为自然性需要和社会性需要。自然性需要是指个体天生具有的，反映了个体对延续和发展自己生命所必需的客观条件的需要，需通过利用一定的典型对象或获取一定的生活状态来达到。个体和动物都具有自然性需要，但这两者之间在需要对象和满足方式上存在着本质的区别。动物只能依靠自然环境中现存的天然物质，而个体可以自己生产满足需要所需的对象。总而言之，个体的自然性需要不仅受到生物需要的制约，还受到社会生产、社会生活条件的制约。所谓社会性需要，是在社会文明的发展过程中，个体维持社会生活、从事社会生产的过程中形成的。社会性需要具有历史阶段性，在不同历史阶段，具有不同的政治、经济、文化及社会特点，因而产生各种不同的社会性需要，如自我实现的需要、对学习的需要等。

按照需要的对象，可以分为物质需要和精神需要。所谓物质需要，是人们对自然界产品及社会文化用品需要的反映，因而既包括自然性需要，也包括社会性需要；而精神需要是随着社会文明的发展及人们对物质的需要不断拓展而形成的。精神需要是个体对智力、道德、审美等方面条件需要的反映，属于对观念对象的需要。学习的需要和参加社会活动的需要，在精神需要中占重要地位。

（二）动机

动机（motivation）是指在需要的刺激下直接导致个体产生行为的原因，是引起、维持个体活动并使该活动向某一目标进行的内在动力。

动机本身并不属于行为，它只是行为产生的原因。动机的形成需要两个条件，即需要和外部诱因。需要是动机产生的基础或内在条件。当个体缺乏某种东西，身心便会失去平衡，导致不舒适感进而产生紧张状态，这种不舒适感导致的紧张状态就会产生个体行动的内驱力，于是就形成了动机。但是，并不是所有的需要都能引发个体行为的动机，需要是动机产生的内在条件，外部诱因是动机产生的直接刺激因素。需要只有跟某种外在刺激因素相结合时才能转化为动机，并在适当情况下表现为外在的可见行为。这种外部诱因一般是能够使需要得以满足的外在的目标物。因为有了现实可以满足需要的目标物，个体的需要才会被激发成动机，从而产生行为。当个体产生某种需要而又得不到满足的时候，就会产生一种

码 5-1

紧张的心理状态。当有能够满足需要的目标时，这种紧张状态就会转化为动机，推动个体去采取行动向目标前进。当需要得到满足时，紧张的心理状态就会消失。这时人们又会产生新的需要，并不断循环。这一过程可以用图 5-1 表示。

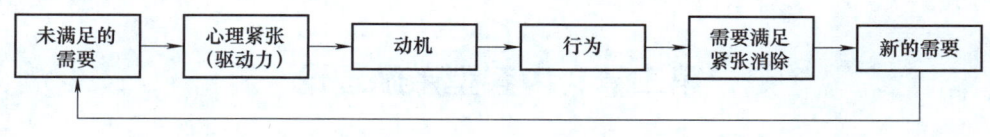

图 5-1　需要—动机循环

二、激励

激励（incentive）是指组织通过采取各种能满足需要的措施，激发员工的工作动机，调动其积极性和创造性，高效地实现组织目标的过程。

激励是组织中的一个重要概念，它解释了人们为什么选择一种行动以及为什么在困难情境中仍然持续这种行动。任何组织都喜欢充满动力的员工，有能力激励他人的管理者是成功的管理者。罗宾斯认为，激励是通过高水平的努力实现组织目标的意愿，而这种努力以能够满足个体的某些需要为条件。目前大多数激励理论来源于美国文化背景下对组织行为的研究。

根据激励的概念，可以得到图 5-2 中基本的激励模型简图。

激励包含三个要素，即工作强度、工作取向和工作毅力。工作强度说明了个体的努力程度有多大。然而，高强度却不一定带来有利的工作成果，除非努力的方向对组织有利。因此，在考虑强度的同时也考虑努力的方向，即必须关注工作取向。工作取向是指个体工作的目的和意图所在。使组织成员保持与组织目标相一致的努力方向是我们所应当追求的。激励的毅力维度是衡量个体能持续努力多长时间。受到激励的个体会为了实现目标，从而为尝试完成一项任务而坚持很长时间。

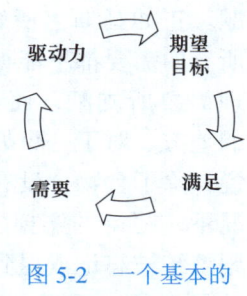

图 5-2　一个基本的激励模型简图

三、激励理论分类

激励理论主要分为两类：内容型激励理论（content theories）和过程性激励理论（process theories）。

内容型激励理论，着重研究激发动机的诱因，围绕着个体的需要进行研究，所以内容型激励理论强调员工有哪些需要，通过满足员工的需要去激发员工的工作动机，主要包括亚伯拉罕·马斯洛（Abraham H. Maslow）的需要层次理论、克雷顿·奥德弗（Clayton Alderfer）的 ERG 理论、弗雷德里克·赫兹伯格（Fredrick Herzberg）的双因素理论、麦克利兰的成就需要理论等。

过程型激励理论，着重研究动机的形成过程，围绕着个体的动机是如何形成的进行研究，所以过程型激励理论强调组织应该如何去行动从而激发员工的工作动机，主要包括维克多·弗鲁姆（Victor H. Vroom）的期望理论、约翰·亚当斯（John S. Adams）的公平理论、博尔赫斯·斯金纳的强化理论、爱德文·洛克（Edwin Locke）的目标设置理论等。

第二节 内容型激励理论

一、马斯洛的需要层次理论

美国心理学家马斯洛于1943年在《人类激励理论》中提出需要层次理论（hierarchy of needs theory），这成为行为科学的一个重要基础理论，自提出以来，流行甚广。

（一）需要层次理论的基本内容

马斯洛的需要层次理论把个体的需要分成生理需要、安全需要、爱与归属需要、尊重需要和自我实现需要，如图5-3所示。

1. 生理需要

生理需要是指生存的基本要求，包括空气、食物、水、性以及其他的身体需要等。这是人类最原始的基本需要，事关人类的生存问题。正如马斯洛所解释的那样，"如果一个人所有的需要都不能得到满足，这个人就会被生理需要所支配，而其他的需要都要退到隐蔽的地方。对于一个处于极端饥饿状态的个体来说，除了食物，没有别的兴趣。在这种极端情况下，写诗的愿望、获得一辆汽车的愿望等，则统统被忘记或退到第二位。这个人做梦也会梦见食物，看见的只是食物，渴望的只是食物，充饥成为独一无二的目标。"生理需要的

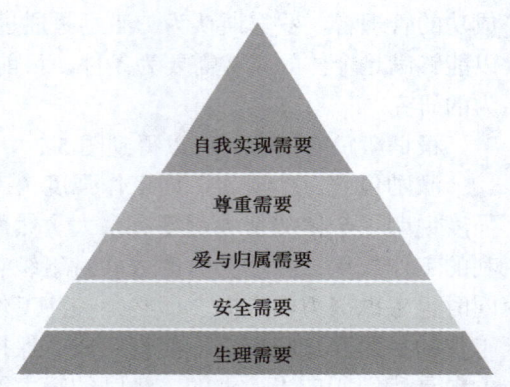

图5-3 马斯洛的需要层次理论示意图

力量是非常强大的，而且相对于高层次的需要，个体满足生理需要的途径也比较单一，饿了就需要吃东西，渴了就需要喝水。高层次需要的满足途径相对比较多。

2. 安全需要

安全需要是指保护自己免受外部伤害的需要，包括生理上的伤害以及心理上的伤害。马斯洛认为整个有机体是一个追求安全的机制，个体的感受器、效应器、智能和其他能量等都是寻求安全的工具，人们对安全的需要既包括生理上的安全，也包括心理上的安全。

3. 爱与归属需要

个体都需要与他人建立良好的关系和情感上的联系。归属需要与个体的生理特性、经历、受教育状况、宗教信仰等都有关系。马斯洛的爱与归属需要包含两个方面的内容，一

是对爱的需要，即人们都希望能够与周边的个体保持融洽的关系，获得他们的爱，如爱情、友情，生活中，人们想爱他人，也渴望他人的爱；二是归属的需要，即人们都希望自己不是单一的个体，而能够成为某一群体或团队的成员，进而在特定群体或团队中获得关注和认可，形成所需要的归属感。

4. 尊重需要

尊重需要是指有关自尊、自主、地位方面的需要。具体而言，包括内部尊重和外部尊重。内部尊重是指个体内心的自尊、自主和成就感，即希望自己能够独立、有实力、具有胜任力。外部尊重是指希望获得地位、威望及他人的认可。简而言之，内部尊重主要依赖于个体本身，而外部尊重主要依赖于个体所处的外部环境。马斯洛认为，尊重需要得到满足，能使个体对自己充满信心，对社会满腔热情，体会到自己生活在世界上的用处和价值。

5. 自我实现需要

自我实现需要是指发挥自己全部潜能的需要，如成长、开发自我潜能和自我实现。马斯洛指出为满足自我实现的需要采取的途径是因个体而异的。有的个体希望成为一位理想的母亲，有的个体的自我实现可能表现在体育上，还有的个体自我实现可能表现在绘画或发明创造上等。

（二）需要层次理论的基本观点

马斯洛将需要层次分为低层次需要和中高层次需要。生理需要和安全需要属于低层次需要；爱与归属、尊重以及自我实现需要属于中高层次需要。中高层次需要是由个体的内在原因得到满足的，而低层次需要主要是经由外界原因而得到满足的。

马斯洛认为，虽然任何一种需要都无法得到完全满足，但一种得到相当满足的需要就不再起激励作用了。随着每一种需要得到相当的满足之后，其后一种需要就成为主导性的需要。个体在某一时期可能有几种需要，但每一时期总有一种需要占支配地位，对行为起决定作用。各层次的需要相互依赖和重叠，高层次的需要得到满足后，低层次的需要仍然存在，只是对行为影响的程度会大大减小。

马斯洛还指出，大多数个体的需要层次是一个固定的系列，但因为个体与个体之间存在差异，所以存在着例外。例如，有些个体把自尊看得比社会认可更重要；有些个体对自我实现的需要不高，往往满足于一定的生理需要；有些个体具有病态人格，直接失去了对归属的需要；有些个体的基本需要长期得到满足，使其容易对这种价值估计不足，这种个体为了追求较高的需要，可能会把自己置于许多基本需要被剥夺的境地。

此外，马斯洛把自我实现需要视为理论的核心，他把优势需要上升为自我实现需要的个体称为"理想的个体"，自我实现的个体具有一些特定的品质，马斯洛认为有15种品质，如准确地认识现实、创造性、具有超然于世的品质和独处的需要、具有永不衰退的欣赏力、宽容悦纳自己和他人等。

（三）理论评价

马斯洛需要层次理论对揭示人类需要的普遍规律性做出了贡献，具有直观、易于理解等特点，因此成为国内外许多管理理论的重要基础。但也存在一些局限性：该理论强调各种需要的纵向联系而忽视了横向联系，即同一时期内个体往往存在多种需要，这些需要相互矛盾，导致动机的斗争。此外，马斯洛本人并没有给出任何经验数据来证明该理论，一些为该理论提供佐证的研究项目也没有找到有效的支持证据。几乎没有证据证明马斯洛提出的需要层次是按照这些维度构建的。

但是，马斯洛需要层次理论逻辑性强，易于理解而得到广泛的流传，在西方管理领域中有相当的影响，对管理有很强的指导意义。管理者要了解、掌握员工的需要及其变化发展规律，根据不同层次的需要采取相应的管理措施，以引导和控制员工的行为。同时，要满足不同个体的需要。马斯洛的需要层次只是一般个体的普遍需要，实际上每个人并不都是严格按照由低到高的顺序发展，所以需要具体情况具体分析。

码 5-2

二、奥德弗的 ERG 理论

（一）ERG 理论的基本内容

ERG 理论是由美国耶鲁大学组织行为学教授克雷顿·奥德弗（Clayton Alderfer）提出来的。该理论对马斯洛的需要层次理论进行了重组与修正，使之与实证研究的结果更为接近。该理论把个体的需要归结为生存（existence）、相互关系（relatedness）和成长（growth），简称为 ERG 理论。

1. 生存需要

生存需要是个体最基本的需要，包含了个体的一切生理上的物质需要，个体的衣食住行、报酬、工作环境等基本条件都包括在此种需要当中。马斯洛需要层次理论中的生理需要和安全需要都包含在该项中。

2. 相互关系需要

相互关系需要是指人际关系（社会交往）方面的需要，包括归属感、友情、受个体尊重等方面的需要。该需要对应马斯洛需要层次理论中的归属需要和尊重需要中的外部尊重部分。

3. 成长需要

成长需要是指人们希望在事业上有所成就，在能力上有所提高，不断发展自己、完善自己的需要。它对应马斯洛需要层次理论中尊重需要的内部尊重部分和自我实现需要。

（二）ERG 理论与马斯洛需要层次理论

奥德弗的 ERG 理论和马斯洛需要层次理论比较起来，既有相似之处，又有不同之处。对比马斯洛需要层次理论的不同之处，奥德弗的 ERG 理论主要提出了以下观点：

1）马斯洛认为人们会由于较低层次需要得到满足而上升到更高层次的需要，即"满足—前进"的逻辑。而奥德弗认为，与这种"满足—前进"过程并存的还有"受挫—倒退"过程，即当较高层次的需要受到挫折时，需要的重点就可能退到较低的层次。按照奥德弗的观点来看，如果高层次需要不能得到满足，则在寻求高层次需要的同时，个体对低层次需要的需求强度会增加。例如,如果个体实现个体发展的需要不能得到有效满足,则可能会倒退,增加对于社交或生理的需要。

2)与马斯洛的观点不同,奥德弗认为高层次需要的出现不一定建立在低层次需要被满足的基础上。例如,人们即使在生存需要没有得到满足的情况下,也可能会有舍己为人的行为。

3)马斯洛需要层次理论认为,个体一次只会有一种主导需要,但奥德弗认为,同一时间可能出现一个或多个需要同时被激活。

相比之下,奥德弗的理论更加灵活,这与我们对于个体差异的日常观察更加一致。不同的受教育程度、家庭背景和文化背景,能够影响人们各种需要的相对重要性,甚至还会影响到各种需要的排列顺序。

奥德弗对个体需要的研究,并没有超出马斯洛需要层次理论的范畴,只是马斯洛需要层次理论揭示的是带有普遍意义的一般规律,而奥德弗的观点更侧重于带有特殊性的个体差异,二者对实际工作都具有一定的指导意义。

三、赫兹伯格的双因素理论

双因素理论是美国著名心理学家弗雷德里克·赫兹伯格(Frederick Herzberg)提出来的。20世纪50年代末期,赫兹伯格在匹兹堡地区对11家企业的200多名工程师和会计师进行了大规模的访谈和调查。由于员工的工作态度在很大程度上决定了工作的绩效,因此他设计了许多问题,希望了解员工期望在工作中得到什么。访问主要围绕两个问题:在工作中,哪些事项是让他们感到满意的,并估计这种积极情绪持续多长时间;又有哪些事项是让他们感到不满意的,并估计这种消极情绪持续多长时间。赫兹伯格以对这些问题的回答为材料,着手去研究哪些事情使人们在工作中感到快乐和满足,哪些事情造成不愉快和不满足。最终他于1966年在《工作和个体的性质》一书中首次提出了激励因素—保健因素理论,即双因素理论。

(一)满意—不满意

传统观点认为,"满意"的对立面就是"不满意","满意"和"不满意"属于同一类因素,这些因素具备,人们就"满意",这些因素不具备,人们就"不满意"。但是,赫兹伯格认为"满意"的对立面不是"不满意",而是"没有满意";"不满意"的对立面不是"满意"而是"没有不满意",如图5-4所示。

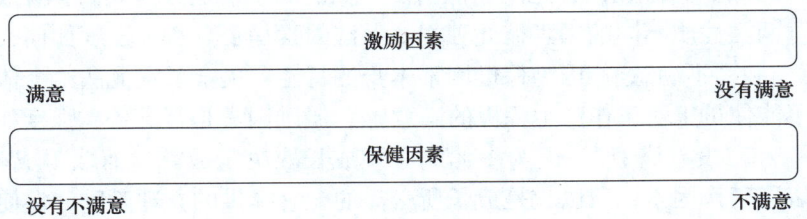

图5-4 满意和不满意的关系

（二）双因素

赫兹伯格认为，激发个体动机的因素有两类：一类是保健因素（hygiene factors），另一类是激励因素（motivator factors）。

1. 保健因素

保健因素又称为维持因素，这些因素不直接起到激励员工的作用，但却带有维持工作积极性、维持工作现状、预防员工产生不满情绪的作用。

保健因素搞得再好，员工的积极性也不会因此而大增；但如果保健因素搞得不好，就会使员工产生不满情绪，从而导致员工的工作积极性下降。赫兹伯格通过调查发现，使员工感到不满的因素主要有企业的政策与管理方式、上级监督、工资水平、人际关系、工作条件等等，主要对应于马斯洛需要层次理论的生理、安全以及归属需要。

2. 激励因素

激励因素是影响人们工作的内在因素，其本质是注重工作本身的内容，借此可以提高员工的工作效率，促进员工的进取心，激发员工做出最好的表现。

赫兹伯格认为，使员工对工作满意的往往是成就、赞赏、工作本身的吸引力、责任和发展等五种因素，激励因素更多对应马斯洛需要层次的尊重需要和自我实现需要。这些因素具备后，才能激发员工在工作中的积极性和创造性，产生满意的效果，给员工带来极大的满足。具体见表5-1。

表 5-1 保健因素与激励因素

保健因素	激励因素
企业的政策与行政管理	成就感
技术监督系统	工作认可与赞赏
与同事之间的人际关系	工作的挑战性
工作环境或条件	工作兴趣
薪金	工作责任
工作职务	工作的发展前途
工作的安全感	个体成长、晋升机会

赫兹伯格经过进一步的分析发现，保健因素之所以导致人们的不满意，是因为人们具有避免不满意的需要；激励因素之所以能引发人们的满意，是因为人们具有成长和自我实现的需要，这两类性质不同的因素彼此独立。保健因素是否具备、强度如何，对应着员工"没有不满意"和"不满意"，因为保健因素本身的特性，决定了它无法给个体以成长的感觉，因此它不能使员工对工作产生积极的满意感；激励因素是否具备、强度如何，对应着员工"满意"和"没有满意"，因为个体的心理成长取决于成就，而取得成就就要工作，激励因素代表了工作因素，所以它是成长所必需的，它提供的心理激励，促使每个人努力实现自我实现的需要。

双因素理论具有重要的指导意义，为管理者的激励工作提供了新的视角和观点，因此在实际工作中得到了广泛的应用。赫兹伯格的调查发现，由保健因素引起的不满占69%，而激励因素只占31%。当保健因素被充分满足后，所能发挥的激励作用只占19%，而激励因素得到满足后，能发挥的激励作用高达81%。因此，双因素理论对实际工作具有重要的指导意义。由于激励因素大多与工作本身相关，而激励因素在激励中占有绝对重要的地位，因此必须注意从工作本身挖掘和发展激励因素，调动员工的工作积极性。保健因素和激励因素没有绝对的划分标准。在不同的经济和社会条件下，两者的分类可能不同。例如，在发达国家"保健"特征很明显的工资、奖金，在发展中国家能够起到很好的激励效果并因此被列为"激励因素"。

码 5-3

四、麦克利兰的成就需要理论

大卫·麦克利兰（David·C. McClellan）在20世纪的一系列研究中将个体的高层次需要分为三种：成就需要（need for achievement）、权力需要（need for power）和归属需要（need for affiliation）。成就需要是指员工追求卓越，实现目标，争取成功的内驱力。权力需要是指影响和控制别人的一种愿望或驱动力。归属需要是指建立友好和亲密的人际关系的需要。

1. 成就需要

在三种需要中，麦克利兰最关注的是成就需要。当高成就需要者认为一项任务成功的可能性是50%时，对他们的激励力最强。高成就需要者不喜欢偶然性很高的赌博，因为从偶然的成功中他们得不到任何的满足感。同样，他们也不喜欢成功的概率过高，因为那样对他们的能力没有挑战性。研究发现高成就需要的个体渴望把事情做得更为完美，获得更大的成功，他们追求在完成任务过程中克服困难、解决难题的乐趣，以及成功后的个体成就感，他们并不看重成功带来的物质回报。高成就需要者具有以下三个特点：

第一，设计具有适度挑战性的目标，不喜欢凭运气获得成功，不愿意接受那些他们看来特别容易或者特别困难的工作任务。他们总是认真选择奋斗目标，很少接受他人为自己安排的任务。他们更喜欢依靠自己的努力获得成功，而不愿意过多地接受别人的帮助。

第二，规避难度过大的目标。他们不喜欢唾手可得而没有一点成就感，也不喜欢难度过大而只凭运气。他们会揣度任务达成的难度，然后再选定一个难度力所能及的目标——也就是会选择能够取胜的最艰巨的挑战。对他们而言，当成败的可能性处于中等水平时，才是一种能从自身的奋斗中体验成功的喜悦与满足的最佳机会。

第三，高成就需要者喜欢能立即给予反馈的任务。完成目标对于他们非常重要，所以他们希望得到有关工作绩效的及时的反馈信息，从而了解自己是否有所进步。从事专业性工作或者直接参与经营活动，相较于一般性的管理活动而言，其在获得绩效方面的反馈更为及时，因而高成就需要者往往会选择专业性工作或者直接参与经营活动。

2. 权力需要

权力需要是指影响和控制别人的一种愿望或驱动力。不同个体对权力的渴望程度有所不同。权力需要较高的个体对影响和控制别人表现出很大的兴趣，喜欢对别人"发号施令"，注重争地位和影响力。他们常常表现出喜欢争辩、健谈、直率和头脑冷静；善于提出问题和要求；他们喜欢具有竞争性和能体现较高地位的场合或情境，他们也会追求出成绩，但他们这样做并不像高成就需要的个体那样是为了个体的成就感，而是为了获得地位和权力或与自己已具有的权力和地位相称。

同时麦克利兰还认为权力具有两面性，即个体化权力和社会化权力，前者是以实现个体统治为核心的，而后者的出发点在于为他人着想。权力的消极面或者说个体化的权力的主要特征是"统治—服从"的关系，征服、侵犯他人，把被领导者看成工具而不是动力。认为作为工具的个体只能被动地遵守命令，这种统治只能给领导者带来肤浅的满足。权力的积极面或者说社会化的权力的主要特征是通过深刻了解群众的需要和愿望，帮助群体确定共同的目标和意志，并主动提供达到目标的途径，让群体成员感到自己是强者，有能力实现目标，把被领导者当作动力而不是工具。社会化的权力，能最大限度地调动被领导者的积极性，有益于整个社会。

3. 归属需要

归属需要是寻求被他人喜爱和接纳的一种需要。高归属需要的个体更倾向于与他人进行交往，这种交往会给他带来愉快。高归属需要者渴望亲和，喜欢合作而不是竞争的工作环境，他们对环境中的人际关系更为敏感。归属需要是保持社会交往和人际关系和谐的重要条件。麦克利兰的归属需要与马斯洛的归属需要基本相同。麦克利兰还指出，注重归属需要的管理者容易因为交情等违背管理工作原则，从而导致组织效率下降。

此外，关于成就需要与工作绩效的关系。在基于大量的研究基础上，麦克利兰对成就需要与工作绩效的关系进行了十分有说服力的推断。首先，高成就需要者喜欢能独立负责，可以获得信息反馈和中度冒险的工作环境。他们会从这种环境中获得高度的激励。麦克利兰发现，在小企业的经理人员和企业中独立负责一个部门的管理者中，高成就需要者往往会取得成功。其次，在大型企业或其他组织中高成就需要者并不一定就是一名优秀的管理者，原因是高成就需要者往往只对自己的工作绩效感兴趣，并不关心如何影响别人去做好工作，高成就需要的销售人员不一定是优秀的销售经理。最后，归属需要与权力需要和管理的成功密切相关。麦克利兰发现，最优秀的管理者往往是权力需要很高而归属需要很低的个体。如果一家大企业的经理的权力需要与责任感和自我控制相结合，那么他就很有可能获得成功。

简而言之，麦克利兰的成就需要理论接近马斯洛的需要层次理论的上面三层，即自我实现需要、尊重需要和归属需要。麦克利兰的观点实质上是强调满足个体的这三个层次的非物质需要的重要性。他认为在个体的激励问题上，主要取决于精神需要的满足程度。在人员的选拔和安置上，通过测量和评价个体动机体系的特征来分派工作和安排职位。对不同需要的个体采取不同的激励方式，可以取得更好的激励效果。另外，可以通过训练提高员工的成就动机，以提高生产率。

第三节　过程型激励理论

激励理论伴随着社会各学科的发展而不断深化和拓展，在这个过程中，自然科学类学科向人文社科类学科不断渗透，激励理论的理性和定量成分在增加。与早期激励理论相比，过程型激励理论具有了一定数量的有效实证支持。现在主流的过程型激励理论主要包括期望理论、公平理论、强化理论和目标设置理论等。

一、弗鲁姆的期望理论

1964年，美国心理学家维克托·弗鲁姆（Victor H. Vroom）在《工作与激励》中提出期望理论（expectancy theory），该理论认为：个体之所以愿意从事某项工作并达到组织目标，是因为这些工作能够在达到目标后满足自己某方面的需要。某一活动对个体的激励力量取决于他所能得到结果的全部预期价值乘以他认为达成该结果的期望概率。用公式表示：

$$M = V \cdot E$$

式中　M（motivation）——激发力量，指调动个体的积极性，激发出个体的内部动力的强度；

　　　V（valence）——目标效价，指达到的目标对于满足个体需要的价值大小，同一目标对个体可能有三种效价：正、零、负。正效价越高，激励力量就越大；

　　　E（expectancy）——期望值，这是根据以往的经验进行的主观判断，个体认为达到目标并能导致某种结果的概率有多大，期望概率反映了个体实现某种需要及动机的信心强弱。

如果个体相信自己一定能完成目标，则期望值就越大。这个公式指出组织在进行激励时要处理好三方面的关系，三种关系如图5-5所示。

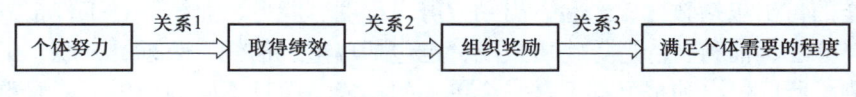

图5-5　期望理论的启示

1. **努力与绩效的关系**

个体总是希望通过一定的努力来达到预期的目标，如果个体主观上估计有很大概率能够达到预期目标，则会更有信心并激发出更强的工作动力。相反，如果主观认为目标太高，个体感觉努力也未必会获得好的绩效结果时，就会失去内在动力，导致工作消极。

2. **绩效与奖励的关系**

个体希望取得一定绩效后得到相应的奖励（物质奖励或精神奖励）。如果个体认为取得绩效后能够获得合理的奖励，就会对以后的工作产生工作热情，否则就可能失去工作积极性。

3. 奖励与满足个体需要的关系

人们所期望获得的奖励是为了满足自己某方面的需要，如果个体由于努力所导致的绩效提高而获得的奖励能够较好地满足个体需要，则个体就具有较强的工作动机去努力工作。由于年龄、性别、社会地位和经济条件等方面的差异，个体的需要也存在差异。所以，同一种奖励办法对不同员工需要的满足程度不同，其能激发的工作动力也就不同。

期望理论中的效价具有综合性，它不是单一效价，而是各种效价的总和；它既可以是精神层次的，也可以是物质层次的；它不仅包括某一结果的绝对值，也包含了相对值。根据期望理论，同一项活动和同一个激励目标对不同的个体效价是不一样的。即使对同一个个体，在不同的时间段效价也是不一样的。另外，值得注意的是，期望概率不是指客观的平均概率，而是当事人主观判断的概率，它与个体能力、经验以及愿意付出的努力程度有关系。只有当个体能够清晰地感知到"努力—绩效关系"和"绩效—奖励关系"时，才会具有较强的工作动力。

二、亚当斯的公平理论

俗话说"人比人气死人""幸福是在对比中产生"的。这都反映出我们在日常生活和工作中总是不自觉地将自己与他人进行比较。美国学者亚当斯（J. S. Adams）在20世纪60年代提出了公平理论（equity theory），由于公平感是在社会比较中获得的，因此该理论又被称为社会比较理论。该理论认为员工的激励程度来源于对自己和参照对象的报酬和投入比例的感知。这个理论主要讨论报酬的相对公平性对人们工作积极性的影响。员工不是独自工作的，他们总是在进行比较，比较的结果对他们在工作中的努力程度有重要影响。

大量事实表明，当个体做出了成绩并取得了报酬以后，不仅关心自己所得报酬的绝对值，而且关心自己所得报酬与他人比较的相对值。因此，要进行种种比较来确定自己所获报酬是否合理，比较的结果将直接影响今后工作的积极性。比较的关键变量包括：比较对象、对工作的付出和工作报酬。比较对象既包括以前工作中的自己，也包括本组织中或其他组织中从事相同或相似工作的其他人，以及不同工作但拥有相似学历、年龄、技能的个体；对工作的付出包括教育、经验、出勤、努力程度、能力、业绩等；工作报酬既包括工资、奖金、分红、福利、待遇等物质报酬，也包括尊重、信任、荣誉、升职、工作安全性等精神报酬。所以付出和报酬都不是一个单一的构成，而且不同的个体可能看重的付出和报酬因子不一样，与此同时，每个个体可能心目当中的比较对象也存在差异。以上这些都给组织想要提高员工公平感的目标达成提出了挑战。

个体感觉是否公平，是心理上的感觉平衡与否，公平理论中人们感觉公平与否，包括以下两个方面的衡量。

1. 横向比较

个体要将自己获得的"报酬"（工资、工作发展和认可等）和自己的"投入"（包括教育、努力和花费的时间等）的比值与组织内其他人进行社会比较，只有相等时，他才认为公平，可以用如下公式表示：

$$\frac{OP}{IP} = \frac{OC}{IC}$$

式中 OP（outcome of person）——个体对自身所获报酬的感知；
　　　IP（input of person）——个体对自身所做投入的感知；
　OC（outcome of comparator）——个体对比较对象所获报酬的感知；
　　IC（input of comparator）——个体对比较对象所做投入的感知。

当 $\frac{OP}{IP} < \frac{OC}{IC}$ 时，个体可能要求增加自己的收入或减少自己以后的努力程度，以便使左边比值增大，公式两边趋于相等；或者，他可能尽可能要求组织减少比较对象的收入或者让其以后增大努力程度以便使公式右边比值减小，两边趋于相等。此外，如果无法改变现状，个体也可能另外寻找他人作为比较对象，以便达到心理上的平衡。

当 $\frac{OP}{IP} > \frac{OC}{IC}$ 时，个体可能要去减少自己的报酬或自觉承担更多工作。不过在这种情况下，个体很有可能会重新估计自己的投入情况或者更换比较对象，最终会认为自己应当得到这么高的待遇。

2. 纵向比较

人们把自己目前所获报酬与目前投入的比值，同自己过去所获报酬与过去投入的比值进行比较，只有相等时，他才认为公平，可以用如下公式表示：

$$\frac{OP_P}{IP_P} = \frac{OP_E}{IP_E}$$

式中 OP_P——自己对现在所获报酬的感知；
　　　OP_E——自己对过去所获报酬的感知；
　　　 IP_P——自己对个体现在投入的感知；
　　　 IP_E——自己对个体过去投入的感知。

其中，下标 P（present）代表"现在"，下标 E（ego）代表"过去"。

当 $\frac{OP_P}{IP_P} < \frac{OP_E}{IP_E}$ 时，个体会产生不公平的感觉，这可能导致工作积极性下降；当 $\frac{OP_P}{IP_P} > \frac{OP_E}{IP_E}$ 时，个体会感觉要减少自己现在的报酬或自觉多承担工作，但现实情况中，个体往往会重新评估自己现在的工作投入，从而不会觉得是自己多拿了报酬，而将公式的不对等归因于自己现在具有了更高水平的工作投入。

公平理论表明，对于组织中的大多数员工来说，激励不仅受到自己绝对报酬多少的影响，同时也受到相对报酬的影响。不过，研究发现，报酬过高所导致的不公平对于员工行为带来的影响作用不大，人们倾向于使报酬过高合理化，对于组织管理者来讲，可能更多需要关注员工认为自己的报酬过低导致的不公平感。

码 5-4

程序性公平理论

对程序性公平的研究起源于20世纪70年代中期,美国社会学家约翰·锡博特(John W. Thibaut)和劳伦·华尔克(Lanren Walker)两位学者将公平性的心理学理论与有关程序方面的研究结合,创造出了程序性公平的研究领域。根据锡博特和华尔克的观点,程序性公平是指对于决策制定者使用政策、程序、准则以达成某一争议或协商结果的公平知觉。程序性公平理论认为,人们会依据决策结果所产生的程序对决策结果做出反应,如果人们认为决策的程序是公平的,则更倾向于认为最后的决策结果是公平的,也更容易接受决策结果,即使最后的结果对自己并不一定有利。公平的程序可以让人们觉得他们的利益是可以受到保护的。根据程序公平的性质,利文撒尔(Leventhal)、卡鲁扎(Karuza)和福莱(Fry)提出了六项原则:

1) 一致性原则(consistency rule),即在决策过程中,所有可能被决策影响的成员,都应该适用相同的程序。

2) 代表性原则(representativeness rule),即在程序中,所有可能被决策影响的成员所关心的问题与价值观都应予以考虑。

3) 避免偏见原则(bias suppression rule),即在决策过程中,决策者对该决策不应有先入为主的偏见,并应避免涉及自身的利益,同时应该乐于接受所有观点和意见。

4) 正确性原则(accuracy rule),即应该尽可能地依据最完整的、最有法律效力的信息以及有佐证的意见进行决策。

5) 修正性原则(correctability rule),即对于不适当或不公平的决策,应该留有可以修正或撤销的余地。

6) 道德性原则(ethicality rule),即决策程序必须符合那些可能受到决策影响成员的基本伦理道德和价值观。

(资料来源:吴玄娜,徐华. 程序公正研究现状与未来展望[J]. 首都师范大学学报(社会科学版),2016(6):146-153.)

三、斯金纳的强化理论

美国心理学家博尔赫斯·斯金纳通过动物的操作性条件反射实验提出了强化理论,强化理论只讨论刺激和行为的关系,故又称为"刺激—反应"理论。该理论认为,如果个体因某种行为得到奖励,那么他将重复这种行为,相反,如果某种行为的结果受到惩罚,则减少该行为发生的概率或者停止这种行为,但这种停止行为是基于当下情境下的行为终止,换而言之,惩罚并不能保证不受欢迎的行为不会在另一种情形下再次发生。

斯金纳认为,无论是个体还是动物为了达到某种目的,都会采取一定的行为,这种行为将作用于环境,当行为结果对他有利时,这种行为就会重复出现,当行为结果不利时,这种行为就会减弱或消失,这就是环境对行为强化的结果。

在管理中应用强化理论改造行为一般有以下四种方式。

1. 正强化

正强化（positive reinforcement）是指某种有吸引力的结果使得员工的好行为重复出现。强化物包括组织中的各种奖酬，如认可、赞赏、增加工资、提升以及创造令个体满意的工作环境等。在一个组织中，如果组织成员因为提出某种创新性的建议而得到组织领导的赞赏或者是物质性的奖励，那么，这种行为带来的结果会反过来增强或增加组织成员未来实施该行为的可能性。

2. 负强化

负强化（negative reinforcement）是指当某种不符合要求的行为有了改变时，减少或消除施加于其身的某种不愉快的刺激（批评、惩罚等），从而使其改变后的行为再现和增加。以日常开会为例，在员工减少开会时的不专注行为而积极参与开会议程之后，减少对参会员工的批评，从而促进员工更有效地参与到会议安排中。

3. 自然消退

自然消退（extinction）是指对员工的某种行为不予理睬，以表示对该行为的轻视或某种程度的否定，从而减少员工的某种行为。以组织中成员的创新行为为例，如果组织领导漠视或者对成员的创新行为没有给予支持，那么成员的这种创新性行为就会趋于减少。

4. 惩罚

惩罚（punishment）是指以某种带有强制性和威胁性的结果（如批评、降薪、罚款、开除等）来创造一种令个体不快甚至痛苦的环境，以表示对某些不符合要求行为的否定，而消除这种行为重复发生的可能性。同样以组织中成员的创新行为为例，如果组织领导因为成员创新性行为而扣发其工资以赔偿其行为造成的损失，那么这种行为势必会减少。

在实际工作中，上述四种改造行为的方式可以简化为两种——一种是可以增加行为发生的概率，包括正强化和负强化；另一种是会减少行为发生的概率，包括消退和惩罚。具体的强化类型见表5-2。

表5-2　四种不同的强化类型

	令个体愉快或所希望的事件	令个体不快或不希望的事件
	正强化	惩罚
事件的出现	行为变得更加可能发生	行为变得更不可能发生
	自然消退	负强化
事件的取消	行为变得更不可能发生	行为变得更加可能发生

此外，强化理论要求依照强化对象的不同，采用不同的强化措施，例如，人们的年龄、性别、职业和文化不同，需要就不同，强化方式也应不一样。某种强化措施对一部分个体是有效的，而对另一部分个体不一定有效。强化理论也强调分阶段设立目标的重要性。在鼓励下属前进时根据员工具体情况将总目标分成许多小目标、小步子，完成每个小目标都及时给予强化，这样不仅易于目标的实现，而且通过激励可以增强信心。正如人们

在动物园或电视里看到的海豚表演一样,都是通过逐步喂鱼的方式来提高其跳跃的高度。个体也有类似情况,如果目标定得太高或太低,就很难充分调动他为达到目标而做出努力的积极性。但是,强化理论较多地强调外部因素或环境刺激对行为的影响,对个体的内在因素和主观能动性对环境的反作用有所忽略,具有一定程度的机械论色彩。

四、目标设置理论

(一)目标设置理论的基本内容

美国马里兰大学管理学兼心理学教授爱德文·洛克(Edwin Locke)在研究中发现,外来的刺激(如奖励、工作反馈、监督的压力)都是通过目标来影响动机的。目标能引导活动指向与目标相关的行为,使人们根据任务难度的大小来调整努力的程度,并影响行为的持久性。于是,在一系列科学研究的基础上,洛克于1967年最先提出"目标设置理论"(goal setting theory),认为目标本身就具有激励作用,目标能把个体的需要转变为动机,使人们的行为朝着一定的方向努力,并将自己的行为结果与既定的目标相对照,及时进行调整和修正,从而实现目标。这个通过目标使需要转化为动机,再由动机支配行动以达成目标的过程就是目标激励。目标激励的效果受目标本身的特性和周围变量的影响,周围变量包括目标实施者的特征变量、目标实施的情境变量等。目标设置理论提出后,许多学者在研究中加以发展,使之成为内容逐渐丰富和影响越来越大的新的激励理论。目标设置理论认为,人们追求目标是为了满足自己的情绪和愿望,目标会使人的行为具有方向性,引导人们的行为达到某种结果,而不是其他的结果;然后,人们根据自己的意图或确定的目标做出反应和进行行动;最后,行为导致一定的结果、反馈,如图5-6所示。

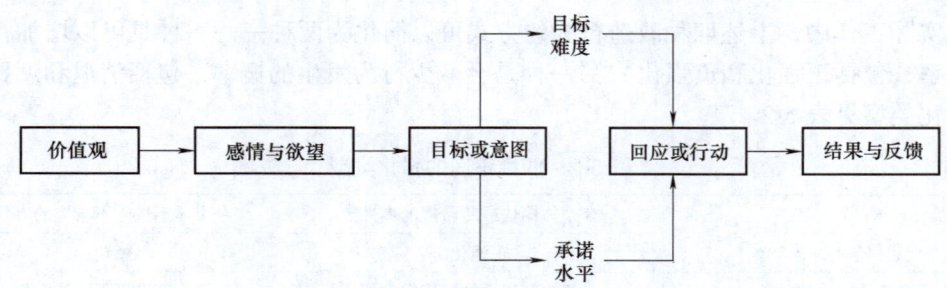

图 5-6　目标设置理论的图解

与笼统的、泛泛而谈的目标相比,具体的目标能带来更大的激励力。如果目标的可接受性保持不变且在个体接受范围之内,则目标难度越大,它带来的激励水平越高。具体而言,一个充满挑战的目标能帮助人们集中注意力,让人们精力充沛,使个体能够付出持续努力去实现这一目标。相应的,为了实现这一目标,人们会发现并采用更有效的策略来执行工作或者任务。

目标设置理论的前提假设是,个体对目标做出承诺,即个体不会降低目标,也不会放弃目标。这意味着，个体相信自己能够达成目标，并有达成目标的愿望。目标承诺最有可能实现的条件包括目标的公开性、个体的内控性及目标设置时的个体参与性。不同的任务，有不同的目标设置方法和要求，如对于相互依赖性强的任务来说，群体性目标更为可取。

（二）目标管理

目标管理（management by objectives，MBO），是由美国著名管理学家德鲁克提出的一种管理制度，是一种制订计划、进行控制，并进行绩效评价的方法，它强调员工参与设置明确的、可检验的和可测量的目标。

组织的总体目标一旦设置，可以逐级转化为下一层级的目标。通过目标管理，不仅可以自上而下地传达上级的想法和战略，而且可以自下而上地反馈来自较低层级员工的意见。基于目标管理，整个组织形成一个目标层级，使得每个层级的目标与上下层级的目标相连，如图5-7所示。

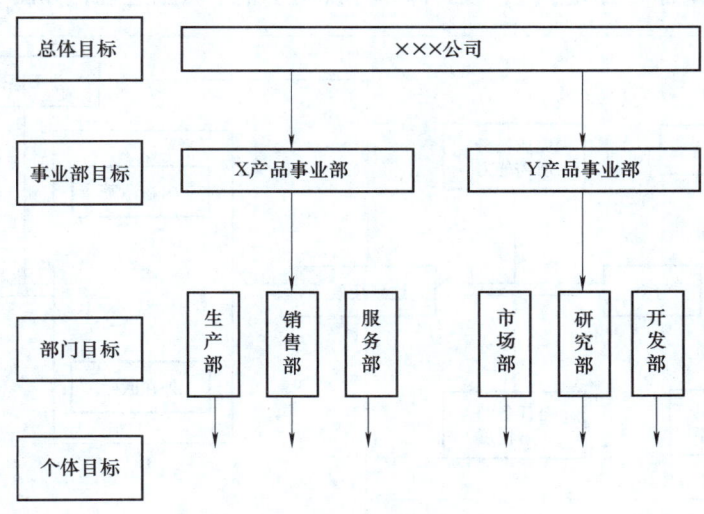

图 5-7　目标阶梯

目标设定的 SMART 原则

在进行目标设置时，一般需要遵循以下的 SMART 原则：

"S"即具体性（specific）。具体性是指设置的目标不能含糊不清，要具体明确。例如，给销售人员确定的目标不能用类似于"越多越好"这样的方式来表达，而最好是给出具体的销售额或者销售产品的数量。

"M"即可衡量性（measurable）。可衡量性是指目标必须是数量化或行为化的，验证这些目标的数据或者信息是可以获得的。例如，一名销售人员每月的销售绩效目标可以设置为售出产品的数量。

"A"即可实现性(attainable)。可实现性是指目标在付出努力的情况下是可实现的,要避免设立过高或过低的目标。例如,给销售人员制定的销售额必须有实现的可能性。

"R"即相关性(relevant)。相关性是指所设定的目标必须与该工作的结果直接相关。例如,为一名销售人员设立"生产多少产品"这样的目标是不合适的,因为这一目标与销售人员的工作绩效不直接相关。

"T"即时限性(time-bound)。时限性是指要明确目标完成的时间期限。例如,给销售人员确定的销售任务量需要明确在多长时间内完成。

五、波特和劳勒的综合激励模型

莱曼·波特(Lyman W. Porter)和爱德华·劳勒(Edward. E. Lawler)在期望理论的基础上提出了更完备的激励理论模型。该理论模型综合了期望理论、公平理论、强化理论、双因素理论和需要层次理论,较为详尽地说明了整个激励过程,如图5-8所示。

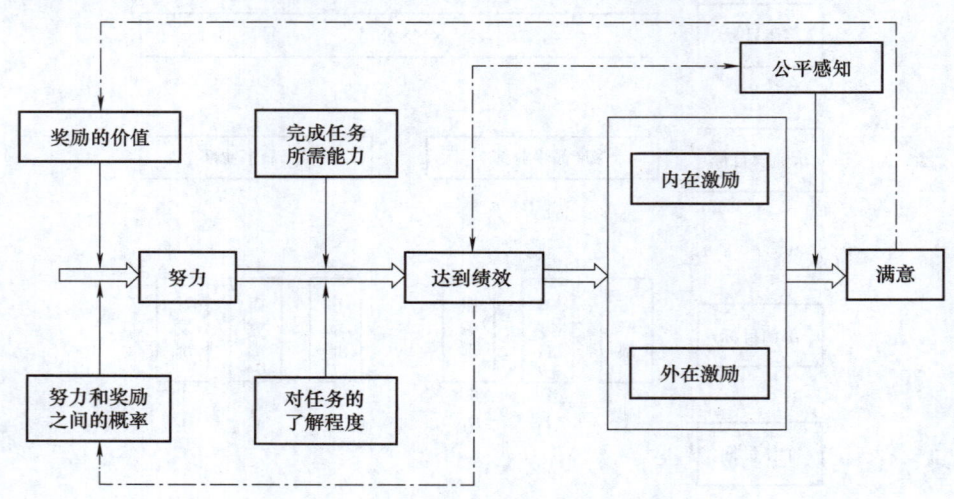

图5-8 波特-劳勒综合激励模型

根据这个综合激励模型,可以有如下认识:

第一,努力来自于报酬、奖励的价值,以及个体认为付出努力后获得奖励的概率。个体对奖励的认知及获得奖励概率的评估受到其过去经验和实际绩效的影响。如果人们确切地知道,他有把握完成任务或者过去曾经完成的话,那么他对奖励的概率会更加清楚,并将乐意做出努力。

第二,工作的实际绩效取决于能力的高低程度,以及对所需完成任务理解的深度,例如,对完成任务所需从事的活动,以及影响任务完成的其他因素的理解和掌握。

第三,奖励要以绩效为前提,不是先有奖励后有绩效,而是必须先完成组织任务才能得到精神的、物质的奖励。当员工看到他们的奖励与绩效结果很少有关系时,这样的奖赏将不能成为提高绩效的刺激物。

第四，激励措施是否会产生满意，取决于受激励者认为自己的绩效获得的报偿是否公平。

第五，满意的结果对努力的行为进行了强化，导致更多的努力行为。

第六，个体的努力受到其对奖励价值认知的影响，具体而言，奖励的价值大小是以个体的需要为基础的。例如，对于一个追求生理需要满足的个体来说，在其达成绩效后给予其丰厚的物质报酬，这一物质报酬比任何的表扬与赞赏都更有价值。

第七，为了使个体满意而不仅仅是没有不满意，必须充分考虑能够使其满意的激励因素。在达成绩效后，经由内在激励和外在激励两种途径，使付出相应努力的个体满意。

波特和劳勒的激励模式是对激励系统一个比较完整的描述，它告诉我们：激励并不是简单的因果关系。不要以为设置了激励目标就一定能获得所需的行动和努力，并使员工满意。要形成"奖励目标→努力→绩效→奖励→满意"以及从满意反馈再到努力这样的良性循环，取决于奖励内容、奖励制度、组织分工、目标导向行动的设置、管理水平、公平的考核和领导作风等综合性的因素。

第四节　工作特征模型与工作设计

一、工作特征模型

工作特征模型（job characteristics model，JCM）是由美国哈佛大学理查德·哈克曼（Richard Hackman）与格雷格·奥德汉姆（Greg Oldham）于1976年提出的。工作特征模型包括三大部分，如图5-9所示。

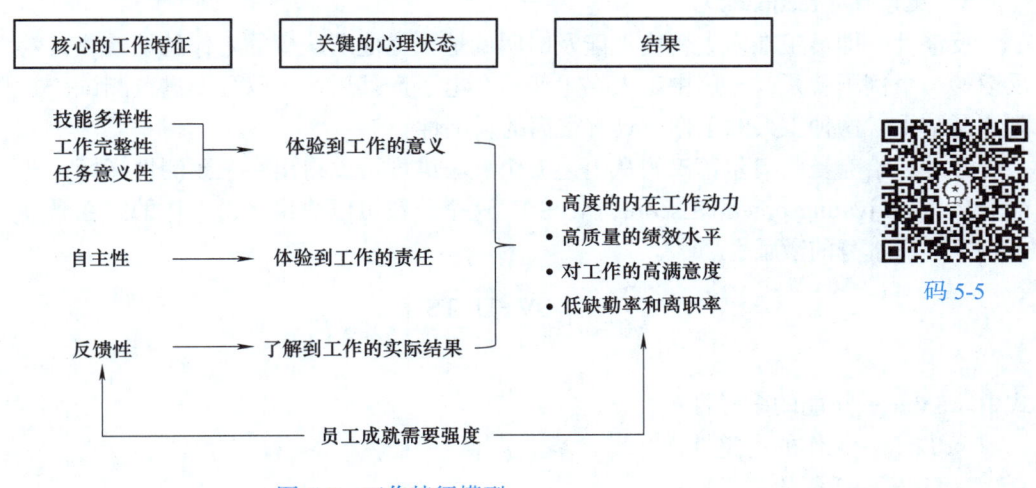

图 5-9　工作特征模型

（一）核心的工作特征

哈克曼和奥德汉姆提出了五种核心的工作特征，具体阐述如下：

1. 技能的多样性（skill variety）

技能的多样性，即完成一项工作所要求的多种技能的程度，它不仅指扩大工作的横向数量（工作扩大化），也指扩大工作的纵向水平（工作丰富化）。以一家汽车修理厂的工作为例，修理厂老板的工作不仅包括修理指导，还包括与客户沟通、进行修理厂的规划等，因而老板工作的技能多样性程度高。而相比较而言，修理厂的修理工工作技能要求比较单一，因而技能多样性程度较低。

2. 工作的完整性（task identity）

工作的完整性，即工作要求完成完整任务单元的程度，换而言之，是指在多大程度上工作需要作为一个整体来完成——从工作的开始到完成并取得明显的成果。以服装生产为例，对于生产纽扣的工人，他的工作只包括生产纽扣这一个单一的生存环节，但对于服装缝制工人，工作是从一块块的布、纽扣或拉链等各个要素组合成一个最终成果，因此，服装缝制工人的工作更具完整性。

3. 任务的意义性（task significance）

任务的意义性，即自己的工作在多大程度上影响到其他人的工作或生活——不论是对组织内还是对组织之外的人。以组织中管理人员的工作为例，管理人员做出的任何与工作相关的决策，都在一定程度上或多或少地影响同事或者是下属，因而相比一般员工而言，其任务的意义性更强。

4. 自主性（autonomy）

自主性，即工作在多大程度上允许自由、独立，以及在具体工作中个体制订计划和执行计划时的自主范围。低工作自主性的一个例子是每天都被要求按照标准的生产指导手册生产相关的产品。

5. 反馈性（feedback）

反馈性，即员工在多大程度上能及时明确地知道他所从事的工作的绩效及其效率。高反馈的一个例子就是，工厂中工人在生产一个电子产品后，可以马上进行测试，并及时得到测试结果，这种工人的工作就具有很高的反馈性。

此外，哈克曼和奥尔德汉姆从上述五个核心维度可以得出一个预测性指标，即激励潜能分数（motivating potential score，MPS），这个分数可以衡量一份工作的内在激励力，即来自于工作本身的激励力。

$$MPS = \left(\frac{SV+TI+TS}{3}\right) \cdot A \cdot F$$

式中　SV——技能的多样性；
　　　TI——工作的完整性；
　　　TS——任务的意义性；
　　　A——自主性；
　　　F——反馈性。

(二)关键的心理状态

根据工作特征模型,只有具备五种核心工作特征的工作设计,才能引起模型中的关键心理状态。

这三种关键的心理状态,即体验到工作的意义,体验到工作的责任和了解到工作的实际结果。这三种心理状态对员工后续的工作行为以及行为结果非常重要。之所以要让员工体验到他所从事的工作的意义,是因为如果他认为自己的工作无关紧要,就不可能激发起高度的工作动机,也不会产生高度的满意度。之所以要让员工体验到他所从事的工作的责任,是因为如果他感到工作绩效的好坏与个人的责任有关,那么,在工作取得良好绩效时,他会感到高兴、愉快,在工作绩效不佳时,他会感到内疚。此外,员工之所以要了解工作的实际结果,这是因为,只有这样员工才能及时了解自己工作的进展情况,从而在有效完成工作后,产生愉快的心理状态。这三个必要的条件都是人的内在心理因素,因此被称为关键的心理状态。

(三)结果

关键的心理状态可以影响到个体工作行为和结果,即影响到员工内在工作动力、绩效水平、工作满意度、缺勤率和离职率等。在这一过程中,工作核心特征与工作结果之间的关系中,员工的成就需要程度起着重要的调节作用。当员工的成就需要程度比较高时,符合五个核心工作特征的工作更能够激发起员工的工作积极性。

工作特征模型是一种有效的工作设计原理,可以从两个方面用于实际,一是对组织中新设置的工作岗位工作内容按照工作特征模型的原理进行设计;二是对已有工作按照工作特征模型的原理进行再设计(job redesign)。但是在进行工作设计时,也要注意个体与个体之间的差异,并不是符合以上五个方面核心特征的工作对谁都具有一样的激励力。

二、工作设计

工作特征模型是进行工作设计时需要考虑的重要原理,为了通过工作自身的特点达到内在激励的目的,管理实践界探索了一系列工作再设计的有效方法。

1. 工作轮换(job rotation)

工作轮换是指员工周期性地从一个工作岗位轮换到另一个工作岗位,以克服工作单调感的工作再设计方式。工作轮换能够增加技能的多样性,从而克服工作的单调感,帮助员工学习掌握新的技能与工作经验,从而有利于提升工作的意义感。

但是,工作轮换并非没有缺点。如工作轮换会带来培训费用的提高,而且工作轮换还有可能带来绩效水平的下降,并对原有群体造成干扰。此外,管理人员也需要对新轮换过来的员工花费更多的时间和精力以帮助他们适应和新的工作。

2. 工作扩大化(job enlargement)

工作扩大化是指横向扩大员工的工作范围,如员工原来只做一项工作,现在同时做两项甚至多项工作。这样有助于提升工作任务的完整性,增加员工的兴趣,提升工作责任感。工作扩大化是一种与工作专业化和简单化相反的工作设计方式,最初是在双因素理论的启发下提出的，它要增加员工的工作种类，以便克服单调工作时的厌烦，增加工作兴趣。这种工作方式首先在美国国际商业机器公司（IBM）的一个工厂试行，结果证实能激发员工的工作热情，提高工作的积极性。

3. 工作丰富化（job enrichment）

工作丰富化是指纵向拓展员工的工作内容，主要是增加员工计划、组织、控制与评价自己工作的自主性和责任感。这使得员工拥有确定工作方法、工作评价与薪酬分配等自主权。例如，瑞典沃尔沃（Volvo）汽车公司的凯尔玛工厂把传统的汽车装配线组织改成15~27人的装配小组，分工负责一道工序，这道工序上所有的物资供应、质量、产量均由该小组成员自行负责。

关于工作的丰富化，有大量证据表明，它能够减少缺勤和离职成本，提高员工的工作满意度，但不是所有的工作丰富化方案都可以产生同样的效果。

4. 工作分担（job sharing）

工作分担是指两个人或多个人承担一项工作，共同分享工作报酬。例如，一家超市的售货人员可以招用两名员工，一名员工从上午八点工作到中午，而另一名员工从下午一点工作到下午下班，或者是隔天交替从事这一工作。这样可以增加员工的工作灵活性，使某些员工可以同时满足照顾家庭或者其他原因导致的只能从事兼职工作的需要等。

此外，工作分担也可以使组织在同一个工作职位上运用不同人才的工作才能。但是，从管理者的角度，最大的困难就是找出最合适的员工组合，以协调同一项工作。

5. 弹性工作时间（flextime）

弹性工作时间是指除了保证组织规定的共同工作时间以外，员工可以灵活地选择自己工作时间的工作设计方法。例如，组织可以设立一个核心工作时间段，在这个时间段之内，所有员工必须到岗，而在这个时间段之外，员工可以自由选择在岗时间。

弹性工作时间已经成为被普遍欢迎的一种工作时间方案。这种工作时间方案有利于提高员工工作效率、员工工作满意度、减少加班费用、减少员工对管理层的敌对、缓解工作场所附近的交通拥堵状况、减少迟到现象，改进员工的工作—家庭平衡以及提高员工的自主性和责任感。但弹性工作时间并不适用于所有的工作，如电话接线员、零售店的销售人员以及从事其他要求在确定时间里为别人提供全方位服务的工作员工。

6. 远程办公（telecommuting）

远程办公是指脱离固定的传统办公地点，如在家进行办公，信息的传递与业务往来主要依靠信息技术。有三类工作比较适宜远程办公：常规的信息处理任务、移动式活动、专业的及其他与知识有关的任务。作家、律师、分析员及将大量时间用在电话和计算机上的员工都很适合远程办公。

远程办公对管理层和员工自身而言都大有益处。如对管理层而言，可以节省在公司共同办公的相关费用、更广泛地挑选员工等；同时，对员工而言，便于员工处理家庭事务，也避免员工为了工作疲于奔命。但是，远程办公也有缺点，对管理层而言，难以直接监管员工工作情况可能带来很大的麻烦与问题；对员工而言，远程办公增加了隔离感，影响员工社交需要的满足。

第五节　激励的实践应用

一、激励原则

（一）目标一致原则

设置目标在激励中是一个关键环节。目标设置必须体现组织目标的要求，否则激励将偏离实现组织目标的方向。目标设置还必须能满足员工个体的需要，否则无法提高员工的目标效价，达不到满意的激励效果。只有将组织目标与个体目标结合好，使组织目标与个体目标保持一致，使个体目标的实现离不开为实现组织目标所做的努力，才会收到良好的激励效果。

（二）物质激励与精神激励相结合的原则

员工存在着物质需要和精神需要。相应地，激励方式也应是物质激励与精神激励相结合。鉴于物质需要是人类基础的需要，物质激励的作用是基础性的，但激励深度有限。因此，随着生产力水平和人员素质的提高，应该把重心转移到以满足较高层次需要即社交、尊重、自我实现需要的精神激励上去。换句话说，物质激励是基础，在保障物质需要的前提下，要注重精神激励的作用，注重两者结合。

（三）外在激励与内在激励相结合的原则

根据"双因素理论"将激励因素分为保健因素和激励因素。凡是满足员工生存、安全和社交需要的因素都属于保健因素，如工资、奖金、福利、人际关系，其作用只是消除不满，但不会产生满意。这类因素均属于工作环境方面，也称为外在激励。满足员工尊重需要和自我实现需要，最具有激发力量，可以产生满意，从而使员工更积极地工作。这些因素属于内在激励因素。内在激励就是使员工从工作本身（而非工作环境）中获得满足感，或工作中充满了乐趣和挑战性、新鲜感；或工作本身意义重大、崇高，从而激发出光荣感、自豪感；或在工作中取得成就、发挥个体潜力，实现个体价值时所产生的成就感、自我实现感。这一切所产生的工作动力远比外在激励要深刻和持久。因此，在激励中，领导者应善于将外在激励与内在激励相结合，要在保证外在激励没有问题的基础上，强化内在激励，力求收到事半功倍的效果。

（四）正激励和负激励相结合的原则

正激励就是对员工的符合组织目标的期望行为进行奖励，以使得这种行为更多地出现，即员工工作积极性更高；负激励就是对员工违背组织目标的非期望行为进行惩罚，以避免这种行为发生，即犯错误的员工弃恶从善，从积极性向正确方向转移。显然正激励与负激励都是必要而有效的，不仅作用于当事个体，而且会间接地影响周围其他人。通过树立榜样和典型，形成一种良好的风气，产生无形的压力，使整个群体和组织的行为更积极、更富有生气。由于负激励具有一定的消极作用，容易使个体产生挫折心理和挫折行为，应该慎用。因此，领导者在激励时应该把正激励与负激励巧妙地结合起来，而坚持以正激励为主，负激励为辅。

（五）按需激励原则

激励的起点是满足员工的需要，但员工的需要存在着个体差异性和动态性，因个体而异，并且只有满足最迫切需要（主导需要）的措施，其效价才会高，其激励强度才会大。在员工最需要某个东西的时候给他，激励力最大，例如，在员工特别想晋升的阶段提拔他比过了这个愿望特别强的阶段去提拔他激励力更大。因此，管理者在进行激励时，切不可犯经验主义，搞十年一贯制。在激励上不存在一劳永逸的解决办法，更没有放之四海而皆准的普遍真理。管理者必须深入地进行调查研究，不断了解员工需要层次和需要结构的变化趋势，有针对性地采取激励措施，才能收到实效。例如，现在80后、90后员工已经成为职场主力军，如果还运用原来管理和激励60后、70后员工的方式去管理和激励80后、90后员工，其激励效果就不会太理想。

二、激励理论在管理中的应用

1. 奖励制度

每个企业，都要有自己的奖励制度。一般而言，制定奖励制度必须遵循两个重要原则：组织成员认为这种奖励对其是重要的，以及奖励与工作绩效相关联。考察一项奖励制度，可以基于管理心理学研究提出的以下五个维度来进行分析：重要性、数量上的灵活性、使用的频率、可见性和低成本。重要性是指一种奖励制度对员工来说是有价值的；数量上的灵活性是指奖励制度根据员工的绩效高低灵活调整奖励数量；使用的频率是指奖励被使用的次数，一般而言，最理想的激励方式是能被经常使用又不失去其重要性的奖励制度；可见性是指奖励要让员工确切地看到、感受到，并且这种奖励也能让其他员工看到，以满足被奖励员工的自尊心和荣誉感；低成本是指制定奖励制度时，要考虑到相应的成本问题。

在组织管理中，最常使用的奖励方式有五种：

1）增加报酬，这是较为普遍使用的奖励方式。多数人认为增加报酬对他们很重要，增加报酬的可见性很高，但其使用频率不高、成本高。

2）提升，其灵活性低、使用频率低，同时成本也较高，但提升对员工而言很重要。

3）津贴，包括养老金、健康保险、住房补贴等。津贴虽然很重要，但可见性不高，成本却很高。

4）地位及其象征，包括专业办公用品等，其灵活性和使用频率低、成本与其他奖励方式而言居于中等。

5）特殊奖励证书，包括组织颁发的各种奖状和荣誉称号。这种奖励方式成本较低、灵活性较高、可见性较高，但其重要性要因人而异。

2. 工作绩效评估

各种激励理论都有一个前提，即要能准确地评估员工的工作绩效和他们对组织的贡献。绩效评估在管理中的重要作用还体现在，它能提高员工的激励和绩效水平，并为管理者进行决策提供信息。

实际的激励过程中，开发有效的绩效评估系统对于管理者进行管理工作、调动员工的工作积极性有重要意义，如何开发有效的绩效评估系统呢？必须考虑四个方面的问题：

1）正式评估与非正式评估相结合。正式评估通常定期进行，要预先规定绩效指标和评估方法。而非正式评估，是管理者与员工非正式地交换意见，如表扬或提出批评等。一般情况下，组织规模越小，非正式评估的作用越大。

2）评估内容和因素。评估内容和因素可以概括为三个方面，即特质、行为和结果。按特质评估绩效，即评估与工作有关的个性特质、技能和能力，如一名主管的创新能力；按行为评估绩效，即考察员工的实际工作行为，如一名前台工作人员接待外来人员的行为表现；按结果评估绩效，即考察员工行为的效果或实际产出，如考察销售人员的销量来确定其绩效。

3）绩效评估方法。无论是正式评估或是非正式评估，评估绩效的方法都可分为客观测量和主观测量。客观测量，即根据事实对数字进行统计，如统计销售人员的日销售量来测量其绩效；主观测量，即基于个人知觉和观察来衡量绩效。

4）什么人来评估。评估者可以是上级、同事、自己、专家、下级和顾客，或者是全方位的评估。不同的评估对象，基于同一个事实，可能会产生不同评估结果。因此，要选择合适的评估者，以避免评估的片面性。全方位评估相较于单一的评估而言，更为全面和可靠，但也意味着更高的成本和代价。

3. 职业生涯

职业生涯是一个人一生工作经历的总和。为什么个体会关心自己的职业生涯呢？这是因为职业生涯对其经济利益和心理健康都有重大影响。从经济方面来看，职业生涯为人们的生活奠定了物质基础，有一定的经济基础，人们不仅可以糊口，而且可以追求个人的兴趣、爱好，从事个人喜爱的休闲活动。可见，职业机会是外在激励的重要源泉。从心理方面来看，就业促进人们的心理健康，使人们的生活富有意义。因此，职业机会也是内在激励的源泉。为什么组织要关心员工的职业生涯呢？因为职业生涯的有效管理有助于组织激励其成员达到组织和个人的目标，提高工作绩效。有效的职业生涯管理还会培养出组织需要的各层次合格的管理者和员工。

职业生涯可以划分为四类：

1）固定的职业生涯，即一生只从事一种职业或工作，例如某些手工艺人；

2）直线式职业生涯，即沿着职业的阶梯逐步上升，如从基层管理人员至高层管理人员；

3）螺旋式职业生涯，即会从事互不相关的工作或职业，但并未脱离他的专业基础，如大学教授到一家咨询公司担任顾问；

4）一时性职业生涯，即经常变换职业或工作，如开始从事银行职员工作，后又去另一家房地产公司从事销售工作。

组织为了有效激励员工，必须根据员工的需要为员工提供职业生涯发展的机会，如为员工提供晋升到更为重要的工作岗位上的机会，一般情况下，直线式职业生涯在管理中具有重要的意义。

4. 弹性福利

弹性福利是指通过让员工自己选择福利内容，为员工提供个性化的福利组合，从而更好地满足员工当前的需求。弹性福利正在取代已被广泛使用了许多年的"一种福利计划适用于所有人"的方案。传统的福利方案不太可能满足今天更为多元化的员工队伍，而弹性福利却可以满足不同员工的需求。它可以量体裁衣，以反映员工在年龄、婚姻状况、配偶福利状况、孩子数量和年龄等方面的差异。

比较流行的弹性福利计划有模块计划和核心加选项计划。模块计划是指预先设计好的福利模块或福利包，每个模块（福利包）都针对某类特定员工群体的需要。每一种福利包的总价值相当，但是包含内容有差异。核心加选项计划是由一组核心福利项目以及员工可以从中自行挑选的一系列额外福利项目组成。通常，每个员工都会获得相应的"福利额度"，以便于"购买"那些能满足他们需要的额外福利项目。

5. 员工参与

员工参与是一种参与过程，其目的是利用员工的参与来增强他们对组织成功的承诺。其隐含的逻辑基础是：如果让员工参与那些能够对他们产生影响的决策，并增加他们对其工作的自主权，那么他们会变得更有积极性，更认同本组织，生产率更高，并且对自己的工作感到更加满意。

员工参与方案主要有两种形式，即参与管理和代表参与。

（1）参与管理。在所有的参与管理方案中，有一个明显的共同特征，即共同决策。也就是说，下属可以在很大程度上与直接上司共享决策权。参与管理在很多时候被推崇为治疗士气低落和生产率低下的灵丹妙药。要想使这种做法奏效，关键的问题是：一方面，员工参与解决的问题要关乎他们的切身利益，这样才能够激励他们；另一方面，员工必须具备相应的能力和知识以做出有效贡献；最后，参与各方也要相互信任和充满信心。

（2）代表参与。几乎所有的西欧国家都要求公司实行代表参与。代表参与被认为是"在世界范围内最广泛使用的一种以立法形式出现的员工参与方式"，代表参与的目的在于通过让一小群员工代表参与决策，从而在组织内部重新分配权力，使员工与资方及股东的利益更为平等。

代表参与最常采用的两种形式，即职工监事委员会和董事会代表。职工监事委员会是一群被任命或被推选出来的员工，管理层在制定与员工有关的决策时必须与他们协商。董事会代表指的是进入董事会并代表公司员工利益的员工代表。但在实际上，代表参与对员工的影响似乎微乎其微。职工监事委员会主要由管理层控制，对员工或组织几乎没有什么影响力。尽管这种员工参与可能会提高员工代表的满意度和动机水平，但几乎没有证据表明它对那些被代表的大众来说也是如此。总之，代表参与的最大价值可能在于它的象征意义。

本章核心概念

需要　动机　激励　需要层次理论　双因素理论　ERG理论　成就需要理论　期望

理论　公平理论　目标设置理论　目标管理　正激励　负激励　正强化　惩罚　工作设计　工作扩大化　工作丰富化　弹性工作时间　远程办公　灵活福利　员工参与

思考题

1．什么是需要、动机和激励，这三者之间存在何种逻辑联系？
2．内容型激励理论包含哪些主要理论？
3．过程型激励理论包含哪些主要理论？
4．激励的基本原则有哪些？

讨论题

请分析如何针对90后员工的心理特征进行有效的激励。

案例分析

海底捞的薪酬激励

四川海底捞餐饮股份有限公司成立于1994年3月20日，是一家以经营川味火锅为主，融汇各地火锅特色于一体的大型直营连锁企业。二十余年来，公司在我国北京、上海、西安、郑州、天津、南京、杭州、深圳、厦门、广州、武汉、成都、昆明等55个城市有178家直营餐厅。在国外，已有新加坡4家、美国洛杉矶1家、韩国首尔2家和日本东京1家直营餐厅。

海底捞的周到服务是海底捞的金字招牌，这与他的薪酬体系设计密不可分。海底捞实行薪酬领先型战略，其员工的收入在同类企业中处于领先地位，整体高出平均水平10%~20%。高薪酬使海底捞对外界的优秀人员具有吸引力，同时也有利于留住现有的优秀员工。

一、工资

海底捞将员工分为多级，不同级别的员工有不同的薪酬构成。一名员工的月收入被切分成八块，哪怕是新员工的工资组成都分为至少四个部分，越重要的员工工资组成就越多。

基本工资——鼓励员工全勤；级别工资——鼓励员工做更多或更高难度的工作；奖金——鼓励员工达到更高的工作标准；工龄工资——鼓励员工持续留在企业工作；分红——公司整体业绩和员工个体收入挂钩；加班工资——鼓励员工多做事；父母补贴——让员工的父母鼓励自己子女好好工作；话费——鼓励员工多与顾客沟通。

多劳多得不应该停留在思维上，还要看企业让员工劳什么，得什么，设计好劳的内容和得的机制，才会看到机制的成效。多劳多得不应仅停留在底薪和提成结构上，更需要精细的分工和分配。

二、创新奖

海底捞特别注意鼓励员工的创新意识,专门设立了创新奖,奖励数额从 10～1000 元不等。由于海底捞的员工大多数来自农村,教育程度普遍较低,很多人打工的目的只是为了养家糊口,职业生涯目标普遍较低,这就容易导致员工满足现状,缺乏上进心,不利于工作绩效的提升。创新奖的设立给了海底捞员工不断进步的持续激励,有利于员工积极性的发挥和潜能的开发。创新奖主要是通过午会的形式来实现的。海底捞每天有一个小时的午会制度,所有的员工包括卫生间的清扫员都平等地坐在一起。会议的形式类似于头脑风暴,员工争先恐后的举手发言,把工作中存在的问题及自己的解决方法都提出来。如果建议得到了认可并且付诸实施,则会获得创新奖。

三、福利

1. 父母补贴

给每名店长的父母发工资,每月 200 元、400 元、600 元、800 元不等,子女做得越好,他们父母拿的补贴就越多。优秀员工的一部分奖金,由公司直接寄给父母。此外,在海底捞工作满一年的员工,若一年累计三次被评为先进员工,该员工的父母就可探亲一次,往返车票公司全部报销,其子女还有三天的陪同假,并且父母享受在店就餐一次。

2. 员工住宿

员工的宿舍与门店距离步行不超过 20 分钟,宿舍都是正式小区或公寓中的两居室、三居室。宿舍内配备电视机、洗衣机、空调、计算机、网络,并安排专门的保洁打扫房间,工作服、被罩的洗涤外包给干洗店。如若夫妻两人共同在海底捞工作,门店会提供单独的房间。

3. 员工假期

所有店员享有每年 12 天的带薪年假,公司提供回家往返的火车票。工作一年以上的员工可以享受婚假及待遇;工作满三个月以上的员工可以享受父母丧假及补助;工作三年以上的员工可享受产假及补助。

4. 员工股票

给予员工一定的股票,使得员工和组织的关系更为密切,员工更倾向于把组织看成自己的一份责任而非负担。在这样的薪酬体系下,员工具有很强的主人翁意识。在海底捞内部,会给优秀员工配股,一级以上员工享受纯利率为 3.5% 的红利。这一利率和同行业的其他企业相比,算得上是高的。

5. 保险

另外,海底捞给每一位员工都上了保险,这有别于很多其他的餐饮企业。保险在一定意义上是对避免现在所得遭到损失或者是对预期损失补偿的过程,从心理学角度来讲,保险是对未来生活的保证,是对于员工长期的关怀。因此,海底捞给每一位员工上保险,一方面会使员工在工作时产生安全感、稳定感;另一方面会让员工产生被正式接纳的感觉,感觉自己是正式员工而非随时可能会被炒掉的临时员工。

6. 特色福利

家政服务是海底捞一种非常有特色的福利,集体居住的员工都可以享受到免费的家政服务。公司有专门的家政服务人员，负责员工宿舍卫生的日常清扫及员工衣服、床单、被褥的清洗等。这项福利的成本并不太高，但其效用却很显著。它首先体现了海底捞对员工无微不至的生活关爱，有了家政服务，辛劳一天的员工夜晚回到宿舍，就不必再为洗衣物或床单而发愁，也不必再为整理宿舍而烦心，这节省了员工的体力和精力，有利于员工在第二天工作时有一个好心情；另一方面，海底捞的很多员工来自农村，来到繁华的都市，很多个体都有一种自卑感，而通过家政服务让他们也"享受"到被别人服务的感觉，感到了公司对自己的重视，感到了自己的价值，满足了他们的自尊心，提高了他们的自信心，有利于他们以一种平和、平等的心态而非自卑、压抑的心态去服务顾客。

关于海底捞的薪酬体系设计成功的原因，海底捞的高薪酬和高福利策略，既起到了保健的作用，又起到了激励的作用。一方面对优秀员工有吸引力，另一方面让员工有安全感、稳定感，满足了员工的自尊心，增强了员工的自信心，有利于员工自发地做到"快乐工作，微笑服务"，具体有以下四方面原因：

1）薪酬激励的设计契合企业类型。这种薪酬制度看起来很过时但却非常实用，它真的特别适合像海底捞这种传统的劳动密集型组织。海底捞的员工人数众多，多数来自农村，由于地域和条件的特殊性，他们普遍心理需要层次不高，这就导致员工反倒会追逐这种薪酬的差异性，差异越大，就越有干劲。差异能有效地激发他们的工作热情和积极性。

2）能平衡基层员工和高层管理者之间的矛盾。海底捞老总张勇充满理想主义的"个体生而平等"的价值观念真实体现在薪酬激励上，员工工资的发放采取逐级考核，这种级别即把员工划分成相应的级别，包括普通员工级别：新员工、一级员工、二级员工、劳模员工；还包括管理层员工级别：大堂经理、店经理。按劳分配，多劳多得，普通员工的收入可以超过高层管理者。比如功勋员工的总收入甚至在大堂、后堂经理之上，更是比自己的领班高出很多。功勋员工会享受到更多的福利待遇，受到更多的尊敬。这种薪酬制度的设计能较为公平地解决基层员工和高层管理者之间的矛盾，能有效激励基层员工的工作积极性，从而更好地为消费者服务。

3）建立了较为健全的福利制度。海底捞非常重视员工的福利，给员工提供了比较丰厚的福利，主要包括：员工保险、廉价员工集体公寓、免费的集体食堂、家政服务、每月的带薪假日、重大节日的公司礼品等。从住宿、休假、子女读书、父母赡养上给予一定的照顾，使员工产生了一定的归属感，轻易不会离职。海底捞的店长如果辞职，他们的父母首先不同意，因为他们的工资也会消失；海底捞解决了员工搬家、房租、安全、路远等与员工住宿相关的后顾之忧；海底捞通过假期制度也解决了员工长时间工作，对工作的厌烦情绪；海底捞甚至解决了员工的子女就学问题，比如只要是店长以上级别，如果把孩子带到北京读书的话，就可以每年在公司报销12000元以内的学费。这就让店长们可以顺利地将家迁到北京了。

4）薪酬激励的设计给员工以美好希望。海底捞的物质待遇体系设计达到了这样一种效果：大多数人都对自己的现实待遇感到惊奇，很多人从苦苦求生存转而过上了小康生活——也就是他们说的改变了自己的命运；并且大多数人都还抱有希望，认为只要自己继续努力，自己还可以更好。

（资料来源：http://www.hrsee.com/?id=604.）

问题：

1．"海底捞"火锅的薪酬体系设计有哪些值得借鉴的举措？对不同性质的组织，这些激励机制是否具有等效的作用？

2．从"海底捞"火锅现有的薪酬激励举措，结合现有环境特点，请谈谈未来"海底捞"火锅这一类企业的薪酬激励机制的完善方向和可能的趋势。

第六章
态度及其理论

员工的态度决定一切

A公司是一家全国连锁房地产企业,由于其经营模式的独特性和管理的超前性,规模日益庞大,迅速成为一家知名的品牌企业,但发展过速导致员工流动频繁,其中业务人员的主动和被动离职率大大超过了非业务人员,原因有公司的也有个人的,但这已经开始动摇了军心。特别是公司突然辞退三名女性业务人员的行为,大大挫伤了员工的积极性。这三位员工是通过几轮面试,淘汰了诸多竞争者而被公司正式录用的。工作初期业绩曾一度领先于其他业务人员,其中一位还荣获过"月度服务明星"。但由于年轻和直率,她们没有处理好团队关系,对公司不停地抱怨,而且这样的情绪已经波及到了其他业务人员,业务部决定以此为由辞退这三位员工。她们不服,通过层层劝解,她们最终心平气和地离开了公司。经历这场辞退风波之后,业务部似乎平静了许多,但业务人员情绪低落,业绩一度直线下降。

通常情况下,团队中出现不和谐的因素,将其消除之后,团队应运作流畅、效率提高,但是为什么辞退了应该辞退的员工,在职的员工却情绪低落,业绩滑坡呢?员工的态度与业绩之间是否有直接的相关性呢?经过调查发现,留下来的员工并不惋惜这三名员工的流失,而是由于公司不顾女性员工的心理感受,选择了国庆七天长假的前夕作为辞退日,并且不通过人力资源部的沟通而强行辞退。公司所采取的这种不文明的辞退方式挫伤了员工的自尊,大大减损了员工对公司的满意度,员工从这一举措上感受到公司的冷漠和无情,心情沮丧,因而工作消极。由于公司近70%的员工是业务人员,他们每天必须以非常热情和真诚的态度对待顾客,顾客通过他们诚挚和专业的介绍接受其销售推荐,但员工在消极的状态下很难做到对顾客尽心尽职,因此业绩下滑。

(资料来源:闵学勤.员工的态度决定一切[J].中国人力资源开发,2002(2):33-34.)

A公司面临的问题在现实工作场景中并不少见。这种对于人和事的看法和感受,被称为态度。事实上,人们对其工作相关的任何事情都倾向于有明确的看法和感受,无论是对于工作本身,还是对于上司、同事和下属,这种与工作有关的态度都会影响员工在工作场所中的行为表现。对员工工作场所态度的研究,有利于管理者更好地预测组织中员工的行为,提高管理的有效性,作为管理者必须时刻关注员工在工作中态度的变化,提高员工的工作满意度和员工的组织承诺。在本章，我们将会探讨态度的本质、相关理论及组织中的态度。

第一节 态度

如果您现在是一家企业的管理者，您是更不能忍受下属能力不强，还是更不能忍受下属的工作态度不认真？我们可能经常听到这样一句话，"没有功劳也有苦劳"，这在一定程度上反映出，企业的管理者可能更不能忍受下属的工作态度不认真。作为管理者，希望员工拥有良好的工作态度，那么什么是态度？如何去改变一个人的态度？在本节中，我们将会解答这些问题，同时在之后的小节中也会研究工作中的态度，主要包括两个方面：对待工作的态度（工作满意度）以及对待组织的态度（组织承诺、组织支持感、组织公民行为以及心理契约等）。在探讨这些与工作相关的态度的特点之前，我们先从一般意义上研究态度的本质。

一、态度的定义与构成

态度（attitude）最早是社会心理学家研究的重要课题。西方社会心理学界十分关注对态度的研究，1928年，美国芝加哥大学的社会心理学家路易斯·瑟斯顿（Louis L. Thurstone）发表了具有里程碑性质的论文《态度能够被测量》，开创了态度研究的新局面。第二次世界大战之后，学者们的研究兴趣转移到了态度改变上，如弗里茨·海德（F. Heider）的平衡理论，利昂·费斯廷格（L. Festinger）的认知不协调理论等。

态度是指个体对客观事物、人或事件以一定的方式做出反应时所持有的评价性的、稳定的内部心理倾向。

例如，"我非常欣赏我的上级""我讨厌阿谀奉承的人"，这些都表达了个体的态度。态度不是行为而是行为前提，是一种反应的准备状态。

不论我们对他人、工作或者事情的感觉如何，我们所表达的态度由三种重要的成分组成：认知成分（cognitive component）、情感成分（affective component）和行为意向成分（behavioral component）。这三种成分描述了我们对态度定义的最基本的要件，能有助于我们更好地认识态度。

认知成分是指个体对态度对象的认知、信念和评价。

认知成分是态度的信息成分，是构成态度的基础。它与人的世界观、价值观联系密切，直接或间接地影响态度的表述。例如，你认为学习英语很重要，那么这就是你对学习英语这件事情的一种看法，一种认知；你可能认为同事的工作没你轻松，主管一点都不了解你的工作，这些看法无论正确与否，它都构成了态度的认知成分。态度不等于认知，但含有认知倾向，态度与认知关系密切。

情感成分是指个体对态度对象的情绪、情感性体验,即对人或事物的好恶情感反应的程度。

人的喜爱或讨厌、热爱或憎恨、尊敬或蔑视、谦逊或骄傲、耐心或厌烦等,都反映出人的态度。例如,"学习英语让我觉得愉快""我喜欢和同事一起完成工作"等,这些都表达了个体的情感体验。态度不能与情感画等号,但态度含有情感的倾向,情感倾向可以直接反映出态度,人们常以情感表现(例如表情)作为态度的测量指标。

行为意向成分是指个体由认知因素和情感因素所决定的对态度对象的反应倾向,是行为的直接准备状态,即个体对态度对象做出何种反应,通常表现为"做不做""怎样做"的指向。

个体对事情的看法(如学习英语很重要)和对事情的感受(如学习英语让我觉得愉快)会对个体的行为倾向产生影响(如我很愿意去学英语),认知与情感成分是行为意向产生的基础。

需要指出的是,这种行为意向并不可能完全地预测人的行为,例如,你有兴趣学英语,但是你没有时间去学,你可能就不会真的去学英语。换言之,你想按某种方式行动的意图不一定会决定你实际的行动。

态度的三种构成要素之间关系密切,认知是情感产生的基础,认知和情感又构成了行为意向的基础。一般来说,这三种构成要素之间是协调一致的。比如你觉得运动健身很重要,运动健身很愉快,所以你愿意去健身。但是,也有可能出现三种构成要素不一致的情况,例如,甲认为他的上司虽然有能力(认知上),但是自己不喜欢他(情感上),可是每次见到上司还是对他笑容可掬,阿谀奉承(行为上),这就是态度成分之间的不一致,这种不一致很多时候也变成了我们心里纠结的重要来源。正因为态度有这三种不同的成分,所以在生活当中,我们想要去改变一个人的态度,就有不同的思路。有时我们喜欢跟别人讲道理,即以理服人,通过改变一个人的认知来改变这个人的态度,一些商家就是通过改变消费者对产品的认知来改变消费者的购买意向的,例如,一说到洗发水,你就可能想到:"海飞丝"是去屑的,"飘柔"会让头发更加柔顺等。有些广告是通过唤起消费者情感的体验来改变消费者的购买意向的,比如"可口可乐"的一家团圆,喜庆欢乐的广告画面会让消费者动容,这就是"以情动人"。在现实生活中,人们往往喜欢跟别人讲道理,企图通过改变他人的认知来改变其行为,而往往忽略了情感体验。在组织中也是如此,管理者不仅要"以理服人",还得注重"以情动人"。

码 6-1

二、态度的特点

态度的特点主要表现为以下五个方面:

1. 态度的社会性

任何态度都不是与生俱来的,而是在后天环境中通过学习、模仿等逐渐养成的,是一种后天习得的心理倾向,也就是说人的态度是人的社会化的结果,家庭、社会、学校、单位等构成了人们社会化的环境。态度的社会性还体现在态度形成后,会对个体自身的心理和行为产生影响,同时,也会对他人和环境产生影响。

2. 态度的对象性

态度总是指向于特定的对象,也就是说,态度是对于具体对象的看法和知觉。态度对象可以是具体的人、物或事件等,也可以是抽象的东西,诸如概念、观念等。

3. 态度的稳定性

态度形成之后,将会持续较长时间而不轻易地发生变化,有些态度甚至融合成人格的一部分。态度的稳定性会在行为方式上表现出规律性,这对于个体的社会适应是有利的。同时,态度具有稳定性并不是说它是一成不变的,在态度的发展初期,态度的三种成分还没有固化,导入新经验、新知识,改变态度较为容易。

4. 态度的内在性

态度是一种内在的心理倾向,它虽然对人的行为具有指导性和动力性的影响,但是行为本身不等于态度。态度是内隐的,是一种内在的结构,人们只能从当事人的言行和表情中去间接地进行分析和推测。

5. 态度的系统性

对不同的环境、对象,一个人就会有不同的态度。一个人的所有态度合起来就是一个态度丛,在态度丛中许多态度相互联系、紧密相关,形成态度群。在每个态度群中,由于其中的各态度相互联系较为固定,所以人们可以从某人的一种态度推知其另一种态度。

三、态度的形成及其影响因素

一个人对某件事或某个人的态度到底是如何形成的,又会受到哪些因素的影响?我们为什么会对客观事物或者自己持有某种态度呢?接下来的部分将主要分析态度是如何形成的,以及态度的影响因素。

(一)态度的形成

态度的形成需要较长时间的孕育准备,要经历较为复杂的过程。心理学家凯尔曼(H. C. Kelmen)在1961年提出了态度形成过程的"三个阶段"说,即模仿与服从、同化、内化。这大致反映了态度形成的进程状况。一般来讲,态度形成的三个阶段为:

1. 模仿与服从阶段

这一阶段是指个体在外在的社会力量的影响下,表现出了某种态度的外显行为,但这时还没有形成深刻的认知和情感成分。在凯尔曼看来,态度的形成始于两个方面:一是模仿,它出于自愿,不知不觉;二是服从,它出于一定压力的迫使。个体形成这种表面的态度可能是为了获得某种物质的或精神的报酬或者避免惩罚。例如,一名员工不得不接受"在办公室着正装,打领带"这样的要求,因为如果他不这样,就会受到惩罚。

2. 同化阶段

在这一阶段中,态度不再是表面的改变,即已经不是被迫,而是自愿接受他人、群体的观点、信念、行为或新的信息,为与其保持一致性而采取相同的表现,表现在态度行为上的主动、自觉地接近、趋同于态度对象。例如，一名员工看到其他同事都着正装、打领带，他也不愿因与别人不一致而受到排斥，因此就会对穿正装建立一种积极的态度。

3. 内化阶段

内化是态度形成的最后阶段。在这一阶段中，个体真正从心灵深处相信并接受了外来的新观点、新情感、新理念和新规范，并将它们与已有的信念及价值观联系起来，且将其纳入自己的价值体系之内，成为自己态度体系的有机组成部分，即彻底形成新的态度。例如，一名员工是发自内心地认为工作的时候应该着正装，因为他认为这样会给顾客留下良好的印象，能树立良好的企业形象，可以为公司带来利益，也为自己带来利益。达到内化阶段的态度是理性的、持久的、稳固的。到了内化阶段，个体不仅自觉认同相关要求，而且会以此来评价他人的行为。

（二）态度形成的影响因素

态度不是与生俱来的，而是在后天的生活环境中通过自身社会化的过程，包括学习、模仿、体验等而逐渐形成的。态度的形成与一个人的社会化过程是一致的，在人的社会化过程中，影响态度形成的因素主要有以下四点：

1. 需要与愿望

态度的形成往往与个人的需要和愿望有着密切的关系。凡是能够满足个人期望，或者帮助个人达到目标的对象，能使人产生满意的态度。反之，那些阻碍其目标实现、引起受挫的对象，都易使人产生厌恶的态度。需要和愿望的满足总是和良好的态度相联系。

2. 知识和信息

认知因素是态度形成的重要成分或基础，知识与信息是形成态度的重要条件。人所掌握的知识的范围、数量和深度，人所获取信息的广度和准确性，都会对个体态度的形成产生影响。态度的形成并非单纯地受到外来知识的影响，外来知识必须与原有态度获得某种协调后才能发挥作用。经过协调的过程，个体要么改造原有的认知体系，要么创造或歪曲新的知识。

3. 群体观念

每个人都处于社会关系中，因此个体的许多态度，往往受到所属群体，如家庭、学校、社会团体的影响。个体为了实现社会化，并从其认同的群体中获得一种社会身份感，会自觉地融入社会群体，接受社会群体的看法、观念等，反过来，群体的观念或规范就会对个体产生制约的作用，影响个体态度的形成。

4. 个体经验

一个人的经验往往与其态度的形成有着密切的联系。态度的形成是认知不断积累的过程，在遇到相似或相关情况时，人们通常会反思过去的经历，类似的经验会影响个体面对新情境下的态度及其行为，俗话说"一朝被蛇咬，十年怕井绳"。

四、态度的测量及分析

要想对态度进行进一步分析，就要对其进行客观的测量。态度与人、物、环境、机构以及行为和意见等多种因素有关，是一个很复杂的事物，在测量的过程中要考虑：①倾向性，即肯定还是否定，赞成还是反对；②强度，即肯定或否定的程度，赞成或反对的程度；③外显性，我们只能通过外在行为表现去判断和推测被测者的态度，对态度的测量就要找出典型的、相关程度高的行为表现，并给这些定性资料配以适当的数值以便进行统计分析。

对态度的测量方法有两大类，一种是量表法，另一种是自由反映法。

量表法是一种较为精确的测量工具，它给被测者提供一组相关联的陈述句或与态度有关的主题材料，通过被测者对这些材料的反应来推测他们的态度，量表法主要包括以下三种：

1）沙氏通量表（Thurstone scale）。它常用于涉及内容广泛的一些重大问题的测量，其方法是首先收集大量与问题有关的肯定或否定的陈述句，让专家进行评级，筛选出足够数量的能够反映被测者对该问题态度的陈述句，要求被测者从中选择他们所同意的陈述，从而测量被测者对该问题的态度。

2）利克特量表（Likert-type attitude scale）。这是一种现代调查研究中被普遍使用的态度测量表。它的基本形式是给出一组陈述，这组陈述都与某人对某一单独事物的态度有关。要求被测者对一系列陈述做出"很同意""同意""无所谓""不同意""很不同意"之中的一个选择，当然，根据需要词语表述可略有不同，例如，也可表述为"强烈赞同""赞同""未决定""反对""强烈反对"。标准的利克特量表共分5个等级，即5点式。另外，也可以根据需要简化或增加等级，常见的利克特量表包括4点式、6点式和7点式，有时候也可以见到10点式。

3）语意差别量表（semantic differential scale）。它通过一系列的两极形容词以及在两极之间若干个量级层次来测量被测者对某个给定对象的态度。

自由反映法能够定性地测量被测者的态度。它包括：

1）投射法。该方法通过一个刺激情境，使被测者有机会表达内心的需求，以及对这一情境的特殊知觉和多种多样的解释，从而了解他内心深处的想法、愿望与要求。常用的有罗夏墨迹测试、主题统觉测试、画树测试等。

2）开放式态度测量法。施测者提出开放性的问题，让被测者自由回答，充分表述自己的态度。

通过态度测量所获得的信息必须经过分析，以形成对决策或管理有意义的结论。如果使用的是量表法，往往还需要运用统计分析方法进行解释，包括简单的描述性统计分析以及相关分析、判别分析、聚类分析、因子分析等高级统计分析。

第二节 态度改变理论及方法

一、态度改变理论

态度与行为密切相关，改变态度是调整和转变行为的重要途径。为了使消费者对企业产品的态度能够按照企业所希望的方向改变，许多企业不惜支付大量的广告费用。为改变员工对组织规章制度的冷漠、抵触，管理者要花费大量的心血进行宣传、说服和解释。这些都涉及态度转变的问题，下面我们将介绍四种重要的态度改变理论。

（一）认知失调理论

在现实生活中，我们经常可以看到这样的两难处境：甲很喜欢抽烟，抽烟抽得很多，当他知道吸烟有害健康，过度吸烟可能会导致癌症时，他会怎么做呢？通过认知失调理论也许能帮我们有更深入的理解。

认知失调理论是由利昂·费斯廷格于1957年提出的，这个理论试图解释态度和行为之间的联系，是关于个体如何去改变态度的理论。费斯廷格认为，人的头脑中有许多认知因素，如关于自我、关于自己的行为以及关于环境方面的看法或认知等。这些认知因素之间的关系存在三种情况：

1）这些观念之间是协调一致的。比如说，某人知道吸烟有害健康，那他就不吸烟了，这两者之间就是协调的。

2）这些观念之间是相互冲突和不协调的。比如说，某人抽烟，但是他清楚地知道抽烟是有害健康的。

3）这些观念之间没有联系，是不相关的。比如说，"吸烟有害健康"和"今天天气很好"这两个观念之间就没有什么关系。

值得注意的是，人们头脑中的任何两种认知因素处于第二种情况，即互相冲突和不协调时，个体就会产生一种认知上的冲突，这种冲突会引起个人内心不自在，不舒适的状态，费斯廷格把这种内心不自在、不舒适的状态称为"认知失调"现象。

码 6-2

例如，一名企业的决策者坚信任何企业都不能以破坏环境为代价来牟取利益，但是遗憾的是，为了使企业获得最高的经济利益，他不得不做出将废水、废弃物倒入当地河流的决策。很显然，为了企业的利益所制定的决策违背了这名决策者对于污染环境的态度，他面临着高度的认知失调。费斯廷格认为，当个体出现了认知失调，他就会不由自主地驱使自己去减少这种冲突和不舒适感，力求恢复或者保持认知因素之间的平衡和一致性。

在市面上，我们经常可以看到一些包装上带有"吸烟有害健康"的字样或者配有恶性图片的烟盒，这些字样和图片的目的是为了让吸烟者尽量地去减少吸烟行为，那么，当吸烟者看到这些字样和图片时，究竟会不会减少吸烟行为呢？根据认知失调理论，烟盒上的"吸烟有害健康"的字样越大或者图片越恶性，就越会让吸烟者感到吸烟确实是有害健康的，也越能够让吸烟者产生认知失调。个体认知失调越明显，他改变这种失调状态的意愿就会越强烈。那么，个体在认知失调的情况下，他会采取哪些措施让自己的内心变得平衡和不失调呢？通常来讲，一般有以下三个途径：

1）改变态度或者行为。比如，个人改变"吸烟有害健康"的观念，转而认为"吸烟无害健康"；或者改变自己的行为，减少抽烟或不抽烟。

2）对两个认知因素重新评价，减弱其中一个或同时改变两者的重要性或强度。例如，吸烟有害健康，可是，如果吸烟者觉得抽烟危害其实没那么大，而且自己也抽得不多，那么他可能就会继续抽烟。个体通过把这两个认知因素的重要性或者强度减弱，他的失调就会减少一些。

3）在不改变两个认知因素的情况下，增加一个或几个能弥补鸿沟的新认知或理由。例如，某人知道抽烟有害健康，自己也抽得厉害，可是他没有办法，他得熬夜加班，赚钱养家，如果没有办法去抽烟提神的话，那就没有办法好好工作了。再如，某人知道抽烟有害健康，他自己也抽得厉害，但是他会认为抽烟是他快乐的源泉，如果不能抽烟，生活就失去了意义。

码 6-3

所以，当个体出现认知失调，个体可以采取以上几种措施让两种认知因素之间变得能够相互兼容和平衡。

费斯廷格的认知失调实验

费斯廷格曾做过一项实验来证明认知失调和缺乏足够辩解理由时能否引起态度的改变。他们让被试分别来实验室进行 1 个小时单调、乏味的工作，结束后，被试出门时被要求对在外等候者（实质上，此人是实验助手）撒谎说"工作非常有趣"，并因此而被付给 1 美元或 20 美元的报酬（但被试彼此之间并不知道报酬有差异）。然后，另一实验者私下询问每一被试，要他们坦白表示工作是否有趣，结果是，拿 20 美元的被试多数表示对此项工作毫无兴趣，并承认他告诉别人的话是假的；而拿 1 美元的被试对工作的有趣性程度的正向评价明显高于拿 20 美元的。原因何在？费斯廷格的解释是，拿 1 美元的被试（为 1 美元撒谎不值得）认知失调的程度远远高于拿 20 美元者（为 20 美元撒谎是值得的），他们感到心理上的压力，使他们的态度更符合他们的行为。

（资料来源：吴建平. 社会心理学 [M]. 北京：中国农业大学出版社，2005：124-125.）

由认知失调理论可知，当个体内心态度和行为不一致时，个体会感受到内在的认知失调，个体会通过改变行为或者改变态度去减少失调，那么，个体一定会采取行动去减少失调吗？个体减少失调的这种愿望受哪些因素的影响呢？我们首先来看一个例子：小张进入一家培训机构上班，公司给的待遇很好，小张很高兴自己能找到这样一个高薪的工作，可是过了不久，小张就高兴不起来了，因为他发现自己并不认同公司所宣扬的培训理念，他发现这家公司的培训效果远不如它宣传得那么好，小张陷入了矛盾之中……在这种情况下，小张会不会离职，从而减少这种认知失调呢？研究发现，小张的离职取决于三个方面的因素：

1）个体对行为的控制程度。如果选择去这家公司上班是小张无奈之下被动接受的，而不是主动选择的，那么小张的失调感就会减少很多，他可能既不会改变态度，也不会离职。因为他会认为这种协调不一致是一种不可控制的结果（外力强加的，并且个人根本不能控制），所以他就不会有太大的压力去减少这种不协调。由此可以发现，当个体主动去做了一个与自己原有态度不一致的行为的时候，他的失调感是最强的，如果是被动去做的，那么改变的压力就会小很多。类似的情况是，当一名员工没有完成规定好的工作任务，如果他觉得这个任务是别人强迫给他做的，那么他的愧疚感就不会太强。只有当他觉得这个任务是他该做却没有做到时，他才更有可能感到内疚、有失调感。

2）个体在失调状态下的受益程度。如果小张在这家公司工作的薪酬非常高，那么这种外部的奖赏就能降低他内在的感受和外在的行为不一致所带来的失调感。所以，你可能会发现，在巨大的利益面前，人们可能会做一些自己内心深处根本不赞同的行为。

3）造成失调的因素的重要程度。如果这个因素对于个体来说十分重要，那么个体就会有较大的需要去改变失调的状态。如果小张是一个有很强的社会性价值取向或者利他主义的人，那么他可能就会辞职，如果他是一个现实性价值取向的人，注重现实利益多于其他的话，他就不会辞职。

所以说，当个体出现态度与行为之间的不一致时，个体会不会改变行为取决于以上三个方面的因素，即个体对自己的行为控制程度如何，个体做出行为后是否受益，以及导致个体认知失调的因素是否重要。

通过学习认知失调理论，我们可以得到两条态度的改变和维持的原则：

1）如果想要巩固一个人的原有态度，那就应该避免这个人做出与原有态度不一致的行为，包括言语表态。如果他做了与原有态度不一致的行为，那么可以尝试着让他找到产生这种行为的外部原因或者其他的辩解性理由。

2）如果想要改变一个人的态度，那就应该让他做出与原有态度不一致的行为，包括言语表态。如果他做了与原有态度不一致的行为，就要防止或减少他找到外部的理由或者其他辩解性理由去解释他的行为。

（二）平衡理论

平衡理论（balance theory）是社会心理学家弗里茨·海德于1958年提出的有关态度变化以及人际关系的理论。海德认为，人们的认知对象包括世界上各种人、物、事及概念等，这些对象有的互不相关，有的相互联结。海德将构成一体的两个对象的关系称为单元（unit）；将对于每种认知对象的感情和评价（喜恶、赞成、反对）称为情绪。当对一个单元内两个对象的看法一致时，其认知体系呈现平衡状态；当两个对象有相反的看法时，就产生不平衡状态。海德强调认知者P（person）对认知对象X（attitude object）的看法常受他人，即与认知者相对应的个体O（other person）对该对象态度的影响，说明人际关系对态度的形成和改变有着重要的影响。认知者与他人的关系以及双方与某个态度对象的关系构成了一个三角关系，这就是海德所描述的P-X-O三角关系模式。如图6-1所示，P代表一个个体，X代表某个态度对象，O代表与P有关系的另一个个体。这三者之间共有八种关系模式，其中四种是平衡的，四种是不平衡的。

从图6-1可以看出，处于平衡状态的三角形三边符号相乘必须为正，如图6-1中的a）、b）、c）、d）；处于不平衡状态的三角形三边符号相乘必须为负，如图6-1中的e）、f）、g）、h）。例如，在a）中，P和O之间的关系是正向积极的，P赞成X，O也赞同X。举例来说，P和O是一对好朋友，部门里新来了一个同事X，P喜欢X，O也喜欢X，这样，P、O、X之间的关系就是平衡的。在模式e）中，P和O之间的关系是正向积极的，P赞同X，而O不赞同X，那么P、O、X之间的关系就是不平衡的。

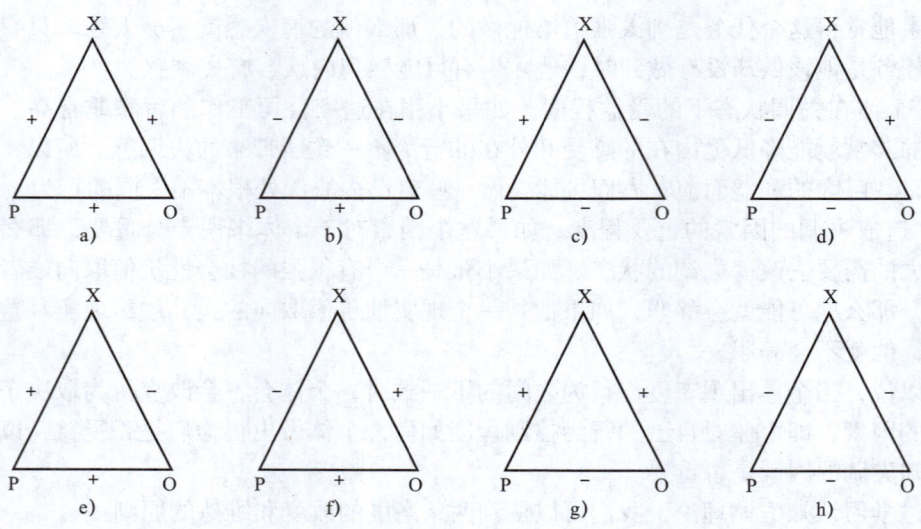

图 6-1 海德平衡理论示意图

海德认为,当个体处于关系模式中的不平衡状态时,就会感到紧张、不愉快、焦虑等情感体验,由此会产生一种迫切需要恢复平衡的力量,在这种力量的作用之下,个体会倾向于改变不平衡的状态,恢复平衡状态。例如,在模式 e)中,个体可能有几种恢复平衡的做法:

1)个体 P 改变对 X 的态度,和自己的朋友一样不喜欢 X,这样就恢复到了模式 b)的平衡状态。

2)个体 P 改变对朋友 O 的态度,继续喜欢 X,而认为 O 的态度不正确,反对 O 的态度,这样就恢复到了模式 c)的平衡状态。

3)个体 P 减弱三角关系中的关联程度。例如,对 X 做出设想:"他刚加入公司不久,我还不了解他,先不要轻易对他表示喜欢或不喜欢的态度。"这样,三角关系就变成了开放的、有待确认的三角关系。

4)个体 P 对不平衡的三角关系进行归因或者解释。例如,他做出这样的归因或解释:"我的朋友 O 并不一定真的那么讨厌 X,只不过因为 X 是新来的,接触比较少,只要 O 以后跟 X 多接触就好了。"这样 P 就达到了平衡。

(三)参与改变理论

心理学家库尔特·勒温(Kurt Lewin)在研究中发现,个体态度的改变与个体参与群体活动的方式密切相关。下面介绍勒温曾经做过的实验,该实验反映了参与能够改变个体的态度。

在第二次世界大战期间,为了节约粮食,支援前线,美国政府鼓励民众吃动物内脏。但受传统文化和习俗的影响,美国民众并不吃动物内脏。为了扭转美国民众的传统观念,学者们进行了多次实验研究,希望找到合适的方法改变其观念,其中,心理学家勒温做了一个实验:勒温把参与实验的家庭主妇们分为两组,一组称为主动型组。勒温组织她们与专家们一起讨论，共同讨论动物内脏的营养价值、烹调方法和口味等，并且分析使用内脏做菜时可能遇到的困难，比如丈夫不喜欢吃的问题、清洁问题等，最后由营养专家指导每个人亲自进行烹煮。另外一组称为被动型组。勒温对这一组采用演讲灌输的方式，邀请专家讲解动物内脏的营养价值、烹调方法和口味等，并且要求她们改变对动物内脏的厌恶态度，把内脏作为日常食品。在实验之后，对于两组被试是否愿意接受动物内脏来做菜进行评价，实验结果表明：演讲灌输组（被动型组）只有3%的人愿意接受以动物内脏为菜；而参与组（主动型组）有32%的人愿意接受以动物内脏为菜。

通过实验，勒温认为，个体态度的改变依赖于其参与群体活动的方式，因而提出了"参与改变态度理论"。该理论认为，个体在群体中的活动可以分为主动型和被动型：主动型是指个体主动介入群体的活动，参与决策的制定等；被动型是指个体被动地介入群体的活动，服从权威，服从别人制定的政策等。主动参与群体活动的个体的态度转变更为显著，速度也比较快；而被动参与群体活动的个体的态度往往难以改变。个体在群体中的活动方式影响和改变个体的态度，由此可以推出，在组织中，参与管理能促使员工态度由被动到主动的转变。

参与管理是指在不同程度上让员工参加组织的决策过程以及各级管理工作，让员工与管理者处于平等的地位研究和讨论组织中的问题。参与管理最重要的作用之一是可以提高员工对决策结果的认同度，变被动为主动，更可能自动自发地去工作，而不是感到被迫地工作。

在组织中，常见的集中参与管理方式有以下几种：

1）分享决策权。这是最直接也是比较容易操作的方式，管理者通过和下属一起来做决策，倾听下属的意见，让下属参与到整个决策过程之中（例如，让员工参与到对制度、对绩效标准制定的过程之中），这样会增加员工对相关制度的接受度，也能减少制度在实施过程中的阻力。

2）员工代表参与。这是在员工中选取一部分职工代表参与到组织决策中去的方式。

3）质量圈。让一组员工和管理者组成一个共同承担责任的工作团队，这个团队通过定期会面来探讨组织相关问题的原因、提出建议以及提出解决问题的措施。

4）员工持股方案。如果员工持有一定的公司股份，那么员工就会参与到公司的经营，并对公司的经营施加影响。员工持股方案把员工的利益和组织的利益关联在一起，员工在心理上也更能够体验到主人翁的感受。

员工参与管理一定程度上能够提高员工的工作满意度以及生产效率，所以，参与管理目前得到了广泛的应用。但是，参与管理也并非适用于所有情况，在组织需要迅速做出决策时，管理者还是需要有一定的集权的，参与管理对员工的能力要求比较高，并不是所有的员工都有能力去进行参与管理。

（四）预言实现改变态度理论

别人的预见以及由此而采取的对待方式会影响个体的心理，从而导致其态度的转变。例如，被称赞和被鼓励会诱发个体上进的动机；经常被指责和歧视，会导致个体消极，自暴自弃。这种由信任、关心、激励所构成的期待心理所引起的个体在思想和行为方面的变化，就称为人际期待效应。人际期待效应模式可以表示为：个体的行为 =f（他人的期望，对待方式）。

这一理论告诉我们，人的心理状态严重影响着人的潜能的发挥，优化人的心理状态，可以使平凡的人充分发挥自己的潜能而成为不平凡的人。管理者要学会帮助，引导员工确立一种成功的自我意向，增强其自信心，最大限度地挖掘员工的特长和发挥其潜力。信任、关心和激励能促使管理对象自我省悟，从而通过努力释放出自身的潜能。

二、态度转变的几种方法

一般来说，转变态度的方法有以下四种：

（一）参与活动

"纸上得来终觉浅，绝知此事要躬行""实践出真知"，这些名言都表明，只有把理论应用于实践之中、联系实际，才能真正掌握这些理论知识的含义。例如，组织大学生参加军训、社会实践、调研活动有助于学生了解社会，转变态度。

（二）角色扮演

一个人所扮演的社会角色对其态度的转变有很大的影响。例如，护士对病人的态度不好，让其扮演病人的角色，设身处地体验病人的痛苦，从而实现态度的转变，真心真意地照顾和关心病人。又比如，商店售货员、旅店服务人员、车站售票员扮演顾客、旅客和乘客的角色，了解服务对象的处境，体验他们的生活，有助于改善服务态度，提高服务质量。

（三）团队规范和规章制度

团体规范和规章制度对员工的行为具有一定的约束力和强制力，可以有效地改变人们的态度。在组织当中，仅靠一味地说服教育是不足以管理好员工的，必须配以相关的规章制度和团队规范。规章制度能够通过组织中强制性的力量迫使员工改变态度；团队规范则可以通过从众效应的作用方式使员工改变态度。只有把说服教育与团队规范和规章制度相结合，才可能使员工既自觉又持久地转变原有的态度。

（四）沟通改变态度

除了人与人之间的沟通，新闻媒体也会直接或间接地影响人们的态度。心理学家墨菲用实验研究证明了沟通对态度形成和改变的影响。在实验前，他随机地把一批白人（被试）分为试验组和控制组，并用量表对每个成员进行态度测量，证实两组被试对种族歧视的态度是基本相同的。然后让试验组观看宣传黑人成就的电影、电视和画报，如放映黑人在世界运动会上取得成绩以及在科学技术上取得的成就等，而控制组的人不参与这些活动。结果发现，试验组的人对黑人的态度有显著改变，而控制组的人对黑人的态度没有变化。

心理学家认为，沟通对态度改变的影响取决于三个因素：

1）沟通者。沟通者是信息的来源。有效的沟通者必须具备优良的情感意志、品德和知识。另外，沟通者还需具有沟通的能力、艺术和社交风度、可信任性等。

2）沟通过程。要能根据沟通的对象和内容以及客观环境设计出沟通程序，一切按计划行事并注意安排好时间、地点。

3）沟通对象。接受者是否了解信息，其个性是否适用于接受这种信息都是必须要考虑到的。

第三节　组织中的态度

在工作情境当中，组织比较关注员工对工作内容、工作环境等方面的评价，也就是说，组织会关注员工对工作的态度。本节将介绍几种在组织行为学当中研究比较多的关于员工对待工作的态度，包括工作满意度、组织承诺、组织支持感以及组织公民行为等。

一、工作满意度

（一）工作满意度的定义

工作满意度（job satisfaction）是组织行为学中研究最为广泛的工作态度。工作满意度是由弗里茨·罗特利斯伯格（Fritz J. Roethlisberger）、怀特黑德（T. N. Whitehead）和乔治·梅奥在进行霍桑实验时提出来的。霍桑实验研究结果表明：组织中员工的工作情感会影响员工在工作时的行为，而员工的心理因素和社会因素才是影响员工的工作满意度和生产效率的最重要因素。

工作满意度是指员工由于对工作特点进行评估而产生的对工作的积极感觉。

一个人的工作满意度高，可能就意味着这个人在工作中表现出的是快乐、积极的情绪，而另一个人的工作满意度低，则意味着此人可能不太喜欢他的工作，并对其工作有着较低的评价和消极的情感。为了更好地理解工作满意度，要综合理解以下三点：

首先，工作满意度是个体对工作情境的一种情绪上的反应。正因为它作为一种内在感受被隐藏在心中，所以我们无法观察到，只能通过一系列推断和测量来进行了解。

其次，一个人工作满意度是高还是低，是与这个人在工作中所收获的结果在多大程度上符合或超出他的期望相关的。例如，如果组织成员感到他比部门中其他的人的工作辛苦得多，但是得到的奖励却很少，这一比较可能带来强烈的不满，该成员可能就会对工作、领导或同事持抵制的态度。

最后，员工对他的工作满意或不满意的评估是大量独立的工作因素的复杂总和，而非仅仅出自某一因素的考虑。例如，小王最近被加了工资，他很开心，但是他仍然对公司坚持占用他的假期安排加班不满，这一不满就可能会影响到他的工作满意度。

（二）影响工作满意度的因素

工作满意度对员工工作绩效有显著的正向影响，所以研究工作满意度的因变量很有必要。对于影响员工工作满意度的因素，主要有以下七个方面：

1. 工作本身

工作本身主要包括员工对工作本身的兴趣、工作的挑战性、学习机会、成功机会等。员工的工作满意度很大程度上取决于他们对工作的兴趣，具有一定挑战性的工作会减少员工对工作的厌烦感。同时，工作本身的学习机会和成功机会也是影响员工工作满意度的重要因素。

2. 工作报酬

工作报酬对工作满意度的影响主要体现为报酬的数量、公平性以及合理性。报酬是影响员工工作满意度的重要因素，因为报酬不仅能够满足员工生活和工作的基本需求，而且还是组织对员工所做贡献的尊重，是衡量员工业绩以及价值的重要指标。员工不仅关注自身所获报酬的绝对数量，而且也关注自己在组织中所获报酬的相对数量。所以，报酬的公平性和合理性会影响员工对自己所获报酬满意度的感知。相关研究表明，员工的工作满意度与薪酬具有很强的相关性，同时，研究发现，薪酬水平越高，工作满意度也会越高，但是当一个人的薪酬达到一定水平的时候，两者之间的关系就会减弱。

3. 人际关系

与同事的关系、与领导的关系也是影响员工工作满意度的重要因素。如果员工能够在一个人际关系融洽的工作氛围中工作，那么员工就会避免由于人际关系不和谐而带来的不舒适以及不自在感，而且良好的人际关系也有利于员工工作的开展和进行。

4. 晋升机会

晋升是有别于报酬的对员工工作认可的另外一种方式，晋升为员工提供个人的成长机会、更多的责任和更高的社会地位。晋升的公平性和合理性对员工的工作满意度的影响很大，只有员工认为晋升机会是公平的、合理的时候，才会提高其工作满意度。

5. 工作条件

工作条件如工作时间的长短、工作场所环境以及机器设备等都会影响到员工的工作满意度。良好的工作环境能够给员工带来生理上的舒适，从而提高员工的生产效率以及工作满意度。

6. 领导风格

管理者的风格一般可以从两个方面来考虑：一是关心人还是关心生产；二是独裁式领导还是民主式领导。一般来说，以员工为中心的关心人的领导风格和民主参与式的领导风格更能提高员工的工作满意度。在这种领导风格下，员工感到自己是被重视的，是组织中的一分子，从而大大提高他们的工作积极性以及满意度。

7. 人格特征

以往研究表明，具有抱怨型人格倾向的人，更容易对他们的工作不满意。高神经质的人由于经历更多负面事件，更容易陷入导致负面情感的情境中，会有较低的工作满意度。具有高外倾性、高宜人性、高责任心的个体，其工作满意度会更高。

管理者可以有针对性地对影响员工工作满意度的各个方面进行改进。例如，为员工提供具有一定挑战性以及工作内容丰富的工作岗位，为员工设置公平合理的晋升通道以及薪酬体系，为员工营造舒适的工作环境以及融洽的工作氛围等。

（三）工作满意度的测量

员工对于工作的不同方面有不同的态度，可以通过问卷或访谈等方法对员工的态度进行评估。

1. 问卷法

工作满意度测量的主要方法是进行工作满意度问卷调查，通过适当的工作满意度问卷调查能够了解到员工的工作满意度状况，从而使得管理层了解哪个员工群体或者哪些工作方面存在问题。比较常用的工作满意度的测量问卷有工作描述指数量表和明尼苏达满意度问卷。

工作描述指数量表（job descriptive index，JDI）是目前应用最为广泛的员工满意度调查量表之一，由帕特里夏·史密斯（Patricia C. Smith）、洛恩·肯德尔（Lorne M. Kendall）和查尔斯·胡林（Charles L. Hulin）于1969年首次提出。该调查量表将员工工作满意度分为5个维度，分别为工作本身、薪酬水平、升职空间、领导、同事。每个问题分别是有关工作某一维度的评价短语或词组，被测者根据自身感受对每一短语进行判断，选择"是""不确定"或"否"。每个维度分别由9~18个问题组成，其中工作本身、领导及同事各18题，薪酬水平和升职空间各9题，总计72题。把对这些方面的满意度评价合并起来，即可以得到对工作满意度的综合测量。

明尼苏达满意度问卷（Minnesota satisfaction questionnaire，MSQ）是由明尼苏达大学的维斯（Wiess）等人编写而成的，MSQ的长式问卷有100道问题，由20个分量表组成，分别测量对能力发挥、成就感、行动、发展、授权、企业政策和时间、薪酬、同事、创造性、社会服务、社会地位、管理员工关系、管理技巧、多样化以及工作条件的满意度。其中有20道题目又可以组成一个独立反映整体工作满意度的问卷，即MSQ的压缩版，这20道题目包括12道衡量内在工作满意度的题目以及8道衡量外在工作满意度的题目。

2. 访谈法

访谈法要求研究者与员工进行面对面的交谈。与通过高度结构化的问卷得到的信息相比，面对面询问员工的工作态度往往可以揭示出更深层次的内容。通过谨慎地向员工进行提问，系统地记录他们的问题，有助于厘清工作态度形成的真正原因。例如，研究者通过与员工面对面交谈可以了解他们对企业最近的人事变动有哪些情绪反应。当组织面临复杂而且困难的情境时，通过访谈这种高度个性化的方式收集员工的态度往往特别有效。

此外，还可以通过关键事件访谈的方法来了解员工的工作满意度。这种方法要求员工描述在工作中令自己特别满意的事情以及特别不满意的事情。通过对员工的回答进行分析，从而揭示一些潜在的问题。例如，可能有的员工会抱怨自己的上司在工作中态度粗鲁，而有的员工则赞赏自己的上司在困境中表现出来的灵活性，这表明管理风格在工作满意度中扮演着重要的角色。

（四）员工对工作不满意的 EVLN 模型

当员工的工作满意度低时，可能会导致较低的工作绩效，较高的缺勤和旷工。员工还可能通过其他各种方式来表达他们的不满意，如抱怨、窃取组织的财产、逃避工作责任、消极反抗，甚至离职。

根据两个维度——建设性/破坏性维度和积极性/消极性维度，研究者把员工在不满意状态下的反应区分为四种类型：退出（exit）、建议（voice）、忠诚（loyalty）以及怠工（neglect），也被称为EVLN模型（exit-voice-loyalty-neglect model，EVLN model）。其中建设性是指可以改善组织环境，有利于维持个人与组织的关系；破坏性是指个体和组织之间的关系恶化，对组织可能具有破坏性。积极性是指个体会采取积极的方式去改善目前的状况；消极性是指员工在雇佣关系中消极、被动，不积极地采取措施改善目前状况，如图6-2所示。

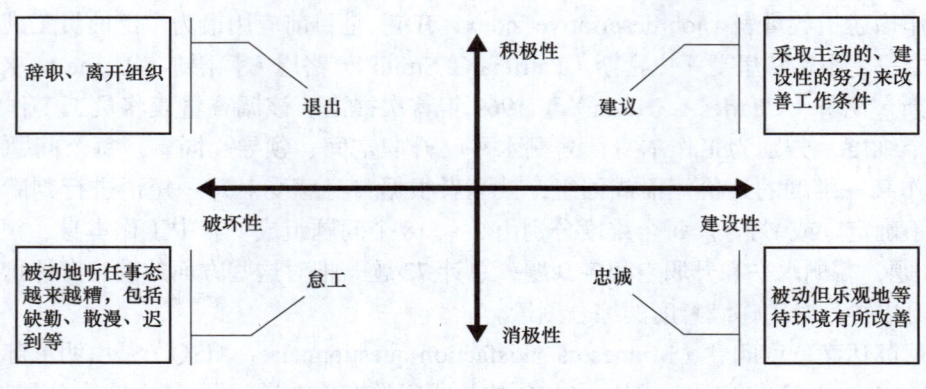

图 6-2　EVLN 模型

（资料来源：FARRELL D Z. Exit, voice, loyalty, and neglect as responses to job dissatisfaction: a multidimensional scaling study[J]. The Academy of Management Journal, 1983, 26(4), 596-607.）

1. 退出

退出是指调动，离职或辞职，这里的退出指的是个体主动做出的退出行为。调动和离职会使组织遭受经济损失，增加人事成本，还会引起各种影响，比如造成士气低落，使工作绩效水平降低。

2. 建议

积极的、建设性的方式是采取主动的且有成效的努力来改善工作条件，例如提出改进建议、主动与上司或同事讨论沟通所遇到的问题。很多时候我们说会抱怨的员工是好员工，会抱怨的顾客是好顾客，因为他们愿意表达自己的意见，当然我们更希望他们是以积极的方式来表达意见。

3. 忠诚

这种消极但是具有建设性的反应，称之为忠诚，也就是消极被动但是乐观地等待环境有所改善。面对外部压力时为组织说好话，相信组织和管理层会做出正确的决策和请示，组织环境会逐步改善。

4. 消极怠工

这种反应是消极又具有破坏性的，被动地听任事情发展，结果是问题得不到解决，而且越来越糟，包括缺勤、迟到，降低努力程度等。

二、组织承诺

（一）组织承诺的定义及维度

组织承诺（organization commitment）也是组织行为学中研究比较多的工作态度。

组织承诺是指组织成员对于特定的组织以及组织目标的一种认同并且希望保持组织成员身份的一种心态。

具体而言，组织承诺是指员工对自己所在组织在思想上、感情上和心理上的认同和投入，愿意承担作为组织的一员所涉及的各项责任和义务，并以主人翁的责任感和事业心努力工作。通常说来，有较高组织承诺的员工因为对组织的目标有较高的认同度，而且希望保持组织成员的身份，所以一般不会轻易离职。

娜塔莉·艾伦（Natalie J. Allen）和约翰·梅耶（John P. Meyer）于 1990 年在研究中运用探索性因素分析和验证性因子分析法检验了组织承诺的结构，认为组织承诺的内涵有三种形式：情感承诺（affective commitment）、持续承诺（continuance commitment）和规范承诺（normative commitment）[1]。这三种承诺在构思上相互独立，并对组织行为有不同的影响。

情感承诺是指员工在感情上认同组织、投入组织和依赖组织的程度。它包括对组织价值目标的认同、员工自豪感，以及为了组织的利益自愿对组织做出牺牲和贡献等成分。

员工对组织所表现出的忠诚和努力工作，主要是由于喜欢自己所在的组织，对组织有深厚的感情，而非物质利益。研究发现，在组织承诺的三个维度中，情感承诺最能预测员工的工作绩效以及离职倾向。

持续承诺是指员工为了不失去已有位置和多年投入所换来的福利待遇而不得不继续留在组织内的一种承诺。它是建立在经济原则基础上的，具有浓厚的交易色彩。

员工进入一家组织工作，都有一个期望，这个期望反映了员工三个方面的需要：维持生活、发展自我和承担社会责任。组织尽力满足员工需要的同时，也希望员工能够忠于组织，努力工作。这种相互作用的关系，造成了员工既得利益的累积。这里的既得利益是指一切有价值的东西，如退休金、精力、已掌握的该组织特定的技术和技巧、在组织中形成的人际关系以及资历地位等。如果员工离职，那么这些既得利益就会遭受损失。这就能解释为什么年龄越大的员工越不会离职，因为他离职后要考虑的因素更多，比如再就业很难，而且有养家的压力，所以，资历越久的员工的持续承诺越高。

规范承诺是指员工由于受长期社会影响形成的社会责任而留在组织内的承诺。

个体在社会化的过程中，不断地被灌输和强调一种观念和规范——忠诚于组织是会

---

[1] ALLEN N J, MEYER J P. The measurement and antecedents of affective, continuance and normative commitment to the organization[J]. Journal of Occupational Psychology, 1990, 63(1), 1-18.

得到赞赏和鼓励的一种恰当行为，从而产生顺从这种规范的倾向，同时，使员工内心形成一种要回报的义务感。组织的文化特征、员工的个性特征和受教育水平等会影响规范承诺，这种承诺的特点是具有相对持续性，并更多地受到价值规范的影响。现实中，我们经常会听到有人这样说："我之所以还愿意留在这家单位，是因为现在的上司对我有知遇之恩，所以我不能随意离职。特别是上司工作开展比较艰难的时候，我如果离职了，会觉得内疚。"所以领导对下属的关心、支持、尊重和信任等，不仅会增加下属的情感承诺，也可以增加下属的规范承诺。

总而言之，根据艾伦和梅耶的观点，人们之所以留在组织中是由于他们愿意（情感承诺），有需要（持续承诺），或者是他们感到应该如此（规范承诺）。

（二）组织承诺的影响因素

关于影响组织承诺的影响因素的研究，国内外学者将影响组织承诺的主要因素分为三大类，即环境因素、组织和工作因素以及个体因素。

1. 环境因素

员工及其所在组织所处的环境状况对员工的组织承诺水平存在以下三个方面的影响：

1）从劳动力市场来看，失业率的高低决定了个体就业机会的多少，失业率与员工的组织承诺水平正相关。

2）从社会文化角度来看，在主张就业、冒险、单干的社会文化中，员工的组织承诺水平会更低。

3）从行业性质来看，人才竞争激烈的行业中，员工的组织承诺较低，同行的人才争夺使得员工更换工作的收益提高，推动员工在行业内部流动。

2. 组织和工作因素

1）组织变革。在组织变革的环境中（如组织合并、裁员等），员工通常会担心自己的发展前途以及是否被解雇，其组织承诺会降低。

2）组织特性。企业效益和发展前景、薪酬福利、领导的能力和素质、企业文化、管理运行机制以及组织中的公平性、支持性都会直接影响到员工的组织承诺。

3）职业工种。相对稳定、没有多大风险、劳动负荷不是很大的工作，而且有愉快的工作经历，相应的组织承诺较高；相反，工作条件恶劣、风险较大的工作，其组织承诺较低。

4）人际关系。组织中员工之间合作非常愉快，气氛融洽，员工之间的沟通无障碍，员工的组织承诺较高。

3. 个体因素

1）性别。一般来说，女性比男性的组织承诺水平高。

2）婚姻。一般来说，已婚员工的组织承诺明显高于未婚员工。

3）年龄和工作年限。年纪越轻，工作年限越短，员工的组织承诺越低，而流动率越高。工作年限长的员工倾向于有更高的组织承诺。

4）工作投入度。工作投入度越高，员工的组织承诺越强，这是因为员工一旦在工作岗位上经历了认真的学习、艰难的适应、努力的劳动等多方面投入，当面临离开岗位的时候，巨大的心理成本将成为其离开的负担。

（三）组织承诺与组织行为的关系

莱曼·波特（Lyman W. Porter）等人[1]在研究组织承诺和组织行为关系时发现，组织承诺高的员工往往有三个方面的特点：①信赖并乐于接受组织的目标和价值观；②乐于投入尽可能多的精力参与组织的各项活动；③为自己作为组织成员而感到自豪。一般而言，高组织承诺的员工往往表现出更多的组织公民行为、更低的离职倾向。

1. 组织承诺与离职率

国外研究经常采用离职率和缺勤率作为组织承诺的效标。由于组织承诺体现的是员工对组织的忠诚感，反映员工愿意留在组织中的意愿，组织承诺与员工离职率间存在较高的相关关系。组织承诺是员工离职倾向的重要预测指标，组织承诺水平低的员工更加容易离职，工作满意度也更低，缺勤更频繁。近年来，我国关于组织承诺与离职行为、工作满意度等方面的研究增多，对组织承诺在人员管理中的意义也有了充分的认识。

2. 组织承诺与其他组织行为

罗伯特·艾森伯格（Robert Eisenberger）等人[2]在研究中发现，员工感知到的组织支持有助于组织承诺的形成，从而激发员工的"利他行为"。组织行为会影响员工的组织公民行为，具体表现为更多的利他行为、助人行为和公民道德行为等。上述关于组织承诺与离职率、组织公民行为间的关系是整体关系，事实上，组织承诺与组织行为间的关系更为复杂。例如，艾伦和梅耶的研究发现组织承诺的不同维度对组织行为的影响可能是不同的。员工的组织承诺可能主要以三个维度中的某个维度为主。情感承诺型员工通常表现出高度的工作热情，对组织活动能全身心投入；持续承诺型的员工往往表现出较强的功利心，计较个人在组织中的得失；规范承诺型的员工通常表现出恪守职责，遵守组织的规则，但是不会像情感承诺型员工那样投入。

三、组织公民行为

（一）组织公民行为的定义及维度

丹尼尔·凯兹（Daniel Katz）和罗伯特·凯恩（Robert L. Kahn）于1964年最早提出了组织公民行为（organizational citizenship behavior）[3]，他们通过观察研究得出了组织中存在着一系列组织并未做出明确要求，但是员工却自发、无条件提供有益于组织绩效的行为的现象。后来，他们通过实证研究指出，为了确保组织能够有效地运作并得到提升，

---

[1] MOWDAY R, PORTER L, STEERS R. The measurement of organizational commitment. Journal of Vocational Behavior, 1979, 14(2), 224-247.

[2] EISENBERGER R, HUNTINGTON R, Hutchison S, et al. Perceived organizational support[J]. Journal of Applied psychology, 1986, 71(3), 500.

[3] ALLEN T D, RUSH M C. The effects of organizational citizenship behavior on performance judgments: a field study and a laboratory experiment[J]. Journal of applied psychology, 1998, 83(2), 247.

组织中的员工需要：①愿意加入并留任组织中；②以可靠的方式达成其所任角色的要求；③执行超越角色要求的创新及自发性行为。安·史密斯（C. Ann Smith）、丹尼斯·沃根（Dennis W. Organ）和珍妮特·尼尔（Janet P. Near）将凯兹和凯恩提出的第三种行为界定为组织公民行为[1]。本书采用沃根（1988）对组织公民行为的定义[2]。

组织公民行为是指组织成员自愿做出的行为，这些行为没有得到正式的报酬系统直接而明确的认可，但从整体上有助于提高组织的绩效。

组织公民行为超过了员工本身职务描述所包括的工作范围，比如主动帮助同事，主动关心组织利益，超高标准对待自己的工作等，这种行为有助于整个组织的正常、高效运作，员工对这类行为比对其职务要求的核心任务更有控制权，可以自主选择是否要做出这样的行为。

沃根将组织公民行为划分为五个维度，具体为：

1）利他行为：帮助处理或者阻止工作中发生或即将发生的问题，鼓励在工作或个人职业发展方面失去信心的同事。
2）文明礼貌：避免给他人带来工作不便，对别人表示尊重的礼貌举动。
3）运动员精神：员工在非理想化的环境中毫无抱怨、坚守岗位的一种意愿行为。
4）责任意识：严肃认真、尽心尽职对待工作的行为。
5）公民美德：积极参加和自觉关心组织各项活动的行为。

（二）组织公民行为的作用

组织公民行为对组织的重要性已经得到了许多研究的支持。组织公民行为能够提高组织绩效，其关键在于它充当了组织运行的"润滑剂"，减少组织各个"部件"运行时的相互摩擦，从而促进整个组织效率的提高。具体来讲，组织公民行为的作用表现在以下五个方面：

1）组织公民行为是一种自愿合作行为，能自觉维护整个组织的正常运行，从而可减少由于维持组织正常运行而被占用的稀缺资源数量，即减少对稀缺资源的占用。
2）能使组织更有效地利用组织资源，达成资源优化的目的。管理者可以减少监督和培训，节约时间，降低组织在某些工作上的资源投入。
3）能促进同事和管理人员生产效率的提高。
4）能有效地协调团队成员和工作群体之间的活动。
5）能增强组织吸引和留住优秀人才的能力。

有研究表明，组织公民行为也会产生一些负面影响。有学者研究指出，某些员工做出组织公民行为是一种印象管理策略，是为了通过组织公民行为获得更大的利益，例如表现自己、获得晋升、引起上司重视等。在这种情形下，员工为了获得组织公民行为可能给自

---

[1] SMITH C A, ORGAN D W, NEAR J P. Organizational citizenship behavior: its nature and antecedents[J]. Journal of applied psychology, 1983, 68(4), 653.

[2] ORGAN D W. Organizational citizenship behavior: the good soldier syndrome. Lexington Books/DC Heath and Com, 1988.

己带来的好处而刻意表现出这些行为,有可能会忽略自己的工作职责。这种负面影响同样会产生示范作用而带动更多的员工倾向于这种行为。了解组织公民行为的负面影响,管理者可以更好地识别和培育健康的组织公民行为,发挥其积极作用。

四、组织支持感

(一)组织支持感的定义

罗伯特·艾森伯格(Robert Eisenberger)及合作者最早提出了组织支持感(perceived organizational support,POS)的概念[一],将组织支持感定义为:

组织支持感是指员工对组织如何看待他们的贡献并关心他们利益的一种总体知觉和看法。

组织支持感源自在员工心目中组织的人性化特质,它是通过组织代理人的行为所体现出来的。组织的政策、规范和文化都是通过组织代理人的角色行为持续不断地体现出来,作用于员工。通过组织代理人,员工将其得到的来自组织的愉快或不愉快的对待视为组织如何看待他们的贡献和是否关心他们福利及其程度的具体依据。组织支持感这一概念提出的意义在于强调组织对于员工的关心和重视才是导致员工愿意留在组织内部,并为组织做出贡献的重要原因,即先有组织对员工的承诺,然后才会有员工对组织的承诺。组织支持感所强调的是员工对组织真诚地对待自己的程度的感知和认定,对员工来说,这是一种非常重要的认知。研究发现,当员工感到有组织支持感的时候,会有更高的组织承诺,更高的工作满意度,更高的工作绩效,而且感受到的工作压力也会降低。

(二)提高组织支持感的方法

研究发现[二],程序公正、来自上级的支持和来自组织的奖赏和工作条件会影响组织支持感知的产生。所以,了解了组织中能够影响员工组织支持感的因素,管理者就可以通过完善相关因素来提高员工的组织支持感。提高员工组织支持感,可以从以下六个方面着手:

1)高层领导:高层领导作为组织的代言人,要在管理实践中传达对员工贡献的重视和福利的关怀。

2)直接上司:直接上司应与下属建立信任的关系,如果员工对直接上司缺乏信任与支持感,那么就会影响到员工对组织支持感的认知。

3)主动支持:组织为员工主动提供工具性支持(例如,信息、资源、工具、培训等),以及提供相应的福利(舒适的工作环境等)和尊重等。

4)工作的自主性:让员工能够独立地控制自己的工作,对工作的流程、方法、时间等给予一定的工作自主性。

[一] EISENBERGER R, HUNTINGTON R, HUTCHISON S, et al. Perceived organizational support[J]. Journal of Applied psychology, 1986, 71(3), 500.

[二] RHOADES L, EISENBERGER R. Perceived organizational support: a review of the literature[J]. Journal of Applied Psychology, 2002, 87(4), 698.

5）创立支持性的组织氛围：在这种支持性氛围中组织尊重并且重视员工的需求，鼓励员工提出自己的建议，并采取措施满足员工的合理要求。

6）重视员工的公平感受：在制定相应的规章制度以及分配资源等活动中，要强调程序公平性，这样才能让员工感受到尊重以及组织对其利益的重视。

五、心理契约

（一）心理契约的定义

心理契约（Psychological contract）这一概念出自于社会心理学，20世纪60年代初被引入管理领域。该概念经过长期的发展，基本形成了狭义和广义两种概念。广义和狭义概念界定不同的焦点在于"究竟谁是主观理解的主体"，狭义的心理契约强调的是雇员个体对双方交换关系中彼此义务的主观理解，而广义的心理契约则强调的是雇佣双方对交换关系中彼此义务的主观理解。心理契约概念的本质特征就是对建立在承诺基础上的相互义务的主观感知，这在两种界定中都得以体现。到目前为止，两种视角的研究同时在进行，但是基于狭义心理契约基础上的研究远比广义基础上的研究要多，而且很多属于应用研究。

狭义的心理契约是指雇员出于对组织政策、实践与文化的理解和各级组织代理人做出的各种形式承诺的感知而产生的，对其与组织之间的相互义务的一系列信念[1]。

广义的心理契约是指雇佣双方基于各种形式的（书面的、口头的、组织制度和组织惯例约定的）承诺对交换关系中彼此义务的主观理解[2]。

（二）心理契约的维度

学者们在对心理契约概念的本质进行争论的同时，也对其内容和结构展开了广泛的研究，主要有二维和三维结构两种观点。

丹尼斯·卢梭（Denise M. Rousseau）、朱迪·帕克斯（Judi M. Parks）认为虽然心理契约存在很大的个体性和特异性，但基本上可以分为两大类：交易型心理契约（transactional psychological contract）和关系型心理契约（relational psychological contract），具有交易型心理契约的员工看重短期的、经济性的回报，将雇佣关系视为一种短期的经济交换关系，员工为了追求经济回报而付出行动；具有关系型心理契约的员工强调长期的、情感的回报，员工将雇佣关系视为一种情感性的交换关系。交易型心理契约和关系型心理契约在关注点、时间框架、稳定性、范围和明确程度上存在差异[3]，见表6-1。

有关心理契约三维结构的研究也不少，比较有代表性的是卢梭（Denise M. Rousseau）和缇约里瓦拉（Snehal A. Tijoriwala）[3]的研究，他们提出，心理契约由三个维度构成：交

---

[1] 魏峰，李燚，张文贤. 国内外心理契约研究的新进展[J]. 管理科学学报，2005，8（5），82-89.

[2] ROUSSEAU D M, MCLEAN P J. The contracts of individuals and organizations[J]. Research in Organizational Behavior, 1993, 15, 1-1.

[3] ROUSSEAU D M, TIJORIWALA S A. Perceived legitimacy and unilateral contract changes: it takes a good reason to change a psychological contract[R]. San Diago: Symposium at the SIOP meetings, 1996.

易维度、关系维度和团队成员维度。交易维度是指组织为员工提供经济和物质利益，员工承担基本的工作任务；关系维度是指员工与组织关注双方未来长期稳定的关系，促进双方的共同发展；团队成员维度是指员工与组织注重人际支持和良好的关系。

表 6-1 交易型心理契约与关系型心理契约的差异

	交易型心理契约	关系型心理契约
关注点	追求经济的、外在需求的满足	追求社会情感方面需求的满足
时间框架	有期限的	无限期的
稳定性	稳定的、无弹性的	动态的、有弹性的
范围	涉及更少的雇员个人生活	涉及更多的雇员个人生活
明确程度	雇员责任的界限分明	雇员责任的界限不清晰

（三）心理契约形成的影响因素

在一般的组织中，心理契约的形成通常受到以下因素的影响。

1）员工的经历。例如，有的员工人生阅历丰富，有的员工工作经历少、情感脆弱、对细微关系的变化体验过于敏感等，这些因素都会影响员工对组织的感知与期望。

2）企业的人力资源政策。员工与组织之间的心理契约的建构会根据组织中的人力资源政策的具体规定来形成，尤其是员工对组织薪酬体系的感知与评价。

3）组织文化和管理风格。作为独特的组织，它具有自己独特的管理风格和习惯、行事的标准以及组织自身具有的组织文化，这些将影响员工的社会化过程，影响员工对组织的预期和心理契约的形成。

除此之外，还有其他一些因素也会影响到员工的心理契约，例如公司的宣传方式、面试时面试官的言行及承诺、他人对公司的评价等。

（四）心理契约对管理实践的影响

心理契约对员工的工作态度和行为会产生重大影响。研究表明，员工在心理契约得到有效兑现的情况下，会表现出更高的工作满意度、留职意愿和组织信任感。相反，组织破坏心理契约或产生心理契约的违背则会给员工工作态度及行为产生重大的负面影响。

1. 心理契约的违背

通常情况下，当员工从主观上认为完成了组织的工作任务，而组织却没有履行相应的义务，这时就很可能发生心理契约的违背。心理契约违背发生的原因通常是员工主观上认为心理契约的内容没有得到满足，或体验到收入与付出的不平衡。因此，作为一个"公平"的认知想法，员工有可能改变行为和态度，可能通过减少行为的付出或者努力的程度来获得主观上的平衡。显然，心理契约的违背对员工的态度和行为会发生消极的影响，当员工的心理契约遭到违背的时候，有可能导致提意见、辞职、忠诚度下降等行为和态度的发生。此时员工对组织的信任动摇，心理契约关系进行重新确定，进而有可能导致员工与组织之间的关系变得更具交易性，更多地关注眼前的直接经济利益，使员工的心理契约的关系变得脆弱，对员工激励带来不利影响。

2. 心理契约的构建

在员工和管理者之间，如果存在良好的理解作用，心理契约有可能比任何明晰的文件都能产生积极的影响。如果处理不好心理契约的关系，导致心理契约违背的发生，势必会影响组织中心理契约的建构，破坏组织中的员工激励，导致员工与组织之间的关系遭到破坏。因此，如果组织的管理者要建构一个稳定、牢固的心理契约关系，组织就应该从根本上去激励员工，可能采取的做法有：①尽可能地确保组织和员工之间的关系是正确而合适的，即把合适的人安置在合适的岗位上；②确保让员工感受到当管理者接近他们的时候，他们感到很舒服；③确保在任何情况下都有一个适当的交流，对具体的情况发生变化时有一个明确清晰的认识；④确保人们因为好的绩效而得到承认。

本章核心概念

态度　认知失调　工作满意度　组织承诺　组织公民行为　组织支持感　心理契约

思考题

1. 态度包括哪些主要成分？这些成分之间有关联吗？
2. 什么是认知失调理论，个体在认知失调的情况下，可以采取哪些措施减少失调？
3. 哪些因素会影响工作满意度？什么是 EVLN 模型？
4. 什么是组织承诺？组织承诺由哪几部分构成？它对组织行为会产生哪些影响？
5. 什么是心理契约？心理契约的影响因素有哪些？

讨论题

有人认为应该让员工参与决策，这样既可以避免领导做出不切实际的决策，又可以增加执行的有效性；但也有人认为员工参与决策不仅会延长讨论时间使得决策过程变长，还存在从众压力。那么应不应该让员工参与决策，请大家进行充分讨论并发表观点。

案例分析

惠普公司对员工尊重和信任的最突出表现是灵活的上班时间，根据惠普公司的做法，员工可以早上很早来上班，或者上午 9 点上班，然后在干完了规定的工时后离去。惠普创始人之一的戴维·帕卡德（Dave Parkard）评价说："在我看来，灵活工作时间是尊重人、信任人的精髓。它表明，我们既看到了我们的职员个人生活很繁忙，同时也相信他们能够同其上司和工作群体一起制定一个既方便个人，又公道合理的时间表。"这样做是为了让员工能按自己个人生活来调整工作时间，也表明了对员工的充分信任。

帕卡德还认为，容忍个人的不同需要是以人为本的"惠普之道"，也是表示对员工尊重和信任的另一个要素。多年来，惠普也有一些人因为其他地方似乎有更好的机会而离职。但是惠普始终认为，只要他们没有为一家直接的竞争对手工作，只要他们有良好的工作表现，就欢迎他们回来。因为他们了解公司，不需要再培训，而且通常由于有了这种额外的经历而有着更愉快、更好的动机。

从内部提拔人员也是惠普对员工信任和尊重的一种表现。在刚刚进入计算机行业时，惠普曾经因为公司内部缺乏计算机专业人才而将目光转向公司外部，但是这些人很快适应了惠普公司的文化。公司首席执行官路易斯·普莱特（Lewis Platt）曾说，由于公司内部人选不是很丰富，公司将首次从外部挑选最高领导者。但是，除此之外，惠普在大多数时候还是喜欢从公司内部挑选人才的，因为他们深信惠普公司能够培养出最优秀的经营者和管理者。

问题：

1．惠普公司的哪些做法提升了员工的组织承诺？分别体现的是组织承诺的哪些内容？

2．结合本案例，试分析组织可以从哪些方面影响员工的组织承诺。

第三篇

群　体

第七章 群体心理与群体行为

办公室里来的年轻人

小张本科毕业于某重点大学行政管理专业,毕业后顺利通过某市公务员考试,被市政府法制办公室录用。法制办是一个由五个人组成的大科室,包括主任甲、副主任乙和三位年纪较长的办事员。小张热情开朗,待人谦虚,且有行政学专业背景,加上聪明好学,很快就熟悉了业务并承担了办公室的大量工作,让几位老同志减轻了许多压力。几位老同志渐渐喜欢上了这位年轻人,主任、副主任也经常在会议上表扬小张。可是聪明的小张发现,随着领导表扬次数的增多,几位老同志对自己越来越冷淡。

一年过去,小张顺利转正。市政府法制办年终考核时被评为"优秀科室",并在下一年度计划中增加了法制办的工作量。几位老同志本来因为小张的到来轻松了许多,这下子又忙起来。而且他们发现,虽然繁忙依旧,但是"名"却给夺走了,每次得到表扬的总是小张。小张因而更加被排斥了。随着2014年小张被评为法制办第一季度先进个人,三位老同志对小张的反感到了顶点。从此,几位老同志再也不邀请小张参加任何一次集体活动,还在背后称小张是"工作狂""神经病"。小张很不能理解。有一次,小张把自己的遭遇同另外一个部门的老王讲了。老王叹了口气,"枪打出头鸟,你还年轻,要学的还很多啊!"小张恍然大悟,正是自己的积极破坏了办公室原有的某些东西,让几位老同志倍感压力,才招来了如今的境遇。

从此,小张学"乖"了,主任不布置的任务,再也不过问了;一天能干完的事情至少要拖上两天甚至三天。办公室又恢复了平静与和谐,先进个人大家开始轮流坐庄,几位老同志见到小张的时候又客气起来了,集体活动也乐意邀请上他。小张觉得,这样很轻闲,与大家的关系好多了,心理压力骤减,生活也重新有了快乐。

(资料来源:周瑜弘.组织行为学案例精析[M].北京:中国社会科学出版社,2008:192-193.)

引例是一个非常典型的非正式群体对正式群体绩效产生消极影响的案例。在很多情况下我们都是以群体的形式从事各种活动,同一个人可能同时处于不同群体中。想要成功地管理一个组织,必须很好地理解人们在群体中的心理与行为的特定规律,这也是组织行为学研究的重要内容。在本章中会主要介绍群体的特征、发展过程、影响群体行为绩效的各种因素,以及如何据此制定相应的群体规范或管理制度对群体成员的行为进行有效控制和引导，以保证群体或组织目标的实现。

第一节　群体的概念及其分类

对组织内存在的群体进行研究和管理是组织行为学的一项基本内容，因为组织中大部分的活动都是在群体中进行的，管理者的诸多目标和意图也要通过群体来实现。

一、群体的概念及功能

（一）群体的定义

在生活中我们经常会看到各种各样的人群，例如，公共汽车上的乘客、街上围观吵架的人们等。从组织行为学的角度看这些并不是群体（group），群体不是简单的一群人的集合。

群体是指由两个或两个以上相互作用、相互依赖的个体组成的具有相对稳定的关系模式的集合体。

例如，一个大型企业的董事会、一个学校的心理社团、一个做志愿服务活动的小组等，这些都属于群体。群体中的个体拥有共同的利益或者目标，他们认为自己属于这个群体并与群体之外的其他个体有所区别。

（二）群体的特征

群体具有以下四种关键特征，这些特征表明了"群体"是如何与"人群"相区别的。

1）群体成员有共同的利益或目标。比如，一个车间某个班组的成员，他们的共同目标就是取得好的业绩，这样才能得到更多的奖金，满足他们的共同利益。

2）群体成员之间相互影响、相互作用。群体不是个体的简单相加，而是一个有机的结合体，成员之间存在着信息的沟通，他们会在互动中相互影响，使群体成为一个具有强大凝聚力的集体；而"人群"则不具备这样的特点，他们仅仅是在特定的时间和空间上处在一起，相互之间不一定有社会交往行为，比如乘坐同一辆巴士的乘客可能并不会交流互动。

3）群体成员具有强烈的群体意识。他们都认可自己的群体身份，并且在心理上相互认知，有"我们""我们同属于一群"的归属感、认同感和支持感，而普通的人群则不具备这种特点。例如，在超市收银台前排队的人们，尽管共同的目标是尽快到达收银台，也可能会有信息的交流比如在等待的时候聊天，但他们并不认为自己是属于同一个群体的。

4）群体往往有相对稳定的结构和规范。所有群体都会形成自身的结构、角色和规范，成员彼此之间承担一定的义务和责任，互相配合，从而在群体层次形成一定的特征和能力，比如凝聚力、士气等。

认识到群体的上述特征，我们就能很好地理解现实生活中的群体。我们每个人从一出生就生活在群体之中，在与群体成员之间的互动过程中学习、工作、成长。一个人往往同时隶属于多个群体，比如一个年轻人在正式组织中既是某国有企业的研究与发展中心的成员，又是该企业工会委员之一，作为一名中共党员他又隶属于中国共产党的基层组织；在业余生活中，他可能既是某一围棋兴趣小组成员，又是社区篮球队队员。一般来讲，群体的规模不能太大，否则群体成员之间很难相互影响、相互作用，也很难在心理上有"同属一群"的认同感。例如，观看一场足球比赛的数万名观众，他们人数如此之多，相互间并不都认识，即使认识也不一定有什么交往，所以也就不存在上面提到的群体意识。

（三）群体的功能

群体之所以能够存在和发展，主要是它具有一定的特殊功能。群体可以帮助人们有效地处理人际关系，调动广大员工的积极性和创造性，满足群体成员的心理需求，具体如下：

1. 提升组织有效性

群体可以促进组织任务的完成，有助于实现组织目标。俗语说，"众人拾柴火焰高"，作为由若干个体组成的有机组合体，群体具有个体进行活动所没有的优越性。群体成员之间可以通过相互交流、激励和支持等，完成个人无法完成的任务或更加高效地完成任务。因此，如果将组织任务交给群体，会有利于任务的顺利进行，从而更高效地实现组织目标，提高组织的有效性。

2. 满足群体成员的多种需要

人们之所以选择加入群体，是因为某些心理需要只有在群体中才能得到满足。

首先，群体可以使成员获得安全感和亲密关系。群体内成员通过交往，可以促进彼此之间的信任与合作，建立友谊，得到关怀、支持和帮助。比如参加群体活动，获得他人的关心和帮助，可以减少孤独和恐惧，获得心理上的安全感；在群体中，每个人也都有自己的角色和地位，因此就获得了归属感。

其次，群体可以满足成员的成就感和自尊的需要。群体能够完成个人无法完成的任务，建立更大的成就感，并促使成员从成就感中勃发出新的动力。群体还是成员自尊得以满足的重要途径。在社会互动中，人们往往倾向于通过各种类别来定义和评价他人。如果加入一个具有较高地位的群体，成员往往会因从属于该群体感到骄傲和自豪，从而满足自尊需要。

最后，群体有助于成员产生自信心和自我效能感。群体之所以能对组织和个体产生积极作用是因为群体能够为成员行动提供动力源泉。作为一个群体，一方面它拥有个体所不具备的多样的知识技能以及整合能力，能够完成个体不能完成的任务，展现出巨大的影响力，提升群体成员的自信心。另一方面，群体可以通过成员活动不断积蓄新的能量，不断提升优化自己，再赋能成员成长，提高成员的自我效能感，从而也使得群体具备持续造血的功能。能够持续成长的群体才能是一个健康的群体。在日常生活中，很多群体由盛到衰也多是因为群体自身不再有"造血"功能，无法提供自身和成员成长所需的动力。

二、群体的分类

群体的类型多种多样，我们可以从不同的角度对群体进行分类。

（一）参照群体和一般群体

美国社会心理学家乔治·米得（George H. Mead）按照群体在社会上发挥作用的大小将群体分为一般群体（general groups）和参照群体（reference groups）两类。一般群体是指社会上存在的大量的不足以成为个体行为楷模的群体。参照群体也称为标准群体、榜样群体，是指个体自觉接受规范准则并以此指导自己行为的群体。人们会将自己的行为与这个群体进行对照以矫正自己的行为。需要强调的是，个体所参加的群体不一定是个人心中的参照群体。在生活中也经常出现这种情况，比如某人从事高校教学工作，但是他酷爱美术，常常与美术人士来往，久而久之，他便把美术作为自己的目标，并仿效美术人士的社交、行为方式，此时，美术人士这个群体便是此人的参照群体。

研究参照群体具有很重要的现实意义。例如，大部分组织中都会评选优秀员工或团体，树立榜样，希望员工能自觉向这些先进榜样看齐来调整规范自己的行为。但是如果员工不是真心羡慕组织评选的优秀员工，优秀员工就无法发挥真正的示范效应，也就无法促进组织整体绩效的提升，因此，为员工设置合理的、真正能发挥引导示范作用的参照群体就显得尤为重要。

（二）正式群体与非正式群体

根据群体构成的原则和方式的不同，我们可以把群体分成两种最基本的类型：正式群体（formal group）与非正式群体（informal group）。这两种类型的群体对员工行为的作用机制是不同的，个体可能既是正式群体的一员又是非正式群体的一员，只有同时关注这两种群体才能对群体行为进行有效的管理。接下来我们分析下正式群体是一个什么样的群体。

1. 正式群体

正式群体是指为了完成组织所规定的特定任务而组成的官方组织机构。

正式群体的成员有明确的分工、职责、权利和义务，要遵循统一的规章制度。如各类政府行政机构、企业及部门、科室、学校、教研室等都是正式群体。

正式群体通常包括两种最主要的类型：命令型群体和任务型群体。命令型群体是指由在组织结构中具有直接汇报关系的主管和下属构成的群体，如一个销售部经理和他领导的六名销售人员构成的群体，一个班长和他带领的十二个战士构成的群体。任务型群体中的成员不一定具有组织结构的直接汇报关系，而是围绕特定的任务建立起来的，如企业内由各个不同部门的人员组成的全面质量控制（total quality control，TQC）小组，他们只是为了质量管理这个任务而形成的群体，除此之外还要承担自己原来工作岗位上的任务。

2. 非正式群体

在组织中与正式群体相对应的是非正式群体，有时也称之为非正式团队，比如我们平时所说的"小派别"或者"小集体"。

非正式群体是指根据群体成员的兴趣、爱好、价值观或共同利益而形成的群体。

非正式群体相对比较松散，没有正式的组织形式，对成员的责任、权利和义务也没有明确的规定，主要依靠大家约定俗成、心照不宣的一些行为规范对群体成员起约束作用。

成员之间存在着某种默契，主要靠感情维系彼此之间的关系。非正式群体有各种各样的类型，比较典型的是利益型群体和友谊型群体。利益型群体成员是为了共同的利益走到一起的。例如，企业的一些员工为了反对老板拒付加班费，争取自己的合法权益而形成一个群体。友谊型群体是由于群体内成员有着共同的爱好或性格相投，或有其他共同特点而结合在一起的。如几个喜欢打篮球的人形成的篮球队，曾经在同一所大学读书的校友组成的校友会等；在一个组织或者班级当中由几个人自发形成的"小圈子"多属于非正式群体的形式。

非正式群体概念的提出：霍桑实验

非正式群体的概念最早是由美国哈佛大学教授乔治·埃尔顿·梅奥（George Elton Mayo）在霍桑实验的群体实验部分提出的。梅奥等人在这个实验中选择了14名男工人在单独的房间里从事绕线、焊接和检验工作。实验中对这个班组实行特殊的工人计件工资制度。实验者原来设想，实行这套奖励办法会使工人更加努力工作，以便得到更多的报酬。结果发现，产量只保持在中等水平上，每个工人的日产量平均都差不多，而且工人并没有如实地报告产量。深入的调查发现，这个班组为了维护他们群体的利益，自发地形成了一些规范。他们约定，谁也不能做太多，突出自己；谁也不能做太少，影响全组的产量，并且约法三章，不准向管理当局告密，如有人违反这些规定，轻则挖苦谩骂，重则拳打脚踢。进一步调查发现，工人们之所以维持中等水平的产量，是担心产量提高，管理当局会改变现行奖励制度，或裁减人员，使部分工人失业，或者会使干得慢的伙伴受到惩罚。

这一实验表明，为了维护班组内部的团结，班组成员可以放弃部分物质利益。由此提出"非正式群体"的概念，认为在正式的组织中存在着自发形成的非正式群体，这种群体有自己特殊的行为规范，对人的行为起着调节和控制作用。

（资料来源：https://baike.so.com/doc/4932705-5152890.html，根据霍桑实验整理得出。）

码 7-1

自从霍桑实验发现非正式群体的存在及其对工作绩效的重要影响之后，对非正式群体的研究就成了组织行为学中一个重要的方面。了解非正式群体的特征以便对非正式群体进行有效的管理进而提升组织绩效是十分必要的。非正式群体一般具有以下五个特征：

1）非正式群体具有较强的凝聚力。非正式群体是自发形成的，成员可以在非正式群体中寻找归属、认同和理解，具有较强的主动性，因此具有较强的凝聚力。

2）有自然形成的核心人物。非正式群体和正式群体一样拥有核心人物，也就是"领袖"，但他们不是由上级正式任命或员工选举产生的，而是在长期的工作、学习、生活和娱乐中自然而然地产生的，他们都比较善于协调成员间的关系，有较强的组织管理能力和影响力，有时他们对成员的影响力会比直属上级还要大。

3）非正式群体往往存在着一套隐形的不成文的行为规范。虽然不像正式群体的规章制度，但一样会约束规范组织成员的行为。有时，行为规范可能会与组织目标并不一致。

4）非正式群体成员间有更多的信息传递。由于非正式群体组成的自发性，成员的主动性、群体的高凝聚力决定了非群体成员间会有更多的互动及信息的传递和沟通。

5）利益型群体有较强的自我维护意识和排他性。利益型群体内部成员之间交往较多，关系比较亲密，为了群体利益会互相帮助，比如在员工晋升的时候，利益型群体可能会优先考虑群体内部的员工，而不是对组织来说最合适的员工。对本群体以外的员工往往比较淡漠疏远，有明显的排他性。

管理者若要对非正式群体进行有效的管理，除了要了解非正式群体的特征，还需要了解非正式群体对于管理具有怎样的作用。非正式群体既有积极的作用要加以利用，又有消极的作用要加以防范和遏制。首先来看一下非正式群体的积极作用，主要表现在以下三个方面：

码 7-2

1）可以帮助管理者更好地完成工作。非正式群体成员彼此间的关系更加和谐与融洽，因而更容易合作，如果非正式群体的目标和组织的目标一致，群体成员能把这种协作关系和合作精神带到正式组织中，将有利于促进组织活动顺利进行，增强组织的凝聚力。管理者可以通过非正式群体对员工施加影响，也可以通过非正式群体的领袖来给群体成员做工作。若管理者恰好是某个非正式群体的一员，他就可以利用这个非正式群体更高效地完成工作，所以很多管理者都希望培养自己的团队，带自己的人。

2）可以满足员工的情感需求，增加员工在组织或团队中的稳定性。非正式群体可以增加员工与员工、员工与组织之间的情感连接，在非正式群体中成员之间既可以交流与工作相关的内容，也可以交流生活或情感方面的内容，还可以增加员工的归属感和支持感，减少员工的孤独感、恐惧感，从而获得心理上的安全感，增加对组织的情感承诺，进而减少离职率。

3）可以促使管理者在进行决策和行动时更加谨慎。所谓水可载舟，亦可覆舟。非正式群体有时能帮助管理者实现组织目标，有时也可能将事情搞得一团糟。因此，管理者在进行管理决策时就要充分考虑到非正式群体会对每项决策和行动做出怎样的反应，并充分利用非正式群体的力量。

凡事有利有弊，在看到非正式群体积极作用的同时我们也应该看到其消极作用。非正式群体的消极作用主要包括以下三个方面：

1）阻碍制度的执行和组织目标的实现。当非正式群体的目标与组织目标不一致时就会阻碍组织制度的执行。非正式群体有自己的群体规范，当这个群体规范跟组织要求相悖的时候，就会迫使个体偏离组织的要求，妨碍组织目标的实现。

2）导致个体角色冲突。正式群体和非正式群体可能存在利益冲突，使个体处于左右为难的境地。例如，某位员工既不愿违背组织制度要求，也不愿意得罪非正式群体的成员，就会感受到比较大的角色冲突压力。

3）滋生谣言。非正式群体是员工获取信息的重要来源。因为非正式群体内部员工之间的信任度比较高，所以员工更容易相信从非正式群体成员那里获得的信息。当组织中非正式群体比较多的时候，一般小道消息和谣

码 7-3

言也较多。

作为管理者，首先要承认非正式群体的出现有其必然性。一般来说，正式群体越能满足个体的需要，非正式群体的出现就会越少。因此，为了规避非正式群体的消极作用，管理者要善于通过正规管道去满足员工需要，比如完善信息沟通渠道、职位晋升通道等，以减少非正式群体的出现。在组织内同时存在正式群体与非正式群体是客观事实，不要片面地认为非正式群体的存在必然与正式群体的作用相矛盾，关键在于组织管理者如何协调非正式群体与正式群体的活动，引导非正式群体的行为，为达到正式群体的目标而服务。对非正式群体进行有效的管理主要有以下三种途径：

1）管理者自觉加强与非正式群体的联系。管理者应该深入到员工中去，了解他们的思想、工作和生活状况；了解非正式群体领袖的个性、能力及态度，做到心中有数，与非正式群体领袖积极沟通，必要时理解、参与和支持非正式群体的有益活动。

2）运用舆论导向引导。运用组织的舆论工具、媒体、事件等，对非正式群体的组织成员进行有目的、有计划的引导，循序渐进地使非正式群体成员的意见与组织的组织目标相一致。此外，为非正式群体成员提供交流、沟通的机会，如各种舞会、联欢会、恳谈会、旅游、聚餐等，让他们潜移默化地逐步接受组织的理念。

3）区别对待不同类型的非正式群体。针对不妨碍组织目标的群体比如友谊型群体，可以将其纳入到正式管理中来，以提高员工的情感承诺，增强组织支持感；针对可能妨碍组织目标的群体比如说利益型群体，首先要制定相应的制度，防止其对组织利益的侵害；其次要对非正式群体加以疏导利用，使其行为符合组织规范。同时管理者要团结并发挥非正式群体领袖的作用，引导非正式群体目标与正式群体目标相一致；针对个别不利于组织目标的群体如破坏型群体，在说服引导无效后应采取措施予以拆散。

码 7-4

管理者应该追求的正式群体与非正式群体相结合的最完美境界是：正式群体处于主导地位，使群体成员一致地朝向组织目标；非正式群体起到支持作用，维系组织的凝聚力和团队合作。这其中非正式群体的力量也应该是强有力的，能够起到支持性作用，但又要避免成为控制和支配的力量。

第二节　群体的发展过程

世间万物都有其发展规律，群体也不例外。了解群体的发展过程对于有效管理群体行为是大有裨益的。自 20 世纪 40 年代末以来，出现了不少有关群体发展方面的理论研究。本节主要介绍群体发展的五阶段模型和间断—平衡模型。

一、群体发展的五阶段模型

群体发展的五阶段模型（five-stage group-development model）表明群体的发展过程遵循着五个明显的阶段：形成阶段、震荡阶段、规范阶段、执行阶段和解体阶段，如图 7-1 所示。

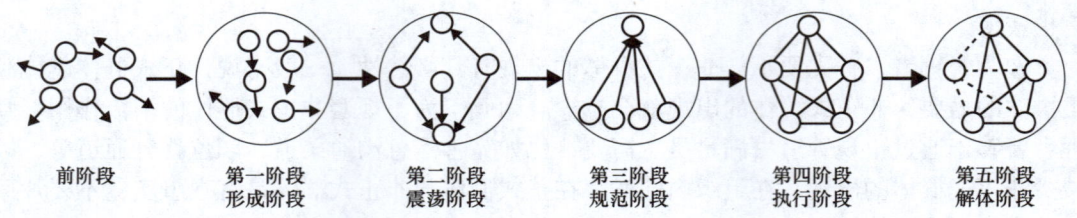

图 7-1　群体发展的五阶段模型

第一阶段：形成阶段（forming stage）。该阶段的特点是群体的目的、领导和结构都存在较大的不确定性，成员通常是"摸着石头过河"，以确定群体能够接受哪些行为，不能够接受哪些行为。例如，刚刚入住某个宿舍，或者团队刚组建，大家开始相互认识、逐渐熟悉，没有共同认可和约定的行为方式；领导只是被任命而已，威信还没有真正确立；大家的行为基本保持克制，相互试探了解彼此能够接受的底线。当成员开始把自己看作群体内的一员时，该阶段就结束了。

第二阶段：震荡阶段（storming stage），这一阶段的突出特征是内部冲突激烈。群体成员接受了群体的存在，个体的行为方式和观点的差异性充分表现出来，但是对于群体施加给个体的约束仍然加以抵制，而且，在群体领导权这个问题上也存在冲突。这一阶段结束时，群体内部就出现了比较明朗的领导层级，并在群体发展方向上达成了共识。

第三阶段：规范阶段（norming stage），此阶段群体成员之间才真正发展形成亲密关系，同时展现出较强的凝聚力，有强烈的群体认同感。当群体结构稳定下来并且对于什么是正确的行为达成共识时，就开始进入下一阶段。

第四阶段：执行阶段（performing stage），该阶段群体结构充分发挥作用，群体中每个人对自己承担的角色有清晰的认识，其他成员也会普遍认同，并且清楚了解每位成员的优势和不足，也充分接纳。群体的主要精力已经从相互认识和了解转向处理手中的任务。对于长期存在的群体，群体发展到这个阶段就结束了，对于临时组建的群体，就会进入到下一个阶段。

第五阶段：解体阶段（adjouring stage），该阶段是群体成员准备解散的阶段。高绩效不再是首要任务，注意力放到了群体的收尾工作。该阶段中，群体成员的反应差异很大，有的很乐观，沉浸于群体的成就中；有的则闷闷不乐，惋惜在共同的工作群体中建立起的友谊关系不能像以前一样维持下去。

了解群体发展各个阶段的特点、把握各个阶段工作重心以对群体行为进行有效的管理是十分必要的。现在对群体发展的五阶段模型各阶段特点及工作重心进行总结，见表 7-1。

表 7-1　群体发展的五阶段模型各阶段特点及工作重心

	特点	工作重心
形成阶段	群体缺乏共同的愿景和目标 群体成员之间缺乏了解和沟通，谈话存有戒心，信任水平低 群体领导被视为计划和决策制定者，威信没有建立 群体缺乏共同规范和共同工作所需的正式模式	就群体目标达成初步共识； 了解群体成员，初步建立群体内部成员分工协作规范，建立内部构架，建立初步工作秩序

（续）

	特点	工作重心
震荡阶段	群体在目标、工作模式上产生冲突 沟通增加，但容易出现意见相左 对群体管理者产生挑战，领导者尝试建立威信	更加明确、统一目标 建立工作规范 尊重和吸纳成员意见 加强沟通，调整成员心态 建立基本信任
规范阶段	共同的愿景和目标开始产生 沟通较开放，群体成员敢于面对问题，群体领导者正式建立威信 群体规范建立，群体按照既定的标准、流程工作 成员特殊的智慧、技能和方式为群体成员所认同	进一步强化群体规则 进一步加强沟通，形成信任
执行阶段	沟通相对开放，信任度相对高 确定了共同工作程序、工作模式并能动态调整，群体具有较好的适应性和灵活性，并能持续学习和改进 高度认可每个人的才干、技能和工作风格	提升群体技能，保持群体竞争力 进一步加强群体成员间的信任
解体阶段	高绩效不再是首要任务，主要精力在收尾工作 群体成员的反应差异很大，有人乐观欢喜群体所取得的成就，有人悲观惋惜群体的解散	收尾工作顺利进行

需指出的是，很多试图解释五阶段模型的学者都带有这样的假设——群体在依次进入前四个阶段时，群体工作的有效性是逐渐提高的。虽然这种假设在某种意义上来说可能是成立的，但群体工作的有效性实际要比这复杂得多。在某些条件下，高水平的冲突可能导致较高的群体绩效。所以我们可能会发现这样的情境：处于第二阶段的群体绩效甚至超过了第三、第四阶段的绩效，同时，群体并不总是依次从一个阶段发展到下一个阶段。实际上，几个阶段可能同时进行，比如震荡阶段和执行阶段，有时甚至可能退回到第一阶段。因此，五阶段模型虽然是一个接受度较高的群体发展模型，但即使这个模型最强烈的支持者也不认为所有的群体都会严格按照五阶段发展。

码 7-5

二、间断—平衡模型

有明确截止日期的临时群体并不遵循上面介绍的五阶段模型。研究表明，该类群体拥有自己独特的活动序列：①成员的第一次会议决定了群体的发展方向；②第一阶段的活动依照惯性进行；③第一阶段结束时，群体会发生一次巨大转变，这次转变正好处于群体生命周期的中间阶段；④这次转变会引起群体内的重大变革；⑤转变之后，群体第二阶段的活动又会依惯性进行；⑥群体最后一次会议的特点是，显著加快活动速度。我们称该模型为间断—平衡模型（punctuated-equilibrium model），如图 7-2 所示。

在第一个阶段中，群体首先界定任务、确定目标，并且这些在第一个阶段中不易发生改变。即使有成员提出新的想法，大多也不会付诸行动。因此这个阶段群体的运行是处于一个平衡的阶段。

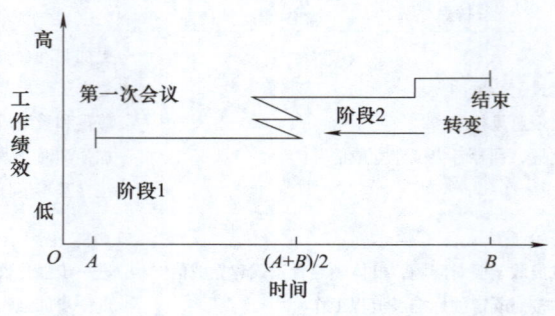

图 7-2　间断—平衡模型

当群体发展到它生命周期的中间阶段时，群体成员会感受到时间压力和完成任务目标的紧迫，认识到必须迅速采取行动，对原有运行方式做出某些改变。于是群体就会放弃旧的思维方式，采纳新的意见，进入更高效的第二阶段。此后，群体运行进入新的平衡阶段。第二个阶段发展到最后，以冲刺速度迅速完成任务而宣告结束。

研究者发现，无论是生命周期很短（如只存在几个小时的群体），还是生命周期较长的群体，其发展的过程都会遵循这样的规律。我们不妨想象一下，当自己在一个项目小组中时，如果完成项目的时间限制是 5 周，那么在前面两周会比较平静地度过，到了中间阶段，群体会采取积极的变革行动，后面的阶段表现出更好的绩效水平，而最后一次项目会议则往往会比其他几次会议时间更长，很多问题都得到了最后的解决。

三、群体发展途径

群体发展的过程是群体目标不断明确、不断被认同的过程，是群体成员之间的信任和了解不断加强的过程，是群体角色定位不断清晰和明确的过程，也是群体规范和秩序不断加强的过程，还是领导威信不断形成的过程。作为管理者和群体成员应该清楚各个发展阶段的特点，并共同努力克服潜在的影响群体发展的障碍，一般可以从以下四个方面来促进群体发展，如图 7-3 所示。

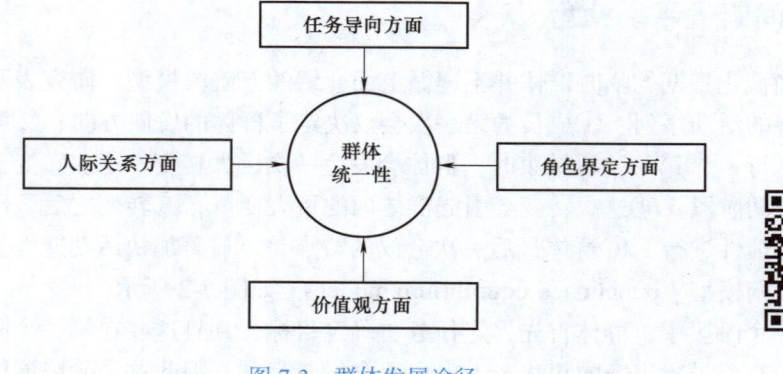

图 7-3　群体发展途径

码 7-6

1）任务导向方面：明确群体的任务以及每个群体成员能够对任务的完成所做的贡献。

2）人际关系方面：群体成员之间能够互相理解，就会有效地共同工作。该途径强调公开、坦诚地讨论群体内部关系与冲突，以形成相互信赖、融洽的气氛，有效地开展群体工作。

3）角色界定方面：群体建设强调把角色界定作为主要任务，使每个成员都清楚地理解自己在群体中的位置、责任和角色，以及不同的群体成员所分担的责任。

4）价值观方面：群体要形成明确的价值观，并得到全体成员的共同承认，群体建设的核心是成员间就其应用于工作中的共同价值观和原则达成一致，以使群体成员认同群体目标。

第三节　群体属性

群体通过遵循一定的设置、规范和模式引导群体成员进行人际互动和合作。群体属性对其所辖成员的行为具有塑造功能，会影响群体行为的方式和绩效。换言之，群体属性对群体成员的行为和群体绩效都具有预测作用。下面介绍一下群体比较重要的几个属性：角色、规范、地位和凝聚力。

一、角色

威廉·莎士比亚（William Shakespeare）说："世界是个大舞台，所有的男人和女人不过都是舞台上的演员。"在此引用这个比喻非常恰当，群体中所有成员都是演员，都扮演着属于自己的角色。

角色（role）是指个人或人们在群体及社会中由于占据一定的位置而必须从事的行为或显示的态度的总和。

如果我们每个人选择一个角色后，经常扮演它，那么我们对于角色行为的理解就会比较容易，但遗憾的是我们在工作和生活中往往扮演着多种角色。例如一位男士在企业里扮演的是技术部门主管的角色，在家庭中扮演的是丈夫和父亲的角色，在一个业余的登山协会中扮演的是会长的角色。因此我们要理解个体在群体中的行为，非常关键的一点就是要理解他在群体中扮演什么样的角色，然后再思考他的所作所为是否符合他所扮演的角色，他的角色行会为会对群体产生什么样的影响。

码 7-7

（一）角色认知

有这样一个管理小故事：一个小和尚担任撞钟一职，半年下来，觉得无聊之极，"做一天和尚撞一天钟"而已。有一天，主持宣布调他到后院劈柴挑水，原因是他不能胜任撞钟一职。小和尚很不服气地问："我撞的钟难道不准时、不响吗？"老主持耐心地告诉他："你撞的钟虽然很准时、也很响亮，但钟声空泛、疲软、没有感召力。钟声是要唤醒沉迷的众生，因此，撞出的钟声不仅要洪亮，而且要圆润、浑厚、深沉、悠远。"

为什么故事中的小和尚没有能很好地扮演好撞钟这个岗位的角色呢？很重要的原因是他不清楚他应该怎么做，做到什么程度，也就是对自己的角色认知不够清晰。那么，什么是角色认知呢？

角色认知（role cognition）是指个体对于自己在特定情境中应该如何表现的认识和了解。

在特定情境中，我们会根据自己的认知以自己所认为恰当的方式来表现出特定的行为。我们身边的情景因素如亲友、书籍、电影、电视剧等会影响我们的认知。大多岗位都有实习生计划，其中最主要的原因就是让实习生通过观察了解真实的行为并进行学习，明晰对角色的认知，知道自己在特定情境中应该表现出什么样的行为。

（二）角色期望

码 7-8

角色期望（role expectation）是指群体或他人对个体所扮演角色的行为模式的期望。

角色期望有时是员工实现角色的有效手段，领导者对下属的角色期望越强烈，其下属达到要求的可能也就越大。为了使个体实现某种社会角色，必须让其知道社会、组织和他人对其所承担的角色所寄予的期待，也就是在一定的情境中该角色应该表现出什么样的行为。这种角色期待有些是明文规定的，有些则是约定俗成的。

在工作场所中，心理契约这一概念有助于我们更好地理解角色期望。在管理层和员工之间存在着一种不成文的心理协定，这种协定以双方的相互期待为出发点，也就是管理层对员工的期待以及员工对管理层的期待。实际上，正是这种协定也就是心理契约界定了每个角色的行为期待。一般来说，员工期待能够得到管理层的公平对待，给他们提供可接受的工作条件，向他们清晰地传达每天的工作任务以及对他们的工作给予及时反馈，管理层则期待员工可以认真听从指挥、表现出好的绩效以及忠于组织。

如果心理契约中蕴含的角色期待没有得到满足，就会产生心理契约违背。如果管理层没有满足员工的角色期待，我们可以预计这会对员工的工作满意度产生消极的影响，而如果员工没有满足管理层的角色期待，结果可能是受到某种形式的处分甚至是被解雇，因此，要重视心理契约在组织中的应用。

（三）角色认同

员工了解了岗位职责、绩效标准、操作流程等就一定能够把岗位角色扮演好吗？答案是不一定。明知道角色要求却不一定遵照执行，一个很重要的原因是他们对相关规定不以为然，并不是真正认同，所以员工对角色要求或被赋予的角色期望是否真正认同是非常重要的。

角色认同（role identity）是指个体认同所需要扮演角色的行为要求。

我们经常看到，工作上出现问题，很多时候是员工自己内心不认同某种要求而影响了工作态度和行为所导致的。那么作为管理者，如何让员工认同任务要求、绩效标准及相关的制度规范就是一个需要解决的问题。比如在制定相关要求时，员工如果能够一起参与制度制定，他们对相关规定的认同度会更高，执行时主动遵守的可能性也就更高。

码 7-9

（四）角色冲突

角色冲突（role conflict）是指当一个人扮演一个角色或同时扮演几个不同的角色时发生的矛盾和冲突。

角色冲突主要表现为以下两种情形。

1）空间时间上的冲突。比如一位女职员，作为员工，她肩负着工作任务；作为父母的女儿，她承担着孝敬父母的义务；作为母亲，她承担着照看孩子的义务；作为妻子，她承担着打理家庭事务的任务。这样同时扮演多个角色，不可避免地会在时间和空间上产生冲突矛盾。

2）角色内容上的冲突。比如当一个人担任的新角色与以往角色有不同性质和要求时，就会让个体因角色内容的变化而产生冲突。这属于角色间冲突，角色间冲突是指个体同时承担多个不同角色所导致的冲突。上述案例提到的女性角色因为同时承担员工、母亲、妻子等多个角色而导致时间上的冲突就属于角色间冲突。

角色内冲突是发生在角色扮演者所扮演的同一个角色内部的矛盾。通常是源于不同类型的角色互动对象对同一个角色具有不一致的期望和要求。例如，有的学生希望老师能够因材施教，有的学生希望老师能够一视同仁，作为教师可能就会感受到角色内冲突。即使同一个互动对象也可能会提出自相矛盾的要求而导致角色内冲突，比如上级要求下属能够如实汇报，同时又喜欢比较积极的信息。

角色冲突会带来许多消极影响，令成员产生挫败感、紧张感。因而了解组织内不同的角色期待如何影响组织行为，如何积极、创造性地解决冲突，往往有利于提升群体成员的效率，促进个体和组织的成长与发展。

（五）角色承担管理

如何让员工更好地承担起自身角色呢？

首先，组织或管理者要制定清晰的岗位职责、任务标准、工作流程、操作方法等，并且要通过培训或沟通的方式，确保他们真正理解、明确自己的岗位角色要求，只有这样才有可能承担好自身角色。

其次，作为下属，准确了解上级的期望是非常重要的；而作为上司，让下属了解自己的期望是必需的。组织或管理者对下属的期望有些是明文规定的，比如岗位职责、绩效标准，有些则是隐形的，比如管理者是希望下属主动些还是多请示，是多关注细节还是多关注整体等。在管理中沟通之所以很重要，是因为只有通过沟通才能让双方的理解达到一致。

最后，作为管理者，在保证员工在了解并且认同相关规定的情况下，还要使他们能够长期较好地承担起自身角色，而这还需要外力的约束——制度与文化：一是设立相应的奖惩制度，做得好给予奖励，做不好给予处罚；二是有效运用群体行为规范的约束力。

角色期望、角色认知、角色认同、制度与文化和角色承担这五个要素的关系如图 7-4 所示，处理好它们之间的关系才能更好地让员工承担起自身的角色。

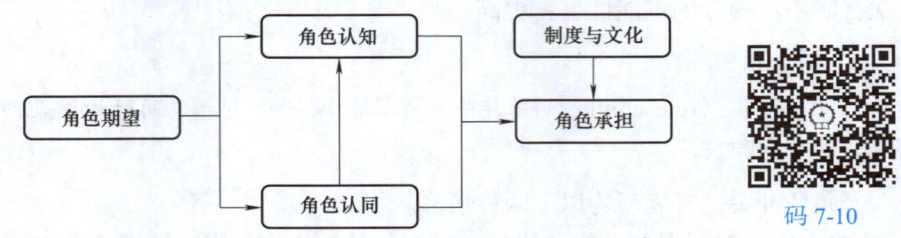

图 7-4　角色承担管理中五个要素的关系

二、群体规范

你是否注意过这种现象？在高尔夫球场上，当有伙伴上场击球时，人们一般不会相互交谈；在公共场所，员工往往不会和自己的老板争论。原因何在呢，答案是规范。所有的群体都有自己的规范。

群体规范（group norms）是指群体成员共同接受并遵守的行为标准。

群体规范让成员知道自己在特定情境下，应该做什么，不应该做什么。从个体角度看，群体规范意味着，在某种情境下群体对个体行为方式的期望，所有的群体都会建立自己的群体规范。一旦群体规范被群体成员认可并接受，它们就成为影响群体成员行为的手段，而且只需要最低限度的外部控制。

（一）群体规范的主要类型

正如世上没有两片完全相同的树叶，每个群体的群体规范也各不相同。但对于大多数工作群体而言，还是可以根据其共同点划分出四种主要的规范类型。

1）绩效规范。这类规范会约束员工应该怎样完成这个工作任务以及要达到的产出水平，应当如何与别人沟通等。绩效规范对员工的绩效影响很大，在很大程度上影响到员工的工作行为表现及绩效结果。

2）形象规范。这类规范包括恰当的着装、得体的举止等。有些组织制定了正规的着装制度，有些则是有着心照不宣的标准。

3）社交约定规范。这类规范主要用于规定群体中成员的社交行为规范，比如全体成员应该与谁共进午餐、工作内外的交友情况、社交活动等。

4）资源分配规范。这类规范来自组织或群体内部，主要涉及资源如何分配的问题，例如，工具和设备的分发等。

（二）群体规范的功能

一般来说，群体规范具有以下四方面的功能：

1）群体支柱的功能。群体规范是一切社会群体得以维持、巩固和发展的支柱，群体规范越能被群体成员一致接受，成员之间的关系也就越密切，群体凝聚力也就越高。

2）评价准则的功能。群体规范是全体成员的行动准则，因此群里成员会以群体规范来评价自己和其他成员的行为。群体规范就像一把尺子，摆在每个成员的面前，使他们的认知、评价有一个统一的标准，从而形成一致的看法和意见。

3）对群体成员的约束功能。当某些成员的行为举止与群体规范相矛盾时，群体成员会根据群体规范对这种行为做出一致的判断，这种带有情绪色彩的共同意见对个人行为起到约束作用，使其不至于违反群体规范。

4）行为矫正功能。群体成员如果违反了规范，就会受到群体舆论的压力，迫使它改变行为与群体成员保持一致。

经典发现：梅奥的霍桑实验与群体规范

20世纪30年代，梅奥等人在霍桑工厂进行了一系列著名的实验，其中有一个"电线安装工作组"的实验，该实验发现工作条件的改变对工作效率的提高没有起到任何作用。

经过调查发现，这14人组成的工作组已经形成了一个紧密的非正式群体，他们建立起了一套大家共同遵守的群体规范。这就是：

1）群体成员不应该完成太多的工作。
2）群体成员也不应该完成太少的工作。
3）群体成员不应向任何主管汇报任何可能使自己同事陷入麻烦的事情。
4）群体成员不应保持社会距离，或者试图在行动上对其他成员发号施令。

这四项群体规范使群体保持在一个稳定的生产水平。

（三）群体规范的诱导与控制

群体规范可能来自于明文规定的规章制度，也可能没有明文规定，而是大家共同默认、约定俗成的。群体效率的高低，很重要的一方面取决于管理者能否建立一个大家都愿意遵守的积极的行为规范。

作为管理者应强化符合组织目标的群体规范，削弱不符合组织目标的规范，阿尔文·赛（Alvin Zander）提出了一套可以达到这两个目的的指导原则。

如果要强化群体的规范，可以遵循如下原则：一是向群体成员解释群体规范和他们的愿望基本一致，不需要牺牲多少个人利益；二是奖励那些遵循群体规范的成员；三是帮助成员了解他们怎样为完成群体目标做出贡献；四是建立规范时尽量给所有成员发言的机会，因为自己建立的规范自己才更愿意遵守；五是让成员知道不遵守群体规范将会受到哪些惩罚。

如果要削弱群体的规范，可以采用如下手段：一是找出志同道合的成员，与他们讨论你的观点和计划，与他们建立联合战线；二是防止内部分歧；三是坦言你的所作所为，不怕压力；四是宣传与你合作的好处与报偿。

大多数群体规范可以通过四种方式建立起来：主管或者同事的明确声明、群体历史上的特殊事件、最初的做法、以前延续下来的行为。

1. 主管或者同事的明确声明

有利于群体生存和提高生产率的规范经常是由群体的领袖或者有权势的成员建立的。比如一个群体的领袖可能明确提出午饭时不能饮酒的规范，因为喝过酒的成员在与客户或者上层管理者沟通时更容易出问题，或者更容易在工作中发生事故。

上级管理者或者重要的群体成员可以影响新加入群体成员的角色期望，比如上级管理者或者某个成员可能在一次会议之后，走近一位新成员向他提供一个格言式的建议：新成员应该多做少说。资历较深的员工可能想帮助这位新成员使他不至于显得冒失或者缺乏能力或者做出不得体的事，令其他成员感到尴尬。这种干预行为为新成员界定了角色期望。

群体中往往也会建立迎合上级管理者喜好的规范，尽管客观上看，这些规范在工作中是不必要的。比如有些管理者喜欢被称为某某先生、夫人或者女士，就可能形成相应的称呼规范。

2. 群体历史上的特殊事件

有时候，群体历史上的特殊事件会成为重要的先例。比如两个同属一个群体的成员的离婚会在群体中激起很多的怨愤和隔阂，不仅丈夫和妻子，群体中其他人也可能被卷入这一婚姻问题中。这一事件之后，该群体可能制定一个关于不雇佣配偶或者不允许办公室恋情的规范，以避免将来处理这种尴尬的人际关系问题。

3. 最初的做法

群体中首次出现的行为方式往往会决定群体以后的期望。如果在第一次会议上，管理者和下属都按时到会并准时开始，群体通常会希望以后的会议以同样的方式进行。人们一般会继续坐在第一次会议时所坐的位置，尽管这些并没有人来分配指派。

以最初的做法建立规范是因为这样可以使事情简单化，成为约定俗成的习惯，使得群体成员明确应该怎么做。对这些行为进行规范可以使行为更有规律，更容易预测。

4. 以前延续下来的行为

群体成员会把其他以前群体既定的角色期望带到新的群体中，组织中的许多群体规范是通过这种方式建立起来的。过去个人行为的延续可以增加新情况下群体其他成员行为的可预测性，有助于完成工作任务。比如学生和老师在不同的课堂有着比较稳定的角色期望。因此，即使是上不同的课他们也知道迟到时应赶快主动在教室后面的位置坐下来。老师不论讲授哪门课程都应该做到说话不能含糊，板书不能过于潦草，作业要布置清楚。

大多数有利于完成工作任务的规范都是从一个组织延续到另外一个组织的。这种延续的规范还有助于避免尴尬的人际关系问题，比如人们会更可能了解哪些谈话和行为可能会使同事感到恼火、愤怒或尴尬。

三、地位

管理学大师切斯特·巴纳德（Chester I. Barnard）曾说过：改善地位的愿望，尤其是保护地位的愿望似乎是一般责任感的基础。地位对人们的行为和心理的影响都很大，尤其是在我国这个由地位和等级秩序构成的社会中，上至国家行政体系，下至班级群体，无处不充斥着等级秩序的观念。人们都希望在群体中有自己的一席之地，以有别于其他人。在理解群体行为时，地位（status）是一个很重要的因素。个体为了使自己在群体中具有较高的地位，会增加工作投入。因此，地位也被视为一种激励因素，能够激发在组织中寻求发展的员工。

地位（status）是指他人对群体或群体成员的位置或层次的一种社会性的界定，即在他人心目中个体的重要程度。

根据地位特征理论（status characteristics theory），地位有三种来源：一是个体驾驭他人的权力，因为这些人能控制组织资源，往往被视为拥有较高的地位；二是个体对群体目标做贡献的能力，对组织成功做出重要贡献的成员往往具有较高的地位，比如在运动队中具有出色成绩的人，在队中的地位通常会高于普通队员；三是个体特征，群体成员可能因相貌、智力或性格等而比其他人拥有更高的地位。

一般而言，地位有正式和非正式之分，正式地位是群体正式给予的，即组织通过提供诸如称号、头衔、资格等使个体获得他人的认可。例如，世界杯冠军、年度最佳十大杰出青年等诸如此类的头衔。非正式地位就是通过非官方的渠道或者凭借自身素质或魅力获得的认可。例如，可以通过教育、年龄、性别、技能、经验等特征获得的认可。任何只要被其他群体成员看作是与地位相关的，它就具有地位价值。需要注意的是非正式地位不一定亚于正式地位。

群体中成员的地位不同，对群体内一些行为方式的态度也不一样。

首先，地位会影响个体对待群体规范的方式，表现为地位高的个体拥有更多的自由去从事背离规范的行为。研究发现，在群体中地位高的人与其他成员相比，可能会更大限度地偏离群体规范的束缚，他们能更好地抵制群体规范给他们带来的从众压力。如果群体中某个成员为大家所看重，而他又不在乎群体能给他带来的回报，那么在一定程度上他可能会超越群体规范的界限，漠视群体的从众规范，这就能解释为什么许多明星运动员、著名演员、一流的推销员、杰出的学者对束缚着他们的一些社会规范不屑一顾。一般而言，地位越高的人，他们的自主范围越大，前提是高地位人的行为不会严重妨碍群体目标的实现。另外，人们对于群体地位高的成员可能会附加一些群体规范之外的期待，他们作为标杆人物，人们希望他们的行为能给群体中其他成员带来影响。

其次，地位会影响群体互动。地位高的成员往往敢于表达自己的意见，甚至会批评、指挥别人，也经常打断别人说话，而地位低的成员在群体讨论中可能并不会积极参与。因此，地位差别的存在有可能会阻碍群体丰富观点的形成和创造力的发挥。另一方面，地位低的成员可能拥有一些对群体有帮助的专业技能和知识，但很可能由于无法发挥他们的才能而导致群体绩效的降低。

四、群体凝聚力

管理者都希望自己所管理的群体是一个凝聚力高的群体，一般来讲，凝聚力越高的群体，士气越高，群体的绩效水平也越高。那么，首先我们先来了解一下什么是群体凝聚力。

（一）群体凝聚力的概念

群体凝聚力是指群体成员彼此吸引、愿意留在群体内，以及愿意分担群体目标的程度。

群体成员间的这种吸引力既包括群体对成员的吸引程度，又包括群体成员之间的相互吸引程度，表现为成员在群体内参与活动和拒绝离开群体的向心力。

凝聚力强的群体一般都表现出以下特点：成员之间的信息交流畅通频繁、气氛民主、关系和谐；成员有较强的归属感，成员参加群体活动时出席率较高；成员愿意更多地承担推动群体发展的责任和义务，关心、维护群体的利益等。

群体凝聚力与日常所说的群体团结性有类似之处，但也有区别。群体凝聚力主要是指群体内部的团结，而且可能会出现排斥其他群体、与其他群体不团结的倾向，即过度分界（over bounding），倾向于在群体间树立一道围墙或分割线分割彼此，可能会将有利于提高群体效率的资源拒之墙外。而我们所提倡的团结往往既包括群体内部的团结，也包括与其他群体的团结和相互支持。另外，高凝聚力群体还容易产生群体思维（groupthink），这部分内容我们稍后在第五节会具体阐述。

（二）群体凝聚力对绩效的影响

通常情况下，人们认为高效的工作群体凝聚力高，那么群体凝聚力高会有助于提高群体绩效吗？研究表明，一般情况下，高凝聚力的群体确实比低凝聚力的群体更加高效。但群体凝聚力与群体效率的关系比较复杂，还有其他多种因素在起作用。

一方面群体凝聚力与群体绩效是相互影响的。群体成员之间的友好关系确实有助于降低个体的紧张情绪，提供一个顺利实现群体目标的良好环境。而群体目标的顺利实现反过来又会强化成员之间的友好关系，提高群体凝聚力，也就是说高绩效会导致成员间吸引力的提高。

此外，凝聚力与群体生产率的关系取决于群体目标与组织目标的一致性。群体凝聚力越强，全体成员就越容易追随其目标，如果群体目标与组织目标高度一致，那么凝聚力高的群体就比凝聚力低的群体生产率高；如果一个群体的凝聚力很高，但是目标一致性却比较低，群体生产率通常比较低；如果凝聚力和目标一致性都比较低，则群体生产率肯定低于一般水平。上述结论如图 7-5 所示。

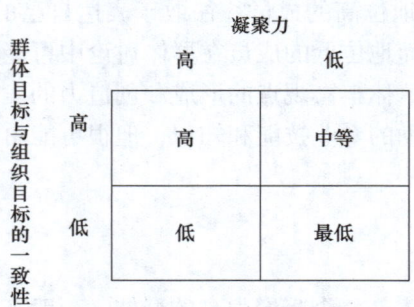

码 7-12

图 7-5　群体凝聚力与生产率的关系

（三）如何增强群体凝聚力

有些影响因素在群体形成、凝聚力增加的过程中会起到重要作用。例如，群体成员在一起的时间、加入群体的难度、群体的规模、外部威胁、群体的成功经验以及群体的领导方式等。下面我们将分析一下如何增强群体凝聚力。

1）开展活动：共同活动可以增进群体成员之间的相互认识和了解。一个班级或者单位经常选择一起出去聚餐、旅行或者开展其他的互动活动，因为这可以很好地加深彼此之间的了解，增进彼此之间的感情。

2）共同认同的目标：仅仅只是共同活动本身并不一定能够保证凝聚力的提升，这个活动的目标必须是大家共同认可的，也就是大家要有一致认同的目标。有共同的目标之后，个体之间的关系变得和谐，凝聚力得到增强。

3）适当的外部竞争：群体凝聚力在成员一致对外的时候最强，就像一个国家有外敌入侵的时候往往最团结，所以适当开展群体与其他群体的竞争会增强群体的凝聚力，而群体内部的竞争则可能会削弱群体的凝聚力。

4）针对群体进行绩效考核与奖励：组织不仅要考核、奖励个体绩效，也要考核、奖励团队绩效。在进行绩效考核和相应奖励的时候，要优先考虑组织、部门目标的实现，这些大目标的实现是个人利益分配的先决条件。组织需要将组织利益、部门利益和员工个体利益进行较好的关联。适当奖励整体，能够增加群体凝聚力，过于强调奖励个人可能会加强内部竞争，降低群体内部的凝聚力。

5）增加群体效能感：群体效能感是指群体成员对群体能力有信心，相信群体能够成功。作为管理者要想办法唤起群体成员的效能感，自豪感。群体成功会增加群体成员对自己所属群体的效能感，觉得自己的群体很优秀，产生自豪感，从而增加群体凝聚力。

6）群体资格的严格限制：如果群体成员觉得能够加入所在群体是非常不容易的事情，他会更加珍惜群体成员身份，更有自豪感，群体对他们更有吸引力，凝聚力也更容易形成。

7）控制群体规模：一般而言，群体规模越大，凝聚力可能越难提升。

8）民主型的群体领导方式：研究发现，群体士气的70%取决于领导风格。一般来说民主型的领导风格有利于增强群体的凝聚力。也就是说领导者既不专制，也不放任不管，而是用民主的方式来进行管理，更有利于群体凝聚力的提升。

码7-13

第四节　群体对个体行为的影响

在群体中，群体成员间相互作用、相互影响，从而使得个体在群体中有时会表现出与独自一人时不一样的行为，管理者对于群体的管理也会区别于对个体的管理，因此我们需要了解群体中人与人之间可能会产生的相互影响，从而更好地预测和管理员工的行为。

一、社会助长和社会抑制

个体在群体中完成任务时，可能会出现社会助长（social facilitation）和社会抑制两种截然相反的现象。社会助长作用源于一个多世纪前心理学家特里普利特（M. Triplett）对自行车比赛现象的观察。他发现自行车选手在一起比赛时要比他们单独比赛时的成绩要好。后来，特里普利特在实验中验证了这一发现。他让儿童在卷线轴上绕线，发现孩子们一起做这件事情的速度比单独做要快。随后的许多实验证实了他人在场能够提高人们做简单任务的速度。由此，心理学家提出了社会助长作用。

社会助长是指在一些场合完成某些任务时，有他人在场观察或与他人一起完成任务，个体会表现出比单独完成任务更高的工作效率。

个体希望得到他人的称赞、表扬，对于运动员来说，周围的积极氛围可能会导致运动员的超水平发挥；员工有可能受到同事积极支持和鼓舞而表现出比之前更好的绩效。但是，在存在社会助长效应的同时，人们也发现在完成一些任务时，他人在场反而会妨碍个体的行为表现。比如有他人在场让不熟悉某钢琴曲子的演奏者更难流畅演奏，这种现象被称为社会抑制。

社会抑制是指在完成某项任务时，有他人在场观察或与他人一起完成时，个体的工作效率要比单独完成这些任务时的工作效率低。

社会心理学家罗伯特·扎伊翁茨（Robert Zajonc）深入研究了这些看似矛盾的现象，发现它们都是由唤起（arousal）引发的。高度的唤起是与警觉和快速反应联系在一起的，它使感觉器官对刺激更加敏感、提高大脑对信息的处理能力、使肌肉为行动做好准备，会缩短反应时间，让个体感觉兴奋、感情充沛、焦虑和紧张。

他人在场使个体唤起增强的主要原因包括评价焦虑、分心和纯粹在场等，这种生理唤起具有能够增强优势反应的倾向，而优势反应是一种熟练程度极高、遇到某种刺激不加思考就做出的习惯性动作，包括正确反应和错误反应。对于简单任务，优势反应往往是正确的，而在复杂任务中，优势反应往往是错误的。当他人在场时，个体处于唤起状态，执行简单任务会提高工作效率，而执行复杂任务会降低工作效率。因此，如果是已经掌握了的熟悉动作，那么他人在场会提高工作效率，反之，他人在场虽然可能会增强个体的工作动机，但是有碍于思考性工作的有效完成和新技术的学习。

二、从众效应

作为群体的一个成员，我们渴望被群体接受，倾向于按照群体的规范做事。事实表明，群体规范，尤其是非正式群体规范，会比较强烈地受到模仿、暗示、顺从等心理因素的制约。研究显示，群体能够给予其成员巨大压力，使他们改变自己的态度和行为，与群体规范保持一致。

（一）什么是从众效应

从众效应是指当个体受到群体的影响（引导或施加的压力），会怀疑并改变自己的观点，朝着与群体大多数人一致的方向变化，以和他人保持一致的现象。

在社会生活中，我们经常会遇到一些从众（conformity）的现象，例如，买东西的时候选择销量较高的品牌，在一个已经扔了很多垃圾的风景区继续扔更多的垃圾等。在组织中也有一些典型的从众行为，例如，开会举手表决时，跟随多数人一起举手；在一个办公室里有很多人在聊天时，原本埋头工作的人也加入到聊天者的行列等。

研究从众效应的一个经典实验是美国心理学家所罗门·阿希（S. Asch）所做的线段实验。他将七个被试编成一组，这里只有一个真正不知情的被试，其他人都是虚假被试（俗称"托"），虚假被试会按照主试事先的安排做出行为表现。被试的任务是判断一张卡片上的一条线段与另一张卡片上三条线段中的哪一条一样长。在正常情况下，人们都很容易判断出来，如图7-6所示，左图中的线段与右图中的C一样长。实验中，阿希事先做了布置，要求前六名虚假被试做出一致的错误判断（比如A），然后让真被试做判断。结果发现，大约1/4到1/3的被试保持了独立性，没有发生过从众行为；所有被试平均从众行为百分比为35%；大约有15%的被试，从众行为的次数占实验判断次数的75%。

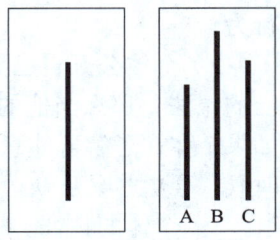

图7-6　阿希实验卡片

阿希实验的结果表明，人的行为并不仅仅受个体特征的影响，还会受到个体所在群体的影响。比如群体规范能够给群体成员形成压力，迫使他们的行为趋向一致，人们都渴望成为被接纳群体的一员，而不愿与众不同，从而表现出从众行为。

码7-14

（二）从众效应产生的原因

对从众效应产生的原因进行探究，我们发现主要有以下两个方面：

一是行为参照。根据社会比较理论，在情景不确定的情况下，他人的行为最具有参照价值。多数人一致的行为往往构成了一个最可靠的参照系，人们根据这个参照系统做出自己的行为表现，这就是从众。许多商贩雇佣"托儿"进行促销就是利用了从众效应。

二是对偏离的恐惧。个体偏离群体、标新立异的行为往往会受到群体的压力甚至遭受惩罚。古人云：木秀于林，风必摧之；堆出于岸，流必湍之；行高于人，众必非之。当一个人的行为偏离群体，常常使他感到孤立不安和恐惧，这就是偏离焦虑。研究表明，群体总是喜欢和接受与群体一致的成员，厌恶、拒绝甚至制裁偏离群体的成员。中国文化与西方文化相比，对偏离大众的行为可能会产生更大的压力，因为我们的文化更加崇尚集体主义而不是个人主义，中国文化下，从众的压力会更大。

码7-15

（三）从众效应的影响因素

在群体中，很多时候我们为了让自己能被群体接纳，自然地就会采取跟大家一致的行为。但这种从众行为对组织来说未必都是好的，尽管这种现象在组织管理中是非常普遍的：比如在一家公司，如果大家都着正装上班，即使公司没有相应规定，你也会尽量选择正装；如果大家上班普遍迟到，即使一个纪律性很强的个体，迟到的概率也会渐渐增加。那么，我们应该采取怎样的措施来尽量避免从众效应给组织带来不利的影响呢？可以从以下四个方面考虑：

1）情景的确定性程度。当情景越明朗的时候，个体越不容易从众。当个体对标准答案越肯定时越倾向于坚持自己的意见，不服从集体的错误结论。反之，如果问题情景比较模糊，没有明确的判断标准，个体对群体的依赖程度就会加强，会更容易表现出从众行为。

2）个体公开自己意见的程度。如果一个人在了解群体意见之前就已经公开表达了自己的想法，那么当他的意见与群体意见不一致的时候，服从集体意见的可能性就会降低。如果个体在了解群体意见之前没有公开表达自己的意见，那么当他与群体的意见不一致的时候，会更容易从众。

3）个体的特征。一般而言，强依存性的个体比强独立性的个体更容易从众，自我看法不客观、自信心低的个体容易从众，能力低的个体容易从众，对人际关系敏感的个体更容易从众等。

4）群体的特征。群体的某些特征也会影响从众。例如，群体凝聚力高、群体意见一致性程度高时，容易产生从众。此外，当群体中地位、能力、经验高的个体产生一致意见时，地位、能力、经验较低的个体容易从众。

三、社会惰化

（一）什么是社会惰化

一个和尚挑水吃，两个和尚抬水吃，三个和尚没水吃。这个故事我们再熟悉不过了，故事中隐含了群体中一种较为普遍存在的倾向——人们在群体中工作时不如单独工作时努力，而且随着群体规模的增大，个人的努力程度会降低。这种现象在组织行为学中被称为社会惰化，也有人翻译为社会逍遥。

社会惰化（social loafing）是指个体在群体中工作不如单独一个人工作时努力的倾向。

研究者们早已注意到了社会惰化现象，早在100多年前，瑞琼曼（Maximilien Ringelman）用拔河比赛的实验方法研究发现，随着共同完成一件事情的人数的增加，每个人所做的努力程度会逐步下降。实验发现，如果一个人独自参加实验，平均拉力可达63kg；如果群体一起参加，则参加的人数越多，每个人贡献的拉力就越小。例如，两个人参加时，平均拉力下降至59kg；八个人参加时，平均拉力下降至31kg。

这些现象不仅在实验室里可以看到，在日常生活中也很普遍。根据有关研究结果，在苏联，私有土地占总农用地的1%，但产量却是农业总产量的27%；在匈牙利，农民则曾在 13% 的自有耕地上生产出了全国 1/3 的农产品；在中国，自 1978 年土地承包责任制实施以来，农作物的总产量每年递增 8%，这一速度是过去 26 年里平均增幅的 2.5 倍。这些现象都是社会惰化效应的具体化。

（二）社会惰化的产生原因

码 7-16

之所以会产生社会惰化，主要源于以下两方面的原因：

1）无法评定个人绩效，导致个人努力与所得到的报酬之间的关联减弱。按照前面章节已经提到过的激励理论中期望理论的观点，当一个人所付出的努力不能与自己所获得的报酬或奖励相关联的时候，个体的工作动机就会下降。在群体工作任务中，是以群体整体的工作绩效作为评价标准的，个体的努力和群体绩效之间的关系不衡量，就没有办法去评定个体绩效，也就没有办法在个体的工作态度与报酬之间建立联系，必然会导致"出工不出力"的社会惰化现象。

吉诺维斯案件

1964 年，美国纽约，基蒂·吉诺维斯（Kitty Genovese）从她经营的曼哈顿酒吧回家，她的公寓在皇后大街的一个安静的、中产阶层居住区内。当她下车朝公寓方向走去的时候，一个持刀男人向她走来，刺了她很多刀。基蒂大声呼喊救命，一个邻居在窗口大声警告那男人："放开这个女孩！"歹徒正欲逃跑，但他发现没有一个人出来干预，于是又从车里走出来，将基蒂击倒在地，继续刺杀她。这个不幸的女孩继续呼救直到最后有人报了警。警察接到报警后两分钟便赶到了现场，但这时基蒂·吉诺维斯已经死亡，歹徒也不知去向。在调查这一事件时发现，该袭击行为总共持续了 35 分钟，公寓周围共有 38 个人目睹了这一事件，但最终只有一个人报了警。

"吉诺维斯案件"引起了美国社会广泛的关注，这之后，美国社会心理学家拉特纳和达利精心设计了一系列实验，发现面临危机情境，需要出手援助时，现场的人数越多，愿意援助的人数则越少。对其的解释是——责任扩散。当发生了某种紧急事件时，如果有其他人在场，那么在场者所分担的责任就会减小。人数越多，责任扩散的现象越严重。

（资料来源：http://www.gerenjianli.com/mingren/03/l8llkio75mb7311.html，根据吉诺维斯案件介绍整理。）

2）责任扩散，评价焦虑的减少。由于群体的评价标准是群体绩效，当整体绩效不好，不能推脱到个体身上，个体感受到的压力也不是很大，那么个体就容易产生社会惰化。这种情况下，个体可能会试图成为一个"搭便车"者，乘机搭上群体努力的便车而自己不需要花费太大的力气。

码 7-17

在组织情境中，我们总是协同作业，责任扩散在工作和生活情境中是非常普遍的现象。如何避免群体中的社会责任扩散现象，对于管理者来说是一个很重要的挑战，也是影响到团体整体绩效的一个重要因素。

（三）避免社会惰化的策略

如何有效地避免社会惰化呢？人们在以下几种情境下往往较少会出现社会惰化现象：

1）能够明确评定个人在群体中的贡献。按照产生社会惰化的原因，一是个人努力与报酬之间的关系不大，二是责任不明。如果群体当中能够明晰个体的责任，明确评定个人在群体中的贡献，个体在群体工作中的社会惰化现象就会大大降低。

2）以群体整体成功为目标的奖励引导。虽然有时个体的贡献不宜直接区分，但可以把个体利益与整体利益关联起来。当然，这种关联对个体来说，必须是让他觉得有价值的，否则就没有意义。比如绩效排名前三的团队，在下一个年度整体员工的调薪比率平均是15%，而公司的平均调薪比率为8%，这样就会降低甚至避免团队成员的惰化现象。

3）形成鼓励个人投入工作的群体规范。如果群体成员默认的群体规范中，已经形成了一种大家都投入到工作中的群体氛围，可能就会减少社会惰化现象。因为如果个体表现出惰化行为，就会被群体中的其他成员另眼相看，被群体排斥，个体为了被群体接纳，就会与群体成员的行为保持一致。

4）减小群体规模。群体规模即群体人数的多少，群体规模与社会惰化高度相关。群体规模越小，感受到的个体责任压力会越大，社会惰化可能性越低。

5）群体成员之间关系密切。一般来说，群体成员之间关系越密切越不容易出现社会惰化现象。关系密切能够增加彼此的信任。有时候个体不愿意承担责任的原因可能是不信任群体中的其他人，认为他们也不会认真。

6）增加工作的趣味性。有些工作本身可能更容易产生社会惰化，所以管理者需要尽可能地通过工作设计丰富工作内容，让员工觉得工作有意思，从而减少社会惰化。

7）让个体认识到其工作的重要性和价值。通过唤起内部动机减少社会惰化。当没有其他有利的激励或监督时，员工如果感到工作重要程度低，价值低时，更可能会发生社会惰化。

码 7-18

第五节　群体决策

三个臭皮匠，顶个诸葛亮。在管理决策中，越来越多的重大问题正在采用群体决策的方式，个人决策所占的比例正在不断减少。这一方面可能源于信息量的急剧增大，组织所处环境的变动性加剧；另一方面可能源自于现代个体参与意识的增强。

一、群体决策的概念

环境信息、评价标准、个人偏好等是做出决策的关键因素，而这些与个人的经验和对问题的理解有关，特别是复杂的决策问题，不仅涉及多目标、不确定性、动态性，而且个人的能力可能已远远达不到要求。为此需要发挥集体的智慧，由多人参与决策和分析，我们将这些参与决策的人称为决策群体，将决策群体制定决策的过程称为群体决策。在组织中，职工代表大会、股东大会就是群体决策的形式之一。如管理层对投资项目进行表决，营销团队对投放策略的选择，招聘团队对最终录取人员的确定等都是群体决策问题的范例。

群体决策虽然没有固定的过程，但一般要经历以下三个阶段。

1）诊断、明确问题。首先要确认问题的性质和问题产生的原因，然后做出分析判断，并找出解决这些问题的标准，明确决策的目标。

2）寻找可能的解决方案，群体成员应该提供尽可能多的解决方案。

3）通过群体讨论，比较各种方案的利弊，选择最佳方案，做出决策。

在实际决策的过程中，并非完全按照以上步骤进行，决策过程往往会受到许多社会环境因素和心理因素的影响，它与群体成员的价值观、信念、态度、期望以及规范都息息相关。同时，群体决策是一个动态的过程，需要不断平衡各方面的利益，在这过程中可能会出现各种状况，如信息的不全面、成员认知的局限、外部环境的变化等。因此在进行群体决策时应根据具体情况灵活变通，以保证群体决策的正确高效。

二、群体决策与个体决策

在组织中，群体决策的应用范围不断扩大，但这并不表示群体决策一定优于个体决策。在很多情况下，群体决策是无法取代个体决策的。群体决策与个体决策各有其特点和优势，也各有不足，它们在不同的管理情境下发挥着各自不同的作用。

（一）群体决策的优点

群体决策与个体决策各有优势，但不适用于所有情境。与个体决策相比，群体决策主要有以下优点：

1）能够掌握更全面、更完整的信息。每个人能获得的信息往往是有限的，群体将个人有限的信息进行综合，能够丰富所掌握的信息，减少因信息不足导致的决策失误。

2）增加观点的多样性。如果群体成员学历背景、工作背景存在较大差异，则可以从不同视角对问题进行更精准地诊断并提出解决问题的方案和办法，从而可以得出更具创新性、更高质量的决策。

3）提高决策的可接受性。如果那些受到决策影响的个体和将要执行决策的个体能够参与到决策过程中，他们会获得更多的信息和信任，增强对决策的认同感和责任感，也就更愿意接受甚至自觉鼓励他人也接受决策。这样也有利于决策的贯彻执行。

（二）群体决策的缺点

群体决策有自己的优势，可是这些优势是不是只要运用群体决策就自然可以产生呢？比如说，运用群体决策就一定能增加员工的认同？就一定可以提高信息的多面性？得到较高的群体决策质量？答案显然是否定的。因此，管理者要想更好地发挥群体决策的优势，还需要了解在运用群体决策时可能会存在哪些问题。

1）群体决策耗时长，可能会浪费时间。群体成员的意见可能会出现冲突，为了协调这些冲突或为不同意见发生的争执需要耗费大量的时间,在短时间内可能无法得出一致决策。因此,进行群体决策管理者要做好时间管理,刚毅果断,不要犹豫不决。

2) 责任扩散。研究发现,在进行群体决策时,可能会出现冒险转移的现象,大家倾向于接受更具有冒险性的提案,而个体决策可能更为谨慎。这种由于责任扩散导致的冒险转移现象管理者需要了解,并且在群体决策时给予恰当控制。

3) 少数人控制。群体决策的意见可能只是体现了少数人的想法,比如管理者的意见,比较强势个体的意见,比较愿意表达观点的个体的意见等。因为在群体讨论过程中,局面很容易被少数人所控制,他们对最终决策所起到的影响力远远大于其他成员。

4) 从众压力大。如果在讨论中多数人都赞同某个观点,对于那些少数持反对意见的个体来说,提出反对意见就会有较大的压力,所以他们可能就会隐藏自己的想法。

群体成员的价值观和目标具有多样性,各自的影响力和所拥有的信息也存在差异,为了激发群体决策的创造力,使群体决策更加有效,可以从以下几个方面入手进行改进,规避群体决策的消极因素,使群体决策的优势和集合效应达到极致。

首先,注重决策群体知识结构的互补性。努力形成一个以能够促进创造性思考过程的决策者为领导、与问题相关的不同种类的人才广泛参与的决策群体结构,使组织获得所有相关领域的知识。必要时,可邀请不受组织约束的外部专家参与决策。

其次,要保障群体决策过程的有效性。为了使决策过程效率最大,群体决策过程应注意:不倾向于与领导交流,而是主动与其他所有成员进行沟通;每个成员都应当积极参与;把形成思想与评价思想合理分开,把识别问题与分析问题合理分开;增加成员间的理解和合作气氛,进而有利于产生更好的行动方案;避免过早思考行动方案,使得重心保持在分析和探索方面。

然后,要创造良好的决策环境。轻松无压力的决策环境有利于引导成员积极表达自己的观点和看法,针对问题提出合理化建议。

最后,要达成决策结果的统一。群体决策结果要在群体中达成一致意见,不排除在难以达成共识的情况下接受少数服从多数的原则。

(三) 群体决策与个体决策比较

群体决策与个体决策究竟孰优孰劣,取决于衡量决策效果的标准。就创造性而言,群体决策优于个体决策,因为群体多方面的信息为创造性提供了可能;就最终方案的可接受性而言,群体决策占优势;就决策准确性来说,一般情况下,群体决策更有优势,但是如果个体的决策能力非常强,那么个体决策的质量也可能优于个体决策。

进行任何决策都不能不考虑效率的问题。就决策效率而言,个体决策优于群体决策,只有很少的情况例外,比如进行一项决策需要了解多方面信息,而这些信息收集又需要花费决策者大量时间,采用个体决策效率可能就不如群体决策效率高。因为群体成员可能来自多个领域,这样寻求各方面信息所需要的时间成本就会大大减少。因此,在决定是否采用群体决策时,应仔细权衡一下群体决策在决策效果上的优势能否超过它在效率上的损失,见表 7-2。

表 7-2　群体决策和个体决策的比较

衡量标准	群体决策	个体决策
效率	慢	快
准确性	中或高	低或高
创造性	高	低
可接受性	高	低

综合以上分析，如果决策结果需要员工认同，员工不认同会影响到决策有效执行的话，则尽可能让员工参与，进行群体决策。另外，如果管理者对于决策所需的信息了解不是很全面，或者决策对于创新性要求比较高的话，则尽可能采取群体决策，集思广益。

码 7-19

三、群体决策可能会出现的问题

从上面的分析中我们知道，群体决策的效果一般是优于个体决策的，但是如果处理不当，也会出现某些不利倾向。本小节主要介绍群体决策可能出现的两大问题，群体思维和极端性转移，它可能会影响群体客观评估各种方案和做出高质量决策的能力，因而受到了组织行为学研究者们的高度重视。

（一）群体思维

群体思维与群体规范有关，在群体思维的作用下，由于同一群体中的人们倾向于一味保持所谓思想上的一致性，而忽略了客观地评价各种行动方案的重要性。成员认为保持群体的统一，创造和谐的氛围具有特殊意义，在这样的目标下，决策的质量会受到很大影响，群体绩效也会受到严重损害。

群体思维（groupthink）是指由于群体中从众压力的影响，严重抑制了那些不同寻常的、由少数派提出的或不受欢迎的观点。

相信大家或多或少都会有过这样的经历：在会议上、课堂上或者非正式群体中，你很想表达自己的观点，但是最后还是放弃了。一方面可能是因为害羞，但也可能是群体思维所导致的，这种现象一般发生在群体成员认为一致意见比真实的评价更重要时。群体思维现象是学者们在对美国历史上一些重大的存在决策失误的历史事件进行研究之后提出的，例如，珍珠港事件、猪湾事件、美国入侵朝鲜，以及"挑战者号"和"哥伦比亚号"太空飞船的失事等都可以用群体思维来解释。

码 7-20

"挑战者号"失事案件

挑战者号太空失事发生于 1986 年 1 月 28 日，在美国佛罗里达州上空刚起飞 73 秒的挑战者号航天飞机发生解体，机上 7 名机组人员全部牺牲，其失事原因是因为其右侧固体火箭助推器（solid rocket booster，SRB）的 O 形环密封圈失效，毗邻的外部燃料舱在泄漏出的火焰的高温烧灼下结构失效，使高速飞行中的航天飞机在发射后的第 73 秒解体。

事件发生后，美国总统下令组成一个特别委员会——罗杰斯委员会，负责此次事故的调查。调查的结果表明是技术原因，因为如果密封 SRB 部件接缝处的 O 形环外部温度低于一定范围就会失效，而发射当天的温度低于 O 形环的警戒温度，从而导致失效。可问题是在 27 号晚上发射前的会议上，有工程师明确提出温度过低，可能导致 O 形环出现问题，但最终这个意见没有被采用。

为什么在决策中正确的意见没有被采纳，最后导致管理者做出错误的决定？对其的解释是在决策过程中存在着很强的从众压力，群体思维的存在使群体成员在决策过程中，倾向于让自己的观点与群体保持一致，对不同的意见不能进行客观地分析和评价，导致那些正确的意见没有被重视。对于工程师们来讲，由于技术的担心而请求管理当局不进行航天飞机发射，这个压力是很大的。

（资料来源：https://doc.wendoc.com/b95139cdaabc170ed613312b5.html，根据"挑战者号"失事案件整理。）

存在群体思维的群体往往表现出以下症状：

1）对持异见者施加压力：群体中顺从作风占主导地位，如果某一个体不接受多数人或领袖人物的意见，会受到嘲笑、孤立等，对于那些时不时怀疑群体共同观点的人，群体成员会对他们施加直接压力。

2）自我抑制意见的表达：持有怀疑或不同看法的个体，往往通过保持沉默，甚至降低自己看法的重要性，来尽力避免与群体观点不一致。

3）意见一致的错觉：群体从众压力和群体成员自我审查的作用，使得群体意见好像存在一种无异议错觉，如果某个人保持沉默，大家往往认为他表示赞成。但在中国文化下，沉默其实更可能代表的是否认，而不是默认。

码 7-21

4）盲目自信乐观：群体成员往往高估成功的概率，认为本群体的决策一定是正确的。

5）集体寻找合理化借口：如果群体成员认为已经做出的决策是正确的，他们会花时间使决策合理化，而不会对决策进行重新审视，成员会为所提出的任何反对意见寻找借口，说服有异议者保持一致意见。

那么什么样的群体更容易产生群体思维呢？研究发现具有以下特点的群体更容易产生群体思维：具有较强的群体认同感和凝聚力，很看重群体的和谐氛围和一致性，对领导强烈认同或领导强势专制，背景和价值观相似等。可见，群体思维不仅仅是一种使持异议者屈从的机制，还是群体维护其积极形象的工具。

码 7-22

管理者可以从以下六个方面降低群体思维的负面影响作用：

1）控制群体规模。研究发现，随着群体规模的增长，成员会越来越退缩和畏惧。一一般来说，群体规模越大越容易产生群体思维。

2）领导避免表达自己预设的立场或偏好。领导如果首先表达了自己的观点，下属不太可能会真实地表达自己的观点。

3）指派人员从反面看问题。有时候为了让大家表达真实的想法，可以特别委托一名或几名员工主动从问题的反面提出观点。俗话说第一个吃螃蟹的人压力最大，后面的人从众压力就会小很多。

4）引入外部专家。外部专家从众压力会小很多，而且外部专家可以从不同角度看问题，更容易打破群体思维。

5）形成良好的群体讨论氛围。在群体讨论时，遇到不同意见，大家能够坦诚说出，群体成员能够做到对事不对人。

6）制定合理的群体决策程序。群体思维的产生，往往是因为决策时没有很好地发挥群体讨论的作用。在进行决策时，管理者要掌握一定的群体决策技术。

码 7-23

（二）极端性转移

极端性转移（extremity shift）也称冒险性转移，是指群体决策比个人决策更容易出现冒险倾向。此外，群体决策还可能走向另一个极端——倾向保守，因此这一现象比较确切地说应该称之为极端性转移。研究表明，极端性转移的方向往往取决于群体开始讨论时大多数人的倾向。如果一开始多数人就倾向于冒险的决定，则整个群体就会向冒险转移，如果一开始多数人倾向于保守，群体决策将变得保守。

极端性转移可能会对正常的群体决策造成危害，因此在管理中应注意防范这种现象的发生。一般来说影响极端性转移的因素主要有以下四点：

1）决策责任分散。由于群体决策分散了责任，风险共担，即使决策失败也不会由成员独自承担责任，会导致群体决策不如个体决策谨慎，往往会更倾向于冒险。

2）群体氛围。群体成员间的关系越融洽，认识越一致，在决策时就会更加勇敢和大胆，且会缺少不一致的反对声音的出现，因而就更容易发生极端性转移。

3）领导者的作用。群体决策往往还会受到领导者决策偏好的影响，领导者的冒险性或保守性会影响群体的极端性转移。

4）文化价值观的影响。群体成员的社会文化背景和价值观都会被反映在群体决策中。

四、群体决策技术

群体决策最常见的形式发生在面对面的互动群体（interacting groups）中，但我们在讨论群体思维时已经指出，互动群体会对群体成员形成个人压力，迫使他们达成从众的意见。为了集思广益，博采众长，并尽量减少传统的群体决策固有的问题，研究者提出了很多高效的方法，主要有以下几种：

（一）头脑风暴法

头脑风暴法（brainstorming）又称脑力激荡法，它最早是由美国的广告执行人亚历克斯·奥斯本（Alex F. Osborn）于20世纪三四十年代提出来的。头脑风暴起初是精神病理学上的用语，用于描述精神病患者的精神错乱状态，如今转而为无限制的自由联想和讨论，其目的在于产生新观念或激发创新设想。

头脑风暴法能够克服阻碍创造力的从众压力，它通过阻止提出批评意见来鼓励决策群体畅所欲言地提出多种方案。在典型的头脑风暴法讨论中，6~12个人围坐在一张桌子旁，群体领导清晰陈述问题所在，保证所有的参与者都能准确理解，然后在既定时间内大家畅所欲言，尽可能提出各种各样的解决方案。任何人都不得对建议者加以评论，所有的观点都被记录下来供稍候讨论和分析。一个观点会激发碰撞出另一个观点，甚至是稀奇古怪的观点，这样有利于全体成员提出各种新奇的看法。

头脑风暴法中主持人的作用很重要。主持人必须要对决策问题和背景非常熟悉，并且要善于创造一种自由交换意见的氛围，能够激起参与者的灵感。主持人的主要活动在会议刚刚开始时，当用几分钟的时间激发起参与者的发言后，后面的工作就只需根据规则进行适当的引导和询问。头脑风暴法中参与者的选取也要注意一些问题。参与者应该具备讨论问题所需要的知识和经验。如果参与者是来自同一组织互相认识的人，那么应尽量选取同一职位级别的人，避免有领导存在时造成群体压力；如果参与者互相之间不认识，那么就不要介绍他们的职务地位等，避免产生误导。

（二）名义群体法

名义群体法是指在决策过程中对群体成员的讨论或人际沟通加以限制，这就是名义一词的含义。像召开传统会议一样，群体成员都出席会议，但群体成员首先进行个体决策。具体步骤如下：

1）主持者向与会者通知开会地点与时间，但不告知议题，而是在与会者到场后，再当场宣布议题。一般每次只讨论和解决一个问题，时间通常限制在2小时以内。

2）在进行讨论之前，主持者宣布全体成员进行"沉默准备"，发给每人纸和笔，并规定时限（10~20分钟），让每个成员写下自己对于解决这个问题的看法或观点。在此时限内成员埋头就议题准备意见，不允许互相交谈。据统计，在同样人数条件下，就同一议题，传统常规决策法一般可得到7~8项意见或方案，该法则可得到17~21项。

3）在这个安静阶段之后，每个成员都要依次向其他人阐述自己的观点，每人每次只许表达一种观点，并由记录员将发言要点记在大家可见的记录纸或记录板上。每轮发言的起点及顺序可由主持者随机指定（包括他本人在内），直到所有要表达的观点都被记录下来为止。这种做法可使每个人获得均等发言机会，不容易产生个别人控制会议等弊端。

4）群体开始讨论每个人的观点，可以对有疑问之处进行提问，并由原提议者解释澄清。

5）接下来每个群体成员根据自己的判断，独立对所有观点进行排序，如果被选意见过多，主持者可限定选取方案的数量。最终决策结果是排序最靠前、成员选择最集中的那个观点。如果是拟定解决某问题的措施，则主持者可酌情决定入选标准，如超过半数（或2/3、1/3等）的备选方案即入选。

名义群体法的主要优点在于成员能够正式地聚在一起讨论，但又不像互动群体法那样限制个体的思维。

（三）德尔菲法

德尔菲法（Delphi technique）是在20世纪四十年代，由美国兰德公司的研究员奥拉夫·赫尔姆（Olaf Helmer）和诺曼·达尔奇（Norman Dal-key）首创的一种意见调查法。后来这种方法广泛应用于决策和预测领域。

德尔菲法又称为专家群体决策法，依据系统的程序采用匿名发表意见的方式，通过多轮调查搜集专家对某个问题的意见，并汇总修改成专家一致的意见。在实施德尔菲法的过程中，不让专家面对面地聚在一起讨论，专家只能与调查人员发生联系，互相之间不发生横向沟通。这样是为了避免面对面开会讨论时权威、情面等因素的影响，或者少数影响力强的人对决策产生过大影响等，使得决策更加有效。

德尔菲法流程图，如图7-7所示。

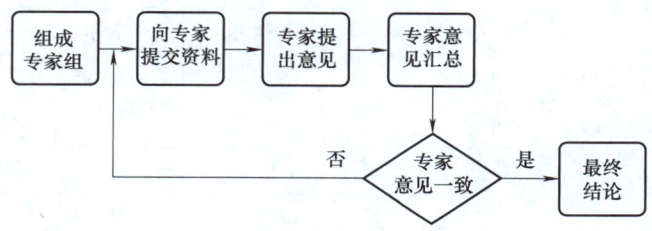

图7-7　德尔菲法流程图

德尔菲法的实施步骤为：

1）组成专家组。根据所要决策的问题，选出该领域的专家，一般不超过20人。

2）向专家提交资料，将问题呈现给专家。向所有专家提出所要解决的问题和要求，提供给专家有关的书面材料，一般是要求专家填写一份精心设计的问卷。

3）专家分别提出意见。每名专家匿名独立完成问卷，并提出各自的意见。

4）专家意见汇总。将各位专家的意见汇总，如有必要，可以制成图表将所有意见反馈给所有专家。

5）将汇总后的意见反馈给专家。每位专家都可以看到其他所有人的意见，但他们不知道每一种意见是由谁提出的，专家可以评价他人的意见。

6）专家修改意见。专家看到反馈意见后，受到他人意见的启发，对自己原有的意见进行修改，再次提交。

7）最终决策方案形成。如果专家经过修改后的意见达成一致，那么这个一致的意见就是最终的决策方案；如果专家意见仍然没有达成一致，那么就再次将意见反馈给专家由专家进行修改，直至形成一致意见为止。

德尔菲法基本上是一种主观定性的方法，他的优点是专家既可以独立思考，提出自己的意见，又能受到他人意见的启发，还避免了在群体讨论中受到他人意见的左右。但是德尔菲法也有一些不足之处，比如过程较为复杂、花费的时间成本较高。

（四）电子会议法

电子会议法是名义群体法与计算机技术的混合。参与决策群体者坐在计算机终端的前面，要决策的问题会通过计算机呈现给参与者，要求他们把自己的意见输入到计算机终端荧幕上，个人的意见和投票都显示在会议中的投影荧幕上。

电子会议法的主要优势是匿名、可靠、迅速。与会者可以采取匿名把自己想表达的任何想法表达出来。参与者一旦把自己的想法输入计算机，所有的人都可以在荧幕上看到。与会者可以表现自己的真实态度，而不用担心受到惩罚。这种决策方法决策迅速，因为没有闲聊，讨论不会离开主题，大家在同一时间可以互不妨碍地相互"交谈"，而不会打断别人。

这些群体决策技巧都有自己的优缺点，到底选择哪种关键取决于你所关心的重点以及成本—效益之间的权衡。表7-3 给出了以下四种传统的群体互动决策方法效果的比较。

表7-3　群体互动决策方法效果的比较

效果标准	头脑风暴法	名义群体法	德尔菲法	电子会议法
观点的数量	中等	高	高	高
观点的质量	中等	高	高	高
群体压力	低	中等	低	低
财务成本	低	低	低	高
决策速度	中等	中等	低	高
任务导向	高	高	高	高
潜在的人际冲突	低	中等	低	低
成就感	高	高	中等	高
对决策结果的承诺	不适用	中等	低	中等
群体凝聚力	高	中等	低	低

本章核心概念

群体　正式群体　非正式群体　角色　群体规范　地位　群体凝聚力　从众效应　社会惰化　群体决策　群体思维　社会助长作用　社会抑制作用

思考题

1．在群体中，如何加强对非正式群体的引导和管理？
2．从众行为是怎样产生的？受哪些因素影响？
3．群体凝聚力有什么作用，如何增强群体凝聚力？
4．如何建立良好的群体规范？

5．并非任何群体都能做出智慧的决策，群体讨论时如何发挥"群体智慧"，有效的群体决策需要哪些条件？

讨论题

1．如果您需要在短时间内产生很多想法，您会让一群人独立思考还是把他们组成一个群体？请解释。

2．您是否同意"大多数情况下，群体决策的质量高于个人决策"这个观点？为什么？

案例分析

建造"大家庭"

企业家们常常号召职工"以厂为家""以企业为家"，试图以此来增加企业的凝聚力，为企业创造更好的效益。但真正能让职工感到企业是自己的"家"，却没有那么容易。这要求企业家真正在企业营造出"大家庭"的环境。

香港新鸿基证券有限公司，是1969年由冯景禧创办的，该公司在日成交数亿港元的香港证券市场上，占有30%的份额，公司年盈利额达数千万港元，冯景禧的个人财产达数十亿港元，成了称雄一方的"证券大王"。

"新鸿基"之所以能创造出世界证券业少有的佳绩，主要得益于冯景禧的"大家庭"式的经营管理哲学。

"新鸿基"执行董事谭宝信介绍说："在冯景禧的掌管下，公司形成了一股难以形容的奇妙力量。这样的气氛能激发员工的创造性。在这里工作，成就肯定比别的机构大。"实际情况正如谭宝信所说，冯景禧的"大家庭"式的经营哲学，不但使本地职工感到和谐，而且也使外籍职工感受到"大家庭"的温暖。一种奇妙的力量自然形成，这种力量之大是难以形容的。

为了实施"大家庭"式的经营哲学，在管理方式上，他十分重视人的作用，强调发挥人的创造性。他曾声明：服务行业的资产就要靠管理，而管理是靠人去实行的。

新鸿基集团不以拥有巨额资产为荣，而以拥有一大批有知识、有能力、有胆量，善于运用大好时机、敢于接受挑战的人才队伍为骄傲。

冯景禧的管理哲学和用人艺术，既有西方人的科学求实精神，又有东方人和谐情趣的气氛；既有美国现代化管理原则，又有日本人的以感情为核心的人际关系，融东西方优点于一体。

在管理原则上，他十分强调团结的力量，注重全公司上上下下的团结一致。他在经营业务的大政方针决定之前，总是广开言路，尤其重视反面意见，然后加以集中，再向全体员工解释宣传，使大家齐心协力。

他在实施公司的决策时俨然像一位"铁血将军"，而在体谅下属时又俨然是一个宽厚的长者。如果有哪个职工向他辞职，他首先会询问是否有亏待过他的地方？如果有，就诚恳道歉、改正，并全力挽留。因为他知道，失去一个人容易，但培养一个人难。

在管理作风上，他注重以身作则，平易近人。为了使员工心情愉快，他还刻意营造一种"大家庭"式的生活气氛，如组织业余球赛，在周末用公司的游艇观赏海景，亲自参加员工们的普通话学习……

许多企业的职工"吃里扒外"，对企业不负责任，"大家庭"式的管理，不失为医治这种病症的良方。

（资料来源：http://blog.sina.com.cn/s/blog_4af07105010006f9.html.）

问题：

1．冯景禧是如何提高新鸿基证券有限公司凝聚力的？
2．请结合该案例谈谈群体决策的优势，以及如何进行有效的群体决策。

第八章

团队建设

引导案例

微软（Microsoft Corporation）是一家基于美国的跨国计算机科技公司，以研发、制造、授权和提供广泛的计算机软件服务业务为主，最为著名和畅销的产品为 Microsoft Windows 操作系统和 Microsoft Office 系列软件，目前是全球最大的计算机软件提供商，是以创造性工作团队闻名的公司，以项目小组的形式来开发计算机软件是由微软首创的。微软的产品是计算机软件，专业性很强，需要知识积累和不断创新，并要求不能出错。在这种情况下，公司需要的文化并非一团和气的温暖，而是平等又充满争论的团队文化，在思想的交锋中产生创新的火花，在不同视角的争辩中创造最独特完美的产品，这是合作精神在微软产品项目小组中的体现。

众所周知，创始人比尔·盖茨（Bill Gates）从小就是个计算机迷，上中学时，他就整天待在计算机前，他对计算机的狂热和痴迷使他只追求知识和真理，而对权威毫无敬畏之心。他在从哈佛辍学去新墨西哥州的一家计算机公司工作的时候，公司里没有一个人敢与公司的技术老板顶嘴，但只有最年轻的比尔敢。他与保罗·艾伦（Paul Allen）创办微软之后，思想的争论，敢于向他人的思想挑战的风气就被鼓励并发扬光大，他甚至要求向他汇报工作的人以及所有项目小组都遵循"敢提不同意见"的原则。项目小组有名的"三足鼎立"结构也就是这样建立起来：软件设计员、编程员、测试员，三种人员互相给彼此挑刺，刺挑得越多，最后的产品就可能越完善。项目小组的成员人人平等，组长也没有特别的权利，主要担任沟通协调的角色，解决任务冲突、人员冲突、时间冲突，使大家愉快配合，按时将产品完成。这样独特的团队合作能够实现，与公司对几个重大环节的管理有十分密切的关系。首先是公司文化的创立（如前所述），其次是人员招聘的把关。微软招人的时候用的测试题全是智力和创意测试，且已成为 IT 行业招聘的经典。也就是说，微软招的人身上都有些许比尔·盖茨自己的影子：对计算机技术的沉迷热情，懂得思维的乐趣，同时又率真而无视权威。第三则是分工的极其明确和流程设计的周密。每一个团队成员都十分清楚自己的职责，自己的工作在整体中的位置和顺序以及时间进度。由于分工明确，而且每个人都无法被他人替代，因此彼此都互相尊重，同时敢于提出自己的不同见解。最后则是大家都有明确的共同目标：让产品按时并高质量地完成。

（资料来源：https://wenku.baidu.com/view/60e75462bb0d4a7302768e9951e79b89680268cc.）

微软能够取得举世瞩目的成就，离不开成功的团队建设。几十年前，当沃尔沃

（Volvo）、通用食品（General Foods）等公司把团队引入生产过程中时，曾经轰动一时，因为当时少有公司这样做。如今的情况却截然相反，工作团队随处可见。我们大多数人都参加过某种团队，比如运动队、学生会等。那么到底什么是团队？如何建设高绩效团队？本章将介绍团队的相关知识，同时了解如何构建一个高绩效的团队。

第一节 团队概述

一、团队的内涵

（一）团队的概念

组织内的很多工作兼具复杂性与分工协调性的特色，仅仅依靠个人的力量根本无法完成，只有依赖员工组成团队，集合团队中每个人的能力与特色，团队成员同心协力才能完成。因此，如何让组织中的员工组成团队，在团队中互相合作，不仅发挥个人专长及工作潜能，也能与其他员工愉快合作、相互学习，充分发挥团队的精神与力量，已成为组织成功的关键所在。团队的概念也应运而生。

团队是指一群为数不多的、具有相互补充技能的人组成的一个群体，他们相互承诺，具有共同的团队目标且共同承担团队责任。

（二）团队的特征

由团队的定义，可以看出团队主要具有以下特征：

1）团队规模有限制。限制人员规模的目的是为了确保所有成员之间都能够充分了解并且互相发生影响；同时也保证了团队结构的简单化，团队人员规模大的话就不可避免地会出现分化、等级，最后出现"目标替代"，使团队的目标被上层精英的个人目标所替代。

2）团队成员具有不同的技能、知识或经验，每个队员都能对这个团队做出不同的贡献。不同的队员能了解彼此的角色、特长及重要性，他们在团队中分工合作、分享信息、交换信息、相互接纳，能够认识到每个队员缺一不可，少了任何一个成员，团队的目标将无法顺利达成。

3）团队队员共同承担团队成败的责任。团队队员的责任分担可以从两个层面来加以分析：第一个层面，团队队员在平常的团队运作过程中或团队会议中共同分摊团队的工作团队的领导角色或团队的各项任务指派。第二个层面，是针对团队的成果而言的。团队的存在都有其特定任务，能否达成此任务便有成败责任归属问题，而团队的特色之一，即在于顺利完成团队的目标时，全体团队将分享此成果，共同接受组织的奖励。同样地，团体无法顺利完成特定任务时，全体团队成员将共同承担失败的责任，而非单独团队的领导者或管理者承担失败的责任。

4）团队的建立以完成团队的共同目标为主要任务。当人们为了共同的目标在一起工作时，信任和承诺会随之而来。因此，拥有强烈集体使命感的团队必将作为一个集体，为团队的绩效共同承担责任。这种集体责任感常常可以产生丰厚的集体成果作为激励，组织的工作成果又反馈强化了这种集体责任感。从另一方面看，单纯为了改进工作、提高组织效率而组建的团队很难成为高效率的团队。只有当设定了适当的目标以及实现目标的方式之后，或者在团队成员一起共同承担责任之后，才有可能成为一支高效的团队。

团队集合了各种不同技能、专业知识和经验的人员，一起为组织解决问题，团队在组织中的功能可以优于个人。因此，我们可以这样理解团队：一小群具有不同技能的人相互依存地在一起工作。这群人认同于某一共同目标，为了达成这一目标，他们扮演好各自的角色，贡献自己的能力，彼此分工合作，沟通协调，为完成目标而齐心协力，并为此目标的实现与否共同承担责任。

二、团队和群体的区别

基于上述对团队的定义以及对团队特征的分析，需要特别强调的是，团队和群体都是组织中工作人员的集合体，两者存在着许多的共同点，但也存在着根本的区别。

在工作群体（work group）中，成员进行互动主要是为了共享信息和制定决策，帮助每位成员更好地完成自己的职责。工作群体的绩效水平主要是每位群体成员的个人贡献之和。在工作群体中，不太需要一种积极的协同作用能够使群体的总体绩效大于个体绩效之和。例如，在一个工厂的某生产车间，其总产量等于每位员工的生产产量之和。

与此相反，工作团队（work team）必须通过成员的共同努力产生积极的协同作用。在工作团队当中，个体的绩效之和不能等同于整体的团队绩效。换句话说，个体的绩效完成并不能保证实现团队绩效。例如，在足球队中，需要各个位置的球员积极协作，才能高效完成团队整体绩效。

我们可以把工作团队想象成工作群体的一个子集，成员间的互动赋予团队存在的意义（共生）。虽然有时工作群体和工作团队会交替使用，但在不同的情境下我们还是要注意这两者之间的区别，如图8-1所示。

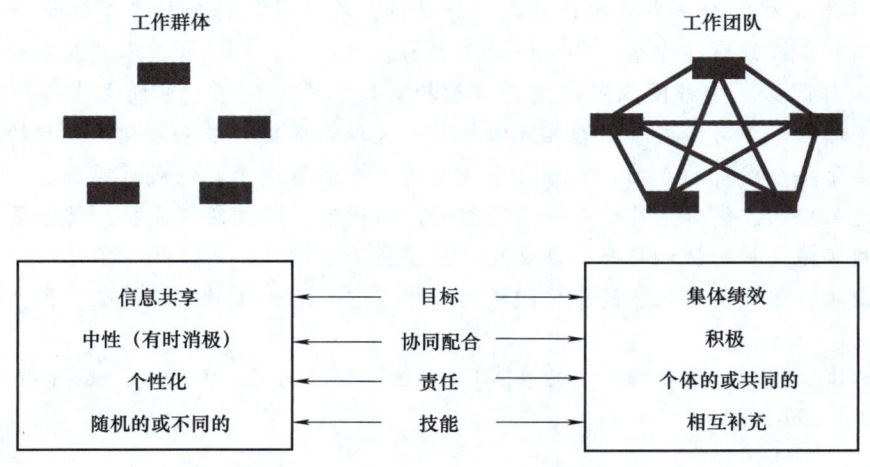

图8-1 工作群体与工作团队的差异

工作团队因为团队成员技能的互补性以及团队成员的积极协作会导致团队绩效水平远远大于个体绩效之和。团队和群体的区别可以从以下四个方面来进行分析：①群体强调信息共享，群体在一起的目的主要是为了共享信息，而团队则强调集体绩效，团队在一起的目的是为了产生"1+1 > 2"的绩效；②群体中的协同配合是中性的（有时是消极的），而团队中协同配合往往是积极的；③群体中强调成员的责任个体化，而团队中成员所负的责任既包括个体责任，也包括共同责任；④群体在配置成员时成员的技能是随机的，主要关注人—岗匹配，而团队成员的技能则强调相互补充的，既强调人—岗匹配，也强调团队成员中人—人匹配。

码 8-1

这些界定有助于我们了解，为什么许多组织围绕工作团队来重新建构工作流程。管理层之所以这样做，是希望通过工作团队的积极协同作用来提高组织绩效。团队的广泛使用为组织创造了这样一种潜在可能性：使组织在不增加投入的前提下，提高产出水平。但是请注意，我们这里说的是"潜在可能性"。组建团队不是变戏法，并不一定能保证会产生积极的协同作用。仅仅把工作群体换种称呼，改叫工作团队，并不能自动提高组织绩效。

警惕：团队并非总是问题的答案

团队工作比个体独自工作需要更多的时间和资源。例如，团队增加了相互沟通的需求，需要管理更多的冲突，召开更多的会议。因此，采用团队所带来的效益必须超过成本，但情况并不总是这样。因此，在你急于采用团队方式之前，应认真仔细地评估该项工作是否需要付出集体努力，或者是否能够受益于集体努力。

如何知道你的工作是否需要采用团队的方式呢？你可以采用三种测试来考察：首先，由多名员工来从事该任务是否效果更好？一个不错的指标是任务的复杂性和对不同观点的需求。简单任务并不需要多元化的输入，这种工作留给个体来做会更好。其次，该任务是否可以为群体成员创造一个共同目标或一套目标，而且该目标超越了个体目标的简单加总？例如，新车经销商的许多服务部门采用了由客服人员、机械师、零部件专家和销售代表构成的工作团队。这种团队可以更好地承担集体职责，确保顾客的需求得到很好的满足。最后，评估一下群体成员是否相互依赖。如果群体成员的任务是相互依赖的，即整体的成功取决于每个成员的成功，而且每个成员的成功还取决于其他成员的成功，那么采用团队方式是必要的。例如，足球是一项明显的团队运动。要想获得成功，就需要相互依赖的队员之间实施大量的协调与合作。相反，除了接力赛以外，游泳队并不是一个真正的团队。它是由独自完成各自任务的个体组成的群体，它的总体绩效仅仅是队员们个体成绩的简单加总。

（资料来源：罗宾斯，贾奇. 组织行为学 [M]. 孙健敏，王震，李源，译. 16 版. 北京：中国人民大学出版社，2016：259-260.）

第二节 团队的类型

一、问题解决团队

问题解决团队一般由来自同一部门的员工组成，他们每周花几个小时开会讨论如何改进产品质量、提高生产效率、改善工作环境等，在这种问题解决团队（problem-solving teams）中，成员针对如何改进工作程序和工作方法互相交换看法或提出建议；但是，这些团队几乎没有权力单方面实施它们所提出的任何建议。

20世纪80年代以来，应用最广的一种解决问题型团队是质量圈（quality circle），由8~10个职责相同的员工和主管组成，成员定期聚会，一起讨论工作中面临的质量问题，调查问题的原因，提出解决问题的建议，并在授权范围内采取有效行动。

二、自我管理型团队

问题解决团队的做法行之有效，但在调动员工积极参与决策和全身心投入工作方面尚显不足。这种欠缺导致组织开始尝试建立真正独立自主的团队，它们不仅要提出解决问题的方案，还要实施解决问题的方案，并对工作结果承担全部责任。

自我管理型团队（self-managed work teams）通常由10~15人组成，他们从事息息相关或相辅相成的工作，并且承担了很多以前由他们的主管承担的职责。一般来说，他们的职责范围包括：计划和安排工作日程，给各成员分配工作任务，制定一线的工作决策，对出现的问题采取措施，与供应商和顾客打交道。完全的自我管理型团队甚至可以自主挑选队员以及让队员相互进行绩效评估。于是，主管的重要性就下降了，有时甚至可以取消这个职位。

对自我管理型团队效果的研究并没有一致表明这种团队会带来积极效果。自我管理型团队通常不能很好地处理冲突。当争议出现时，成员们会停止合作，权力斗争会随之而来，从而导致团队绩效降低。但是，如果团队成员确信他们可以自由发表意见，不会尴尬、被拒绝或者被其他队友惩罚，换句话说，当他们在心理上感到安全的时候，冲突其实是有益的，并且可以提高绩效。

自我管理型团队可以减少管理层级，形成扁平式的组织机构，对于员工的益处在于，相对于传统的管理团队，自我管理团队有更高的员工满意度和信任感。但是，对自我管理型团队的研究总体表明，实行这种团队形式并不一定带来积极效果。比如，与传统的工作组织相比，自我管理型团队的缺勤率和流动率偏高。

三、跨职能团队

为了发展旗下的速溶咖啡品牌Via，星巴克创建了一支专门的团队，从生产、全球公关、全球通信到在美国的营销，每个环节都有人负责。团队打造的这一产品在生产和分销上实现了成本效益，并采用了紧密集成、多方面的营销策略。这个例子诠释了跨职能团队（cross-functional teams）的运用。这种团队由组织层级相近但来自不同工作领域的员工组成，他们为了完成某项任务而共同工作。

几十年来，许多组织都采用了这种跨越部门界限的横向小组。20世纪60年代IBM组建了一个大型的特别任务工作团队，用于开发后来获得显著成功的360系统。该团队的成员来自公司的各个部门。今天，跨职能团队的应用是如此广泛，以至于你很难想象一个大型的组织项目会没有跨职能团队。跨职能团队可以成为一种有效的方式，它使得组织内部（甚至是不同组织）不同领域的员工能够交流信息，激发他们采用新办法解决问题，齐心协力完成复杂的项目。当然，管理跨职能团队不像管理一个野餐会。它在初期往往要耗费许多时间，因为团队成员需要学会应付复杂性和多样性。成员之间，尤其是那些背景、经历和观点不同的成员之间，需要一定时间才能建立起信任并真正地合作共事。

四、虚拟团队

前面的所有团队类型都是成员面对面地开展工作。虚拟团队（virtual teams）是利用计算机技术把分散在不同地方的成员联系起来以实现某个共同目标的工作团队。在虚拟团队中，成员在"线上"进行合作——例如，运用可视电话会议系统、电子邮件等沟通联络方式——无论他们只有一墙之隔，还是远隔千山万水。现在，技术已经如此进步，虚拟团队如此普及，几乎所有的团队都会进行一些远程工作。

显然，虚拟团队有许多优势。首先是成本优势，团队成员可以在不同地点工作，不需要固定办公室；成员通过网络等先进媒介沟通，不用频繁出差和组织现场会议，这些都给团队节省了开支。其次是知识优势。团队成员由具备不同知识的专家构成，他们来自不同的专业领域、组织和地区，他们的组合给团队注入了新的知识。最后是结构优势。虚拟团队是扁平型组织结构，对于组织、市场动态可迅速做出反应。

尽管虚拟团队越来越普遍，但它们仍面临一些特殊的挑战。虚拟团队常常因为成员间缺乏紧密的社会关系和直接交流而受到不利影响，有的成员会觉得受到孤立。然而，一项研究表明，团队领导可以通过与成员频繁不间断的交流来减少被孤立感[1]。此外，团队中较低的虚拟性会带来更高水平的信息共享，而较高的虚拟性则会阻碍信息分享。为了使虚拟团队更加有效，管理者需要确保：①成员之间建立信任（电子邮件中一段过激的言论可能就会严重破坏团队信任）；②密切监控团队的工作进展（这样，团队就不会迷失目标，团队成员也不会"消失"）；③在整个组织内宣传该团队的努力和成果（这样，该团队就不会在组织内变得隐形）。

以上四种团队的类型如图8-2所示。

---

[1] GAJENDRAN R S, JOSHI A. Innovation in globally distributed teams: the role of LMX, communication frequency, and member influence on team decisions[J]. Journal of Applied Psychology, 2012, 97(6):1252-1261.

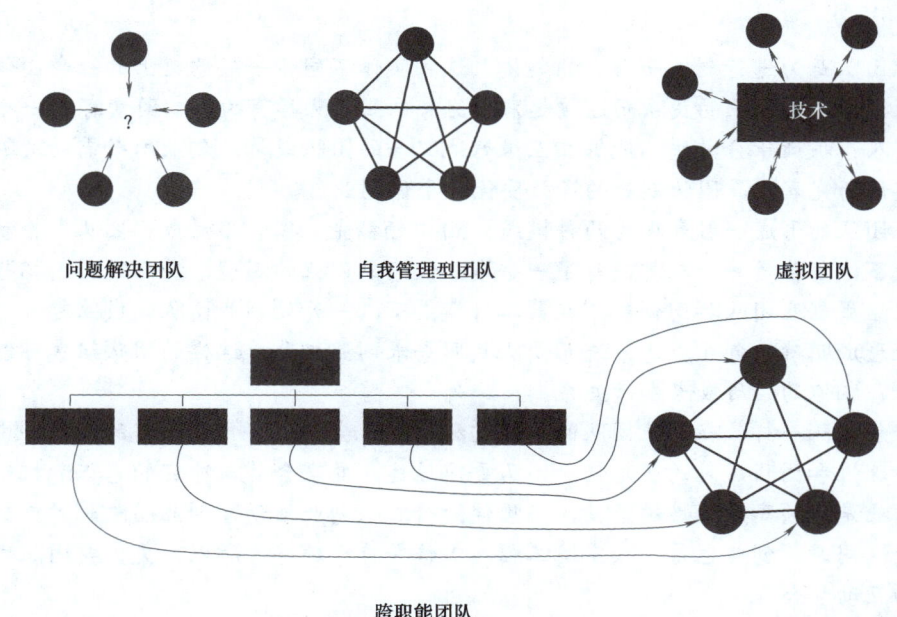

图 8-2　四种团队类型

五、多团队系统

到目前为止，我们所描述的团队类型通常都是比较小的独立团队，不过他们的活动都与组织整体目标相关。当工作任务变得越来越复杂时，团队规模就会变大。然而，团队规模增加后，随之而来的是更高的协调要求，由此就产生了一个临界点，一旦超过这个点，新成员的加入就会导致弊大于利。为了解决这个问题，组织开始采用多团队系统（multiteam systems），集合两个或两个以上的独立团队来共同完成一个更高级别的目标。换句话说，多团队系统是一个"团队组成的团队"。为了对多团队系统有一个概念，可以想象一下重大车祸发生后所需响应的协调。首先响应的是紧急医疗服务团队，他们会把伤员送往医院。急诊室团队随后接管，提供医疗护理。之后是康复团队。尽管紧急医疗服务团队、急诊室团队、康复团队是彼此独立的，但他们的活动却是相互依存的，一个团队的成功依赖于其他两个团队的成功。为什么？因为他们需要共同完成拯救生命这个更高的目标。

新兴团队类型——创业团队

创业是一个发现和捕获机会并由此创造出新颖的产品或服务和实现其潜在价值的过程。创业必须要花费时间和付出努力，承担相应的财务的、精神的和社会的风险，并获得金钱的回报和个人的满足。进入 20 世纪中叶之后，中小企业对于经济发展的巨大作用越越来越为人们所认识。

创业团队是为进行创业而形成的集体。这种集体不同于一般意义上的社会团体，它存在于企业之中，因创业的关系而连接起来。优秀创业团队具有的基本因素有：一个胜任的团队带头人；彼此十分熟悉，能够相互很好地配合的团队成员；创业所必需的足够的相关技能。实证研究表明，团队创业的绩效要优于个体创业。

创业团队的形成一般表现为两种模式：由"领袖企业家"推动或"团队"推动。在第一种模式下，往往是一个人首先有了一个事业设想或创业的渴望，进而吸引、招募其他人加入进来组成创业团队共同创业。在第二种模式下，一开始创业团队就成立起来，此时可能还并未形成明确的创业理念，进而团队共同寻求创业机会，这样的团队组建可能源于共同的观念、相似的经历或者友情关系。

如一般团队一样，在创业团队的构建过程中，也会出现合作和冲突的问题，由于创业任务的特殊性和团队成员的多元性，团队更应该建立处理合作与冲突的意识和机制。合作方面，创业是一项高风险性的活动，风险伴随着整个创业活动，创业团队时时刻刻面临着创业风险。同时，创业也是一项系统工程，工作繁重而琐碎。所以，更需要团队成员之间有良好的互动和合作。

（资料来源：罗宾斯，贾奇. 组织行为学（第16版）[M]. 孙健敏，王震，李源，译. 北京：中国人民大学出版社，2016：259-260.）

第三节　高绩效团队

一、高绩效团队的特征

对于团队来说，如果管理得不好，还不如群体的工作形式，因为不仅不会发生"1+1＞2"的效果，还可能会小于2。由于团队的工作形式，其最显著的特点是没法区分出个体责任，容易发生社会惰化，而且需要彼此间的有效协作。团队的绩效可能小于、等于、大于甚至远大于群体的绩效。那么作为管理者就需要对团队进行管理，而想要打造高绩效团队，需要首先明确高绩效团队一般具有哪些特征，下面通过《西游记》中唐僧师徒四人取经的例子来更好地进行理解。

（一）有清晰的目标以及对目标的一致承诺

在团队中，团队成员需要心往一处想，劲往一处使，前提是团队成员知道目标在哪里，要如何实现目标；但是仅有清晰的目标是不够的，还有一个很重要的条件，那就是团队成员对目标是一致认同的，如果团队成员对于目标并不是一致认同的，那么其工作就是处于被动强迫的状态。以《西游记》为例，唐僧师徒四人的目标是非常清晰的，那就是能够取到真经，并且对这个目标是一致认同的，他们认可西天取经的意义，并且愿意去完成这项任务。

（二）良好的沟通和彼此的信任

团队中如果要实现有效协作，良好的沟通是必需的，很多团队效率低下，很重要的原因是沟通有问题。在一个组织中，也是一样的道理，组织效率低下，很多时候也是因为组织内部沟通不畅，沟通问题可能表现在上下级之间、部门与部门之间、组织与客户之间，也有可能是员工与员工之间等。而想要实现团队成员之间良好的沟通，又需要以彼此的信任为前提。如果彼此之间不能相互信任，大家会害怕冲突，在沟通时就会有所保留，所以，高绩效团队成员之间往往彼此了解，能够互相信任，沟通时能够就事论事，效率较高。在西游记团队中，师徒四人彼此之间是非常信任的，沟通是很坦诚并且畅通的。

（三）互补的技能

高绩效的团队，往往有一个科学的团队成员配置，通过科学的团队成员配置，可以使团队所需要的知识、技能比较完备，具有较好的完成团队任务的能力基础。在《西游记》西天取经团队中，孙悟空能够斩妖除魔，猪八戒能够牵马，沙僧能够挑担，整个团队的技能互补性比较好。

（四）一致认同的积极行为规范

高绩效团队往往形成了一个积极的行为规范，大家共同遵守，以此来协调和规范彼此的行为。当有冲突发生时，大家会有一个协调的原则，这样就能够较好地处理冲突，达到一致。高绩效团队工作氛围往往是比较积极的，员工在这样积极的工作氛围之下，会感到工作比较愉悦，任务的完成也比较高效。

（五）恰当的领导

高绩效团队中的成员之所以能够对目标认同，能够彼此信任，很大程度上取决于团队领导者的有效管理，所以恰当的领导对于团队来说也是十分关键的。有研究表明，团队的士气 70% 取决于团队的领导。

（六）良好的外部支持

团队是存在于一个组织系统中的，团队活动的有效开展离不开上级及同级部门的支持和有效协助，所以高效的团队往往能得到较好的来自于团队外部的支持，如资金、技术、人员、信息等各方面的支持。在《西游记》中，师徒四人多次遇到难以解决的问题，都是借助于观音菩萨等外部力量得到解决的，而且唐僧是大唐皇帝认的弟弟，西天取经也得到唐朝皇帝的大力支持。

以上是高绩效团队的特征，但是符合以上特征的团队，是不是就可以长期高效下去呢？创业团队在创业期间，团队成员之间合作很好，是一个很高效的团队，但是团队创业成功之后，团队成员可能会分道扬镳。这样的事例很多，在某一个阶段，大家一起合作得很好，可是后来由于经营理念不一样，最后分道扬镳。所以，团队要能够获得持续发展，成员之间有一个共同或相似的价值观念是非常重要的，这是团队成员能够一起长期合作的基础。另一个很重要的条件是需要有一个让团队成员都能够接受的利益分配机制。就像《西游记》团队，为什么他们都愿意付出努力去西天取经呢？一个很重要的原因是西天取经成功之后，大家都能够得到各自想要的东西，《西游记》中的孙悟空、猪八戒和沙和尚，包括白龙马，都是犯过错误，被惩罚的，只有西天取经成功，才能解除惩罚，这个利益分配机制大家都能够接受并认同。因此，高绩效团队要想获得持久发展，除了具备上述六大特征外，还需要有共享的价值观念和合理的利益分配制度，这是持久发展的基础。

二、高绩效团队的塑造

了解了高绩效团队的特征，接下来就需要考虑如何建设高绩效团队。研究人员试图确定哪些因素会影响团队的有效性，图8-3概括了我们目前对哪些因素影响团队有效性的认识。

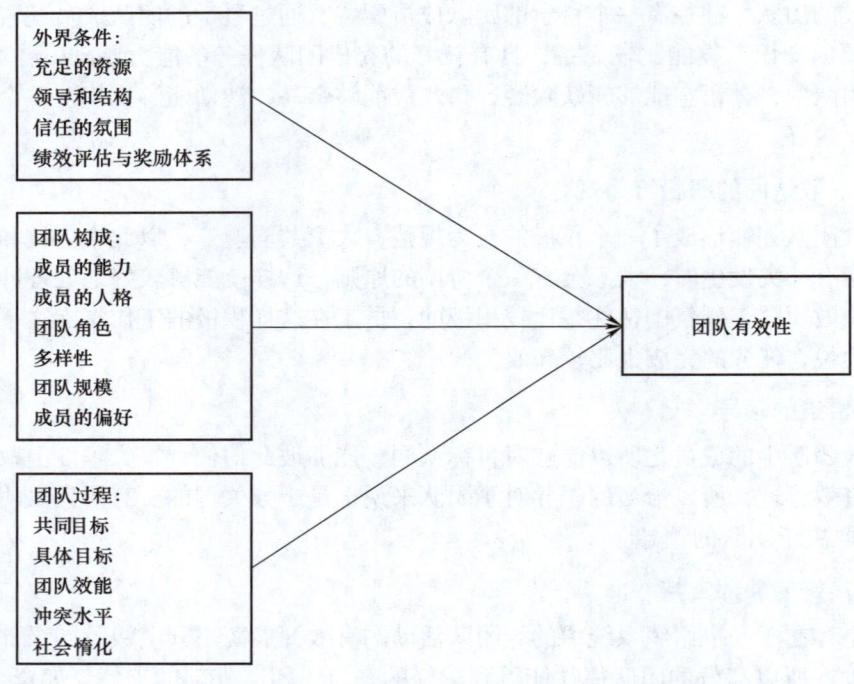

图8-3　团队有效性模型

我们可以把有效团队的关键成分分为三大类。第一类是资源和其他外界条件；第二类涉及团队的构成；第三类是过程变量。在这个模型中，团队有效性意味着什么？它通常包含三个方面：客观测量的团队生产率、管理者评估的团队绩效、团队成员的总体满意度。

（一）外界条件

有四种外界条件与团队绩效有着最显著的联系：充足的资源、领导和结构、信任的氛围、能够反映团队贡献的绩效评估与奖励体系。

1. 充足的资源

团队是更大的组织系统的一部分，每个工作团队都需要依靠本团队之外的资源来维持。资源的缺乏直接削弱了团队有效开展工作和完成目标的能力。一项研究在考察了与群体绩效有关的 13 个因素后总结道:"有效工作群体最重要的特征之一或许就是该群体从组织那里得到的支持。"⊖ 这种支持包括及时的信息、合适的设备、足够的人员、必要的鼓励以及行政事务上的协助等。如果一个团队在运行中不能取得上级部门的支持以及同级部门的配合,想要取得成功,就会有较大的难度。所以团队的管理者应该为团队的发展争取到充足的资源。

2. 领导和结构

如果团队无法就谁做什么达成一致意见,并且不能确保所有成员分担工作,它就无法正常运转。确定各成员的具体任务并使其与成员个体的技能相匹配,这需要该团队的领导和结构发挥作用。这些事情可以由组织的管理层来做,也可由团队成员自己来做。在自我管理型团队中,团队成员确实承担了很多通常由管理者来行使的职责。

有效的领导在多团队系统中特别重要。领导者需要向团队授权,把职责下放给他们,自己则扮演"协调人"的角色,确保不同的团队能够齐心协力、众志成城,而不是相互拆台。通过有效的授权建立领导权共享体制的团队要比只有一名领导者的传统团队更加有效。

3. 信任的氛围

有效的团队中,成员之间彼此信任,而且表现出对领导者的信任。团队成员的相互信任促进了合作,减少了监督彼此行为的必要,彼此都相信其他成员不会占自己的便宜。当团队成员认为自己可以相信其他成员时,他们更有可能承担风险和坦白自己的弱点。同样,信任是领导的基础,它使得团队更愿意接受和认同领导者的目标和决策。需要指出的是,重要的不仅仅是团队中的总体信任水平,团队成员彼此之间的信任状况同样重要。如果团队成员之间的信任是不对称和不平衡的,哪怕总体信任水平很高,它对团队绩效的积极作用也会大打折扣。

团队信任缺失可能会导致以下几种团队机能障碍,最直接的是害怕冲突。因为缺乏信任,团队成员不敢提出不同的观点,他们害怕自己的观点会被误解,或让他人不高兴。

由于害怕冲突,会导致第二种机能障碍,就是工作缺乏投入。为什么会缺乏投入呢?因为害怕冲突导致团队成员不会表达自己的真实意见,最后制定的目标就难以得到成员们内心真正的认同,导致表面上虽然接受了上级硬性安排在自己身上的任务,但对任务没有很高的承诺,投入就会下降。

由于缺乏投入,就会导致第三种团队机能障碍——逃避责任。在完成任务的过程中,个体只会完成硬性摊派给自己的任务,对团体整体目标缺乏真正关心。在看到同事的表现或行为有妨碍团队集体利益的时候,可能并不会给予提醒,个人只关心自己所分配的那部分工作,不会去管其他人的工作做得如何。最后团队出现问题时,成员就会互相推诿责任。

⊖ HYATT D E, RUDDY T M. An examination of the relationship between work group characteristics and performance: Once more into the breech[J]. Personnel Psychology, 2010, 50(3):553-585.

逃避责任，就会导致下一个团队机能障碍——漠视结果。团队成员只关心自己的工作完成情况，却对团队最终的目标置之度外。

相反，信任则会启动一个良性互动，相互信任的团队成员由于不再担心自己的言论会被理解成对他人的冒犯和批评，他们就不会害怕冲突，敢于进行激烈的辩论。通过有益的争论，听取每位成员的意见，最后取得共识。团队成员对团队目标有透彻的认识，并且内心真正认同，愿意为了实现团队目标承担相应工作职责。所以，团队成员除了关心自己工作任务的完成，也会关注整个团队目标的实现。因此，信任的氛围，对于一个团队的发展非常重要。

4. 绩效评估与奖励体系

科学的绩效评估和奖励体系能够控制团队成员的不当行为。例如，避免社会惰化现象发生或者避免他们只关注个体任务，不关注团队整体目标。要想通过绩效评估和奖励体系使团队成员在集体和个体两个层次上都具有责任心，既能承担好分配给自己的个体任务，同时也会关心团队整体目标，这就需要团队在根据个人贡献进行评估和奖励之外，还应形成以集体绩效为基础的绩效评估和奖励体系。因此，除了评估和奖励员工的个人贡献，管理者还应该对传统的、以员工个人为导向的评估和奖励体系进行修正，以反映团队绩效，并采用混合型的体系，既认可个别成员的突出贡献，也对整个群体的积极成果进行奖励。基于群体的绩效评估、利润分享、收益分享等措施能够强化团队努力和团队承诺。

（二）团队构成

团队构成这个范畴包括与团队人员构成相关的变量——团队成员的能力和人格、团队角色、多样性、团队规模以及团队成员对团队工作的偏好等。团队的成员构成，某种程度上可能已经决定了最后的团队绩效。

码 8-2

1. 成员的能力

团队绩效在很大程度上取决于团队成员具备的知识、技能和能力。我们偶尔会听说，由普普通通的队员所组成的运动队，由于训练出色、意志坚定、团队工作有效，最终打败了一支具有天赋和才华的队伍。这种事确实存在。它之所以能成为新闻，就是因为它不同寻常。团队绩效不是单个成员能力的简单相加，但这些能力却是我们判断成员在团队中能做什么和表现如何的重要参数。

团队要想高效运行，需要具备三种技能的人：①技术专家。团队完成任务需要专业知识和专业技能；②善于解决问题以及进行决策的人。团队需要有人善于发现问题，提出解决问题的建议，并能最后做出高质量的决策；③善于处理人际关系的人。团队需要协调团队成员之间的关系，有效处理冲突，帮助团队成员之间形成和谐的人际关系氛围，同时，也需要处理好团队内部与团队外部之间的关系，以上这些就需要团队拥有较好的人际关系处理能力的人。当然，这并不意味着每一位团队成员身上都同时具有以上三方面的技能和能力，但需要通过人员配置使得团队同时具备以上能力。

最后，团队领导者的能力也很重要。研究表明，当不太聪明的团队成员在苦苦挣扎着完成任务时，聪明的团队领导者可以为他们提供帮助，而不太聪明的团队领导者则会削弱高能力团队的绩效。

2. 成员的人格

我们在第三章指出，人格对员工的行为有着显著影响。在大五人格模型中，很多维度都与团队绩效紧密相关。研究表明，在责任心和经验开放性这两个维度上平均得分更高的团队绩效表现更好。在随和性方面，团队成员的最低水平非常重要：如果一个或多个成员的随和性非常差，则整个团队会受到负面影响，可谓"一粒老鼠屎坏了一锅汤"。

我们越来越认识到为什么这些人格特征对团队绩效很重要。责任心强的成员善于"支持"其他成员，而且善于察觉什么时候需要提供支持。思维开放的团队成员能更好地相互沟通，并激发出更多的创意，这使得由这种类型的成员组成的团队更具创造性和创新性。

3. 团队角色

团队角色是影响科学的团队成员配置的重要因素。在一个团队中，不同的个体需要承担特定的角色，而且个体所承担的角色具有稳定性，也就是个体在团队中的行为以及所做出的贡献倾向具有稳定性。例如，团队中有些人总是习惯去关注细节；有些人总是习惯去进行人员工作分工；有些人总是能够提供很多有用的信息，是一个信息提供者；而有些人很善于进行决策等。

研究发现，在一个团队中，如果缺乏了某些重要的角色没有成员承担，那么团队的绩效就会受到影响。根据梅雷迪斯·贝尔宾（Meredith R. Belbin）的研究结论，团队角色共分为九种，分别是创新者（plant）、专家（specialist）、监督者（monitor evaluator）、推进者（shaper）、执行者（implementer）、完美者（completer finisher）、协调者（co-ordinator）、外交家（resource investigator）、凝聚者（team worker）。贝尔宾把以上九种角色分为三大类：第一类是偏理性思考型的、谋略导向的角色，包括创新者、专家和监督者；第二类是偏任务型的、行动导向的角色，包括推进者、执行者和完美者；第三类是人际关系型的、人际导向的角色，包括协调者、外交家和凝聚者。

表 8-1　角色及其在团队中的作用

角色	团队中的作用
创新者	产生有创意的想法：点子多，富有想象力，能提供多样化的解决方案，不因循守旧，他们为团队的发展和完善出谋划策 思路开阔，思维活跃，观念新，富有想象力，通常倾向于与其他团队成员保持距离，运用自己的想象力独立完成任务
专家	提供稀缺的专业知识和技能：专注自己的专业领域 冷静、沉着，富有钻研精神，他们会为自己获得专业技能和知识而感到骄傲，专注于维持自己的专业度以及对专业知识的不断探究
监督者	对各种方案提供见解深刻的剖析：判断力强，善于思考，比较客观，善于对问题进行全面分析，对观点进行准确评价 客观冷静、不易情绪化，具有很强的分析和判断能力，倾向于三思而后行，非常具有批判性思维。善于在考虑周全之后做出明智的决定

（续）

角色	团队中的作用
推进者	克服障碍，推动任务完成：寻找和发现团队讨论中可能的新方案；推动团队达成一致意见，并把决策转变为行动 具备足够的动力和勇气去克服障碍，有干劲，勇于接受新观念和挑战，能适应压力。非常有进取心，性格外向，拥有强大驱动力
执行者	提供指令并实施完成任务：善于把任务细化、分解，有效地把想法转化为实际行动 自律、值得信赖、保守、工作效率高。实用主义者，有强烈的自我控制力及纪律意识，偏好努力工作，并系统化地解决问题
完美者	关注细节、强化规则：强调任务的目标要求和活动日程表；在方案中寻找并指出错误、遗漏和被忽视的内容；促使团队成员产生时间紧迫的感觉 勤奋、尽责、焦虑，追求完美，不太需要外部的激励或推动，他们无法容忍那些态度随意的人，不喜欢委派他人，而是更偏好自己来完成任务
协调者	澄清目标以及提供组织和人员安排：明确团队目标，领导他人向共同的目标前进；帮助确定团队中的角色分工、责任和工作界限 自信、沉着，看问题比较客观，善于沟通，在人际交往中，他们能够很快识别对方的长处所在，并且通过知人善用来达成团队目标
外交家	引入外部信息，建立外部联系：擅长搜寻和报告各种创意，引入外部信息；接触持有其他观点的个体或群体；参加磋商性质的活动 性格外向、善于沟通、充满热情、消息灵通，乐于在任何新事物中寻找潜在的可能性。然而，如果没有他人的持续激励，他们的热情会很快消退
凝聚者	关注成员之间的协调与冲突处理：了解他人的想法，给予支持，在团队成员之间建立起合作关系，在团队中起到润滑作用；采取行动扭转或克服团队中的分歧 具有合作精神，性格温和，善于倾听，人际敏感性强，能促进团队合作，他们观察力强，善于交际，作为最佳倾听者的他们通常在团队中倍受欢迎，在工作上非常敏感，但是在面对危机时，他们往往优柔寡断

成功的工作团队会根据员工的技能和特征来安排他们扮演这些角色。为了使团队成员实现良好的配合，管理者需要了解每名员工的优势（该员工可以为团队带来什么），挑选合适的团队成员并为其安排相匹配的工作任务。

贝尔宾的角色理论被不少企业所采用，像阿里巴巴、华为公司等都采用该理论来组建团队。贝尔宾的角色理论还可以用于团队成员的自我认知、新老团队成员融合、组织人才盘点、人员选拔以及培训与开发中。总之，在团队成员配置中，一般强调以下原则：角色齐全，功能齐备；尊重差异，实现互补；容人短处，用人所长；增强弹性，主动补位。

4. 多样性

工作单元（群体、团队或部门）中不同成员所共有的人口统计学特征，比如年龄、性别、种族、教育水平以及在组织中的工作年限等因素，共同构成组织人口统计学（organizational demography）的研究主题。组织人口统计学研究表明，成员的特征，比如年龄和加入组织的时间，可以帮助我们预测员工离职率。这当中存在这样一种逻辑：团队有着不同经历的人离职率更高，因为对他们来说沟通更加困难，冲突更有可能发生。冲突的增加会使团队成员的身份缺乏吸引力，所以员工离职的可能性会更大。

许多人认为多样性是一件好事——多元化的团队能够受益于不同的观点和视角，进而表现得更出色。但是，两篇对相关文献的元分析表明，总体上，人口统计学特征的多样性与团队绩效没有实质性的关系，而另一篇元分析则表明种族和性别多样性对团队绩效有负面影响。[1] 在白人或男性占主导地位的职业中，性别和种族多样性会产生更加消极的影响，但是在人口统计学特征分布均衡的职业中，多样性就不再是一个问题。

恰当的领导方式能提高多元化团队的绩效。一项针对68个中国团队的研究表明，在知识、技能、处理问题方式上具备多样性的团队更有创造力，前提是团队的领导是变革型领导并且能够鼓舞人心。[2]

我们已经讨论了有关团队中种族或性别多样性的研究。那国家差异带来的多样性呢？就像前面的例子一样，有证据显示，这些多样性会干扰团队的历程，至少会在短期内造成一定的影响。文化上存在根本差异的团队，在学习相互合作、解决问题时，面临更多的困难。不过这些困难似乎会随着时间而减小，在刚刚成立的阶段，文化多元的团队比文化一致的团队表现差，但这种差别会在大约三个月之后慢慢减少。

5. 团队规模

理想的团队规模应该多大，团队的规模又会对团队产生哪些影响都是需要考虑的问题。一方面，团队规模会影响到团队成员所带来的技能互补性。如果团队规模比较小，不同团队成员之间的优势互补性就不够明显，当团队规模较小时，群体讨论过程中，观点的多样性可能就不够，这样群体决策的质量就会受到影响。所以，有研究建议，团队需要有一定数量的人员才可能较好实现优势互补的作用。但是团队人员数量过多，又会影响到团队成员之间的有效协作。

大多数专家都认为，提高群体有效性的关键在于维持团队较小的规模。通常来说，最有效的团队拥有5～9（7±2）个成员。

专家建议，在能够完成任务的前提下团队应该使用最少的人数。然而在实践中，管理者经常犯的错误就是使得团队规模过大。尽管为了形成观点和技能的多样性，4～5人是必需的，但管理者似乎严重低估了这样一个问题：随着团队成员的增加，成员合作方面的问题成几何倍数增长。当人数过多时，团队凝聚力和相互信任就会下降，社会惰化现象会增加，成员交流的时间会越来越少。而且，大规模团队在协调每个成员的工作任务时会有麻烦，尤其在有时间压力时。因此管理者应该尽量使团队人数不超过九人。如果一个自然形成的工作单元中人数过多，无法有效协作，而你希望采取团队方式，那么应该考虑把群体拆分成几个小团队。

6. 成员的偏好

并非每个员工都是合适的团队选手。如果让他们自己选择，有些员工会选择不加入团队。那些更喜欢独自工作的员工如果被要求加入团队，会对团队的士气和成员满意度产生

---

[1] JOSHI A, ROH H. The role of context in work team diversity research: a meta-analytic review[J]. Academy of Management Journal, 2009, 52(3):599-627.

[2] SHIN S J, KIM T Y, LEE J Y, et al. Cognitive team diversity and individual team member creativity: a cross-level interaction.[J]. Academy of Management Journal, 2012, 55(1):197-212.

直接的威胁。

选择团队成员是一项非常重要的决定，个体绩效非常好的员工，未必是一名好的团队成员，成为一名好的团队成员必须具备一定的条件，团队成员除了要具有技术能力外，还必须具备其他的特征，使他们能够并且乐意在一个团队的环境下执行任务，因而需要明确什么样的人适合团队工作。一般而言，具备以下五个方面特征的员工更容易形成高绩效团队。因为这五大特征的英文单词第一个字母都是"C"，所以也有人称之为"5C"模型，见表8-2。

表8-2 高绩效团队成员的五大特征

合作（cooperation）	乐意并且能够与他人一起工作，愿意分享资源、能够适应团队其他成员的需要和偏好，如为了配合其他人的工作，改变自己的工作方式和时间
协调（coordination）	积极管理团队工作从而使团队能有更好的表现。能够协调彼此之间的工作，不仅了解自己的工作，还要了解其他人的工作，能够把不同成员负责的工作整合起来
沟通（communication）	能够积极倾听同事的想法，能够使用合适渠道和语言以及以尊重的方式与他人坦诚和高效地进行交流
慰藉（consolation）	能帮助同事保持积极和健康的心态，例如，对他人的感受表示理解，给予心理安慰，帮助同事树立信心和建立自我价值
解决冲突（conflict resolution）	有解决团队分歧的技巧和主动性，能够识别冲突，并且高效地解决各种冲突

塑造团队成员

许多人并非生来就适合担任团队选手。组织可以采取哪些有效措施来塑造团队选手？我们概括了几种方案供管理者参考。

（一）甄选——雇佣团队型选手：在招募团队成员时，候选人除了具备必要的技术能力之外，还需要具备团队技能，以确保他们能够完成自己在团队中将要扮演的角色。当候选人缺乏团队技能时，管理者通常有两种选择：首先，不要雇用他们。如果你雇用了他们，就把不需要团队合作的任务或职位分配给他们；其次，让候选人参加培训，把他们训练成团队选手，但不是所有时候培训都能发挥作用。

（二）培训——打造团队型选手：培训专家可以通过各种练习让员工体验到团队工作带来的满意感以及提升团队工作所需要的相应技能。专家们通常让员工参加培训班，帮助他们提高解决问题、沟通、谈判、处理冲突和指导他人等技能。

（三）奖励——激励员工成为优秀的团队型选手：组织的奖励机制应鼓励员工共同合作，而不是增加员工之间的竞争。在团队建立之后，应尽早确定合作的基调，由内部竞争机制再转向合作机制的团队不会进行信息共享，并且可能会做出轻率、糟糕的决策。很明显，在实施内部竞争的群体中，成员之间的相互信任程度会很低。这种低信任并不会因为奖励体系的迅速调整而轻易地被高信任所取代。

最后，请促使员工能够从团队工作中获得内在奖励，例如友好的团队成员关系、成功的团队经历、团队中得到自我发展的机会以及帮助伙伴们成长等。

（资料来源：罗宾斯，贾奇.组织行为学（第 16 版）[M].孙健敏，王震，李原，译.北京：中国人民大学出版社，2016：258-259.）

（三）团队过程

与团队有效性有关的最后一类因素是过程变量，包括成员们对一个共同目标的承诺、设置本团队的具体目标、团队效能、可控的冲突水平以及最低水平的社会惰化。对规模较大的团队以及成员之间依存度很高的团队来说，这些过程变量尤为重要。

为什么过程管理对团队效果很重要呢？让我们以社会惰化为例来回答这个问题。我们发现团队中 1+1 未必大于 2 甚至不能等于 2。当每个成员对本团队的贡献无法被明确识别时，他们往往就会减少自己的努力。换句话说，社会惰化表明了使用团队所造成的过程损失。但是，团队的输出应该大于输入的总和才能体现团队的价值。图 8-4 表明，群体过程管理能够影响群体的实际有效性。实验室通常会采用团队工作形式。因为作为一个团队，研究者可以充分利用不同成员的多种知识和技能。与这些研究者独自工作相比，团队可以从事更为复杂、意义更重大的研究。也就是说，他们组成的团队可以产生积极的协同效应，过程收获超过了过程损失。

图 8-4　群体过程的效果

1. 共同目标

高效的团队首先会分析本团队的使命，设置目标来实现该使命以及制定战略来实现这些目标。建立共同目标可以分为两个层次，一个是愿景性目标，另一个是具体的任务目标。团队需要为成员确立有意义的愿景性目标。这个目标越能够被大家所认同，越具有意义，对成员的推动力则越大。有些团队管理者比较忽略愿景性目标的建立，更多的情况是确定具体的任务目标，关注具体工作任务的完成情况。

码 8-3

在成功的团队中，成员通常会花大量的时间和精力来讨论、塑造和完善一个在团队层面和个体层面都被认可的目标。这个共同目标一旦被团队接受，就像 GPS（全球定位系统）对船长的作用一样——在任何情况下，都能指引前进的方向。团队应该在目标上达成一致，有证据表明，如果成员对目标的看法存在差异，就会在整体上导致较低的绩效。

2. 具体目标

成功的团队会把自己的共同目标分解成具体的、可测量的、切实可行的绩效目标。具体的目标会促进明确的沟通，有助于团队保持全神贯注的状态，致力于实现这些目标。

另外，与对个人目标的研究结果相一致，团队目标也应该具有挑战性。有一定困难但可实现，且给出特定衡量指标的目标会提高团队在特定方面的绩效。例如，关于产量的目标往往会提高产量，关于精确性的目标会提高精确性。

高效团队还表现出反思性（reflexivity）。也就是说，它们在必要时能够反思和调整自己的计划。一个团队需要有一个好的计划，愿意并且能够根据具体情况的变化来调整自己的计划。有证据表明，反思性强的团队更善于应对团队成员在计划和目标上产生的冲突。

3. 团队效能

高效的团队往往很自信，它们相信自己能够成功。我们把这种特征称为团队效能。如果一个团队过去曾取得成功，那么该团队对未来获得成功的信念就会变强，这种信念反过来又激励团队成员更加努力工作。团队成员如果缺乏团队效能感，就会降低团队成员的工作动机。例如，团队中的成员对团队能够成功开发某个产品缺乏信心，认为根本不可能成功，他的动机就不会太强。而且团队效能感能增加团队的凝聚力和士气。

管理层可以做些什么来提高团队效能？有两种选择方案：帮助团队取得群体成功来树立该团队的信心；通过一些培训来提高团队成员的技术技能和人际技能。团队成员的能力越高，团队就越有可能树立信心并将其运用于实践

4. 冲突水平

团队中的冲突未必就是坏事，冲突与团队绩效之间存在复杂的关系。例如，对于从事非常规活动的团队，成员之间在任务如何完成方面的意见不一致反而可以激发成员之间的讨论，促进对问题和备选方案的批判性评估，带来更佳的团队决策。在中国进行的一项研究发现，在实现团队绩效的最初阶段出现适度的任务冲突会提高团队的创造力，但是很低或者很高的任务冲突都与团队绩效呈负相关。换句话说，在团队完成任务的最初阶段，太多或者太少的分歧都对绩效不利。

在工作中，需要区分两类冲突，任务冲突（task conflict）与关系冲突（relationship conflict）。任务冲突是由于工作任务上的意见分歧而造成的冲突，这种冲突如果处理得当，能够促进问题解决，提高团队绩效，可能是一种建设性冲突。对于需要有一定创新性的工作来说，适当的任务冲突是必需的，因为冲突能够引发更多的讨论和思考，观点之间的相互碰撞能够带来更有创造性的观点。

关系冲突是由于个人的恩怨造成的冲突，这种冲突会导致人际关系紧张，人与人之间互相憎恨，会影响到团队目标的有效实现，很可能是一种破坏性冲突。任务冲突如果处理不当，可能会引发关系冲突。团队成员的人际关系矛盾很多情况下是由于彼此观点的不一致而导致的。在举行会议的过程中，当大家有意见分歧的时候，可能会出现以下三种现象：

第一种情况是：大家为了避免冲突，不会发表自己的真实观点，这种情况可能是大家有话不说，不能坦诚交流。这种情况在东方的文化背景下是比较普遍的，因为我们很多时候会把事与人关联起来，对事情的反对会看作对人的反对。反对别人，会被认为不给别人面子，所以为了避免冲突，员工就不会坦诚沟通。很显然，这种情况不能有效发挥群体讨论的作用。

第二种情况是：大家愿意说出自己真实的想法，但可能会引发观点之间的冲突，如果冲突处理不当，可能就会导致人与人之间的人际关系不和谐，甚至演变成个体恩怨，或者派系斗争。

第三种情况是：大家愿意说出自己的想法，并且能够做到对事不对人，既能够发挥任

务冲突的作用，又不会导致关系冲突。

那么，对于管理者而言，如何能够让参会者真实表达自己的观点，做到对事不对人呢？如何能够保持建设性冲突又减少关系冲突？第一个方面需要管理者进行引导建立一种支持性的团队规范，让大家讨论时对事不对人，不会有压力；第二个方面是增进彼此之间的了解与接纳程度，大家能够相互信任；第三个方面是提高大家的情商，使其具有较好的沟通技巧和冲突处理能力。团队成员要能够对具有建设性的冲突和破坏性的冲突进行区分，在有破坏性冲突出现的苗头时需要有所警觉。

5. 社会惰化

在团队过程管理中，另一个需要注意的就是社会惰化的问题，当无法准确衡量每个成员的具体贡献时，个体成员就容易表现出社会惰化，顺势搭上群体努力的便车，在其中滥竽充数。有效的团队会让成员在团队和个体这两个层面对团队的目的、目标和行动方式承担责任，从而削弱社会惰化倾向。在有效团队中，成员们很清楚哪些是自己的个人责任，哪些是大家的共同责任。因此，管理者在团队管理过程中需要采取有效措施降低社会惰化，使团队中的成员关心集体绩效，愿意为集体绩效而付出努力，这对于打造高绩效团队来说是很关键的。

本章核心概念

团队　群体　团队效能　问题解决团队　跨职能团队　自我管理型团队　虚拟团队　多团队系统　团队角色　社会惰化　冲突　关系冲突　任务冲突　多样化

思考题

1. 什么是团队？
2. 团队和群体有什么区别？
3. 团队的类型有哪些？
4. 如何塑造一个高绩效团队？
5. 团队角色有哪些？
6. 什么是虚拟团队？

讨论题

1. 从个人经历及生活实践出发，谈谈如何建立一个高绩效的团队。
2. 以您的职业为例，谈谈不同类型的团队在工作中有什么不同的特点。

案例分析

宜家的"快乐团队"

宜家的企业愿景是"为许多人创造一个更好的日常生活。（To create a better everyday

life for the many people.)"这个许多人中自然包括了宜家自己的员工。员工之间需要沟通交流，相互了解，才能形成一个和谐融洽的工作团队。

在宜家，每个业务部门都会有一定的合作者福利预算，利用这些预算，业务部门的管理层可以开展各种活动（正式和非正式）以促进和培养员工之间的和睦关系。这些活动包括部门/管理层的郊游（一年三次）、社会活动（如非正式的聚会、社会家庭日出游等）；还包括学习和开发活动（某一层级的团队建设的培训专题研讨会）。在宜家的商业计划项目启动会议上，往往会有一个有趣的活动就是让员工（海内外）之间互相认识。

宜家新加坡的人力资源总监 Lydia Song 说："一个快乐、友好、有凝聚力的职场氛围自然会带来更好的商业成果和客户体验。"因此，宜家会考虑员工的需求，为他们提供一个平台或者机会去建立团队协作，达成和睦关系。这其实也反映了宜家的企业文化。

在宜家非常流行的活动就是社交日出游。通过社交日活动，用一个有意义的事情将大家聚集在一起，从而打造成可持续发展的团队。比如为孤儿院修造家具、清理海滩、植树造林等。这些活动不仅满足了宜家对于企业承担社会责任的需求，提升了宜家的社会形象，而且又使员工之间多了些沟通的渠道，增进了彼此的了解，加强了团队的协作。

虽然这些活动受到了管理层的支持和赞赏，但是宜家这种零售商业环境很难让所有员工能同时聚到一起，这是个不小的挑战。

宜家为了能让每一名员工都能参加活动，根据零售商业业务运作的时间安排，将同一出游活动分为两次，争取每一名员工都能得到参加活动的机会。

这些活动项目的开展，使员工得到了快乐，企业运营更顺畅，员工之间的沟通障碍越来越少，团队之间愈加和谐、团结。同时，在业务上也产生了积极的影响，宜家的销售越来越好，顾客也得到了快乐，员工流失率不断降低。

虽然团队的沟通效果、凝聚力无法用数值来进行量化表达，但是通过宜家员工脸上的笑容、团队成员之间的笑声、办公室的氛围和员工们一起共进午餐的频率，便可得知宜家的团队建设是成功的。

（资料来源：http://www.hrsee.com/?id=568.）

问题：

结合相关理论和实践，谈谈宜家的团队建设为什么会成功。

第九章

领导

引导案例

当被称为是互联网时代企业的思科正在接受全球传媒和资本市场的广泛赞誉与顶礼膜拜之时，它却不得不为一家来自中国的企业暗自焦虑，头疼不已。这家企业就是深圳的华为技术有限公司。它的带头人任正非原来是解放军的一名团级干部，也因此而带有军人作风。

任正非的经历的确让人赞叹。20世纪80年代，他自军队转业之后，就来到了当时改革开放最前沿的深圳，于1987年创立华为公司，最初靠代理香港一家公司的HAX交换机获利。当时在深圳这种类型的公司一抓一大把，可大家活得都不错，很舒服。但任正非的与众不同此时便显露了出来，做了两年之后，他放着舒服赚钱的生意不做，自己搞研发，做自己的产品。1990年，几十个年轻人跟随任正非来到南山一个破旧的厂房，开始了他们的创业之路。

任正非不修边幅，一身老土的革命同志打扮。这些已足够让人惊奇，更令人惊讶的是华为的管理模式仍沿用革命化的团结大动员、唱军歌式的集体行动那一套，这看起来与华为所要打造的新锐的网络技术、透明而现代化的高科技企业目标格格不入，却又能和谐地融合在一起。但也有人指出，华为的快速成长与中国特定的历史时期有关，它恰好赶上了中国经济大发展的高潮，通信基础设施的大量更新为华为带来了巨大订单。最初，华为是从偏远农村等低端市场做起的，在跨国公司的夹缝中寻求生存的机会。

知名财经作家、《华为真相》作者程东升这样评价任正非和华为：大凡真正的大企业家，首先应该是个思想家，对企业的宏观战略有清晰的认识，以自己独特的思想认识、影响和指导企业的发展。华为之所以成为中国民营企业的标杆，不仅仅因为它用10年时间将资产扩张了1000倍，不仅仅因为它在技术上从模仿到跟进又到领先，而是因为华为独特的企业文化，这种文化的背后则是总裁任正非穿透企业纷繁复杂表象的深邃的思想力。从产品营销到技术营销再到文化营销，华为做得有条不紊。任正非对企业目标的界定，对企业管理的创新，对智力价值的承认，都开创了中国民营企业之先河。

华为因为任正非而成功，任正非因为思想而杰出。中国从来就不缺企业家，但从来都缺真正的商业思想家——在当代中国，任正非应该算是一个。

（资料来源：https://wenku.baidu.com/view/f37014edf8c75fbfc77db275.html.）

引例中，正是由于任正非所具有的领导特质和表现出来的领导行为，带领华为公司一步一步取得今天的成功。领导一直以来都是一个十分迷人的话题,吸引着来自心理学、政治学、社会学等不同领域的学者们对这一现象进行不断的解释、描述和研究,他们试图勾勒出一个清晰明确的图像,来说明在不同的社会领域中领导是如何起作用的。本章将试图揭示领导这一活动的内在规律,帮助大家更好地了解领导的内涵。

第一节 领导基础知识

一、领导的定义

领导(leadership)是指有效影响他人或群体以实现组织共同目标的过程。

这一概念主要有两个含义:一是确定目标,二是促使人们能够共享并实现这一目标。为了能够很好地领导下属,卓越的领导者需要具备很多特质、技术和能力,能够指明方向、预见并清晰阐述未来的理想愿景、发动变革、构建企业文化、关心下属等,最终通过影响下属来实现组织的目标。

领导者(leader)是指能够有效影响他人,实现共同目标的人。

领导者可以按照其产生的方式分为正式领导者和非正式领导者。正式领导者是通过规则和程序等在团体或组织中被给予正式地位和权限的人,他们拥有合法的权力进行奖励和处罚,其影响力很大一部分来自于他们所在的职位所赋予的正式权力,其重要功能表现为通过领导活动达到组织目标。非正式领导者则是从某一个群体中自发产生出来的,未必在正式组织中拥有管理职位,并不是运用正式权力来影响他人的人,其领导者的地位主要是因为他们具有诸如高尚的品德、丰富的经验等而赢得的。

二、领导与管理

斯蒂芬·罗宾斯将管理定义为通过与其他人共同努力,既有效率又有效果的把事情做好的过程。而管理者是指在一个组织中直接监督他人工作,使组织目标得以达成的人。领导和管理之间存在很大的差别,但同时两者又有一定的关联。

(一)领导与管理的差别

1. 领导与管理的目标不同

通过计划、组织、领导和控制等手段,将组织的人力、物力、财力等资源要素进行合理配置,从而提高组织运行的效率和效果,这是管理所追求的目标。其工作的重心是解决效率与效果之间的关系问题。而领导的本质是领导者通过教育、鼓励、引导等手段,带领成员共同实现目标。其重心是解决方向、目标、路线等问题,主要是确定组织战略发展、目标和把握组织长远方向等。

2. 领导与管理的权力来源不同

管理者的权力一般来源于组织职位所赋予的正式权力,不仅仅是因其具有法律或者制度所赋予的强制性，从而使他们更容易达到控制的目标，也在于其主要任务是维持组织内部秩序。而领导者的权力更倾向于自己的专长和人格魅力，这些权力缺乏强制性，但是领导者却能以自己的知识、特质和心理素质产生一种特殊的领导魅力影响被领导者，虽然缺乏强制性但却具有很强的影响力。

3. 领导和管理的工作对象不同

管理主要是对组织中的人、财、物等资源的支配和控制，具有一定的强制性，其主要依靠约束力和被迫服从。而领导的对象却主要是人以及与人有关的事物，所以领导主要是对人的思想和行为进行影响，主要依靠吸引力和自愿服从。

4. 领导和管理的作用不同

管理强调的是正确地做事，方向一旦确定，如何用最好的途径和方法，如何高效地达到组织目标即是管理的重点，管理者更关注效率以及组织的现在。领导的主要作用是做正确的事，确立组织正确的行动方向非常重要，领导者更关注结果和组织的未来。

（二）领导与管理的联系

1. 主体的共同性

领导和管理的联系，表现最明显的是行为主体的共同性，对于一名领导者来说，既要承担领导活动，也要从事管理活动，对于一名管理者而言，同样如此。区别可能是对于不同层级的管理者来说，是管理的活动比重大还是领导活动的比重大。因此，对于行为主体来说，就要善于根据自己在组织中的角色地位，确定在日常工作中是领导多一点还是管理多一点。

2. 目标的互动性

任何组织不仅需要设计远景目标，而且还需要确立近期的奋斗目标，而且这两者总是密切联系、互为补充和相互作用的。一般来说，领导的远景目标可以产生巨大的感召力，而管理的近期奋斗目标则总与人们的现实利益结合在一起。在大多数情况下，目标管理也会对领导的远景目标产生重大影响：当管理目标总是能够顺利达成时，就会大大增强领导远景目标的感召力；反之，如果管理目标屡屡受挫，就会影响甚至从根本上动摇领导远景目标的感召力。

3. 职能的互补性

一个组织要发展，领导与管理"两者缺一不可"。对一个组织来说，如果只注重管理而不注重领导，就会使组织日益僵化，注定会使组织走向衰亡。反之，如果过分关注领导而管理不足，那么组织就会失去应有的秩序和规范，从而日益涣散。所以，只有将管理和领导结合起来，才能带来满意的效果。现代社会要求领导者和管理者不仅要善于管理，更要善于领导。

领导与管理的比较见表 9-1。

表 9-1 领导与管理的比较

领导	管理
领导关注外部、战略	管理关注内部执行
领导重在决策	管理重在实施

领导	管理
领导重在变革、创新	管理重在计划和预算
领导确定愿景	管理追求秩序
领导重在激励，鼓舞员工士气	管理重在约束与控制
领导关注结果和价值	管理关注过程和效率

三、领导角色

社会角色是指与人们的某种地位、身份相一致的一整套权利、义务的规范与行为模式。它是人们对特定身份的人的行为期望，是构成社会群体或组织的基础。领导角色也是如此。

码 9-1

领导角色主要包含以下特征：

1. *导向性*

领导角色的主要特征是率领和引导下属朝着一定目标前进，即发挥导向性作用。它在领导活动中具体体现为领导活动目标的制定、领导方法的把握、领导决策的追踪修正、领导过程中的变化调整等。

2. *服务性*

领导角色的服务性特征，不仅要求领导者为群体成员服务，而且要求领导者通过为下属完成任务创造有利条件来实施领导。

3. *感染性*

领导角色的感染特征，要求领导者时时努力提高自己的素质，借以形成自己的人格凝聚力、渗透力和向心力。

4. *多重性*

领导角色的本身，是一个"角色丛"：当他与下属成员发生联系时，他的角色是"领导"；当他与其他社会成员发生联系时，他的角色是"公民"；当他与上级发生联系时，他又成为"被领导者"；即便在与本单位群体组织成员发生联系的过程中，也是一个"角色丛"，同时充当多种角色，每种角色对领导者都有着为社会所接受的独特的规范要求。

第二节 领导中的权力

一、权力的概念

权力是组织活动中一种重要的现象，它看不见也摸不着，但却又实实在在存在着。组织中的个体和群体都感受到权力对他们的影响，对组织活动过程的影响。那么，权力究竟是什么呢？权力意味着所有一切能够影响他人的能力，只要能够影响他人，能够让他人按照你的要求和意愿去行动，就意味着你拥有一定的权力。它既可以是影响者对单一目标者的影响，也可以是对多目标人群的影响。

权力（power）是指个人、团队或者组织影响他人、团队或组织的能力。

权力不是改变某个人态度或行为的举动，它只是让你具备可以这样做的可能性。同样，权力不是一种主观感受。你可能觉得自己是有权力的，或者认为自己可以影响他人，但除非你真正有影响他人的能力，否则这就不是权力。权力的最基本前提是一个人相信他依赖于其他人，能够获得某种价值资源。你可能通过控制一份满意工作的分配、有用信息、重要资源等，从而拥有对其他人的权力。然而，权力要求对依赖的感知，因此人们可以通过劝说他人相信自己有某种价值来获得权力，而不需要真正控制那种资源。这样，当别人相信你能控制他们想要的资源时，你就拥有了权力。

二、权力的来源和类型

为了施加影响力，领导者必须拥有权力，即影响决策和掌控资源的能力。个体可以从多种渠道获得权力，人们获得权力的方式在很大程度上取决于他们追寻的权力类型。因此，要理解获得权力的机制，人们必须要理解权力的类型以及这些权力的来源。

（一）职位权力

在组织中，各级领导者之所以能对下级进行管理，率领和引导组织成员为实现组织目标而努力，正是因为领导者拥有与其职务相对应的权力，这种类型的权力称为正式的权力，这种权力是由个人在组织中的职位决定的，来源于行政力量，表明领导者行使权力的合法性以及在职权范围内的支配地位。组织中正式的权力包括法定性权力、强制性权力和奖励性权力三种。

1. 法定性权力

法定性权力（legitimate power）是指依法做出决定且希望别人服从决定的权力，通常由组织按照一定的程序和形式赋予领导者进行命令和指挥的权力。例如，当组织中的某个人被任命为总经理时，他就可以行使总经理的职权，各部门经理必须服从总经理的命令，因为他们认为这种权力是法定的。不同组织成员因其所处的地位不同，享有的法定权力也不同，组织机构中职位高的人要比职位低的人拥有更多的权力。

2. 奖励性权力

奖励性权力（reward power）是指目标者感觉到一个领导者控制着目标者所需求的重要资源和奖励的能力。人们之所以服从另外一个人的愿望或指示，是因为这种服从能够给他们带来益处。因此，那些能够给人们带来他们认为有价值的报酬的人就拥有奖励性权力。如果组织中的某位上司能够自由地雇佣员工、确定工资、编制预算等，那么对这些理想资源的控制就是上司的权力来源。这些有价值的资源可以是金钱的，如加薪、奖金等，也可以是非金钱的，如认可、晋升等。

3. 强制权力

强制性权力（coercive power）依赖于人们对不服从命令会导致的消极后果的惧怕，出于对这种后果的惧怕，这个人就会对强制性权力做出反应，其实质上是一种惩罚性权力。换句话说，强制性权力是指给予扣发奖金、降职、批评以致开除等惩罚性措施的权力，它源于下级的恐惧感。

（二）个人权力

领导者的权力不仅可以来自个人在组织中的正式职位，也可以来自于一个人的人格、知识、技能和能力等，与职位无关，这种类型的权力被称为非正式的权力。主要包括专家权力和参照权力。所以，组织中有一些人，他们不一定具有正式的职权，也不一定具有较高的级别，但是看上去却似乎比同级别的人甚至更高级别的人拥有更多的权力。

1. 专家权力

专家权力（expert power）是指来源于知识、技能或能力专长的一种权力。这种权力是以敬佩和理性崇拜为基础的。领导者本人学识渊博，精通本行业务，或具有某一领域的高级专门知识和技能，即能够获得一定的专家权力。当其他人依赖于影响者的建议时，专家权力就能成为权力的一个重要来源，能够解决的问题难度越大，这种专家权力就越大。只要还对拥有知识技能的人存在依赖，专业知识和技能就可以是权力的一个重要来源。

2. 参照权力

参照权力（referent power）来源于个体拥有的某种人格特质，这种特质使他人认同并愿意自发追随。如果有人认同并崇拜你，那么，你就可以对他们拥有权力。参照权力源自于其他人取悦影响者的需要，人们更有可能答应自己非常羡慕的人所提出的请求。

专家权力和参照权力都可以归类为个人权力，因为都产生于个人而非组织。专家权力是指通过专业知识、技能或能力去影响别人的能力，参照权力则指通过某人的人格特质去影响别人的能力。

码 9-2

三、权力的运用

对权力的研究目前仍然很有限，不足以提供如何最佳运用权力的明确行动指南。但基于来自不同社会科学领域的研究结论，我们可以提出一些针对领导者的初步指导。这些行动指南通常表述为对下属的影响，但很多指南也可以用于影响其他人。

（一）如何运用法定性权力

职权的运用通常表现为口头或书面的要求、命令或指示。法定性权力的运用方式会影响权力使用的结果，见表 9-2。例如，礼貌的请求可能比粗鲁的命令更有效，因为它没有强调地位差距或暗示目标对象对领导者的依赖。对于地位差距和权威关系高度敏感的人，礼貌的请求尤其重要。

领导者应以目标对象可以理解的语言清楚地说明指令和要求。如果要求的事项很复杂，最好同时使用书面和口头方式来沟通。领导者应直接向目标对象提出口头要求，而不应通过他人向目标对象转达。中间人可能曲解信息，领导者也会失去了解目标对象反应的机会。

表 9-2　运用法定权力的行动指南

1	做出礼貌、清晰的要求
2	选择合适的渠道
3	解释提出一项要求的原因
4	如果有必要,坚持要求他人服从
5	不要超越你的职权范围
6	如果有必要,证明你的权威

下属直接拒绝执行合法指令或要求的事例,会损害领导者的权威并增加未来违抗命令可能性。因此,领导者不应发出不太可能被执行的指令。有时,下属可能推迟执行一项不受欢迎的指令,其意图是为了检验领导关于对此决定的严肃性。如果领导者对指令的进展不进行后续核查,下属可能认为该项要求是可以被忽视的。

(二)如何运用奖励性权力

奖励性权力可以有多种运用方式。当领导者向目标对象提出完成一项指令或任务可获得的奖励时,这就被称为"交换策略"。另外一种运用奖励权力的常见方式是建立正式的奖励制度,针对良好行为和超出标准的绩效则可以发放物质奖励或奖金,具体见表 9-3。

表 9-3　运用奖励权力的行动指南

1	提供人们期望的奖励
2	使用有象征意义的奖励手段
3	提供公正、符合道德的奖励
4	如果达到要求,就提供承诺的奖励
5	使用有象征意义的奖励手段

奖励权力的运用方式影响了其使用效果。如果奖励对于目标对象来说是重要的,则更有可能导致服从。因此,有必要确定哪些奖励受到下属重视,并且,领导者也不应假定每个人都期望同样的奖励。有些奖励可能对于个体来说并不具有很强的激励性,即在这种奖励下,个体并不愿意付出超常的努力完成组织任务。另外,如果奖励被视为诱使目标对象从事不正当、不道德行为的诱饵时,有吸引力的奖励也是无效的。

当奖励被频频作为影响他人的手段时,人们可能认为他们与领导者的关系仅限于纯粹的经济利益关系。每当要求他们从事新的、不寻常的任务时,他们就会期望得到奖励。如果从相互忠诚和友谊的视角来定义双方关系,则双方会更满意。如果将奖励作为一种认可成就、表达对特殊贡献或超常努力的欣赏的象征物,以这种方式运用的奖励性权力,将成为参照权力的增长来源。

(三)如何运用强制性权力

强制性权力借助威胁或警告而存在,如果目标对象不服从要求、规章或政策就会面对令人不快的结果。当人们认为威胁是真实存在的,且强烈希望避免这种惩罚威胁时,服从的可能性就很大。如果目标对象不服从,同时先前表达的威胁也没有兑现,这将会破坏其可信度。有时为了建立可信度，就必须展示领导者有能力、有意愿带给目标对象惩罚的结果。

除非绝对需要，否则最好避免使用惩罚手段，因为它的使用可能导致一些令人不快的负面效果。惩罚往往会激起愤怒或怨恨，甚至可能导致报复。在组织当中，最合适的惩罚是针对那些危害组织的行为，比如非法活动、盗窃、违反安全规定，以及其他明显超出合法要求的行为。在适当情境下如果运用惩罚得当则会增加员工服从的可能性，具体见表9-4。

表9-4 以强制权力维持纪律的行动指南

1	解释规则和要求，确保人们理解违反纪律的严重后果
2	对违纪行为做出迅速、一贯的反应，不偏袒任何个人
3	在指责或惩罚之前，通过调查获得事实，避免仓促做出结论或草率的指责
4	如果在威胁、警告之后员工仍不服从，进行处罚以维护可信度
5	运用合法、公正、与损害严重程度相匹配的惩罚手段

（四）如何运用专家权力

当行动者拥有明显超出目标对象的相关技术专长时，专家权力的影响几乎是自动产生的。例如，当一位著名内科医生建议采用某种疗法时，病人会毫不迟疑地接受其建议。如果他人对于行动者的技术专长存在任何疑问，行动者需要通过提供合适的证明，或者描述其在以往处理类似问题上取得的成功，从而证明其技术专长，增加专家权力。运用和维持专家权利的方式见表9-5。

表9-5 运用和维持专家权力的方式

1	解释一项要求或建议的原因及其重要性
2	避免说谎、夸大或误导事实
3	认真听取他人的关心事项和建议
4	能够提供证明，说明一项提议是合理的
5	在危急关头，以自信和果断的方式行动

应当以清晰、自信的方式提出建议或要求，行动者应避免做出自相矛盾的表述或在两种不同立场上摇摆。但最重要的是要记住，如果运用专家权力过程中暗示了目标对象是无知的，则超强的技术专长同样可能带来目标对象的负面情绪。在进行说服的过程中，一些人的表述方式可能过于自大、居高临下。当个体在努力说服目标者采用他所提供的方案和建议时，如果他持续地与别人争辩，冒昧地打断任何回应，以及不假思索地压制所有反对意见，即使这个人拥有较多的技术专长，他的专家权力也会大打折扣，这是运用专家权力时需要注意的问题。

（五）如何运用参照权力

参照权力的增加，可以通过显示对他人需要和情感的关心、表达信任和尊重、公正待人等来实现。然而，为取得和保持强有力的参照权力，领导者需要做的远不止于小恩小惠和施展魅力。参照权力最终取决于行动者的个人品质和真诚。随着时间推移，行动远比言语更有说服力，一些看似友好但剥削他人的人将失去参照权力。诚实、言行一致、履行诺言，始终一贯地坚持某些原则，都能展示出个人真诚。获取和运用参照权力的方式见表 9-6。

表 9-6 获取和运用参照权力的方式

1	表示接受和正面评价
2	真诚地赞美他人
3	信守诺言和承诺
4	做出一定的自我牺牲以造福他人
5	表现得乐于助人
6	以身作则的领导

运用参照权力的另一个方式，可以通过"角色楷模"来实现。一位广受大家喜欢和崇敬的人可以成为他人的模仿对象，这一角色榜样使他对其他人有相当大的影响力。当他人有强烈的认同感时，模仿就可能发生。但是人们也会模仿崇拜对象的不良行为，例如，某些著名的娱乐明星的违反道德的不良行为可能对粉丝产生负面影响。

第三节 领导理论

从 20 世纪 30 年代开始，西方各国的管理学家、行为学家以及心理学家都非常重视对领导及领导理论问题的研究，从不同的角度对领导有效性的作用机制进行了探讨，提出了有关领导作用机制的多种解释和理论。大体上主要分为以下三个阶段：

1）自 20 世纪 30 年代开始，领导特质理论集中研究了成功的领导者身上所具有的个人特征，以领导者为中心，目的是要找出领导者与非领导者的区别。

2）到了 20 世纪 40 年代，主要是领导行为理论，该理论将研究中心转为研究领导者的工作作风和领导行为对领导有效性的影响，并对各种领导行为进行分类。强调通过领导活动对组织成员施加影响，从而激发员工的工作热情来完成组织的任务。

3）20 世纪 60 年代以后，研究者们开始强调组织的环境对领导有效性的影响，从而形成了领导权变理论。该理论从组织所处的环境研究如何使领导行为与环境相匹配，从而达到最佳的领导效果。

一、领导特质理论

领导特质理论（traits theories of leadership）又被称为领导特性理论、领导素质理论。从 20 世纪 30 年代开始，早期的管理学研究十分重视对领导者应有的特质进行研究，认为领导者的特质是与生俱来的，他们具备一些不同于其他人的特点，如智慧、目标明确、有远大的理想、坚韧的毅力等。领导特质理论的基本出发点是：能否成为有效的领导者，主要决定于他们是否具有领导者的特质。一些领导理论的研究者们希望通过对领导者的特质进行研究，找出领导者具备而非领导者不具备的特质，进而找出成为领导者的特质规律，从而回答什么样的人能够成为有效领导者的问题。领导特质理论就是试图总结出具有规律性和普遍性的领导者的一般特质。主要有以下几个代表性的领导特质研究：

（一）斯托格蒂尔的六类领导特质

美国俄亥俄州立大学（Ohio State University）工商企业研究所的拉尔夫·斯托格蒂尔（Ralph M. Stogdill）教授对特质理论做过详细的研究，他找到了六种类型的领导特质：

1）身体特性，如精力充沛、有干劲、仪表出众等。
2）社会背景特性，如受教育的程度和社会地位等。
3）智力特性，如超群的智慧、良好的口才、判断力等。
4）性格特性，如自信、有控制力、正直、见解独到、进取等。
5）工作方面的特性，如有责任感、事业心，追求成就，重视任务的完成等。
6）社交技能特性，即成功的领导者具有广泛的社交能力，善交际，能与人合作开展工作等。

斯托格蒂尔把领导者的特征总结为：强烈地被履行责任和完成任务的意愿所驱动，追求目标完成的愿望强烈而持久，在解决问题上大胆而创新，自信并且见解独到，愿意接受决策和行为的结果并且有能力影响他人，能够为现实中的目的进行社会交往。

此外，斯托格蒂尔还明确地表示：拥有一定特质和技能能够增强领导的有效性，但它们不能保证领导者真正有效；拥有一定特质的领导者可能在一种情境下是有效的，但在另一种情境下却是无效的；两个拥有不同特质的领导者可能在同一情境下都是成功的。

（二）柯克·帕切克和洛克的领导特质理论

柯克·帕切克（Kirk Pacheco）和爱德文·洛克（Edwin Locke）经研究发现：领导者与非领导者之间有六种不同的特质，这六种特质对一个人能否成为有效的领导者起着至关重要的作用。他们分别是进取心、领导意愿、诚实与正直、自信、智慧和与工作相关的知识，见表9-7。

表9-7 区分领导者与非领导者的六种特质

1	进取心（drive）。领导者表现出极高的努力程度，他们具有较高的成就动机、富有进取心、精力充沛，执行各项活动不知疲倦、积极主动
2	领导意愿（desire to lead）。领导者要有强烈的意愿去影响和领导他人，他们愿意为自己的行动负责
3	诚实和正直（honesty and integrity）。领导者之间以及上下级之间通过诚信、坦诚相对和言行一致来建立信任关系
4	自信（self-confidence）。下属寻求领导者的帮助是为了解决自己的困惑，因此，领导者需要展现出充分的自信以获得下属对其决策正确性的信任
5	智慧（intelligence）。领导者必须拥有足够的智慧来收集、综合和解释大量信息，并且能够创造美好的愿景，解决问题和做出正确决策
6	与工作相关的知识（job-relevant knowledge）。有效的领导者必须对公司、行业的技术问题有较好的了解和掌握，渊博的知识能帮助领导者做出信息充分的决策和了解这些决策的意义

（三）小结

总之，经过大半个世纪积累的研究结果使我们得出这样的结论：具备某些特质确实能提高领导者成功的可能性，但没有一种特质能够保证领导者一定取得成功。为什么特质理论在解释领导有效性方面并不成功？主要是特质理论缺乏对领导情境因素的考量，一个领导者能否成为有效的领导者，不仅取决于他本身的素质，还取决于其所处的环境。另外，个性描述和测量可能并不准确，大部分特质研究或许并没有涉及领导特质中真正重要的方面，没有对不同特质的重要性加以区分。还有的研究者认为，特质理论没有对因果进行区分，究竟是领导者的某些特质成就了领导者，还是因为他在成为有效的领导者之后获得了这些特质？例如，一个人是因为有了自信的特质而当上了领导，还是在当上了领导之后变得很自信。这些因果关系在领导特质理论中没有明确的说明。总之，这些研究缺陷促进了领导理论研究的发展。在随后的研究中，也就是在20世纪40年代末至60年代中期，有关领导的研究倾向于围绕领导者所表现出来的行为而进行。

二、领导行为理论

特质理论的不足，使研究者们将目光转向了领导者表现出的具体行为上来。领导行为理论（behavior theories of leadership）主要致力于对领导者行为的考察，试图找出某些类型的领导者行为与员工工作满意度、员工生产率之间的关系。下面主要介绍一些重要的领导行为理论。

（一）俄亥俄州立大学的研究

在20世纪40年代末，美国俄亥俄州立大学在斯托格蒂尔的带领下，提出了领导行为的四分图。他们首先收集了一千多种刻画领导行为的因素，然后进行逐步概括，最后将领导行为的内容归纳为两个维度：关怀维度（consideration structure）和结构维度（initiating structure）。

关怀维度主要侧重于人际关系，强调领导者与员工之间的人际沟通，关心下属需要、尊重下属意见，在领导者和员工之间建立相互信任、尊重、和谐的关系。高关怀维度的领导者平易近人、关心下属，对待下属公平，与下属有良好的关系。

结构维度主要侧重于工作和生产。它主要以工作为中心，包括明确组织结构、明确职责权力和相互关系、确定工作目标、设立意见交流渠道和工作程序、确立工作方法和制度，来引导和控制下属的工作行为。高结构维度的领导者对工作方式予以设定，强调绩效标准和工作的按时完成，如图9-1所示。

图9-1把领导行为分为四种基本情况：①高结构—高关怀的领导行为，领导者对

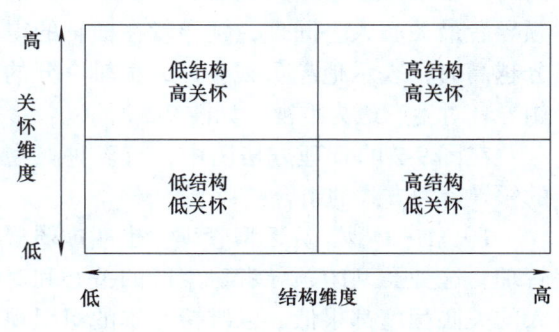

图9-1　领导行为的两个维度

人和工作都十分关心；②高结构—低关怀的领导行为，领导者十分关心工作，不太关心人；③低结构—低关怀的领导行为，领导者对人和工作都不关心；④低结构—高关怀的领导行为，领导者十分关心下属、重视与下属的关系，不太关心工作。以这个结构为基础的广泛研究发现，"双高"的领导行为有更好的领导效果，即有更高的员工满意度和工作效率。另外俄亥俄州立大学的领导行为理论是从两个维度进行领导行为研究的首次尝试，为以后的领导行为研究提供了一个新的范式。

（二）密歇根大学的研究

密歇根大学（University of Michigan）的调查研究同样旨在研究领导者的行为特点与领导有效性之间的关系。密歇根大学的研究也确立了领导者行为特点的两个维度：员工导向（employee-centered supervision）和生产导向（production-centered supervision）。员工导向的领导者重视人际关系、关心员工，承认人与人之间的个体差异，这里的员工导向类似于俄亥俄州立大学研究中的关怀维度。生产导向的领导者重视生产任务的完成，更关心工作任务的按计划进行、关注任务事项，将群体成员看作完成工作任务的工具和手段，生产导向类似于俄亥俄州立大学研究中的结构维度。但值得注意的是，他们认为以员工为导向和以生产为导向是完全对立的，一个领导者只能取其中一种导向。

另外，密歇根大学的研究结论十分支持员工导向的领导者：员工导向的领导者能获得更好的员工工作绩效，即更高的员工工作满意度和生产率，而生产导向的领导者将导致员工的低工作满意度和低生产率。

（三）管理方格理论

美国德克萨斯州立大学（Texas State University）的心理学教授布莱克（Robert R. Blake）和简·莫顿（Jane S. Mouton）在1964年提出了管理方格理论（managerial grid theory）。管理方格理论是对四分图理论和密歇根大学研究结论中"生产导向"和"员工导向"两个维度的继续探讨。它是一张9等分的方格图，纵坐标表示"关心人"程度的高低，分为9等分，横坐标表示"关心生产"程度的高低，也分为9等分，整个方格图共分成81个小的等分方格，每个小方格代表了领导方式中"关心人"和"关心生产"两个因素的一种结合方式。当领导者纵轴的分数越高时，表示他越重视人的因素，纵轴9分的领导者最关心人。同理，领导者在横轴的得分越高时，表示他越重视生产，横轴9分的领导者对生产最为重视，如图9-2所示。

在图9-2的管理方格图中，有五种典型的领导行为方式的组合：

1)"1·1型"贫乏型管理，也叫虚弱型管理。这种类型的领导者对生产的关心和对人的关心程度都很低，以维持基本的组织现状和人际关系为目标。一般而言，这种领导

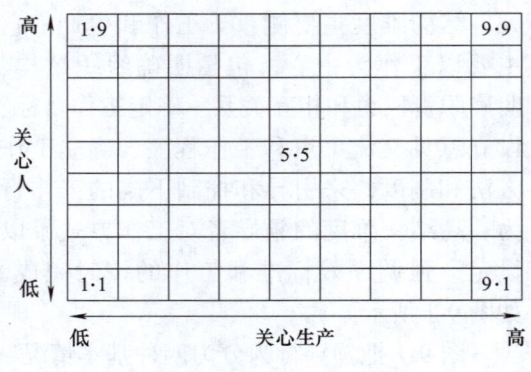

图 9-2　管理方格图

方式效果不太好，但是当组织的制度非常完善，环境稳定，下属的素质非常高时，也能在某种程度上实现无为而治的效果。

2）"9·1型"任务型管理。这种类型的领导者高度关注生产，对人的关心则很少。领导者会设计一套完善的工作流程和工作制度，使员工在其安排下高效率的工作。这种领导方式不注重人的因素，员工在这种领导方式下容易丧失积极性和创造性。

3）"5·5型"中庸之道型管理。这种类型的领导者对工作和人都是中等程度的关心。他们在处理生产与人的需要的矛盾上，不是去寻求对生产和人都有利的策略，而是寻找两者之间可以妥协的地方，比如将生产目标降到人们乐于接受的程度，这样做的结果是可以达到适度的组织绩效。

4）"1·9型"乡村俱乐部型管理。这种类型的领导者强调对员工的关怀，忽视对工作的关注。这类领导者为员工创造一种舒适、友好的工作氛围，使组织员工感到关怀备至，关心员工的需求是否得到满足，忽视工作绩效的完成。这种类型的领导者认为高的员工满意度会带来高的生产效率。

5）"9·9型"团队型管理。这种类型的领导者既注重对员工的关心，也注重工作绩效的提高。这种类型的领导者将工作任务的安排与员工之间和谐、舒适的工作氛围相结合，由组织目标的"共同利益关系"而形成了相互信赖的工作关系，带来了成员与组织之间的相互信任和尊重，使得工作由具有奉献精神的员工完成，创造了高的员工满意度和生产率。

布莱克和莫顿的研究表明，"9·9型"团队管理者的工作效果更好，但是并无证据显示其在所有情境中都是最佳的。哪种领导最佳还需要看具体情境，依情况而定。

（四）小结

领导行为理论增加了我们对领导有效性的理解，但行为理论并没有找到最佳的领导行为模式能解释领导为什么成功，行为理论忽视了对影响领导成功与失败的情境因素进行探讨。行为理论的观点并不能清晰地阐述这些情境因素对领导行为有效性的影响。虽然领导行为理论有所不足，但就像领导特质理论一样，相关研究仍然为解释领导有效性提供了新的认知。

随着领导特质理论与领导行为理论研究的进一步深入，越来越多的研究者开始产生疑问，某一具体的领导方式是否会在所有情况下都产生同样的领导效果？为什么在不同的环境条件下，相同的领导行为会产生截然不同的领导效果？于是，对在不同环境条件下应该采取什么样的领导行为模式的研究开始出现，这就是领导权变理论。

三、领导权变理论

领导权变理论（contingency theory of leadership）是在领导特质理论和行为理论的基础上发展起来的。该类理论不是孤立地研究领导者的特质和行为的，而是从研究情境的角度出发，认为领导行为是否有效，不仅取决于领导者本身的特质和行为方式，而且取决于多种情境因素，如被领导者的特点、工作的结构化程度、领导者的职位权力、下属角色的清晰度、群体规范等。如果用数学公式和图形来表示分别就是：领导者的有效性 $=f$（领导者、被领导者、环境因素），见图 9-3 所示。

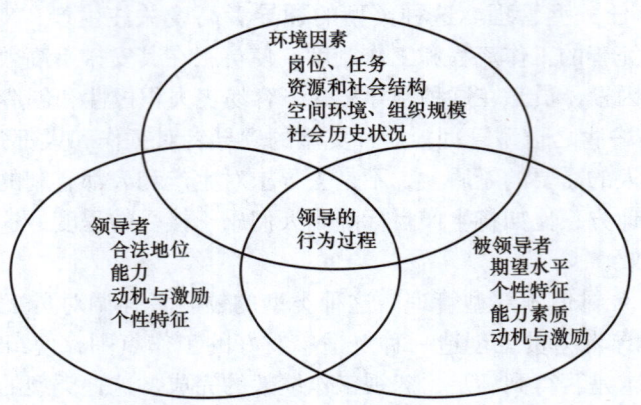

图 9-3　领导者的有效性模型

（一）费德勒权变理论模型

弗雷德·费德勒（Fred E. Fiedler）经过长期的研究，于 1951 年提出权变理论。领导权变理论认为领导方式应该根据环境而定，它考虑了领导者的特性和情境的特性两个方面的因素。费德勒将领导行为、情境因素与领导效果之间建立了一个模型，人们称之为费德勒权变模型（Fiedler's contingency model）。他认为有效的领导不仅和领导者自身的个性有关，还与领导者—成员关系、任务结构和职位权力等情境因素有关。领导权变理论强调的是在任一情境下，没有普遍适用的领导行为方式，领导的行为方式要根据具体的领导情境进行调整，才能达到最佳的领导效果。

权变理论可归结为两个因素：领导者的风格和情境类型。

（1）领导者的风格

费德勒认为领导者的风格是领导有效与否的一个重要影响因素。他设计了 LPC（least preferred co-worker）量表（即最不愿共事的同事测度表）来测量。领导者的领导 LPC 问卷由 16 组对照形容词构成（如快乐—不快乐、高效—低效、开放—防备、帮助—敌意）。费德勒认为，在 LPC 问卷的回答的基础上，可以判断出人们最基本的领导风格。如果以相对积极的词汇描绘最难共事者（LPC 得分高），则回答者很乐于与同事形成友好的人际关系，即为关系取向型。与此相反，如果你对最难共事者的同事看法比较消极（LPC 得分低），即为任务导向型。另外，还有一些回答者的分数介于二者之间，很难被划分为任务导向型或关系导向型中进行预测。也就是说，LPC 值高的人（关系导向型）是想通过别人的尊重和欣赏来得到满足，而 LPC 值低的人（任务导向型）是希望通过完成高效率的任务来获得满足的。

费德勒认为，不管是什么类型的领导，其领导风格是与生俱来的，难以改变。按照费德勒的观点，让一个关系导向型的领导来组织一个应该注重生产的任务时，若想达到好的绩效，要么改变情境，要么就得替换领导人，否则不会取得好的绩效。

（2）情境类型

费德勒模型中另一个重要的变量是情境。他认为，有三个因素是确定领导有效性的关键要素，他们分别是领导与成员的关系、任务结构和职位权力。

1）领导与成员的关系。包括下属的忠诚度以及与下属的友好程度和合作程度。评价为好或差。

2）任务结构。任务结构是指分配给下属工作任务的规范化和程序化程度。评价为高或低。

3）职位权力。职位权力是指领导者所拥有的指挥控制下属的权力，或者说领导的强制权、法定权和奖励权。评价为强或弱。

费德勒对这三种因素进行评估，将这三种环境组合成八种情况，如图 9-4 所示。每个领导者都可以从这八种情境类型中找到自己的类型。

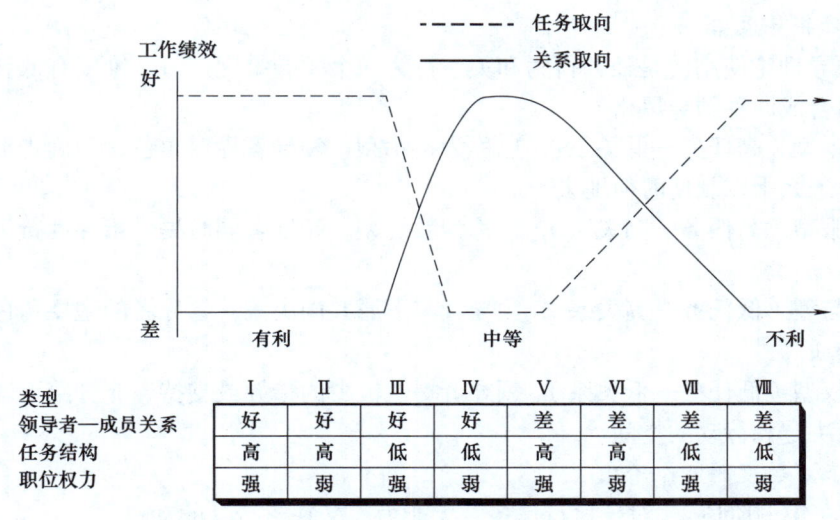

图 9-4　费德勒模型的结果

（资料来源：罗宾斯，贾奇. 组织行为学（第 12 版）[M]. 李原，孙健敏，译. 北京：中国人民大学出版社，2008：347.）

费德勒指出当处于两个极端时，即条件最有利或最不利的情况下，采用任务导向型的领导方式是最有效的。当处于中等位置时，采用关系导向型的领导方式是最有效的。

费德勒的权变理论模型最大的作用就是将领导的行为模式与环境因素相结合，它表明不存在一种绝对好的领导方式，应该根据领导情境的变化选择合适的领导者。同时，这个理论也存在不足。例如，从 LPC 测量表来看，测出来的结果不稳定，其背后的逻辑性尚未被很好地认识和了解。另外，三个权变变量，领导者与成员的关系、任务结构、职位权力，对他们的测量也过于复杂困难，在实际活动中常常很难确定领导者与成员关系有多么好，任务的结构化有多高，以及领导者拥有的职权有多大。

（二）赫塞 - 布兰查德的情境领导理论

保罗·赫塞（Paul. Hersey）和肯尼斯·布兰查德（Kenneth Blanchard）于 1977 年提出的情境领导理论（situational leadership theory）模型认为：领导者的行为要随着下属的成熟度（或准备度）的变化而变化，才能达到最佳的领导效果。所谓下属成熟度（或准备度）是指完成某一具体任务的能力的准备程度以及意愿的强弱程度，即下属完成某一项工作任务的准备程度。

根据完成某项任务能力高低和意愿的强弱，把员工的成熟度分成四种状态，这里工作意愿的强弱，可以有多个方面的原因，例如对从事该工作缺乏信心、缺乏兴趣等。同时，赫塞和布兰查德根据领导行为是任务导向还是关系导向，把领导行为分为四种领导方式。四种领导方式分别和四种下属成熟度相对应，领导者需要根据下属不同的成熟度采取相对应的领导方式，才能达到最佳的领导效果。

码 9-3

1. 四种领导风格

情境领导理论使用的是任务行为和关系行为两个领导维度。每一维度有低和高两个水平，从而组合成四种领导风格：

1）命令型（高任务—低关系），也称为指示型。领导者界定角色，明确告诉下属具体该干什么、怎么干以及何时何地去干。

2）说服型（高任务—高关系），也称为教练型。领导者同时提供指导性行为和支持性的行为。

3）参与型（低任务—高关系），领导者与下属共同决策。领导者的主要角色是提供便利条件与沟通。

4）授权型（低任务—低关系），领导者提供极少的指导或支持。充分给下属授权，给予下属自己决定和行动的空间。

2. 下属成熟度的四个阶段

1）M1（第一阶段）。对于执行任务既无能力，又缺乏行动的动机。

2）M2（第二阶段）。缺乏能力，但愿意从事必要的工作任务。

3）M3（第三阶段）。有能力，却不愿意从事领导希望他们做的工作。

4）M4（第四阶段）。既有能力，愿意从事领导希望他们做的工作。

根据赫塞和布兰查德所提出的理论：如果下属既无能力，也无意愿完成任务，应采取命令型的领导方式；如果下属有意愿但无能力完成任务，应采取说服型的领导方式；如果下属有能力但缺乏完成任务的动机，应采取参与式领导方式；如果下属既有能力也有意愿完成任务，应采用授权型的领导方式，如图 9-5 所示。情境领导理论强调的是，当下属从事某项工作的成熟度越来越高时，领导者要逐渐降低对他们的控制。

（三）豪斯的路径—目标理论

路径—目标理论（path-goal theory）是由罗伯特·豪斯（Robert House）于 1971 年开发的一种权变领导理论模型。这一模型从俄亥俄州立大学的领导研究和动机的期望理论中

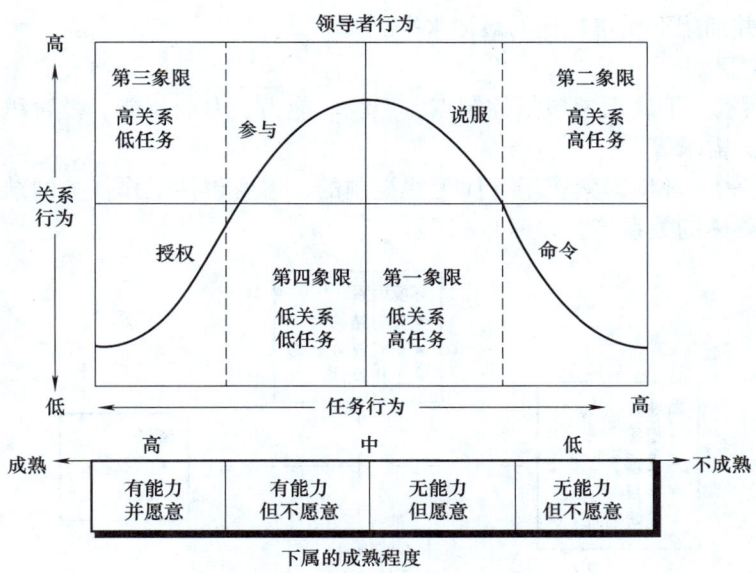

图 9-5　赫塞-布兰查德的情境领导模型

吸取了很多重要元素，认为领导者可以通过影响下属对不同努力水平可能导致的影响后果的预期，来影响其激励水平。他认为当下属有清晰的角色预期、清楚高努力水平对于达成任务目标是必需的，并认为高绩效会带来对个人有利的结果，则下属的绩效表现会更优。

它的主要观点是领导者应该帮助下属达到组织和个人的目标，为他们扫清前进道路上的障碍，尽可能为他们提供好的条件，确保下属的目标与组织的总体目标相一致。所谓的"路径—目标"可以简单地理解为领导者尽自己所能为下属能够达到组织目标而寻找好的路径，为下属消除道路上的各种障碍，为员工铺平道路，从而使下属的工作更为顺利，增加员工获得个人满足感的机会。领导者在这方面发挥的作用越大，对下属的激励程度就越高，目标就越容易实现。

路径—目标理论与费德勒的权变理论不一样，费德勒认为领导者的风格是不可改变的，但是豪斯认为领导者可以根据环境来改变领导风格，以使自己的风格适应环境。他认为领导者的身上同时存在这四种类型的领导风格，领导者可以根据情境来选择领导类型。

1. 四种领导类型

1）指示型领导（directive leadership）。这种领导明确告诉下属应该做什么，并对他们的工作进行指导，以确保他们能够很好地按计划完成任务。

2）支持型领导（supportive leadership）。这种领导平易近人，能够注意下属的动向，并适时地给予慰问与关怀，让员工感到很友善。

3）参与型领导（participative leadership）。这种领导能够听取员工的意见，允许他们共同磋商参与制定决策，这样能够增强他们的主人翁责任感。

4）成就型领导（achievement-oriented leadership）。这种领导喜欢将工作的目标制定得很有挑战性，以此来激励下属的潜能，相信下属的能力，相信他们会干得很出色，并不断地提高目标,并期望下属实现他的最佳水平。

2. 情境变量

1)下属因素。下属因素包括控制点、经验、能力、专业技能、教育程度、动机、满足感、对成就的需求等。

2)环境因素。环境因素属于下属无法控制的,主要包括工作任务的结构、正式的权力系统、工作群体的关系等,如图9-6所示。

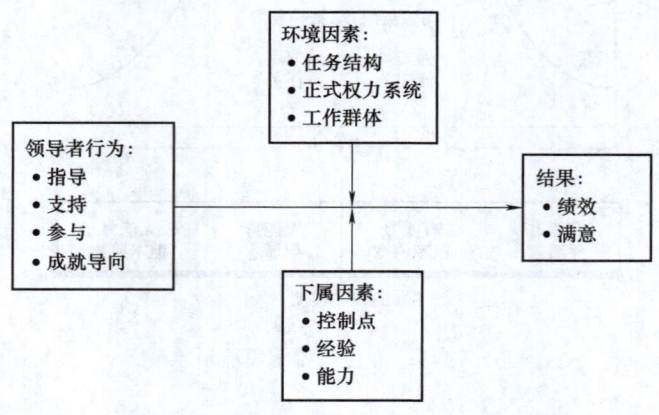

图9-6 豪斯的路径—目标理论

(资料来源:HOUSE R J. A path goal theory of leader effectiveness[J]. Administrative Science Quarterly,1971,16(3):321-339.)

3. 由路径—目标理论引申的假设

1)与高结构化和设计规范的任务相比,当任务不明或压力过大时,指示型领导会带来更高的满意度。

2)当下属从事结构化任务时,支持型领导会导致高工作绩效和满意度。

3)对高智商或经验丰富的下属来说,指示型领导可能被视为累赘多余。

4)组织中的正式职权关系越明确、越官僚化,领导者越应该展现支持性行为,减少指示性行为。

5)当工作群体内部存在着实质的冲突时,指示型领导会带来更高的员工满意度。

6)内控型下属对参与型风格更为满意。

7)外控型下属对指示型风格更为满意。

路径—目标理论提出两类因素作为领导行为与结果之间的调节变量,它们是下属因素和环境因素,这两种因素决定采取哪种领导类型效果更佳。它比较好地解答了领导者在目标、任务、情境及下属特点等不同的情况下该如何选择领导方式的问题,使领导者明白,当他们弥补了员工和工作环境方面的不足时,就会对员工的绩效和满意度起到积极的影响。但是,当任务本身十分明确或员工有能力和经验完成工作而无须干预时,如果领导者还要花费时间解释任务,则下属会把这种指示性行为视为累赘甚至是冒犯。因此,路径—目标理论可以帮助领导者在不同的情境下恰当地选择领导类型和领导方式,从而激励和满足员工,取得高绩效。

路径—目标理论虽然得到很多人的承认，但仍然有许多学者质疑，该理论仍有不足之处，主要在于此模型过于复杂，难以运用于实际，而且其变量也没有明确的测量标准。因此，对于领导路径—目标理论的研究还应不断深入、不断完善，特别是调节变量方面还有待于进一步拓展、完善。

第四节　领导理论研究的新发展

一、领导特质研究的新进展

（一）领导谦逊

在组织行为学领域中，领导谦逊（humility）的研究起步相对较晚，其原因在于传统领导者被认为是强权、强势的，而领导者表现谦逊反而被看作是一种软弱。随着越来越多学者对谦逊内涵的研究和探索，领导谦逊在现代日益动荡的市场环境下逐渐得到认可和推崇，莫里斯（J. Andrew Morris）等学者先后指出领导谦逊是知识经济时代中企业成功的关键[1]。之后，布拉德利·欧文斯（Bradley P. Owens）等人进一步对领导谦逊的概念进行了定量研究，提出了领导谦逊的三个维度：清晰的自我认识，欣赏他人，以及可教性。①清晰的自我认识是指有能力和意愿来客观地评价自己，形成一个精确的、非防卫性的自我认识。②欣赏他人是指赞赏他人的价值和贡献，承认他人的优势而不觉得有威胁。③可教性是指对新想法、新观点、建议等保持开放性，并虚心向他人请教[2]。表9-8是对领导谦逊典型特征的概括。

表 9-8　领导谦逊 7 类典型特征的概括

类别	典型特征描述
平易近人	和蔼可亲；与下属相处没有架子；尊重下属
谦虚低调	谦虚谨慎；取得成功不自满；面对自己取得的成绩不张扬
正确自我认知	正视自己的局限和过错并改正；正视自己的责任，不推脱
开门纳谏	乐于倾听下属对工作的看法；能够采纳下属的合理建议；虚心向他人学习
以身作则	能为下属树立榜样；主动承担责任；工作中能起到表率作用
欣赏他人	能发现下属闪光点；给下属发展空间；认可下属能力
心胸开阔	对事不对人；容得下与自己观点不一致的看法；大度包容

（资料来源：陈艳虹，张莉，陈龙. 中国文化背景下谦逊型领导的结构和测量[J]. 管理科学，2017，30（3）：14-22.）

值得注意的是，目前领导谦逊对下属影响效应的研究主要关注于下属的角色内行为，

---

[1] MORRIS J A. Bringing humility to leadership: antecedents and consequences of leader humility[J]. Human Relations, 2005, 58(10): 1323-1350.
[2] OWENS B P, WALLACE A S, WALDMAN D A. Leader narcissism and follower outcomes: the counterbalancing effect of leader humility. Journal of Applied Psychology, 2015, 100(4): 1203-1213.

比如会增加员工工作投入、提高员工工作绩效和工作满意度等，谦逊领导对员工角色外行为的影响效应还不明确。同时，虽然我国具有悠久的谦逊文化历史，但目前国内对于谦逊领导的研究还处于起步阶段，留给后人的探索空间还很广阔。

（二）领导幽默

领导幽默（humor）的概念来源于幽默本身，这种类型的领导者通过营造充满乐趣的工作环境，潜移默化地改善员工的情绪状态和心理健康，从而提升员工效能以及组织绩效[1]。目前，关于幽默型领导的概念，学术界尚未形成一个公认的标准定义。将有关领导幽默的相关研究归纳起来，可分为如下两类：第一，特质观，这一观点关注的焦点在于个体间存在的特质差异，例如亚美尼奥·雷戈（Arménio Rego）等将领导幽默定义为领导者在社交过程中利用一些行为和态度去娱乐他人的特质倾向[2]。第二，行为观。这一观点认为领导幽默是诱发下属积极认知或情感反应的一种沟通方式，包括言语和非言语两种形式[3]。例如，亚历山大·庞德（Alexander Pundt）等将领导幽默定义为领导者有意通过分享有趣的事情等方式来娱乐某位特定的下属或团队的交流行为[4]。塞西莉·库珀（Cecily Cooper）等则将领导幽默定义为领导者运用幽默的方式管理下属[5]。综上所述，学者们对领导幽默的界定还存在一定的差异，主要表现为特质观和行为观的区别。

对于幽默的类型划分，罗德·马丁（Rod A. Martin）提出了一个2×2的幽默风格模型，即根据幽默运用的对象及性质划分了亲和型、攻击型、自强型和自嘲型四种类型[6]。亲和型幽默是指幽默的发出者在对待他人时运用积极的幽默，如开玩笑、分享有趣的事情等。这种类型的幽默能够给人们带来愉悦感，拉近人与人之间的距离，有利于创造积极的工作环境。攻击型幽默是一种在对待他人时运用消极的幽默，包括讽刺、嘲笑、揶揄等，人们在运用这一类型的幽默时不考虑他人的感受，甚至希望以此来操控他人。自强型幽默是指对待自身的积极幽默，是一种应对机制，是在面对压力或困境时保持幽默乐观的态度。自嘲型幽默是对待自身的消极幽默，是幽默的发出者希望通过取笑自己来获得他人的认可。

随着物质生活水平的提高，人们的精神需求也在不断增加。在当今的时代背景下，工作场所中乐趣的营造理应成为各类组织所努力的方向，因此从领导幽默的角度可以为更好

---

[1] COOPER C D, KONG D T, Crossley C D. Leader humor as an interpersonal resource: integrating three theoretical perspectives. Academy of Management Journal, 2018, 61(2): 769-796.

[2] REGO A, OWENS B, YAM K C, et al. Leader humility and team performance: exploring the mediating mechanisms of team psycap and task allocation effectiveness. Journal of Management, 2017.

[3] CRAWFORD C B. Theory and implications regarding the utilization of strategic humor by leaders. Journal of Leadership Studies, 1994, 1(4): 53-68.

[4] PUNDT A, HERRMANN F. Affiliative and aggressive humour in leadership and their relationship to leader–member exchange. Journal of Occupational and Organizational Psychology, 2015, 88(1): 108-125.

[5] COOPER C D, KONG D T, CROSSLEY C D. Leader humor as an interpersonal resource: integrating three theoretical perspectives. Academy of Management Journal, 2018, 61(2): 769-796.

[6] MARTIN R A, PUHLIK-DORIS P, LARSEN G, et al. Individual differences in uses of humor and their relation to psychological well-being: development of the Humor Styles Questionnaire. Journal of research in personality, 2003, 37(1): 48-75.

地理解和解决这一问题提供指导和借鉴：第一，转变管理观念，重视领导的幽默行为在组织中的作用。领导幽默能够在一定程度上塑造着组织中的文化，如营造乐趣文化。第二，组织可以更多地将幽默运用到新入职员工的管理中去，研究表明，领导的幽默行为在上下级关系建立初期发挥着更为重要的作用。只有在充分理解情境作用的基础上进行管理实践，才会使领导幽默发挥尽可能多的价值和效用。

（三）领导自恋

自恋（narcissism）一词最早源于希腊术语 narcissus，指具备膨胀的自我观点、功能失调的人际关系以及牺牲他人以增强自己这三种特点的人格特质。[1] 西格蒙德·弗洛伊德认为，自恋人格独立意识强、自信心强、难以被说服、具有强烈的追求权利和荣誉的欲望，可视为一种人格障碍。现在大部分的学者们已经基本把自恋作为一种人格特质进行研究，对领导自恋的行为特征进行了归纳、总结和提炼，发现领导自恋的人格虽然与心理诊所中的自恋人格是一样的，但是两者还是存在着一定的差别。目前学术界对于领导自恋是一种领导风格还是一种人格特质并没有达成统一的认识，大多数的学者仍将领导自恋等同于领导的自恋人格来研究，对领导自恋的测量也更多地采用自恋人格的测量量表，没有对领导自恋进行严格的定义，但是学者归纳出了领导自恋的四个关键内涵，即魅力、利己主义、欺骗动机和知识抑制，见表 9-9。自恋的领导者是严格按照个人利益运用领导权力的利己主义者，除为组织服务之外，他们往往利用一切可以运用的资源去帮助自己赢得他人的尊重，并将此作为获取自身优越感的途径之一。

表 9-9 领导自恋的关键内涵及外在特征

关键内涵	外在特征
魅力	较强的社会交往技能；远见；富有魅力的外表
利己主义	自我提升；缺乏移情性；优越感；追求外在形象；攻击倾向与行为
欺骗动机	制造轰动效应；印象管理；情感依赖；虚假关心；盲目自大
知识抑制	对批评敏感；抗拒负面反馈

（资料来源：黄攸立，李璐. 组织中的自恋型领导研究述评 [J]. 外国经济与管理，2014，36（07）：24-33.）

二、领导行为与类型研究的新进展

（一）变革型领导

变革型领导（transformational leadership）首先由詹姆斯·唐顿（James V. Downton）于 1973 年提出，接由詹姆斯·伯恩斯（James M. Burns）于 1978 年在《领导》一书中予以概念化。但是变革型领导理论的真正发展，是由伯纳德·巴斯（Bernard M.Bass）于 1985 年建构而成的。

---

[1] MORF C C, RHODEWALT F. Unraveling the paradoxes of narcissism: a dynamic self-regulatory processing model[J]. Psychological Inquiry, 2001, 12(4): 177-196.

变革型领导强调领导者必须具有远见卓识，为下属提供工作价值和目标愿景，热衷于满足下属更高的需求，使下属成为更完备的人，他们鼓励下属为了组织的利益而超越自身的目标，其结果是使上下级之间建立一种互相激励和相互提高的关系。

具体来说，变革型领导的特征主要包括以下四个因素：具有领袖魅力（charisma）、鼓舞人心（inspirational motivation）、智力激发（intellectual stimulation）、个别化关怀（individualized consideration）。具备这些特征的领导者通常具有明确的愿景和理想，他们能成功地激励员工超越个人利益，为了团队的伟大目标而相互合作、共同奋斗。

1. 领袖魅力

成功的领导者要能够使下属产生信心，下属相信追随这个领导者能够实现组织的目标和自己的利益，通常领导者提供具有吸引力的愿景和使命感，激发员工的自豪感，从而获得员工的尊重和信任。它包括领导者成为下属行为的典范，得到下属的认同、尊重和信任，具有高度自信，有远见卓识，对环境敏感，勇于变革，坚信目标一定能够达成。大家认同和支持领导者所倡导的愿景规划，并对其成就事业寄予厚望。

2. 鼓舞人心

变革型领导者用简单明确的方式表达意图，使下属明白自己的奋斗目标。领导者向下属表达对他们的高期望值，激励他们加入团队，并成为团队中共享梦想的一分子。在实践中，领导者经常会采取有效的措施，以此来激励和鼓励下属付出努力，实现组织目标。

3. 智力激发

智力激发是领导者应当打破下属头脑中的既有观念和方法，使他们的观念和习惯与组织的核心价值观一致，同时促进下属富于创造性地解决问题，比如换一种新视角去重新审视老问题，采用新的解决办法，或者开拓新领域。

4. 个别化关怀

个别化关怀是指变革型领导者要关心下属的个人需要，重视个人能力培养和愿望达成，这时变革型领导者就像教练一样，针对不同下属的情况给予培训和指导，并积极地进行沟通，解决他们的问题。

另外，变革型领导者在实践过程中，可采取如下措施来强化变革型领导行为：建立清晰且激动人心的愿景，提出实现愿景的策略，传达并推销愿景，自信而乐观地行动，表达对下属完成任务的信心，榜样领导，强调核心价值观，提供个人别化支持等。

（二）真实型领导

面对越来越严重的领导者渎职和欺诈行为，2004年弗雷德·卢森斯（Fred Luthans）和布鲁斯·阿沃利奥（Bruce J. Avolio）提出一种新型领导理论——真实型领导（authentic leadership）[1]。真实型领导者清楚地知道自己是谁，知道自己的信念和价值观，能够坦率、公开地按照自己的信念和价值观行事。

这种领导者可以引发个人和组织层次的积极行为，促使领导者及其下属以诚信、正

---

[1] AVOLIO B J, GARDNER W L, WALUMBWA F O, et al. Unlocking the mask: a look at the process by which authentic leaders impact follower attitudes and behaviors. The Leadership Quarterly, 2004, 15(6), 801-823.

直、和言行一致的方式做事。下属会认为他们是有道德的人,真实型领导者的重要品质就是诚信。真实型领导者会与下属分享信息,鼓励开诚布公的沟通,并坚持自己的理想。结果就是:人们逐渐对真实型领导者产生信任。

目前,与真实型领导相关的研究还十分有限。然而,最近有研究表明,真实型领导可以带来一种积极的激励效应,从而提高组织的绩效。研究表明把道德和信任纳入领导范畴的真实型领导是一种很有前景的研究领域,有助于领导理论的发展,因为这种方式更多关注的是领导者的精神层面⊖。

关于真实型领导者的行为特征,学者们从不同角度提出了多个模型,虽然视角不同,但是这些模型都认为,真实型领导是基于真正的自我概念而表现出积极的行为。他们通过榜样作用,将这种真实和积极传递给下属。根据真实型领导的相关研究我们可以看出,真实型领导者担当领导角色不是为了名利地位,而是为了实现自己的梦想和信念。他们清楚并坚信自己的梦想、价值观、信念,并如实地表达自己的这些内在心理。

总之,真实型领导表现出他们是真的关心并愿意更好地为他人服务。他们基于自己所信奉的价值观和信念,如实地表达自己,并赢得信任和尊重。

(三)伦理型领导

伦理型领导(ethical leadership)是近年来对领导领域针对领导者不道德行为提出来的新概念,强调领导者在领导过程中诚信、正直、公正和主动抵制不道德行为。实施道德领导时,领导者不但要努力进行自我完善,同时还要在组织内营造道德氛围。常用的方法是:第一,以自己的行动建立一个道德行为的模范,借助榜样领导来影响下属。第二,建立并发展道德行为的规范。通过道德行为规范,为企业发展提供良好的道德氛围。第三,与下属讨论道德和正直的问题,以此来澄清和加深人们对道德、正义和正直的理解,从而逐渐形成良好的道德环境。第四,认可和奖励道德行为,以外在奖惩来强化道德行为。第五,帮助他人找到解决冲突的公平而道德的方法。伦理型领导理论所强调的价值观见表9-10。

表9-10 伦理型领导理论关注的价值观

价值观	具体内容
诚信	以公开诚实的方式交流,遵守承诺,行为与个人主张的价值观相一致,承认和接受个人所犯错误的责任,从不试图去操纵或欺骗他人
利他主义	乐于助人,甘愿为保护他人、让他人获利而承担风险和做出牺牲,他人的需要高于个人需要,乐于承担非本职工作,需要额外时间的服务活动
谦逊	尊重他人,很少强调社会地位和特权,承认个人的局限和错误,对个人成就表现得很谦虚,在集体努力取得成功时,强调其他人的贡献
移情和治愈	帮助他人处理情感压力,鼓励接受多样化,是组织中的调解者,在冲突后鼓励谅解和妥协

⊖ AVOLIO B J, GARDNER W L. Authentic leadership development: getting to the root of positive forms of leadership. IEEE Engineering Management Review, 2017, 16(3), 315-338.

（续）

价值观	具体内容
员工成长	即使对目前工作并不重要，仍鼓励和促进员工的个人信心和能力的发展；愿意承担失败的风险，提供学习机会；在需要时提供指导和训练；帮助人们从错误中学习
公平和正义	鼓励和支持公平待人；勇于质疑不公平、不正义的行为或政策；勇于反抗那些试图操纵和欺骗，或损害个人权利的行为
授权	向可能受到影响的人员了解其对决策的观点；为下属提供适量的自主权和决策权；与其分享敏感信息；鼓励他们表达出个人的关注或异议

（资料来源：尤克尔. 领导学（第8版）[M]. 朱舟，等译. 北京：机械工业出版社，2017:252.）

（四）辱虐管理

辱虐管理（abusive supervision）的概念最早由美国学者班尼特·特伯（Bennett Tuber）提出，并对其进行了定义。辱虐管理指下属感觉到的管理者持续表现出来的怀有敌意的言语和非言语行为，但是不包括身体方面的接触行为。

其具体的表现形式有公开批评嘲弄下属，对待下属语言上粗鲁无礼，不履行对下属的承诺，对下属漠不关心，羞辱或者辱骂下属等。该概念有以下四个要点：

1）主观性。管理者的辱虐行为完全取决于下属的主观判断，不同的人对同一个管理者的辱虐行为感受不同，甚至同一个人在不同的情景下感知到的辱虐程度也不同。例如，同样的冷嘲热讽的行为可能在有些员工看来不是辱虐行为，而有些员工则认为是难以接受的辱虐行为，判断的依据在于员工的主观心理感受。

2）持续性和重复性。管理者的辱虐行为不是一次偶然的事件，而是一种持续的负面的行为。

3）敌意性和非肢体接触。下属感知到管理者的行为是不友好的，比如冷嘲热讽、谩骂等，而肢体接触如体罚、殴打等不属于该概念的范围。

4）这种辱虐行为只涉及实际的行为表现，不包括行为倾向。

（五）共享型领导

随着组织内部管理结构逐渐趋于扁平化，以团队为基础的管理模式开始在组织中流行起来。共享型领导（shared leadership）这一水平的、非正式的、分布于团队成员之间的集体领导力模式开始受到大量学者和管理者的关注。共享型领导过程是一种在群体中成员之间动态的、相互影响的过程，目的就是相互领导从而实现群体或者组织目标。

共享型领导独立于组织正式的领导角色或层级结构，是一种成员之间相互领导的团队过程。它不仅强调传统垂直领导行为或角色在成员之间的共享，如决策制定、共享结果、共担责任等，还强调成员之间的相互影响与相互协作，属于一种分布于成员、同事之间的水平影响力。与以往垂直的、自上而下的、单一的传统领导模式不同的是，共享型领导属于一种水平、自下而上、集体的领导力模式，是组织内部由员工主动参与、自主管理并相互领导的一种非正式集体领导力模式。共享型领导具有以下三个特征：①属于一种非正式的、团队内在控制的领导力类型；②关注垂直领导职能在成员之间的共享，即由团队成员来担任领导角色；③强调成员之间的社会交互和集体角色定制过程。基于此，我们认为共享型领导既是一种组织中新的领导模式，更是未来组织变革过程中一种重要的团队管理措施。

共享型领导的理论起源见表 9-11。

表 9-11　共享型领导的理论起源

理论 / 概念	主要观点及对共享型领导发展的启示
决策参与 Participative decision-making	在一定条件下，下属可以很好地参与决策制定 在一定条件下共享型领导可能会比垂直领导力更有效率
领导 - 成员交换 Leader-member exchange	关注领导和下属之间的过程，并强调"圈内人"与"圈外人" 下属能在领导过程中发挥一定的作用
团队成员交换 Team member exchange	关注团队成员之间交换关系的质量 个体成员也可以拥有一定的影响力来影响其他团队成员
自我领导 Self-leadership	下属在一定条件下可以自我领导 当下属拥有一定技能和动机时，可以降低对正式领导的需要
自我管理团队 Self-management teams	团队成员可以担任由正式领导所担任的领导角色 在一定程度上强调了团队成员在领导过程中的作用
领导替代理论 Substitute for leadership theory	个体、任务和组织情境特征会削弱对正式领导力的需要 共享型领导可能是替代正式领导作用的一个替代物
追随者能力 Followership	关注下属的能力 强调了团队成员在领导过程中的作用，尤其是优秀的员工
授权 Empowerment	关注正式领导对下属的权力分享 授权是领导力在团队成员之间共享的重要条件

（资料来源：蒿坡，龙立荣．共享型领导的概念、测量与作用机制 [J]．管理评论，2017（5）：87-101．）

本章核心概念

　　领导　领导者　领导角色　职位权力　法定性权力　奖励性权力　强制性权力　专家权力　参照权力　领导特质理论　领导行为理论　管理方格理论　领导权变理论　费德勒权变理论　情境领导理论　路径—目标理论　领导自恋　领导谦逊　领导幽默　真实型领导　变革型领导　伦理型领导　辱虐管理　共享型领导

思考题

1．领导与管理的区别和联系有哪些？
2．领导的职位权力和个人权力有何区别与联系？怎样运用？
3．领导特质理论、领导行为理论和领导权变理论各自的主要观点是什么？
4．变革型领导、真实型领导和共享型领导的主要区别是什么？

讨论题

1. 假如您是一位领导者，您所拥有的职位权力怎么样才能最大化的发挥作用？
2. 未来还会出现新的领导理论么？请您想一想，随着 AI 时代的来临，最有可能出现什么样的领导类型？

案例分析

领导者对团队的影响

凯申计算机公司是一家高科技公司，近年来公司以超常规的速度迅速发展。但是，随着公司的发展，公司也面临着激烈的市场竞争。在凯申公司刚开张时，公司属于一种自由型管理风格，高层管理人员均穿着 T 恤衫和牛仔裤来上班，没有等级之分，在公司中很难分清谁是领导，谁是普通员工。然而，最近由于公司财务上出现了困境，公司格局也发生了一些大的改变。虽然一直倡导自由派风格的董事长还留任，但公司来了一位新聘任的总经理李伟良。李伟良原来就职于一家老牌公司，据说那家公司办事古板。可能受此影响，李伟良的工作作风也十分传统，照章办事，这与一直以来以"自由"著称的凯申公司风格截然不同。李伟良来到凯申计算机公司，公司的人们也议论纷纷，他们都认为将有一场"好戏"。

第一场"好戏"就发生在李伟良首次召开高层管理会议那天。按照会议通知要求，会议时间为上午 8 点半开始，会议开始前，参会高管习惯性地陆陆续续地来了，但是有一个人在会议召开后的 9 点钟，才急急忙忙、跌跌撞撞地冲进了会场。西装革履、一本正经的李伟良用眼睛瞪着迟到的那个人，慢慢地并严肃地对大家说："我再重申一次，本公司今后所有的日常公事包括会议都将会准时开始，如果你们谁做不到或者不喜欢这样做，可以在今天下午 5 点之前向我递交你们的辞职报告。如果你和我们一起干，就要忘掉过去的那一套，一切按照规则要求执行。"当天下午 5 点，10 名高层管理人员中的 2 名辞职了。

在此后的一个月里，公司还陆续上演了"好戏"。李伟良亲自制定并颁布了几项新规定，这使公司原来的工作程序有了较大的改变。对公司副总经理张忠，李伟良就三番五次地告诫他，在今后一切重大事务向下传达之前，都必须经过他审批同意，同时他也批评了研究、设计、生产和销售等部门缺乏合作，没能形成统一的战略，希望能认真加以整改。

李伟良还对高层管理人员的福利"开刀"，他命令人事部对公司的福利待遇制度进行全面复审并进行调整，随后竟然宣布将全体高层管理人员的工资削减 15%，此举引起公司一些高层管理人员不满而提出了辞职。但也有人对此有不同的看法，研究部主任公开对他的同事说："我虽然不喜欢这里的一切，也不是很认可目前这种做法，但我不想马上走，因为我还是想从事目前的工作。"生产部经理也不满总经理这种做法，不过他对未来持乐观态度，他说："我也不是很喜欢总经理，但他给我们设立的目标我们能够达到。也许当我们圆满完成任务时，李总会嘉奖我们干得棒的人。"当然，也有态度截然不同的人，采购部经理对李总的行为牢骚满腹:"李伟良以年终奖引诱我,要求我把今年原料成本削减15%,但是要完成这个目标几乎是不可能的,这活无法干了,我得另谋出路了。"

　　李伟良对销售部的态度也令人费解。蒋华是负责销售的副经理。在此之前,蒋华喜欢每天到总经理的办公室,指责和抱怨其他部门,员工都有点怕他。对于蒋华,当他来到总经理办公室时,李伟良让他在门外静等,让他冷静思考一下,同时对于他的抱怨也不理会,只是直接谈公司销售业务上的问题。后来,蒋华不再跑总经理办公室了,而是更多地跑基层。

　　一年后,在李伟良的领导下,凯申公司居然恢复了元气。公司管理人员都暗地里夸赞李伟良对计算机领域熟悉,在各项业务的决策上也无懈可击。后来,李伟良也没有那么"独断专行"了,竟渐渐地在某些方面放松了控制,如开始放手让设计和研究部门自主工作了。但是,对于生产和采购部门的事情,他依然管得很严。凯申公司这样评价李伟良:他不是那种对这里的情况很了解的人,但他确实领导我们走上了轨道,使公司取得了更大的发展。

　　(资料来源:https://wenku.baidu.com/view/97b27d01856a561253d36f7b.html。)

　　问题:

1．案例中,李伟良分别使用了领导者的哪些权力?
2．案例中,从李伟良身上我们能看出领导者所需要具备的哪些特质?

第十章 沟通

引导案例

在一家连科技巨擘谷歌都膜拜的多元化制造型企业上班,会是什么感觉?

你可以在夏天少上半天班以陪伴正在放暑假的孩子,可以在冬天某个不想起床的工作日早晨毫无顾忌地告诉顶头上司:"今儿太冷了,我准备懒床,晚点儿到。"甚至可以随时进入上司的办公室说:"嘿,你过时了,我这个想法才是最赞的!"无法想象,这样的事情每天都发生在一家有着超过百年历史的传统制造企业之中,难道公司的管理层从来不担心因此而产生的经营与业绩压力吗?然而事实就是这么"打脸":2015年,全球销售额为302.74亿美元,实现利润48.33亿美元,全球员工总数接近9万人——3M公司,这家被写入多家商学院教材的美国公司,正凭借其独特文化而造就的超乎寻常的创新能力睥睨天下。2016年6月,3M公司在美国高中生协会发起的年度职业调查中被评选为2016年度千禧一代最向往的公司,这不仅彰显了其在新生代员工中雇主品牌的影响力,更意味着在未来的创新活力。

鉴于新生代员工逐渐成为职场的主力军,他们接收信息的方式更加广泛,获取的速度更快,自我意识较强,因此如何更好地管理和发展这些年轻力量成为诸多世界级公司人力资源管理的难题。但在3M公司,良好的沟通机制使问题迎刃而解。

新生代的"90后"员工绝不会因为是职场新人就成为"受气包",反而拥有"当家做主"的机会。在3M公司,经常会出现这样的倒置现象,"90后"员工是导师,定期与高管甚至CEO沟通,教他们如何使用社交软件、网络购物甚至时下最流行的网络直播。这种双向沟通,既让高管得到了提升,又能使他们在掌握新技能的同时,更了解麾下员工的需求与动态,同时还极大地满足了新生代员工的存在感与成就感。尤其对于一家以创新为生长动力的企业,思维活跃的年轻人会更加契合新的业务。

3M公司将与员工沟通问题变为一种全员参与的工作,每个季度都有一次公司全体高层的员工沟通会议,部门主管会议之后也会有专门的沟通问答时间,包括执行总裁在内的所有管理层,就像答记者问那样坐成一排,员工可以提问他们关心的任何问题,比如公司经营、发展计划、员工福利甚至加薪比例。这样做主要是为了使员工清楚地了解公司发展的大方向、每个部门的既定目标,并且让他们明白这些发展一定会带来员工个人的发展。3M公司的做法,从根本上看是公司文化的一种外在体现,其最终目标是满足员工内在心理诉求。

(资料来源:http://www.hbrchina.org/2018-1030/6785.html.)

通过 3M 公司的案例，可以发现，有效沟通是企业将组织文化转化为执行力与效率的一大保障。那么什么才是有效的沟通？本章将具体介绍沟通的基本内容，阐述互联网时代背景下沟通的新特征，探讨改善有效沟通障碍的具体措施。

第一节　沟通的概念

一、沟通的定义

沟通一词从字面上看，是指挖沟开渠以使两水相通。早在春秋末期，《左传·哀公九年》中就有记载"秋，吴城邗，沟通江淮"，意思是鲁哀公九年秋天，吴国在邗国建城，开凿沟渠来沟通长江和黄河。后来多用以泛指使两方相通连，也指疏通彼此的意见。

沟通这个词的英文是 communication，起源于拉丁文 commūnicāre，意为分享。在《大英百科全书》中，沟通就是"用任何方法，彼此交换信息。即指一个人与另一个人之间用视觉、符号、电话、电报、收音机、电视或其他工具为媒介，所从事之交换消息的方法"。《韦氏大词典》将沟通解释为"文字、文句或者消息的交通，思想或意见之交换"。根据以上对沟通的解释，我们可以给出沟通的定义。

沟通是指不同的行为主体，通过各种载体实现信息的双向流动，形成行为主体的感知，以达到特定目标的行为过程。

关于这个概念的理解可以从以下三个方面把握：

第一，沟通是信息的传递。沟通包含信息的传递，如果信息没有传递到既定对象，也就没有发生沟通。沟通的信息包罗万象，可以分为语言信息和非语言信息。语言信息是建立在语言文字基础上的，包括口头语言信息和书面语言信息，两种信息表达的都是人类现实社会活动的内容。非语言信息在沟通中可以起到支持、修饰或否定语言信息的作用，有时甚至可以直接代替语言信息，传达出语言难以表达的情感内容，比如人们在交际时的肢体语言、面部表情、服饰礼仪、空间距离等。

第二，沟通的重点是意义的理解。运用语言进行交际沟通的过程包含着一系列复杂的问题，从信息论的角度来说，信息的传递可分为"编码→发送→传递→接受→解码"五个阶段，而沟通过程中，发送者首先要把传送的信息"编码"成符号，接受者则进行相应的"解码"过程。如果信息接受者对信息类型的理解与发送者不一致，则会导致沟通障碍和信息失真。

第三，沟通是一个双向的反馈和理解过程。我们每天都在进行沟通，但并不表明我们是成功的沟通者。沟通不是一个纯粹单向的个体行为，而是一个双向、互动的活动。例如，你已经告诉对方你所要表达的信息，但这并不意味着对方已经与你沟通了。因为沟通的目的不是行为本身，而在于结果。如果对方并未对你发出的信息做出反馈，那么就没有达成有效沟通。

二、沟通的功能

在群体或组织中，沟通有四种主要功能：控制、激励、情绪表达和提供信息。

（一）控制

在组织中，沟通能促使员工遵守企业的规章制度，自觉按照工作说明书工作，这是沟通控制员工行为的一种体现。另外，非正式沟通也能控制员工行为。例如，当某个工作群体取笑其中一位员工工作过于努力从而忽视群体规范时，他们就是在非正式地控制该员工的行为。

（二）激励

良好的组织沟通，尤其是畅通无阻的双向沟通，可以起到振奋员工士气，提高工作效率的作用。组织成员通过自由地和其他人，尤其是管理人员谈论自己的看法主张，使其参与感得到满足，从而激发其工作积极性和创造性。同时，管理人员通过向员工明确阐明他们要完成什么工作任务、他们的工作表现如何以及当表现不达标时可以采取什么措施来改进绩效等方式来激励员工。另外，目标的设置、实施过程中的反馈以及对良好表现的强化等都具有激励作用。

（三）情绪表达

对于多数员工来说，他们的工作群体是一个最主要的社交场所。在群体内部发生的沟通是组织中常见的情绪表达机制，成员们可以通过内部沟通来表达自己的失落感和满足感。因此，沟通提供了一种释放情感的方式，并满足了成员的社交需要。通过情绪表达，组织成员间可以增进友谊，产生亲密感，加强团结与协作，调节人际关系，进而营造和谐的组织气氛。相反，如果组织内缺乏沟通，成员无法表达自己的情绪，则可能会导致成员关系紧张，士气低落。

（四）提供信息

沟通是信息传递的基本方式。沟通可以为组织提供产品信息、供求信息、市场行情、政治与经济动向等各种与组织相关的外部环境信息，从而为企业的产品开发、市场定位、营销策略等经营决策提供依据和基础。同时，沟通还可以为组织提供内部信息，如了解组织内部成员的凝聚力、士气以及成员之间、部门之间的关系等。通过对组织内外部信息的及时了解和把握，组织和管理者可以更好地进行科学决策，改进工作方法，提高管理的效率和效果。

以上四种功能无轻重之分，要使群体运转良好，就需要在一定程度上控制员工、激励员工，提供情绪表达的手段，并依据信息做出决策。我们可以认为在群体和组织中几乎每一次沟通都能实现这四个功能之中的一种或几种。

三、沟通的模型

沟通的过程就是信息传递的过程，信息在发送者与接收者之间传递。该信息首先转化为符号形式（编码），然后通过某种媒介（渠道或通道）传递给接收者，接收者对收到的信号进行再译（解码），这样信息就从信息源传递到接收者（单向沟通）。当接收者向发送者传递信息（反馈）时，单向沟通就变成了双向沟通。在沟通过程中，噪音会对信息的理解造成干扰，带来信息失真。以上就是沟通的一般过程，其模型如图 10-1 所示。

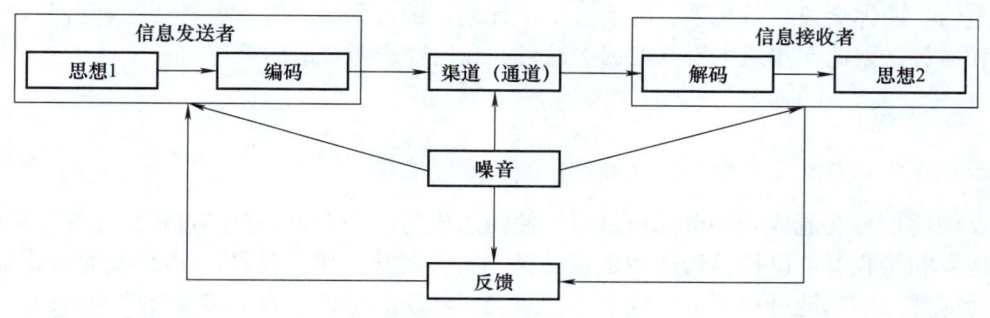

图 10-1 沟通过程模型

从上述模型中我们可以看出，沟通过程是人、信息和环境的集合。在沟通的一般过程中，要特别注意下面五个要素：

（一）发送者和接收者

信息发送者和接收者是沟通的主体和客体。信息发送者和接收者之间的互动关系直接影响着沟通的效率和效果。信息发送者是指带有想法、意图、信息和沟通目的的人，他决定着沟通的方式、对象和目的。信息接收者是指信息传递所想到达的对象。信息发送者和接收者的技能、态度、知识以及所处的文化系统都对沟通效果产生影响。信息发送者应当明确自己要传递的信息，如果将自己都不清楚的信息甚至错误的信息传递出去，必然产生不好的沟通效果。而不同的信息接收者由于自身知识水平、技能、态度以及社会文化的影响对于同样的信息也会有不同的理解。

（二）编码和解码

编码是指信息发送者采用一定的符号系统将其要沟通的内容转换成可以传输的信息的过程，这些信息或符号可以是文字、数字、图画、声音或身体语言。

解码是指信息接收者根据过去的经验和参考框架对接收到的信息进行解析的过程。

信息发送者必须将信息编码成接收者可以解码的信号，因为信息在编码过程中将受到发送者技能、态度、知识和社会文化程度的影响。如果编码的信号不清楚，将会影响接收者对信息的理解，比如不合时宜地使用专业用语或在非正式的场合中使用过于正规的语言等。解码是沟通的关键点，如果接收者在解码过程中出现了理解偏差，则沟通双方很难进行有效的沟通，因此需要反馈来修正偏差。

（三）信息和渠道

渠道是指信息的载体，也即信息从发送者传递到接收者的媒介。

编码的结果就是信息。通过编码信息会产生其依附的物质形态，例如，当我们说话时，话语是信息；当我们写字时，文字是信息；当我们绘画时，图画是信息。传递信息的载体称为渠道，它是信息发送者选择的、借以传递信息的媒介物，比如口头交流的渠道可以是电话，书面交流的渠道可以是纸张等。在组织中，信息渠道多种多样，包括面对面沟通、电话、团体会议、备忘录、问卷、生产计划、销售预测等等。各种渠道都有其自身的优势和劣势，因此在沟通中需要根据沟通目的和内容选择合适的渠道。

（四）反馈

反馈是指信息发送者获得接收者对信息反应的过程。

反馈使信息交流成为一个往返过程，使沟通成为一个动态的双向过程。通过反馈，信息发送者和接收者可以检验沟通中是否已经产生"误发"和"误解"，以便及时修正信息，使沟通完整、顺畅地进行下去，成为一种双向、互动的过程。为了实现有效的沟通，信息接收者应及时、准确、主动地向发送者反馈自己的想法和对信息的接收程度。如果原发送者认为还没有达到共同理解，则发送者和接收者要多次进行循环沟通过程，直至双方达到共同理解。

（五）噪音

噪音是指妨碍沟通效果、影响沟通效率的因素。

沟通中的噪音可能出现在沟通的每一个过程之中。一般来说，可以把沟通过程中的噪音分为三类：外部噪音、内部噪音和语义噪音。其中外部噪音是指来自沟通场所外部环境的某种干扰和影响沟通实施的因素，如生产现场中来自设备或同事的背景噪音。信息发送者或接收者由于自身情绪、习惯等问题而不能有效集中注意力，从而影响沟通顺利进行的因素则称为内部噪音，比如信息接收者的疏忽大意。语义噪音是指发送者或接收者在使用语言和非语言进行表达时所表现出的指向不确定性，从而带来含混模糊的歧义，以致对方无法准确理解传递的信息，这一噪音主要来自于不同文化背景下的不同理解、一词多义或者缺乏上下文联系。需要指出的是，噪音是无法消除的，只能想办法减少其影响。

四、沟通的分类

按照沟通传递信息是否采取语言形式，可以分为语言沟通和非语言沟通；按照沟通的正式程度，可以分为正式沟通和非正式沟通；按照沟通双方在组织中所处的层次高低，可以分为纵向信息沟通、横向信息沟通和斜向信息沟通；按照发生的主客体分类，可以分为人际沟通和组织间沟通；按照沟通主体的文化背景是否相同，可以分为同文化沟通和跨文化沟通。

（一）语言沟通和非语言沟通

1. 语言沟通

语言沟通（verbal communication）是指使用正式语言符号的沟通。

语言沟通主要分为口头沟通和书面沟通两种形式。

（1）口头沟通。口头沟通主要借助口头语言进行的信息传递与交流，如演讲、会谈、讨论、电话联系等。其优点是：简便易行、灵活迅速，特别是口头语言，在面对面的沟通中，往往伴有手势、体态与表情，可以直接进行情感交流，增加亲切感与提高沟通的效果。缺点是：沟通范围有限，尤其是在团体沟通场合，使用起来有困难，随机性强，使得发信者与收信者有时会提出一些不应提的问题，传递"多余的"信息，浪费时间、影响效率；沟通双方采取面对面的方式，会增加彼此的心理压力，造成心理紧张，影响沟通效果。

（2）书面沟通。书面沟通主要借助书面文字符号进行信息传递与交流，如布告、通知、书信刊物、调查报告等。其优点是：受时间和空间的限制较小，有利于长期保存，反复研究，具有一定的严肃性与规范性。其缺点是：沟通效果受文化修养的影响大，对情况变化的适应性较差。

2. 非语言沟通

非语言沟通（nonverbal communication）是指借助非正式语言符号，即通过身体动作、体态、语气语调、空间距离等方式进行的沟通。

非语言沟通主要包含辅助语言和态势语言两大类。

（1）辅助语言。辅助语言又称为副语言，即通过非语词的声音如重音、声调的语言变化来传达信息。辅助语言包括发声系统的各个要素，比如说话的音质、音量、音调、速度以及语气等，其本身不是语言，但却能表达微妙的语言内容，为有声语言镀上丰富的感情色彩。例如，嗓门突然提高，可能是惊讶、高兴、愤怒或失望；说话结结巴巴、不连贯，可能是因为紧张、胆怯或兴奋；句末出现升调，一般表示提问或反问。

（2）态势语言。态势语言可以分为三大类：表情语言、动作语言、体态语言。有位心理学家列出一个公式：

$$信息的传递\ 100\% = 语言\ 7\% + 语音\ 38\% + 态势\ 55\%$$

当然这并非是一个精确的公式，但由此可以看出，态势语言在信息传递，尤其在交流中有着非常重要的作用，它是人们用以传情达意的一种重要辅助工具。

1）表情语言。表情通常是指人们的脸部情感状态，是由脸色的变化、面部肌肉的抽动以及五官的动作所组成的。它能最迅速、最灵敏、最充分地反映出人类的各种感情和各种复杂的心理。

2）动作语言。手、躯体、头部等的动作可以表达一定的信息。例如，摊开双手，耸耸肩表示无可奈何、无能为力；用脚尖、脚跟拍打地面，或轻抖腿部等动作，表示紧张不安、焦躁或不耐烦等。此外，人们还有许多约定俗成的动作语言。

3）体态语言。体态语言包括人的各种静态的姿态，如坐、立、睡、蹲、俯、仰等姿态以及人的仪表。仪表是体态语言的重要组成部分，当某人出现在大庭广众时，他的仪表本身就在向人们传递着关于此人的身份、地位、审美情趣等信息。

（二）正式沟通和非正式沟通

1. 正式沟通

正式沟通（formal communication）是指通过正式的组织程序，依照组织结构进行的信息沟通，这种沟通的媒介物和线路都是事先安排的，因而被认为是正式且合法的。

沟通网络（communication network）是指群体中人与人之间的信息交流结构形式。

信息沟通的有效性与它的结构形式密切相关。美国心理学家哈罗德·莱维特（Harold Levitt）通过实验提出了五种正式沟通的网络：链式、环式、轮式、全通道式、Y式，如图 10-2 所示。

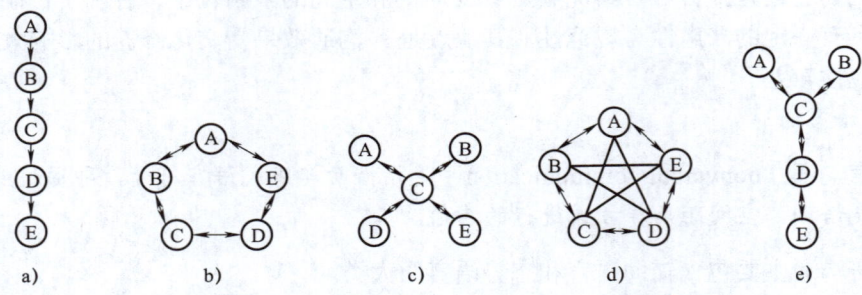

图 10-2　五种正式沟通网络
a）链式　b）环式　c）轮式　d）全通道式　e）Y式

1）链式沟通网络。在一个组织系统中，它相当于一个纵向的沟通网络，代表一个组织中各个等级的上下级组织，彼此之间交流信息是采取上情下达和下情上报的形式。

2）环式沟通网络。环式沟通网络是一个封闭式控制结构。在这个网络中，个人心理满意程度无明显高低之分，处于中间状态。

3）轮式沟通网络。在这种沟通网络模式中，人际沟通是通过中间人进行的，其中，只有一个成员能够与其他任何人交流，所有其他人只能与中间人进行交流，中间人是各种信息的汇集点与传递中心。一个领导与下级只进行双向的信息交流，领导了解全面情况，并向下级发出指示，而下级之间无沟通联系。

4）全通道式沟通网络。这种网络表示一个民主气氛很浓的领导集体或部门，其成员之间总是互相交流情况，通过协商采取决策。

5）Y式沟通网络。Y式沟通网络是一个纵向沟通网络，表示四个层次的信息逐级传递的过程。第二级与两个上级联系，其中只有一个处于沟通的中心，成为沟通的中间媒介。如果将Y式沟通网络倒置，则称为"倒Y式沟通"。

正式沟通网络的各种类型都既有优点也有缺点，差异见表 10-1。

从表 10-1 中可以看出：全通道式沟通网络能够确保所有成员充分参与信息沟通，在这种情况下，成员满意度高，创造性易于发挥，适合解决复杂的问题。在高层组织与委员会之类的小团体中，可以运用环式沟通网络。如果组织很大，需要分层授权管理，则链式沟通比较有效。如果一个主管的自身工作非常繁重，需要有人协调筛选信息，则宜采用倒Y式的沟通网络。总之，应具体情况具体分析，从而确定适当的沟通网络。

表 10-1 正式沟通网络各种类型的比较

网络类型	传递速度	信息准确度	领导的明确性	成员满意度	任务复杂程度
链式	较快	较低	中等	中等	中等
轮式	快	高	高	低	低
环式	慢	低	低	中等	中等
全通道式	最慢	最高	低	高	高
Y 式	较快	较低	高	低	低

2. 非正式沟通

非正式沟通（informal communication）是指不按照正式的组织程序进行的沟通，其信息传递的媒介和路线均未经过事先安排，具有很强的随意性、自发性。

在非正式组织中，其成员间的社会交往就主要采用非正式的沟通渠道，具体表现也往往是各种传闻或小道消息。非正式沟通的明显特点是，信息传递速度快，但失真比较严重。对非正式沟通可以采取"管理"的态度，以便能更好地扬长避短。

非正式沟通的网络除了链式、轮盘式、环式、全通道式等，还有非目的性发散模式和目的性发散模式，如图 10-3 所示。前几种模式和正式沟通中的模式类似，后两者则与正式沟通有较大的区别。

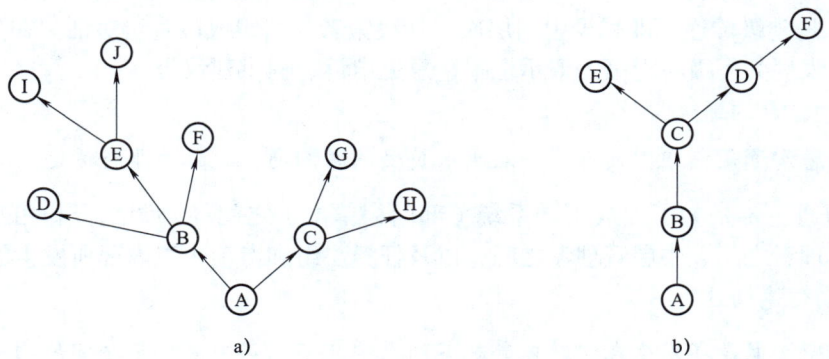

图 10-3 非目的性发散模式和目的性发散模式
a) 非目的性发散模式 b) 目的性发散模式

1）非目的性发散模式。由 A 为信息起点，散布某些消息给 B、C 或更多人。这些人都是由 A 随机选择的，其选择原因可能只是因为当时他们正在一起工作或休息，存在时间或空间上交流的便利。B、C 又和 A 一样，将信息随机地传递给非正式组织中的其他人。这些人又将信息随机传递给另外一些人。信息就以这样的方式不断向外扩散。

2）目的性发散模式。这是非正式组织中最常见的信息交流模式。这种模式与非目的性发散模式类似，都是通过逐级的信息传递使信息不断向外扩张。不同的是，在目的性发散模式中，信息传递不是随机的，而是有目的性和选择性的。例如，图 10-3b 中，在 C 接收到由 B 传递来的信息后，他就选择他所认为合适的对象 D 和 E，将信息再传递给他们。所谓合适的对象，可能是与所传递信息内容有关的人，也可能是虽然与所传递信息无关，但与 C 关系非常密切，C 觉得有必要与之信息共享的人。

目的性发散模式是非正式沟通与正式沟通区别最大的一种模式，因为这种模式中的沟通成员是由沟通的发起者自由选择的。在正式沟通中，由于受到层级结构、具体业务流程等因素限制，沟通的对象往往是既定的，既不能由信息发出者选择也不能随意更改。但在非正沟通中，由于非正式组织打破了层级的限制，又不受组织中规章制度的束缚，所以沟通有了一个极为轻松的氛围。无论是沟通的内容还是对象，都可以自由地决定和选择。这种自由的沟通模式也使人际关系得到发展。

（三）纵向信息沟通、横向信息沟通和斜向信息沟通

1. 纵向信息沟通

纵向信息沟通是指沿着组织的指挥链在上下级之间进行的信息沟通。

纵向信息沟通可以区分为自上而下和自下而上两种形式。

1）自上而下的沟通（下行沟通）是指组织中同一系统内较高层次人员对较低层次人员的沟通，这是传统组织内最主要的沟通渠道。一般体现于上级给下级发布的指示、命令、规章制度、工作程序等。

2）自下而上的沟通（上行沟通）是指组织中同一系统内较低层次人员对较高层次人员的沟通。它有两种表现形式：一是层层传递，即依据一定的组织原则与组织程序逐级向上反映；二是越级传递，即减少中间层次，让决策者与组织成员直接对话。在日常的组织管理中，常表现为下级对上级的请示汇报、意见申诉、提供建议等。

2. 横向信息沟通

横向信息沟通是指组织内部同一层次人员之间的沟通，也称为平行沟通。

这种沟通主要是为了促成不同系统（部门、单位）之间的协调配合和相互了解。例如，高层管理者之间、中层管理者之间，以及任务小组和专项小组内部所发生的沟通。

3. 斜向信息沟通

斜向信息沟通是指发生在组织内部既不同系统又不同层次的人员之间的沟通。

斜向信息沟通会对组织中的其他正式沟通渠道起到一定的补充作用。例如，企业开发部倘若以设计师与试制车间主管之间的直接沟通取代传统的经由生产经理传递信息的办法，则沟通线路和传递时间会大大缩短，信息真实性也更强，但斜向沟通容易在部门之间造成矛盾。

（四）人际沟通和组织间沟通

1. 人际沟通

人际沟通是指个人之间在共同活动中彼此交流思想、感情和知识等信息的过程。

人际沟通是沟通的基本形式，主要发生在两个个体之间，传递一次信息就可以形成交流，沟通过程比较简单，不容易发生传输错误。另外，在个体沟通中，由于沟通对象较为单一，也比较容易根据对方的特点采取相应的沟通形式和风格，并对沟通过程加以控制。

2. 组织间沟通

组织间沟通是指发生于不同组织之间的信息交流和传递的过程。

组织间沟通主要发生于不同组织之间，其实是以人际沟通为基础的。例如，企业与顾客、上下游企业、社区、新闻媒体等其他组织之间进行的沟通。

（五）同文化沟通和跨文化沟通

按照沟通主体的文化背景是否相同，沟通可以分为同文化沟通和跨文化沟通。不同文化背景的人在历史传统、思维方式、思想观念、生活环境、生活习惯、禁忌喜好、宗教信仰、工作理念、商业伦理、经济状况、受教育水平等方面存在明显的差异。

随着经济全球化的发展，不同文化之间的沟通更为密切和频繁，同时文化上的差异也表现得更为明显。这种文化背景的差异使得人们在沟通过程中对同一现象或表达方式在解读上会产生明显的差异。为了更好地进行跨文化沟通，人们必须以一种更加开放的心态努力了解不同文化背景的人群。

第二节　互联网时代的沟通

随着社会的进步与科技的发展，人与人之间的交流不再仅仅局限于面对面沟通。科技的发展为不同的群体，甚至是不同的阶层，提供了更丰富的沟通手段。在互联网时代，与时俱进的新型沟通方式不断涌现，网络沟通方式已成为人与人之间信息互换的重要工具。

网络沟通（internet communication）是指以互联网为依托，以文字、声音、图像及其他方式为媒介的沟通方式。

一、网络沟通的方式

现代网络运用电子媒介和各种电子沟通工具，为人们提供了经济实惠、方便快捷的信息服务，网络沟通方式日益丰富。

（一）电子邮件

电子邮件（E-mail）是一种利用电子手段提供信息交换的通信方式，可以实现一对一、一对多的通信需要。例如，企业管理者可以利用电子邮件向某个个体传递信息，也可以向某个群体发送会议通知、备忘录等。电子邮件的使用简易、投递迅速、收费低廉、易于保存、全球畅通无阻等优点，使得电子邮件被广泛地应用。

（二）网络电话

网络电话（voice over internet protocol，VOIP）是指通过互联网直接拨打对方固定电话或手机的沟通方式。网络电话的发展经历了三个阶段：计算机对计算机的通话、计算机对电话的通话和电话对电话的通话。随着 4G 网络资源的全面覆盖以及智能手机的普及，网络电话迎来了井喷式的发展。目前常用的网络电话有 Skype、阿里通网络电话、SKY 网络电话等。

（三）网络传真

网络传真（network fax）是基于电话交换网（PSTN）和互联网络的传真存储转发，也称电子传真。其原理是通过互联网将文件传送到传真服务器上，由服务器转换成传真机接收的通用图形格式后，再通过电话交换网发送到全球各地的普通传真机上。因此，计算机、宽带和相关软件是进行网络传真的必备条件。与传统传真方式相比，网络传真更方便可靠，且成本更低。

（四）电子公告板

电子公告板（bulletin board system，BBS）又称电子论坛，是一种交互性强，内容丰富而及时的网络电子信息服务系统。它提供一种公共电子白板，用户可以将自己对某产品的建议或对某事件的看法写成小文章张贴在电子公告牌上，也可以针对公告牌上自己感兴趣的话题进行讨论。对组织而言，电子论坛可以用于发布新闻，使组织内部员工及时了解组织内部信息，也可以借助组织内部网络新闻发布系统出版电子刊物，以代替传统的内部刊物。

（五）即时通信

即时通信（instant messaging，IM）是指能够即时发送和接收互联网消息的通信模式，允许两人或多人使用网络即时传递文字信息、文档、语音和进行视频交流。由于近几年的迅速发展，即时通信不再是一个单纯的聊天工具，它已经发展成集交流、资讯、娱乐、搜索、电子商务、办公写作和企业客户服务等为一体的综合化信息平台。目前中国最流行的即时通信工具有：QQ、微信等。

（六）视频会议

视频会议（video conference system）是指两个或两个以上地方个人或群体，通过网络通信技术来实现的虚拟会议。视频会议使得在地理位置上分散的人可以实时地看到对方图像和听到声音，达到如同在一起开会一样的效果。视频会议技术的诞生，彻底打破了传统的会议模式，对于那些会议频繁的企业和个人来说，提高了工作效率，节省了差旅费用。

二、网络沟通的特征

在工业经济背景下，针对组织的内部员工和外部客户，组织的管理者们习惯采用"命令和控制"的传统管理沟通模式。到了知识经济时代，那些曾经扮演命令者和控制者角色的管理者们不得不向"沟通和网络化连接"的新模式转变，不得不与组织内部员工和外部客户建立紧密的联系，通过运用组织的内部网、外部网和企业网站等工具，使得传统的沟通方法正在让位于扁平化、透明化、互动化和个性化的网络沟通方法。

（一）沟通流程扁平化

在信息经济时代，组织结构开始发生转变，以等级为基础、命令为特征的"金字塔"式的组织结构将逐渐趋于扁平化。由于传统分工协作的专业化和管理精细化的存在，致使管理环节增多、信息传递低效，而信息网络系统的出现，一方面使得同等级别员工之间的信息交流更加快捷与准确，跨部门的电子邮件通信打破了部门之间的障碍；另一方面，也使得组织上下级之间信息网络更为容易和方便，高层管理人员和基层管理员工可以通过电子邮件、即时通信产品进行直接沟通，从上到下的直接交流已经成为工作中的一种常态。最终促使组织减少了管理层次，压缩了管理机构，精简了管理人员，沟通流程的扁平化大大提高了组织的管理能力和效率。

（二）沟通模式透明化

沟通模式的透明化主要表现在两个层面：首先是同一组织内部，信息的透明化表现在组织内部工作人员能够以最便捷的方式获取工作相关信息，在权限范围内了解组织经营管理的全过程，这种组织中的信息共享横向上能在一定程度打破部门之间的界限，纵向上还可以把层级体制和官僚化体制所带来的阻碍降低到最低限度。其次是组织与外部客户、合作伙伴层面，虚拟组织（virtual organization）为组织的外部客户、合作伙伴和组织之间建立起一种"无缝连接"的关系，即对外部客户而言，企业网站上登载的信息大多是完全透明公开的；对合作伙伴而言，部分合作伙伴通过外部网可以和组织机构保持联系。通过内部网、外部网及企业网站的整合过程为组织内部员工和外部客户、合作伙伴提供更好的网络信息导航。

（三）沟通活动互动化

网络沟通不仅是媒体作用于用户，更多的是用户可以作用于媒体，用户可以随时随地对网络信息进行阅读、下载，还可以发布自己的观点，通过电子邮件、聊天室、即时通信、网上民意调查和每一篇新闻报道后的评论区，自由发表观点，随时做出评论，甚至还能参与组织的创意活动。此时的沟通对象从传统的被动的信息接收者转变为主动的信息参与者。

（四）沟通对象个性化

传统媒体手段，诸如广播、电视、印刷媒体等，由于容量限制、单向传播的缘故，基本无法实现分众化（customization）需求。对大多数传统媒体而言，确定了主流受众群体，在此范围内做一些内容上的版块切割，适当提供一些受众选择的余地已经很不容易了。网络的出现使覆盖更广大群体、提供更丰富的内容服务成为可能，并深刻地影响着人们的沟通交往方式。在网络空间，人们借助网络沟通工具，不用面对面就可以交谈，这种隐秘性和流动性使人们可以根据自己的兴趣爱好等自由选择想要接收的信息，同时似乎可以不用顾及传统意义上的交往方式所带来的规范、限制和禁忌，所以沟通对象比以往任何时候更具有个性化的特征。此时的沟通如果从个性化的内容入手，针对目标群体的不同需求，提供特定话题的信息，让每个人几乎可以看到他们想看到的所有东西，这种情况有助于唤起沟通兴趣和获得更加广泛的理解。

三、网络沟通的风险

随着互联网技术在管理中逐渐得到充分地利用,对网络的理解和网络工具的应用已经成为现代管理者必备的素质。管理者在应用网络沟通方式进行沟通时,不仅要了解网络沟通的独特性,在享受其便捷性的同时还要警惕其风险性。网络沟通的风险主要表现为以下三个方面。

(一)减少面对面人际沟通

许多心理学家认为,网络在缩小人与人之间的空间距离的同时,无情地拉远了人与人之间的心理距离,并引发了许多心理危机。网络的普及带来了网络沟通的快速发展,网络沟通使传统的"人—人"沟通关系演变为"人—机—人"沟通关系。这种以计算机为媒介的沟通方式极大地减弱了人与人之间直接的、面对面的互动关系,同时不可避免地弱化了长久以来所形成的人际沟通模式的作用,进而影响人们在心理和情感上已经建立起来的平衡,使人容易产生冷漠和孤独。

(二)带来信息泛滥

网络沟通不仅带来了快捷的信息,也使员工获得了过量的信息,员工通常要花费更多的时间来筛选有用的信息,降低了工作效率。同时,网络沟通方式的运用,使得员工被要求同时从事多种活动,比如一边打电话,一边通过计算机发送信息,一边按照备忘录继续工作,同时关注多件事情可能分散员工的注意力,从而降低工作效率。

(三)降低沟通效果

部分网络沟通方式,如电子邮件等无法进行手势、面部表情和眼神交流等非语言沟通,使信息接收者无法获得信息中的情感因素,从而影响沟通效果。现代网络沟通方式也对沟通双方的信任带来影响,由于网络虚拟性的特征,沟通双方发表言论的真实性不能确定,这种缺乏真实性的信息互通,将会导致不信任感,并在一定程度上影响沟通效果。此外,网络沟通的趋势是成员平等参与互动,群体的成员可以更加平等地参与讨论,而魅力型成员或职位较高的成员的权力则有所弱化。有人专门对依靠信息技术进行沟通的群体的决策过程进行研究,结果表明,与面对面进行沟通的群体相比,以网络沟通为媒介的群体,要花费更多的时间来达成一致。

网络沟通如同双刃剑,科学、合理地使用网络沟通能为组织创造效益,而滥用网络沟通,会使员工工作时难以集中精力,降低工作效率。针对这一情况,组织应采取现代化的网络沟通管理,通过制度建设,科学、规范、合理地使用信息资源管理平台,实现效益最大化。

第三节 有效沟通的障碍及技巧

一、有效沟通的障碍

有效沟通是指能够进行准确、及时和有效率的沟通。但任何信息在沟通过程中都可能被有意或无意扭曲、遗漏或误解，从而使其准确性和完整性受到影响，出现失真现象。显然，这种沟通的障碍不利于沟通的有效性。具体而言，沟通障碍既可能来自信息的发送者，也可能来自信息的传递过程，还可能来自于信息的接收者。

（一）信息发送者的障碍

1. 语言障碍

言语沟通是组织中人际沟通的主要形式，因此语言问题是沟通的一个核心问题。语言造成障碍的原因具体分为三类：①语音差异，不同的地区都有着自己的方言，不同民族、不同地区的人交流时，就往往会造成障碍；②语言表达障碍，这种障碍主要是由于语言表达能力不同造成的，如果沟通者语言表达能力太差，可能导致词不达意，令人费解，甚至发生误解和冲突；③一些行话及内部语言的使用也会导致人际沟通障碍。马克·吐温（Mark Twain）说过："一个差不多准确的词与一个非常准确的词的区别就像是一只萤火虫发出的光与一道闪电之间的差异。"所以，在人际沟通交流时，语言差异不容忽视。

2. 角色障碍

英国伟大的戏剧家莎士比亚在他的《皆大欢喜》中写下了这样一段台词："全世界是一个舞台，所有的男男女女不过是一些演员；他们都有下场的时候，也有上场的时候，一个人的一生中扮演着好几个角色。"角色理论（role theory）表明每个人作为社会一分子，在社会大舞台上都扮演着角色，都得按照社会对这些角色的期待和要求，服从社会行为规范。人们由于扮演不同的社会角色，则往往会可能因为缺少共同语言而引起沟通困难。这是因为，社会地位和角色不同的人通常具有不同的意识、价值观念和道德标准，从而造成沟通的困难。不同阶级的成员，对同一信息会有不同的甚至截然相反的认识。不同的党派、宗教、职业、年龄等也都可能成为沟通障碍。政治理念、宗教信仰、"隔行如隔山""代沟"都能很好地反映这一点。在组织的日常管理过程中，如果管理者一味地扮演一个高高在上、遥不可及并到处教训员工的角色，导致沟通障碍就在所难免。

3. 民族文化差异

随着全球化的到来和跨国公司的发展，许多组织中都出现了来自不同文化背景的员工一起工作的现象，跨文化沟通进一步增加了沟通的难度。来自不同文化背景的人，习惯化的沟通方式存在差异。以倡导个人主义的美国和强调集体主义的日本为例，在美国，沟通类型倾向于以个人为中心，而且语义明确。美国的管理者偏好备忘录、通报、职务报告及其他正式的沟通手段来阐明他对某一问题的看法。而在日本，有更多的相互间的互动关系，而且人际间的接触更倾向于是非正式的。日本管理者在有关问题上更多是先以口头协商方式与下属们沟通，然后再起草一份正式的文件说明已达成的共识。

（二）信息传递的障碍

1. 沟通渠道

组织中的沟通渠道多种多样，每种沟通渠道所能承载的信息各不相同。因而选择什么样的沟通渠道，需要综合考虑沟通的目的、沟通对象的特点以及技术条件等。沟通渠道障碍主要表现在以下两个方面：①沟通渠道选择不当，比如在沟通重要事情方面，口头传达的效果较差，因为接收者会认为口说无凭而不加以重视；②多种渠道之间相互冲突，当信息采用多种形式传达时，如果相互之间不协调，则会使接收者难以准确理解信息内容，比如领导在表扬下属时，口头沟通信息是积极的，但如果面部表情很严肃甚至皱着眉头，也就是态势语言是消极的，两种沟通渠道传达的信息不一致，就会让下属感到困惑。

2．沟通层次

如果组织结构过于庞大，中间层次太多，那么信息沟通从最高决策层传递到最基层不仅容易产生信息的失真，而且还会浪费大量时间，影响信息的有效性。同时，自下而上的信息沟通，如果中间层次过多，同样也浪费时间，影响效率。因此，如果组织机构臃肿，结构设置不合理，各部门之间职责不清、分工不明，形成多头领导，或因人设事，庙小和尚多，人浮于事，都可能容易引起传递信息的失真和歪曲，降低信息沟通的有效性。

3．组织氛围

一个组织的氛围对信息接收的程度也会产生影响。信息发自一个相互高度信赖和开诚布公的组织，它被接收的可能性要比来自那些气氛不正、相互猜忌和提防的组织大得多。影响信息的另一组织氛围是命令和请示是否拘泥形式，例如有的组织，除例行公事外，任何工作都必须下达正式命令来完成，那么在这个组织中，一般性的或不是正式传达的信息则比较难被接受。

（三）信息接收者的障碍

1．过滤

过滤（filtering）是指故意操纵信息，使信息显得更容易被接受。

"报喜不报忧"就是一种过滤现象，下级在向上级汇报工作时，故意投其所好，对事实进行加工，主要汇报取得的成绩，回避问题和过失。过滤的程度与组织层级数目和组织文化两个因素有关。在组织中，纵向层次越多，过滤的可能性就越大，每一层次的管理者都有可能故意截留部分信息或者隐瞒对自己不利的信息。组织文化会通过奖励系统对过滤行为起到鼓励或抑制作用，管理者会有意识地按照组织的奖励偏好进行调整和改变信息。

2．选择性知觉

选择性知觉（selective perception）是指人们根据自己的兴趣、经验和态度而有选择地去解释所看或所听的信息。

在沟通过程中，接收者会根据自己的需要、动机、经验、背景及其他个人特点而有选择性地去看或去听信息。解码过程中，还会把自己的兴趣和期望带进信息之中。比如，当一位经理认为某位下属的工作表现一向很好时，他很可能就会忽视掉那些能够证明该下属表现不佳的信息。很多时候，我们不是看到事实，而是对我们所看到的东西进行解释并称为事实。

3．情绪

每个人都常常从工作中体验到喜、怒、哀、惧等不同的情绪（emotion），这些情绪会使沟通双方在编码和解码过程中不由自主地带上情绪的色彩，不同的情绪体验会使人们采用不同的说话方式，也会使人们对同一信息的解释截然不同。极端的情绪更可能阻碍有效的沟通，这种状态常常会使我们无法进行客观而理性的思维活动，而让一种情绪性的判断取而代之。

4. 信息超载

个体在有限时间里处理信息的能力是有限的，当我们面对的信息量超过我们能够处理的信息量时，就会出现信息超载（information overload），而信息超载会严重地降低沟通效率。管理者常常抱怨信息超载，他们需要接收电子邮件、电话、传真以及参加会议和阅读专业资料，因而淹没在了巨大的数据之中，从而导致他们无力处理和传递这些数字信息。面对信息超载的情况，人们倾向于筛掉、轻视、忽略或遗忘某些信息，这样必然会降低沟通效率。因此，管理者必须学会时间管理，科学安排自己的时间，抓住信息的重点内容，避免信息超载而引发的沟通不畅。

5. 防卫

当人们感到自己受到某种威胁时，他们通常会以一种防卫（defence）的方式做出反应，这种防卫降低了取得相互理解的可能，减少沟通的有效性。人们对威胁的防卫通常会表现在对对方进行语言攻击、讽刺挖苦、评头论足，以及怀疑对方的动机等行为上。当一方将另一方的意思理解为威胁时，他很容易会做出有碍于有效沟通的反应。

二、有效沟通的技巧

沟通技巧（communication skill）是指个体具有收集和发送信息的能力，能通过书写、口头与肢体语言的媒介，有效与明确地向他人表达自己的看法、感受和态度，也能较快、正确地解读他人的信息，从而了解他人的想法、感受与态度。人与人之间的沟通，常常会遇到很多障碍，我们首先要认清这些沟通障碍，并分析原因，最后认真克服这些障碍，但真正有效的沟通仅仅克服这些障碍还不够，还需要一些沟通技巧。只有掌握这些沟通技巧，才能更有效地客服障碍，提升沟通效果。

（一）运用反馈

很多沟通问题是直接由于误解或理解不准确造成的。如果管理者在沟通过程中使用反馈回路，则会减少这些问题的发生。这里的反馈可以是言语的，也可以是非言语的。当一个管理者问部下："你听懂我的话了吗？"部下的回答就是一种言语反馈。言语反馈还可以提供一些更加微妙的信息，比如，接收者对某信息的总体评价可以使管理者了解到接收者对该信息的反应。而绩效评价、调整薪水、晋升等是组织中非言语反馈的重要手段和方法。

（二）简化用语

由于语言可能成为沟通的障碍，因此管理者应选择好措辞，并注意表达的逻辑，使发送的信息清楚明确，易于接收者理解。在人际沟通中，正确的语言表达要做到：①语言意义准确，切忌模棱两可，拖泥带水；②措辞得当，通俗易懂，忌滥用辞藻，戒空话、大话、套话，尽量少用专业术语；③言之有据，条理清晰，富有逻辑性；④尽量使用短句。

（三）积极倾听

人们一般认为听是被动的行为，只是坐在那儿接受信息。由于沟通中会出现失真，因此有效的沟通必须要积极倾听。优秀的倾听者清楚自己的个人喜好或态度，能够更好地避免对说话者做出武断的评价或是受过激言语的影响，他们会在说话者的信息中找到感兴趣的部分，并认为是获取新的有用信息的契机。为了达到高层次的倾听，我们需要掌握以下倾听技巧：鼓励对方先开口；懂得与对方共鸣；善于引导对方；与对方保持视线接触；给予对方真诚的赞美；适时提出疑问；恰当运用肢体语言；暗中回顾，整理出重点，并提出自己的结论。

（四）控制情绪

管理者并不是总能以完全理性的方式进行沟通，而不良的情绪会严重阻碍信息的传递，造成信息失真。因此，当沟通双方有一方情绪失控时，最简单的办法就是暂停沟通，直至恢复平静。

（五）调整信息流

信息过载会造成管理者顾此失彼，为了减少信息过载，需要建立例外管理制度，以确保传到管理者手中的信息是重要的信息，并使更重要的信息能优先送到。这种方法需要对信息的数量与质量进行调整，同时要根据受众来调整信息。组织中不同的人对信息的要求亦不相同，对基层主管来说非常重要的东西并不一定对中层管理者同样重要。员工需要的信息类型十分不同，获得信息最有效的途径也不相同。管理者需要认识到这一点，并相应地设计出恰当的沟通方案。

（六）创造良好的沟通氛围

人际沟通常常会受沟通双方的个体差异性影响。营造合适的沟通环境有利于消除这种个体间的差异性，会对信息发送者和接收者的情绪产生积极的影响。对于个体差异较大的人际沟通，营造积极的沟通氛围更容易取得好的沟通效果。比如，在与专业技术人员进行沟通时，如果能够熟练使用他们的专业语言并积极营造一种技术交流的氛围，就很容易得到他们的认同，从而取得期望的沟通效果。

本章核心概念

沟通　语言沟通　非语言沟通　正式沟通　沟通网络　非正式沟通　纵向信息沟通　横向信息沟通　斜向信息沟通　网络沟通　沟通障碍　沟通技巧

思考题

1．什么是沟通？沟通的功能有哪些？
2．沟通的类型有哪些？
3．网络沟通的特征和风险有哪些？
4．有效沟通的障碍有哪些？如何解决这些障碍？

讨论题

1. 从个人经历或生活实践出发，谈谈您对沟通过程模型的认识。
2. 假如您是某个部门主管的助理，在某次会议中您的意见与部门经理的意见发生分歧时，请结合有效沟通技巧方面的知识，谈谈您会如何处理这种情况。

案例分析

越级、跨部门沟通产生的困惑

阳光公司是一家国际化快递企业，2009年以前在中国以地区划分事业部形式组成中国区的架构，即全国分成20个区，每个分区有相关的总经办、财务部、人力资源部、市场销售部等部门。出于优化结构的目的，从2008年下半年开始，公司决定把相关的后勤部门按职能进行集中化操作管理，同时各分区开展了减少后勤部门人员的结构调整行动。例如，在北京总部成立人力资源共享中心来集中统一管理全国各分区的员工档案、薪酬福利、员工招聘等人力资源职能工作，在各分区留下人力资源协调员来做各项工作的上传下达工作。这种架构的调整把更多日常琐碎的行政工作放回了各业务部门内部来进行。以上是背景，这次事件就发生在作业部和人力资源职能部的沟通环节上。图10-4是各部门人物关系图。

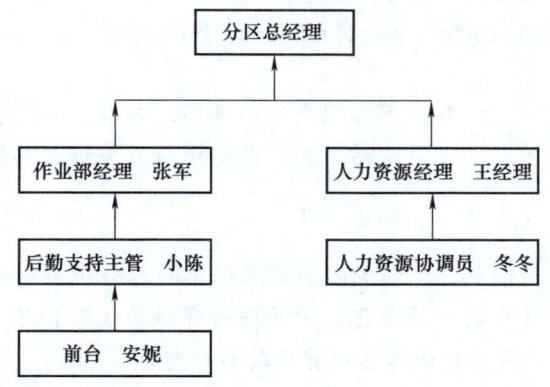

图10-4　各部门人物关系

小陈是南京分区作业后勤支持主管，除了负责有关快递后勤的数据分析统计管理工作之外，也负责管理公司前台安妮的工作。在5月31日，安妮收到由分区人力资源协调员冬冬发送的一份公告电邮。电邮发送给分区所有部门的协调员以及安妮，但是没有发送给安妮的主管小陈和安妮的经理张军。电邮正文通知各部门协调员从6月1日开始，员工商业保险医疗单据改变为由部门协调员收集好并交到前台安妮处，而这项工作以往是由HR负责收集并转交给保险公司的，现在由安妮直接与保险公司责人进行交接，安妮在收到这个任务后，由于看到此邮件没有抄送给自己的主管小陈，于是就把邮件发给小陈告知有这么一项新加的额外工作，小陈在同一时间也从作业部门协调员那里收到了这个操作的更改通知。

小陈这时有点纳闷，为什么在这个邮件公告之前，她并没有从上司张军、HR 方面获得任何的信息或咨询；同时对于下属安妮向自己汇报的新增加的工作，具体怎样开展，需注意新操作的什么地方，小陈一无所知。于是小陈就给其上司张军发了这样一封电邮，希望能够得到上司的支持和协助。

张经理：

根据 HR 今天下发的关于保险资料提交流程变化通知，我与前台安妮沟通后发现，原来的操作会存在申请理赔的资料逗留前台时间过长等一些问题，考虑到前台位置比较开放，容易发生个人私密性资料丢失的情况，因此，我希望能向 HR 提出以下建议：请 HR 向各部门协调员提出要求各部门协调员务必填写好《理赔资料交接单》，前台只负责资料的传递，不负责任何的录入工作。

另外，HR 在制订保险资料提交流程的更改计划中，并没有在公布前与前台抑或前台隶属的作业部门作相关沟通，因此我们收到这份电邮时更加对于即将要操作的工作感到束手无策。因此建议以后在公布措施前，希望相关措施制订部门能与相关操作部门做好沟通，避免误解，谢谢！

小陈

张军在收到小陈的邮件 1 个小时后，在原小陈邮件基础上原封不动地转发给人力资源协调员冬冬，并抄送给人力资源经理王经理。内容如下：

Dongdong, please view Chen's point and update if needed.

Zhang Jun

在张军的邮件发出后，没有任何部门更新邮件跟进内容，直到当天下午 4 点，人力资源经理王经理给小陈直接回了以下这封邮件，并抄送给人力资源部门的协调员冬冬和作业部经理张军。

小陈：

由于 HR 组织架构的调整，以前 HR 向员工提供的各种服务都将随之而发生改变。保险资料的收发服务只是其中的一项而已。由于保险资料的收取和年假的规定有较多员工咨询，故我提前让冬冬发了封可能让你感到莫名其妙的邮件。

公司前台也属于公司的一个部门，公司的员工向内部其他员工提供一些服务也是责无旁贷的。并且，因为正式的操作是在 6 月份才开始，所以之前我也没有想到要做征求你同意的沟通工作，如果你觉得有必要，我们约个时间沟通一下。

王经理

小陈收到这封看上去不乏火药味的邮件后，仿佛心里的五味瓶被打翻似的，各种滋味突然涌上心头。她感觉做这个中层很委屈，她的本意是想跟自己的上司反馈新操作的顾虑和建议，同时也希望公司内部的沟通能比较规范，所以才建议跨部门的沟通公布前能够取得相关部门的共识。小陈怎样想都不明白张军为什么不能通过口头沟通的途径来跟王经理去表达一下跟进部门的建议？不知道王经理突如其来回复自己的邮件应该怎样回应，毕竟

A 部门的主管回复 B 部门的经理，越过了 A 部门经理的支持，这种感觉很不对劲，小陈面对了一个事前沟通、越级沟通的难题。

（资料来源：杜慕群.管理沟通案例[M].北京：清华大学出版社，2013.）

问题：

1. 邮件沟通方式会存在哪些问题？您认为还可以采取其他更为有效的沟通方式吗？
2. 如果工作中出现了越级沟通的情况，您会如何解决？

第十一章

冲突与冲突管理

引导案例

新世纪软件股份有限公司是中国软件产业杰出的代表和领导厂商之一。新世纪软件股份有限公司北京办事处成立已经五年，拥有员工58人，设有六大职能部门，管理公司在北京的各项业务。在办事处中，大客户部经理李建国和实施部经理王青波之间一直充满矛盾，给公司的士气与绩效带来了相当坏的影响，直接影响了公司的健康发展。

大客户部经理李建国从学校一毕业就进入了新世纪，至今已有13年了，同时公司成立也正好13年，受聘后一直在公司的苏州本部工作，直到北京办事处成立，随即被公司派至北京开拓市场。他性格随和，有极强的幽默感，不过有些懒散，手下的职员很喜欢他，常拿他开心。李建国在日常工作中依仗自己的资历经常违纪，对职员的影响很坏，尽管领导反复要求甚至命令他遵守办事处的日常规则，但他依然如故，经常迟到，不加任何解释就擅自离岗数小时，因此，其他管理人员对他下属的类似违纪行为也无法制止。

实施部经理王青波大学毕业后，即受聘于新世纪软件股份有限公司北京办事处，不久被送到苏州本部接受为期九个月的培训。到目前为止，他已经在新世纪工作了两年。他的个性不是很稳重成熟，带有孩子气，但工作刻苦，业务能力强。他手下的职员对他的孩子气了如指掌，因此他并没有获得一个管理者应受的尊重，但他工作尽心尽力，并很有发展潜力。

两位经理间的问题不单纯是性格不合，还涉及公司元老与年轻业务骨干之间的冲突。具体地说，公司成立之初，仅有七名员工，大家在公司领导的带领下，依靠辛勤工作和团队协作艰难地开启了公司的创业之路。但是，随着公司的发展壮大，他们的思维方式和业务能力渐渐不能满足公司迅速发展的需要。相反，公司招聘的许多年轻大学毕业生，在经过培训后，却很快成为公司发展的骨干，他们理念先进，业务娴熟，很快被提拔到公司的关键岗位，使得公司元老的地位受到威胁，这样，在公司元老与年轻业务骨干之间便形成了难以克服的矛盾。公司总经理已经意识到了这一问题，但是，如何恰当解决这一冲突，同时维护双方的利益，却让他很难办。

（资料来源：https://wenku.baidu.com/view/d24b18f8941ea76e58fa04b7.html.）

正如在引导案例中所看到的，由于组织中的个体之间存在着差异，不可避免地会产生冲突。冲突是一种组织中的常见现象，普遍存在于组织活动的各个领域。一方面，它可能造成混乱的局面，使得员工很难在一起有效协作。如何对冲突进行有效管理会直接影响到组织目标的实现。另一方面,冲突也可能存在积极作用,有助于帮助组织更好地实现其目标。那么如何有效地管理组织中的冲突,发挥冲突的积极作用,避免其消极影响?本章将对冲突的概念、冲突产生的原因、冲突的过程以及冲突的有效管理进行阐述。

第一节 冲突的基本概念

一、冲突的内涵与特征

(一)冲突的内涵

冲突(conflict)是一种广泛存在的社会现象,它不仅存在于人类社会活动的各个层面、各个领域和各个行为主体之中,而且以各种形形色色的形式而存在。

冲突是社会学、心理学等许多学科中的重要概念,不同学科对于冲突的定义各不相同。组织行为学主要研究广泛存在于组织各项活动中的冲突,这些冲突作为组织活动的基本内容和基本形式之一,影响和制约着组织和组织成员的行为倾向和行为方式。对于冲突的定义各不相同,这里主要介绍两种具代表性的定义。肯尼斯·托马斯(Kenneth W. Thomas)将冲突定义为一个过程,它开始于一方感知到另一方对其关心的事将要有消极影响时。斯蒂芬·罗宾斯也把冲突定义为一种过程,在这个过程中,一方努力去抵消另一方的封锁行为,因为另一方的封锁行为将妨碍他达到目标或损害他的利益○。本书对冲突给出如下定义。

冲突是指行为主体之间,由于目的、手段分歧而导致的对立状态。

尽管不同领域的学者对"冲突"内涵的理解各不相同,但我们可以归纳出这一概念的以下三个共同点:

第一,冲突是双方意见的对立或不一致,以及一定程度的相互作用,它有各种各样的表现形式,如暴力、破坏和争吵等。

第二,冲突的主体可以是组织、群体或个体,冲突的客体可以是利益、权力、资源、目标、方法、意见、价值观、程序、信息、关系等。

第三,冲突是一个普遍的现象,它是从人与人、人与群体、人与组织、群体与群体、组织与组织之间的相互关系和相互作用过程中发展而来的。

(二)冲突的三种观念

人们对组织冲突的理解主要有三种不同的观点,按出现的先后顺序大致可划分为传统观念、人际关系观念和相互作用观念。

1. **传统观念**

从 19 世纪末到 20 世纪 40 年代,冲突的传统观念(traditional view)在冲突理论上占

○ 罗宾斯. 管理学[M]. 4 版. 黄卫伟,等译. 北京:中国人民大学出版社,2002:455.

主导地位。冲突的传统观念认为冲突是群体内功能失调的结果,冲突都是消极有害的,势必造成组织、群体、个人之间的不和、分裂和对抗,降低工作效率,影响组织目标的实现。因此,组织中领导者必须尽量减少冲突,最好是避免冲突。

2. 人际关系观念

从 20 世纪 40 年代末至 70 年代,冲突的人际关系观念(human relations view)在冲突理论中占统治地位。冲突的人际关系观念认为对于任何组织、群体和个人而言,冲突是不可避免的客观存在。冲突既无法避免又不可能彻底消除,并且冲突的影响既有消极的一面,也有积极的一面,所以,应当接受冲突,对冲突加以控制和利用。

3. 相互作用观念

冲突的相互作用观念(interactionist view)盛行于 20 世纪 80 年代以后,是当代冲突理论中的主流观点。冲突的相互作用观念认为冲突对于组织既有建设性、推动性的一面,也有破坏性、阻滞性的一面。如果组织中没有冲突,过分融洽、安宁的组织或群体会失去生机、活力和创新精神。相反,保持适当的冲突水平,可以促进组织变革,使组织保持旺盛的生命力。

(三)冲突的特征

1. 客观性

冲突是组织中的普遍现象,是客观存在的和不可避免的。任何组织都只有冲突程度和性质的区别,但不可能不存在冲突。

2. 主观知觉性

客观存在的各种冲突必须由人们亲身去感知和体验。当客观存在的分歧、争论、抵抗等反应成为人们大脑或心理中的内在矛盾斗争,导致人们进入紧张状态时,冲突才会被人意识和知觉到,这就是冲突的主观知觉性。

3. 二重性

冲突对于组织、群体或个人既具有建设性、有益性,会产生积极影响的可能,又具有破坏性、有害性,会产生消极影响的可能,这就是冲突的二重性。冲突对于组织的正面和负面的结果,见表 11-1。

表 11-1 冲突的正面和负面结果

正面的结果	负面的结果
产生新的观点	耗费工作精力
刺激创造性	造成心理压力
激励变革	浪费资源
提升组织的活力	产生消极的工作氛围
帮助个体和群体建立认同感	破坏群体的凝聚力
作为暴露问题的安全阀	增加敌意和攻击性的行为

4. 程度性

现代冲突观认为,不仅要区别冲突的性质,而且要进一步区别冲突的程度。美国学者布朗（Brown）在对冲突与组织绩效之间关系的研究中，发现了冲突水平与组织效率之间的关系主要表现为：当冲突水平过高时，组织会陷入混乱、对抗，导致组织绩效下降，危及组织正常运转乃至生存；当冲突水平过低时，组织缺乏生机和活力，组织发展停滞不前，出现难以适应环境的低绩效状况。但当冲突达到最佳程度时，它可以解除紧张，激发创造力，培养创新的萌芽，使组织保持旺盛的生命力[一]。冲突水平与组织绩效之间的关系见表11-2。

表 11-2　冲突水平与组织绩效之间的关系

情境	A	B	C
冲突水平	低	适度	高
冲突类型	功能失调	功能正常	功能失调
组织内部特征	冷漠；迟钝；对变化反应慢；缺乏新观念	生命力强；自我批评；不断革新	分裂；混乱无秩序；不合作
组织绩效	低	高	低

（资料来源：王晶晶. 组织行为学 [M]. 北京：机械工业出版社，2009：185.）

二、冲突的类型

根据人们看待冲突的视角不同，对冲突的分类也有许多种，常见的冲突分类有以下三种。

（一）按冲突的内容分类

按照冲突的内容不同，可以将冲突分为：认知冲突、目标冲突和情感冲突。

1. 认知冲突

认知冲突（cognitive conflict）是指主体的建议、意见和想法与他人或组织产生矛盾时所产生的冲突。例如，员工认为企业的绩效考核方式不合理，而管理层认为这种绩效考核方式是适用的，这时就产生了认知冲突。

2. 目标冲突

目标冲突（goal conflict）是指冲突主体在目标结果追求上的不一致。例如，销售员为增加销售量而接受了小批量的工艺复杂的产品订单，而生产部门则希望加工大批量的工艺简单的产品订单，销售部门与生产部门就可能因此而产生目标冲突。

3. 情感冲突

情感冲突（emotional conflict）是指由于人与人之间因为生气、害怕、厌恶、不信任和喜欢等情感而产生的交流障碍。这种冲突往往会出现在不同情境中，尤其是出现于合作共事者和直接上下级之间的关系中。

[一] BROWN L D. Normative conflict management theories: past, present, and future[J]. Journal of Organizational Behavior, 2010, 13(3), 303-309.

（二）按影响范围分类

根据冲突影响范围不同，可以将冲突划分为四种类型，包括组织间冲突、群体间冲突、个体与个体间冲突、个体内部冲突。

1. 组织间冲突

发生在两个或多个组织之间的冲突就叫作组织间冲突（interorganizational conflict）。竞争会增加组织间的冲突。组织间的冲突有时是有利的，例如，移动、联通和电信三大运营商以公平竞争的方式来提高服务的质量，获得了国内消费者的认可。但有时组织间的冲突也可能是有害的。例如，前些年中国各大手机产商之间竞相压价，不仅损害了单个企业的利益，而且阻碍了整个行业的发展。除了与竞争对手之间的冲突，组织也会因为与供应商、客户、政府机构等之间的相互依存关系而发生冲突。

2. 群体间冲突

当冲突发生在群体或团队之间时，就被称为群体间冲突（intergroup conflict）。群体间冲突可能会对每个群体都产生积极的影响，例如，提高群体内部之间的凝聚力和归属感，增加对任务的关注，以及提高对群体的忠诚度。当然，群体间冲突也存在负面的效果。冲突中的群体会产生一种"势不两立"的心态，彼此都把对方看作是敌人，相互间充满敌意，沟通明显减少。如果两个群体的成员之间存在着较多的消极关系，那么群体间发生冲突的可能性就会增大。

群体间的冲突通常可以分为水平冲突和垂直冲突。

1）水平冲突。水平冲突通常是指组织架构内，横向部门之间因资源、利益分配、权力分布等差异而引起的冲突。

2）垂直冲突。垂直冲突是指组织中通过纵向分工形成的不同层次之间的冲突。比如上级部门和下级部门在承担责任方面的冲突。

3. 个体与个体间冲突

个体与个体间冲突（interpersonal conflict），也称人际关系冲突或人际冲突，发生于两个或更多个体之间的冲突称为人际冲突。它主要强调冲突的产生在个体之间，指两个或两个以上的个体因在认知、态度、价值观、行为或目标上存在矛盾和分歧而产生的冲突。

4. 个体内部冲突

当冲突发生在个体内部时，称之为个体内部冲突（intrapersonal conflict）。个体内部冲突有不同的形式，包括角色间冲突（interrole conflict）、角色内部冲突（intrarole conflict）和个人角色冲突（person-role conflict）。当个体生活中的多种角色之间发生冲突时，就属于角色间冲突。工作—家庭冲突可能是许多员工都会经历的角色间冲突。单一角色的内部冲突就是角色内部冲突。当一个人从角色指派者那里收到相互冲突的关于如何担任某一角色的信息时，就会出现角色内部冲突，这个角色指派者可以是同一个人，也可以是不同的人。例如，两个不同上级对同一个办公室工作人员下达相互矛盾的工作指令就会导致角色内冲突。当角色指派者对扮演特定角色的某个个体的期望破坏了个体的价值观时，就会出现个人角色冲突。例如，上司希望下属去做一件违背下属价值观的事情时，下属就会感受到个人角色冲突。

（三）按对组织的影响分类

根据冲突对组织影响的不同，可将冲突划分为建设性冲突和破坏性冲突。

1. 建设性冲突

建设性冲突（constructive conflict）又称功能正常的冲突，即能够对组织产生积极影响的冲突。它是指在目标一致的基础上，由于实现目标的手段方法不一致而产生的冲突。

建设性冲突能够促使人们清楚地表达自己的观点和立场，从而带来更清楚的表达和理解，更有利于强化组织的价值观和信念。建设性冲突最主要的贡献之一是能够使人们在冲突的过程中为解决问题而寻找创造性的解决方案，从而提高了创造力。建设性冲突具有如下特点：第一，冲突双方的根本目的是为了实现共同的目标和解决现有问题；第二，冲突双方的直接目的是为了了解彼此的观点，寻找解决问题的办法；第三，冲突双方以争论作为解决问题的途径；第四，冲突的结果是对组织中问题的改进形成共识。

2. 破坏性冲突

破坏性冲突（destructive conflict）又称功能失调的冲突，即指对组织有消极影响的冲突。它是指在目标不一致时各自为了自身利益，采取错误的态度和处理方法而发生的冲突。

相关研究表明：关系冲突是一种常见的破坏性冲突，这种冲突一般将焦点集中在人身上，而不是在事情上，常常导致摩擦、个人怨恨、情感伤害等，影响组织内部相互的交流，从而破坏组织的机能。破坏性冲突会阻碍组织达到目标，降低组织创造力、生产力、士气、工作满意度等，并增加员工的焦虑、缺勤率和离职率等。因此，组织应当尽力避免破坏性冲突的出现。

建设性冲突和破坏性冲突的区分并不是绝对的，二者之间的界限也并不很明确，往往是综合交叉的，也可以互相转化。如能够处理恰当，破坏性冲突可以转化为建设性冲突，但若处理不当，建设性冲突也可能转化为破坏性冲突。所以，在处理冲突的过程中，管理者要特别注意两者的区别。当某种冲突可能会促使某群体为达到目标而健康积极地工作，这就是建设性冲突；但对于另一群体，或同一群体的不同时期，会促使某群体消极地工作，则可能是破坏性冲突。表 11-3 表述了建设性冲突和破坏性冲突的特点。

表 11-3 建设性冲突与破坏性冲突的特点

建设性冲突	破坏性冲突
双方所要实现的目标一致	各自对自己观点的胜利最为关心
乐于了解对方的观点意见	不愿意听取对方的观点意见
大家以争论问题为中心	双方由意见的争论转变为人身攻击
相互交换情况日益增加	相互交换情况减少，以致完全停止

三、冲突的作用

根据冲突的相互作用的观点，认为所有的冲突都是好的或者坏的这种观点并不符合实际情况，因此应该具体分析冲突的正面影响和负面影响，即冲突产生的积极作用和消极作用。

（一）冲突的积极作用

1）冲突解决的过程能够激发组织中的积极变革和创新。有时候人们为了消除冲突，就必须要寻求改变现有方式和方法的途径。这个寻求解决冲突的过程，不仅可以导致变革和创新，而且可以使得变革和创新更容易为下属所接受。

2）在决策的过程中有意地激发冲突，可以提高决策的有效性。在群体决策过程中，由于从众压力或由于个人领导者的权威控制了局面，或凝聚力强的群体为了获得内部一致性，而不愿考虑更多的备选方案，就可能因方案未得到充分讨论而造成决策失误。如果以提出反对意见或提出多种不同看法的方式来激发冲突，就可能提出更多创造性的方案，提高决策的有效性和正确性。

3）冲突可能形成一种竞争氛围，促使员工精神振奋、努力工作。如果员工觉得在工作绩效方面存在着一种竞争氛围，就可能振奋精神，为了不断提高自己的工作绩效而努力，这样会更有利于个人和组织绩效的提高。

（二）冲突的消极作用

1）冲突可能分散资源。冲突可能分散人们为实现目标而做出的努力，组织的资源有可能不是主要用来实现既定目标，而是消耗在解决群体内部的冲突之上，时间和金钱就是常常被分散到消除冲突上的两种重要资源。

2）冲突会损耗员工的心理健康，导致工作压力。有研究表明，当员工置身于对立的意见中时，会造成敌意、紧张和焦虑，并且随着时间的推移，冲突的存在可能使相互支持、相互信任的关系变得难以建立和维持。

3）由于内部竞争而引发的冲突，可能对群体效率产生不良影响。内部竞争很有可能引发冲突。例如，当企业的两个销售部门为了扩大销售额以赢得企业的奖励，就可能因追求部门的局部利益，在争夺资金、人员等方面产生冲突，这种情况如果处理不当，从而可能对企业整体绩效产生不良影响。

第二节 冲突产生的原因

组织中处处都存在着冲突。要想有效地管理好冲突，管理者首先要弄清楚冲突产生的原因。下面介绍两种对冲突诱因进行分析的理论：一种是安德鲁·杜布林（Andrew J. Dubrin）对冲突原因的分析，它将冲突的诱因分为了八个维度；另一种是黛布拉·纳尔逊（Debra L.Nelson）和詹姆斯·奎克（James C. Quick）对冲突原因的分析，他们将冲突的诱因分为结构因素和个人因素两大类。

一、杜布林对冲突原因的分析

杜布林对组织冲突原因的分析分为八个维度，分别为：

1. 人的放肆本性

很多证据表明,许多人存在着潜在的放肆倾向,想公开表现出来。战争、竞赛以及打架等,证明人至少是部分地具有放肆和敌视的动物,而许多人常常把组织当作表现冲突的场所。

2. 争夺有限资源

在复杂的组织中工作的人们不得不为得到完成任务所需的人力、物力和财力而不断进行斗争。没有一个组织能给组织中的各个部门开出"空头支票",让他们根据自己需要填写,当各个群体在争取得到这些有限资源的份额时,就会引起群体间冲突或者人际冲突。

3. 价值观和利益的冲突

组织中之所以发生大量冲突,是因为各个小群体的价值观和利益的不一致,工会与管理层之间为了员工的利益而发生的冲突就是一个很好的例子。他们往往就增加工资等实际问题发生争执,工会方面认为既然企业的利润和销售额都已经屡创新高,就有能力为工人增加工资,而管理层却为他们反对增加工资进行辩解,他们认为,增加了工资,就会导致成本增加,从而摊薄了股东价值收入,将减少每一股份的收入,这就使得企业很难有吸引潜在股东前来投资的机会。

4. 角色的冲突

群体间冲突的出现有时是因为不同的群体有不同的任务,这些任务本来就是彼此对立的。例如,研发部门和财务部门之间的冲突,研发部门往往为了更高的产品质量和更完美的产品设计,而希望得到更多的预算支持,而财务部门的职责则是尽可能地控制成本和预算。这样就会导致组织内部门之间发生冲突。

5. 追逐权力

冲突有时是由于人的贪婪和对权力的追逐而引起的。在不同的文化背景下,或多或少都有一些人有较强的权力欲望,希望能够获得支配他人的权力。在吉尔特·霍夫斯泰德(Geert Hofstede)的民族文化研究框架中,权力距离是衡量一个社会权力差别大小的尺度,在权力距离大的国家,人们表现出对权力的畏惧,则更有可能追逐较大的权力,这样就更容易导致冲突。

6. 职责规定不清

由于对待不断出现的任务该由谁负责存在着不同的看法而出现冲突,职责规定不清导致的冲突是组织内部经常发生的事情。职责规定不清使两个部门或不同个体对工作互相推诿或者争着插手,就可能引起冲突。

7. 组织的变动

变革是组织中重要的压力源,也是冲突的重要来源之一。例如,合并往往会带来群体之间的冲突、竞争和压力,当一个组织被合并到另一个组织时,在接收的组织和被合并的组织之间常常存在着权力之争。另外,当一个组织进行变革时,由于变革带来的不确定性和模糊性较高,组织内部的员工担心自己既有的利益会遭受损失,从而导致他们不愿意变革,这也会提升变革导致冲突的可能性。

8. 组织风气不佳

组织风气不佳常常是造成冲突的原因。例如,上层管理人员之间激烈和频繁的冲突造成一种气氛,使组织中的底层也产生冲突。在相互信任度比较低的群体中,大家相互猜忌、争斗,在这样相互冲突的氛围之下,只要存在一个事件作为导火索,组织内部立马就会被引燃,从而导致强烈的冲突。

二、纳尔逊和奎克对冲突原因的分析

纳尔逊和奎克将冲突的来源分为了两大类:一类是结构因素,即源于组织的性质和工作的组织方式;另一类是个人因素,即源于个体间的差异。两类因素分别包含了七个维度,如图 11-1 所示。

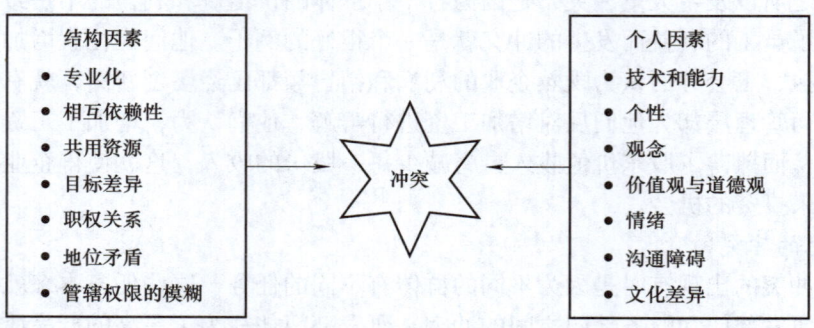

图 11-1 组织中冲突的来源

(一) 结构因素

与组织结构有关的冲突来源包括:专业化、相互依赖性、共用资源、目标差异、职权关系、地位矛盾和管辖权限的模糊。

1. 专业化

当工作高度专业化时,员工们都成了某项任务的专家。由于几乎不了解其他人的工作,高度专业化的分工更有可能会导致冲突。一个经典的专业化冲突,发生在销售员和工程师之间。工程师是技术专家,负责产品的设计和质量。销售员是市场专员,负责联系客户。工程师经常与销售人员发生冲突,因为他们无法在销售员对客户承诺的送货期内完成工作,可能是因为销售员对于规划合理的送货期限,缺乏必要的技术知识。

2. 相互依赖性

有一些具有相互依赖性的工作,要求群体或个体在另外一个群体或个体完成目标的基础上继续自己的工作。如果工作流程顺利,每件事情都能按照既有的流程来做,那么以他人的工作为基础来展开工作不会出现什么问题,但是,一旦在工作过程中的某一环节出现问题,就会影响到后面环节的工作进展,可能就会产生冲突。例如,在一个纺织品制造工厂中,如果前面一位裁剪布料的工作落后了,那么下一位缝衣服的工人的工作也会被耽误。缝纫机前的工人,看到裁剪工的缓慢节奏耽误了他的工作,这样就会感到沮丧和愤怒,这样就很容易引发冲突。

3. 共用资源

任何时候,多个个体或群体可能需要共用一些资源,这就有可能产生冲突。当大家需要共享的资源比较稀缺时,这种引发冲突的可能性就更大了。例如,几位经理下面只有一位秘书,所以一位秘书需要同时服务多个经理。如果经理们都希望秘书优先处理自己的事情,这样就会导致在工作的优先安排上产生冲突。这种冲突就类似于杜布林所说的"争夺有限资源"。

4. 目标差异

当工作群体具有不同的目标时,这些不一致的目标同样也会产生冲突。例如,在一个低成本的制造型企业当中的生产部门和研发部门就会出现目标差异。一方面,研发部门需要耗费大量的人力、物力和财力去研发新产品和新技术;另一方面,生产部门却需要想方设法地压缩成本。当两者在一起共事时,就会在观念、行为等方面产生冲突。

5. 职权关系

传统的领导者与员工之间的关系让人们想起严格的等级链结构,或是让人们感觉到领导者比员工更具有优越感。对于大多数员工来说,这种森严的上下级关系是一种令人不舒服的关系。因为其他个体有权力命令他做什么或不做什么,而这些事情未必是他自己想做的事情。此外,有些领导者比一般人更要独裁一些,这也有可能导致冲突。当组织朝着团队或授权的方向发展时,职权关系所导致的冲突的可能性就会降低。

6. 地位矛盾

在有些组织当中,管理人员和非管理人员之间存在着明显的地位差异。管理者享受着某些特权,比如弹性工作时间、股权分红等,而非管理人员却无法享受这些待遇。这种差异引发的不公平感和怨恨也可能导致冲突。

7. 管辖权限的模糊

它是指在一个组织当中,责任界限不清楚。例如,当你给某企业打电话咨询情况时,你的电话很有可能会被转接到其他部门,结果转来转去,问题还是没有得到解决。这种情况就是管辖权限的模糊。当发生了一件无法界定责任的事情时,员工们就会倾向于"推卸责任",或者避免自己接触这一问题。这样,关于问题的责任承担就产生了冲突。这类冲突类似于杜布林所说的"职责规定不清"。

以上所讨论的结构因素,都是源于工作的组织方式,还有一些其他方面冲突的来源,主要来自于个体间的差异。

(二)个人因素

源于个体差异的冲突的原因包括:技术和能力、个性、观念、价值观与道德观、情绪、沟通障碍和文化差异。

1. 技术和能力

员工队伍是由具有不同技能水平的个体所构成的。技能的多样化对于组织来说,可能是一种积极的因素,但是也具有产生冲突的可能性,特别是当个体工作之间有较强的依赖性时。能够胜任工作的员工会发现,他们很难与那些缺乏技能的新员工一起工作,因为这会让他们感到被拖后腿了。刚从大学毕业的新领导,只知道如何管理员工,却一点也不熟悉员工工作所需要的技术,员工也会感到不满,产生冲突。

2. 个性

组织内的员工往往具有各不相同的个性,在一起工作的过程中,可能会因为员工个性的差异化而导致冲突。世界上没有两片完全相同的叶子,也没有两种完全相同的人。个体由于先天遗传因素和后天环境的影响,难免会产生各种各样的个性差异。个性就是个体在物质活动和交往活动中形成的具有社会意义的稳定的心理特征系统。个性具有稳定性和独特性的特点,这种特点就意味着人与人之间的个性是不同的,并且这种差异性很难改变。因此对于同样一件事,因个性的不同会产生不同的理解,持有不同的态度,采取不同的行为,从而产生冲突。

3. 观念

观念的差异也会导致冲突。例如,就人员激励来说,通常管理者认为员工需要什么,他们就向员工提供什么,但那不一定就是员工真正期望的。所以,如果管理者与员工之间没有共同的观念,那么彼此就会对报酬体系和激励体系产生冲突。

4. 价值观与道德观

价值观与道德观的差异也是产生冲突的来源。例如,老员工很看重尽忠职守,如果没有真的生病,他们是不会请病假的;而新员工则可能会假装请病假来逃避工作。可能并不是所有的员工都会这样做,但是这例证了价值观的不同会导致行为上的冲突。

大多数人都有自己的一套价值观和道德观,他们将这些道德观延伸到工作中的程度则是不同的。一些人很期望得到他人的赞同,他们会迎合别人的道德标准来工作。相对的,另一些人可能并不那么在意他人的认同,而坚定地使用自己的道德标准。还有一些人表现得好像并不在乎道德观或价值观。

5. 情绪

在工作场所中情绪也是造成冲突的原因。冲突就其本质来说,是一种情绪的相互作用。而冲突的参与者的情绪,对他们怎样看待协商以及怎样回应对方,会起到重要的作用。

6. 沟通障碍

空间距离和语言等沟通障碍,很有可能导致信息的误解,从而可能导致冲突。此外,还有一种沟通障碍是价值判断。听众在每次接收一条信息之前,都会进行价值的判断,对一些负面的信息会进行信息过滤。例如,假设某个员工是一个持续性的抱怨者,当这位员工走进管理者的办公室,在他还没有发出信息时,管理者就可能已经贬低了这条信息的价值,或者选择信息过滤,从而导致沟通出现问题,产生冲突。

7. 文化差异

尽管文化差异对于组织来说可以作为一种资产,因为它可以帮助组织更好地了解不同民族文化的特点,但是有时候它也是冲突的来源。文化多样性会导致来自不同民族的员工难以有效沟通和协调。通常,这种冲突是因为对其他文化缺乏理解。例如,在美国员工和中国员工共同工作的组织内,美国员工可能将中国员工的含蓄委婉当作不坦率、不果断,而中国员工则将美国员工的坦率批评当作不近人情，不给面子。

第三节 冲突过程

冲突是一个动态的过程。美国著名的组织行为学研究学者斯蒂芬·罗宾斯将冲突过程划分为五个阶段，他认为冲突的发展主要经历了以下五个阶段：潜在冲突期、认知冲突期、行为意向期、冲突行为期和冲突结果期，如图 11-2 所示。

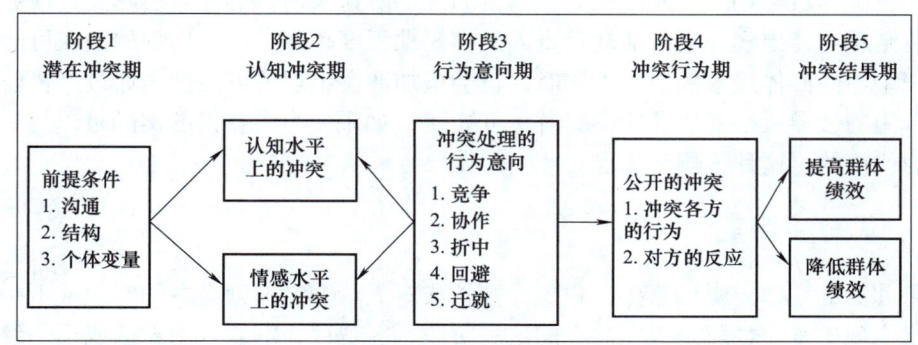

图 11-2 冲突的过程

（资料来源：ROBBINS S P. Organizational behavior[M]. 9th ed. New jersey: Prentice Hall, 2001: 386.）

一、潜在冲突期

冲突过程的第一步是存在可能产生冲突的潜在原因。这些原因并不一定会直接导致冲突，但它们是冲突产生的必要条件。为了简化，可以把这些原因概括为三类：个体间的差异性、沟通和结构。

（一）个体间的差异性

差异性是产生冲突的潜在个人因素，个体间的差异性包括社会类型差异、信息差异和价值观差异。社会类型差异是指每个人在性别、个性、民族、年龄等方面的差异。信息差异是指个人在知识基础和观点方面的不同，这些不同是每个人所受教育、经验、个人技能的函数。价值观差异是指人们对某种特定的行为方式、对事物的用途或作用的看法存在差异。

个体间的差异性构成了每个个体不同的风格，使得他与其他人存在不同。例如，某个人说话的声音、微笑的神态及其他个性方面的特点都会令你讨厌，当你和这种人共事时，常常会发生冲突。有证据表明，某些个性类型，比如十分专制教条的人、缺乏自尊的人是冲突的潜在原因。不同价值观的人对同一事物或行为具有不同的价值判断标准，追求的目标和感兴趣的东西不同，这种价值观的差异极易引起相互之间的分歧和争议。

（二）沟通

沟通主体的信息过滤，选择性的接受，语言理解的困难、缺乏沟通技巧等因素，都可能导致沟通障碍，成为冲突的潜在原因。沟通不良是冲突产生的重要原因。具体而言，有研究表明，由于个体差异、选择性知觉、缺乏有关他人的必要信息等，会导致语义理解方面的问题。研究进一步指出，当沟通过少和过多时都会增加冲突的潜在可能性。显然，当沟通达到一定程度时，效果是最佳的，继续增加沟通则会过度，其结果增加了冲突的潜在可能性。

（三）结构

结构变量包括任务的专门化程度、管辖范围的清晰度、领导风格、群体间相互依赖的程度、员工与目标之间的匹配性、奖励机制等。研究表明，群体规模越大，任务专门化程度越高则越可能出现冲突。活动负责人的模糊性程度越高，冲突出现的潜在可能性也越大。组织中不同群体追求的目标不同时，也会增加冲突出现的可能性。通过严密监督来控制员工行为的领导风格增加了冲突的潜在可能性；如果一个人获得的奖励是以另一个人丧失利益为代价的，这种报酬系统也会产生冲突。

二、认知冲突期

如果冲突的主体感觉到紧张、焦虑、挫折或对立状态时，则潜在的对立或不一致就在这一阶段显现出来。也就是说在冲突的这一阶段，客观存在的双方的对立或不一致将被冲突主体意识到，并且产生了相应的知觉，开始推测辨别是否会有冲突，是什么类型或性质的冲突等，从而使冲突问题与矛盾变得明朗化，潜在冲突向显在冲突转化。在此阶段，冲突主体会在感知潜在冲突的基础上认识和界定冲突，形成个性化的冲突认知，而且不同主体对冲突的认知方式将极大地影响到后续的冲突的行为意向和冲突的可能解决办法。

在这一过程中，情绪对冲突认知有重要作用。研究表明，消极情绪会导致对对方的信任感降低，以及对对方的行为做出消极解释。相反，积极情绪促进人们以开阔的视野来看待情境，采取创造性的办法来解决冲突。

三、行为意向期

行为意向介于个体的认知、情感以及他的外显行为之间，指要以某种特定方式从事活动的决策。

那么，为什么要把行为意向作为独立阶段划分出来呢？主要是为了明确了解自己如何针对他人的行为做出回应，你必须首先推断他人的行为意向。很多冲突之所以不断升级，主要原因在于一方错误地推断了另一方的行为意向。另外，行为意向与行为之间也还有一段明显的距离，因此，一个人的行为并不总能准确地反映出他的行为意向。

在图11-3中，试图从两个维度确定冲突处理的主要行为意向：其一是合作性，即一方愿意满足另一方愿望的程度；其二是自我肯定性，即一方愿意满足自己愿望的程度。并根据这两个维度确定了五种冲突处理的行为意向：竞争（自我肯定但不合作）、协作（自我肯定且合作）、回避（不自我肯定且不合作）、迁就（不自我肯定但合作）和折中（合作性与自我肯定性均处于中等程度）。

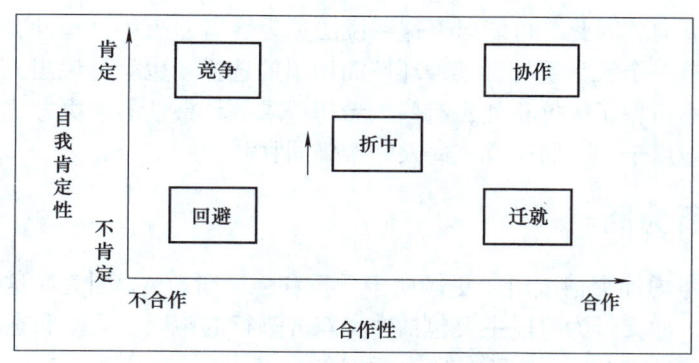

图 11-3　冲突处理的行为意向维度

1. 竞争

竞争是指一个人在冲突中寻求自我利益的满足，而不考虑冲突对另一方的影响。例如，有的人试图以牺牲他人的目标为代价来实现自己的目标；当问题出现时试图将责任推卸给对方；说服对方接受自己的结论是正确的，而对方的观点是错误的等。

2. 协作

当冲突双方均希望满足各方利益时，就可以进行相互之间的合作，并寻求相互受益的结果。在协作过程中，双方的意图是找到解决问题的办法，而不是迁就各方不同的观点，其做法是坦率地澄清差异与分歧。例如，有的人试图找到双赢的解决办法，使双方目标均能够得以实现。

3. 回避

个体可能意识到了冲突的存在，但希望逃避它或抑制它。当冲突发生时，试图回避或忽略冲突。例如，回避与自己不同的其他意见，从而避免出现与自己处于对立状态的问题，减少冲突的发生。

4. 迁就

如果一方为了安抚对方，则可能愿意把对方的利益放在自己的利益之上。也就是说，迁就是指为了维持相互关系，一方愿意做出自我牺牲。例如，有的人愿意牺牲自己的目标使对方达到目标；尽管自己有所保留，但还是支持他人的意见等。

5. 折中

折中是指当冲突各方都寻求放弃某些东西，从而共同分得利益。在折中做法里，没有明显的赢家或输家，他们愿意共同承担冲突问题以及带来的结果，并接受一种双方都达不到彻底满足的解决办法。因此，折中的明显特点是：双方都倾向于放弃一些东西，同时双方也都可以获得一些东西。

在冲突的情境中，行为意向为各方提供了总体的指导原则，它界定了各方的目标。但人们的行为意向并不是固定不变的，而是随着时间的推移它会发生变化。但是，有研究表明，人们在采取何种方式处理冲突上会有一定的偏好。

具体而言，在上述五种处理冲突的行为意向中，每个人均有自己的偏好，这种偏好是稳定而一致的，并且如果把个体的智力特点和人格特点结合起来看，则可以很有效地预测到人们的行为意向。因此，可能以下这种说法更为恰当：五种处理冲突的行为意向是相对稳定的，而不是一个人为了符合某种环境而做出的选择。也就是说当人们面对冲突情境时，有些人希望不惜一切代价获胜；有些人希望寻求一种最佳的解决方式；有些人希望逃避；有些人希望施惠于人，而还有一些人则希望同甘共苦。

四、冲突行为期

大多数人在考虑冲突情境时，更倾向于看重和强调阶段4。因为在这一阶段当中，冲突是显而易见的。冲突行为阶段主要包括冲突双方进行的声明、活动和态度。

冲突行为通常是冲突各方实施行为意向的公开尝试。与行为意向不同，潜在的冲突变成明显可见的公开冲突，此时冲突往往带有刺激性、对立性和互动性，往往一方有所行为，对方就会做出反应行为，是人们通常最容易认识、感受和强调的冲突状态。

图11-4形象地表现了冲突行为。所有的冲突行为都处于这个连续体的某一位置上，在连续体的底端，冲突以微弱、间接、高度控制紧张状况为特点，表现为轻度的意见分歧或误解。如果冲突水平升级到连续体的最顶端，则具有极大的破坏性，例如罢工、骚乱和战争。大多数情况下，处于连续体顶端位置的冲突常常是破坏性冲突，建设性冲突一般来说位于冲突连续体的较低水平。

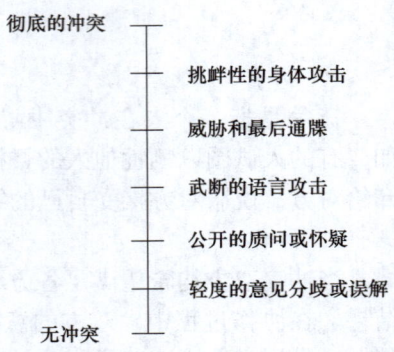

图11-4 冲突强度的连续体

（资料来源：王晶晶.组织行为学[M].北京：机械工业出版社.2009:188.）

五、冲突结果期

在第五阶段中，冲突主体之间的行为导致了冲突的最后结果，冲突的最后结果又会间接或者直接地影响到冲突主体，并反馈形成新冲突的前提条件，这样就会产生新一轮的"潜在冲突"。

在此阶段，冲突的最后结果一般表现为两种不同的冲突结局：一个是功能正常的建设性冲突，即冲突的结果提高了群体或组织的绩效，另一个是功能失调的破坏性冲突，即冲突降低了群体或组织的绩效。

（一）功能正常的结果——建设性冲突

冲突是可以作为一种动力来提高群体工作绩效的。大量的研究和事实表明：中低水平的冲突可以提高群体的有效性。尤其是当冲突指向的是任务或过程冲突，而不是关系冲突时，这种冲突更可以提高有效性。如果冲突能够提高决策质量、激发革新与创造、调动群体成员的兴趣，并提供一种渠道使问题公开化并消除紧张、鼓励自我评估和营造变革的环境，那么，这种冲突就很可能是建设性的。冲突还是治疗和矫正群体思维的一种办法，有证据表明，在集体讨论的过程中，建设性冲突可以使一些不同寻常的建议或由少数人提出的建议在群体决策中受到重视,并因此而提高了决策质量。另外,有证据表明建设性冲突对于提高生产力、提高思维活跃度和提高工作效率都有很大的帮助。

(二)功能失调的结果——破坏性冲突

冲突对群体或组织绩效的破坏性结果早已被证实,有大量文献阐述了功能失调的冲突是如何降低群体有效性的。比较明显的不良结果有沟通的迟滞、群体凝聚力的降低、群体成员之间的明争暗斗成为首要目标而群体目标降到次位目标等。在极端情况下,冲突会导致群体功能的失调,并可能威胁到群体的生存。

第四节 冲突管理

随着组织和群体内部分工的日益细化,外部环境的日趋复杂多变,竞争的日趋激烈,技术和信息的日益进步,不同主体之间的相互交往与互动活动日趋频繁,多层次、多类型的冲突现象更加普遍,冲突引发的问题越来越突出。因此,能否及时、正确、有效地实施冲突管理,趋利避害地驾驭冲突,直接影响着个体自身目标和组织目标的实现,关系到组织、群体和个人的生存与发展。

一、冲突管理过程

冲突管理是一个系统过程。美国行为科学家安德鲁·杜布林运用系统的观点来考察冲突问题,提出了冲突的系统模式,如图 11-5 所示。

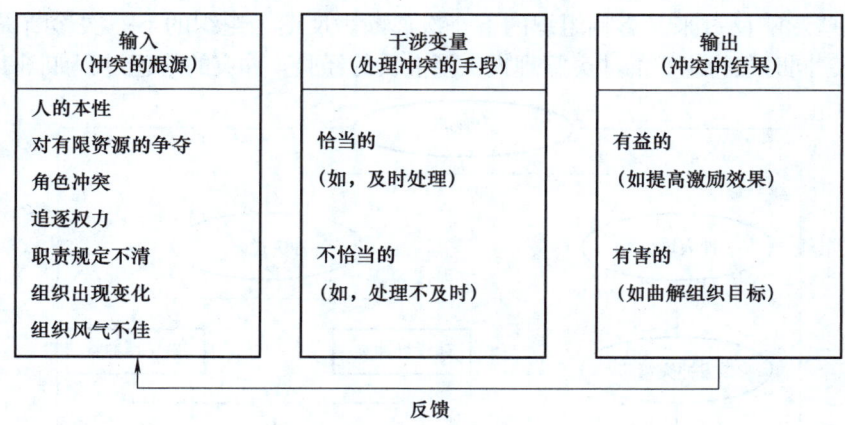

图 11-5 冲突的系统模式

(资料来源:陈春花,杨忠,曹洲涛.组织行为学(第 3 版)[M].北京:机械工业出版社,2016: 233.)

杜布林的冲突系统模式描述了冲突的形成、冲突管理、冲突的效果及反馈这样一个四阶段过程。其中,在冲突的形成阶段(输入),杜布林对冲突产生的原因进行了归纳,他认为冲突的产生主要有八个方面的原因,即人的本性、有限资源的争夺、角色的冲突、追逐权力、职责规定不清、组织的变动和组织风气不佳等。由于多种原因产生了冲突之后，如果组织采用恰当的手段对冲突进行管理（干涉变量），那么往往能给组织带来益处；相反，如果管理冲突的手段不当，对组织来说常常是有害的。无论冲突的管理结果给组织带来有益的还是有害的效果（输出），这些效果都将以信息反馈的形式影响下一次冲突的产生和发展过程。

基于以上的观点，我们认为，冲突管理是一个系统的过程，包括冲突前的诊断、冲突中的管理干涉和冲突后的结果反馈等几个阶段，这几个是阶段是相互联系并且相互作用的。因此，我们在进行冲突管理时，不能采取孤立的态度，而是应从整体性和系统性的角度去探讨如何管理冲突。

1. 冲突前的诊断

冲突前的诊断主要是指对问题的发觉，它是进行冲突管理其他阶段的前提和基础。通过诊断我们首先需要了解两个问题：一是组织的冲突数量是怎样的？是太多、太少还是适中？二是组织成员能否根据不同的情况恰当地选择管理冲突的策略？一个全面的诊断包括冲突水平的测量、它的来源和影响并对它们之间的关系进行分析。

2. 冲突中的管理干涉

冲突中的管理干涉是指根据前一阶段诊断的结果，采取干涉措施，从而解决或激发冲突。如果在解决冲突的过程中，存在太多的破坏性冲突和太少的建设型冲突，或者当组织成员没有有效地处理冲突的时候，则需要进行干涉。干涉的基本原则是激发组织中的建设性冲突，减少组织中的破坏性冲突。

3. 冲突后的效果反馈

冲突后的效果反馈是指组织通过对冲突进行干涉，会产生一定的效果，会给组织带来影响，而这些影响反过来又影响组织的下一次诊断。反馈为组织的下一次诊断提供了可供参考的依据，同时又为组织的冲突管理提供了宝贵的经验。冲突的管理过程如图 11-6 所示。

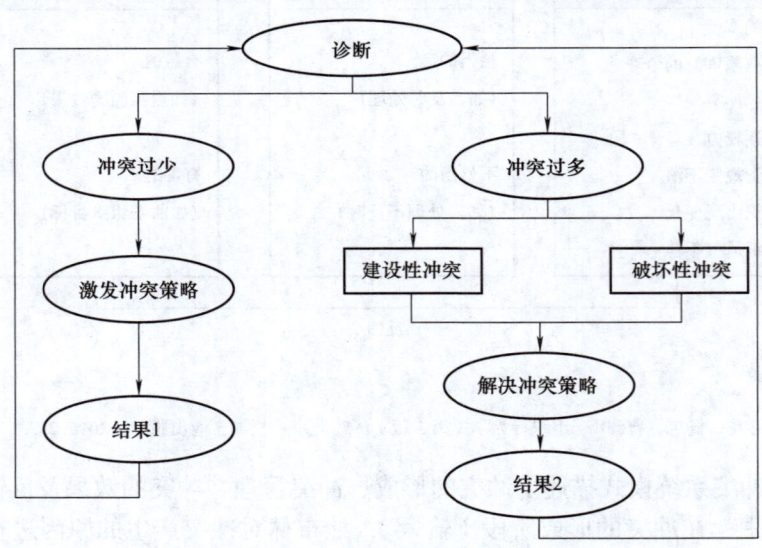

图 11-6　冲突的管理过程

二、解决冲突的策略

为了降低冲突的水平，控制和减少破坏性冲突对组织造成的不良影响，组织常用的解决冲突的方法主要有两种：结构法和对抗法。另外，在解决冲突的过程中还需要运用一定的技巧和方法。

（一）结构法

结构法主要是通过把冲突的各方进行分离来控制和减少冲突，主要有以下两种具体冲突解决技术。

1. 权威裁决法

权威裁决法是指拥有职权的人通过正式权威来解决冲突。

这种方法的优势是简单、省力、快捷。组织中的各级管理人员都有控制和减少冲突的职权，他们可以通过裁决来解决冲突。例如，当企业的两个部门就一种机器资源争夺使用权时，企业的总经理就可以使用权力直接解决这个问题。这种办法在情况紧迫时有特殊的作用，但只有当权威者是一个有能力、公正、熟悉情况并被大家接受的人时，裁决才更可能为大家所认可和接受。

2. 组织调整法

组织调整法是指通过拆离或缓冲等方式改变正式的组织结构和冲突双方的相互关系来控制和减少冲突。

具体有以下三种方法：

（1）拆离法。拆离法就是在进行组织结构设计时，尽量减少各部门间的相互依存关系，使各部门更加独立。例如，研究部门经常有些样品需要生产，如果总是让生产车间进行加工就可能发生冲突，这时，可以从生产车间拆离出一个单位专门分配给研究部门，专门从事研究部门的样品生产，这样生产部门就不用再负责研究部门的生产加工任务，冲突就会减少。

（2）缓冲法。缓冲法就是利用联络员或调解部门加以缓冲，以减少冲突。例如，在一个制造工厂里，铸工车间和机工车间由于对毛坯质量标准的看法不同、要求不同，从而对某批毛坯是否合格产生意见分歧。如果他们直接进行沟通和交流，可能争执不下，通常的解决办法是不让他们直接对话，而是由工厂总部的质量检查科（调解部门）或厂部调度人员（联络员）作为中介人员，这样就减少了冲突发生的可能性。

（3）工作轮换法。工作轮换法就是使互相冲突的岗位、人员相互进行轮换，以进行角色换位体验，加深彼此之间的了解，改变造成冲突的态度和行为。

（二）对抗法

对抗是一种持续过程，通过这一过程，冲突的双方直接公开交锋，公开而坦率地交换对某问题的有关情况和看法，并力图消除他们之间的分歧，从而达到双方都满意的结果。对抗法的前提假设是双方都能有所得，或者说双方都有可能获得胜利。如果双方采取的是非赢即输的策略,那么这种冲突处理的方法就叫强制,而不叫对抗。所以,对于对抗法来说,双方的态度和目标非常关键,对抗法主要有谈判和启用第三方解决两种方法。

1. 谈判

当双方对某件事情意见不一致而要取得一致时,就可以进行谈判。谈判是冲突的双方试图取得一致,达成一致协议的过程,谈判既有分配性的(即一胜一负),也有增益性的(双方都胜)。如果双方只看到分配性的(一胜一负)的因素,谈判就不能导致对抗;如果双方能认识到增益性(双方都胜)的因素,谈判就能为冲突的对抗式处理提供机会。

要想实现对抗式处理冲突的方式,就必须开诚布公地交换意见,寻求共同的目标,采取灵活的态度,避免使用威胁手段。不过,采用这种策略难免要承担风险。有时候,采用双胜式策略的人容易被采用一胜一负策略的人所利用。表 11-4 列出了谈判中的双胜式和一胜一负式策略。

表 11-4 谈判策略

双胜式策略	一胜一负式策略
1. 认为冲突是一个双方的问题	1. 认为冲突是一胜一负的局势
2. 追求共同的目标	2. 追求单方面的目标
3. 寻找双方都满意的创造性的协议	3. 强迫另一方屈服
4. 强调相互依存关系,力图使双方力量均衡	4. 强调己方的独立性和对方的依附性,以增加一方的力量,压倒另一方
5. 坦率、诚恳和真实地说明一方的需要、目标和建议	5. 采用欺诈的、不真实的和导致错误的方式说明一方的需要、目标和建议
6. 避免威胁(以减少另一方的戒备)	6. 采用威胁(以强迫对方屈服)
7. 将灵活立场传达给另一方	7. 传达坚持己见的立场

2. 寻求第三方解决冲突

当冲突的双方在谈判中陷入僵局无法依靠自身的力量或者双方谈判来及时解决问题时,寻找一位中立的能够提供咨询意见的人,对于帮助双方解决冲突是有价值的。寻求第三方解决冲突有时候不失为一种好方法,第三方能起到以下作用:

1)保证双方积极配合。冲突双方都必须积极地配合以解决冲突。

2)促使双方力量达到平衡。如果双方力量不是大致相等,就难以建立相互信任和敞开沟通意见的大门。

3)使对抗的努力同步。将一方的积极建议与另一方的积极响应加以协调,这是十分重要的。如果不能将这种倡议和反应加以协调,就可能导致将来无法消除冲突带来的分歧。

4)促进对话中的坦率气氛。第三方能够帮助双方确立对话必须要坦率的原则,并能有效减少一方坦率而被另一方利用的风险。

5）使紧张保持在最佳水平。如果威胁和紧张程度太低，对于问题的解决就没有什么动力。不过，如果威胁和紧张程度太高，双方就可能无法正确分析情况，看不清具有创造性可供选择的解决方案。

寻求第三方通常只是设法促进冲突的解决，而不是提出一套特定的程序让双方遵守，但是如果第三方具有思维上和行为上的技巧，就能够有效地促进冲突的解决。首先，第三方必须能对冲突做出正确的诊断。处理认知冲突不同于处理感情冲突，处理认知冲突时更多的是需要有解决问题的技巧，而处理感情冲突时更需要的则是要具备克服消极情绪的能力。其次，第三方必须善于打破僵局，在恰当的时刻打断双方行动并进一步提出解决方案。最后，第三方必须明确自己能为其他双方所接受，并具有一定的声望，能够向双方提供感情上的支持，使双方都感到安心。

组织解决冲突的具体方法示例

对话和谈判。无论是在个体层次、群体层次还是组织层次，对话和谈判都是解决冲突的有力方式。当双方面对面直接接触时，就会有对话，在对话的过程中，双方为达成各自的目的而进行的讨价还价就是谈判。经过对话，冲突双方紧张的局势能够得到缓解，通过谈判可以寻找到冲突双方都能够接受的解决方案。

（1）责权利界定清晰。许多有害的冲突是由于个人、群体的工作责任、权力和利益界限不清楚或配置不当而造成的。因此，工作分析变得重要，应该把不同群体和岗位的工作目标、工作内容、职责范围、责权利关系等科学地加以界定，使个人和群体的工作走向标准化、科学化，防范有害冲突的发生。

（2）最高目标。对于冲突各方来说，组织的目标是最高目标。最高目标的完成需要依靠各个团体、部门的共同努力和配合。因此，当组织内部个体之间、团队之间、部门之间发生了冲突，应互相谦让，服从组织目标，为达成组织目标而努力。

（3）增加资源。造成冲突的很大一个原因是冲突双方对有限资源的争夺。因此，提供更多的资源是解决因资源稀缺和共用资源而产生的冲突的有效方式。

（4）信息共享，加强交流。通过建立健全组织内的信息沟通渠道，加强各种主体和各种形式的交流沟通，实行信息共享，增进人们之间的沟通，可以有效降低冲突。

（5）工作轮换。由于人与人之间所处的环境和承担的任务不一样，这种角色差别导致了个体只顾自己的利益，而不考虑他人的利益。因此，通过工作的轮换，可以增加换位思考，使得人们了解其他岗位或部门的难处和工作特点，从而促进相互的理解和体谅，减少冲突。

（6）改革组织结构。进行组织结构的变革也是处理冲突的有效方式。例如，可以增加一名协调者，让该协调者成为中立的第三方来调节和处理冲突；还可以建立跨职能团队，从各个部门抽调不同的员工组成项目小组来共同完成任务，减少不同部门因利益或目标不同而产生的冲突。

（资料来源：李伟，王淑红，刘文兴．组织行为学[M]．2版．武汉：武汉大学出版社，2017:283-284.）

三、冲突的诊断与激发

（一）冲突的诊断

诊断冲突是冲突管理策略有效运用的前提基础。根据冲突的相互作用的观点，冲突对于组织来说既有建设性的一面，也有破坏性的一面，管理者要维持组织内一定的冲突水平以发挥冲突的积极作用。所以需要对组织中的冲突水平进行诊断。如何有效地诊断冲突呢？

关于组织是否需要激发冲突方面的测量，根据斯蒂芬·罗宾斯的研究，他提供了切实可行的10个项目。他们分别是：①你是否被阿谀奉承的人们所包围；②你的下属是否害怕向你承认自己的错误与疑问；③决策者是否过于偏重折中方案而忽略了价值观、长远目标或组织福利；④管理者是否认为他们最大的乐趣是不惜代价维持组织单位中的和平与合作效果；⑤决策者是否注重不伤害他人的感情；⑥管理者是否认为在奖励方面，获得荣誉比有能力和高绩效更重要；⑦管理者是否过分注重获得决策意见的一致性；⑧员工是否对变革表现出非常强烈的抵制；⑨组织中是否缺乏新思想；⑩员工的离职率是否非常低。以上罗宾斯所提出的10个项目，如果对其中的一个或多个问题回答肯定时，则表明可能需要激发组织内的冲突，只是所需要激发冲突的程度不同。

（二）冲突的激发

管理者要使用一定的方法激发出建设性冲突，促使组织保持旺盛的生命力和不断的创新精神。因此在管理的过程中，不仅要掌握降低破坏性冲突的方法，还要掌握策划、激发建设性冲突的方法。激发冲突的方法主要有以下五种：

1）鼓励建设性冲突的价值观。公开鼓励那些敢于向现状挑战，倡导新观念，质疑现行政策和制度的员工，并通过委以重任、发放奖金等奖励制度，奖赏那些致力于激发冲突而卓有成效的管理人员，以此把鼓励建设性冲突的价值观传达给员工。

2）变革组织结构，有效地激发冲突。组织结构的变革是激发冲突的重要手段，增加或者削减部门，改变各部门的工作目标、工作范围和权力分配等，通过组织变革激发创意和改变，给组织注入更多的活力。

3）利用信息和信息渠道来激发冲突。一般而言，具有威胁性和模棱两可的信息可以用来促进人们积极思维，减少无所谓的态度，提高冲突水平，如危机感的传递或晋升的传言等。通过非正式的信息渠道提前透露一些消息，利用小道消息的作用，以激起组织中的讨论，试探组织中的反应，也是一种常用的方法。

4）利用员工类型多元化激发冲突。长期的共同活动中，在组织价值观和行为准则影响下，员工的行为方式会逐渐趋于一致，这会降低组织的活力。适时引进补充一些在个体特性、知识体系和处事风格等方面与当前员工不同的成员，促使组织内部实现多元化，可能对群体原来的陈规陋习形成冲击，能够激发出更多的创意。

5）树立对立面，激发建设性冲突。在群体层面，可以树立群体的竞争对手，以激发群体的斗志。在个人层面，可以有意提出一些与众不同的观点或做法，从而能够有效阻止群体思维，提高群体决策的质量。

激发建设性冲突并不是一件容易的事情。一名企业顾问曾经说："高层管理者中有很大一部分人是冲突的回避者，他们不喜欢听反面意见，不喜欢从相反方面谈论或思考问题。他们之所以能升到高层位置正是因为他们不去激怒上级。"另外一项研究表明，当自己的意见与上级的不一致时，至少有70%的人会保持沉默，虽然他们知道自己的想法更好，但是也担心顶撞上级会招致上级报复。这种抑制冲突的文化过去还行得通，但在今天激烈的全球竞争中却是绝对不可行的，那些不支持、不鼓励不同意见的组织将无法生存下去。

成功地激发了建设性冲突的组织都有一个共同特点，即奖励持异议者而惩罚冲突的回避者。对管理者来说，真正的挑战是当他们听到了自己不想听到的信息的时候，是否能够以平常心对待这些消息，不指责，不讽刺挖苦，不爱答不理，能够坦诚而平和地与员工进行沟通。

本章核心概念

冲突　建设性冲突　破坏性冲突　竞争　妥协　回避　迁就　折中　冲突过程　冲突管理

思考题

1．什么是冲突？关于冲突有三种不同的观念，分别是什么？
2．冲突的积极作用和消极作用分别有哪些？
3．简述一下冲突的过程。
4．功能型冲突和功能失调型冲突有什么区别？
5．组织中处理冲突的策略有哪些？

讨论题

1．管理者如何在其部门激发适度的建设性冲突？
2．分别举例说明您在何种场合下会选择竞争、妥协、回避、迁就和折中的方式来处理冲突。

案例分析

企业中的冲突怎么处理？

方德电子有限公司总经理助理兼生产部经理张伟因为最近发生的事儿头疼不已。

刘大明与江淮，一个是生产主管，一个是物料主管，要求工作配合要高度默契。二人共事两年多来，一直非常融洽，甚至有一些私交。

转折发生在2019年3月。当时，物料组申请将去年底购进的一批原料进行处理，以免占用本来就不宽敞的仓库。这批原料是生产不同型号较为先进的产品使用的，必须在改装生产线后才能使用。而公司已经表态由于市场行情的变化，短期内暂不会考虑改装生产线，故这批价格不菲的原料一直堆放在仓库。

物料主管江淮认为应该将这批物资尽快出售，能够提高仓库储存利用率和公司资金周转率，等到需要用到这些原料时，可以再次购买。江淮的想法得到了经理张伟的支持，但却遭到了生产主管刘大明的坚决反对。刘大明认为，原料是去年公司高价格购进的，现在转售肯定亏损，而且，生产线的改进是必然之势，这批原料迟早都派得上用场，生产部正好借这批原料敦促公司尽快改进生产线。

双方各执一词，夹在中间的张伟权衡时没了主意。固执的江淮主动出击，以占用大量周转资金为由说服了财务经理。在财务经理的支持下，最终以低于采购价的价格转售了这批原料。

这事给刘大明留下了非常不好的印象，认为江淮是故意要拆他的台。

"他们双方的观点都有一定的道理，正是因为此才使我犹豫不定。"张伟说，"我没有意识到这件事对他们的影响如此之大。其实这只是对工作目标理解上的歧义，并没有什么大不了的。不过两个年轻人都太较真了，就这个分歧产生了隔阂。"

这场风波过后，没有体察到细微变化的张伟，在季度工作总结会议上，要求下属两个主管一起分析上季度业绩下滑的症结。

"生产组在上个季度，出现过两次原料供应短缺而停工几个小时的情况，物料组在这方面有一定的责任。"生产主管刘大明说。

"这是我们愿意的吗？两次都是我们的设备出了点小问题，导致原料传送不及时。再说一个月停工也不到3个小时，就造成部门业绩下滑了？为什么没有从生产效率方面去想呢？生产组一个月走了6个熟手工，效率能高就怪了！为什么你不从自己身上找原因就往我们身上推？"物料主管江淮气不打一处来。

张伟好不容易制止了争吵。他并没有意识到，这次会议上的争吵使二人原本只是工作目标的分歧向个人隔阂又迈出了一大步。

此次争吵过后，二人开始形如陌路，尽管江淮仍然非常热情主动和刘大明沟通，但刘大明每次都不给他好脸色，即使在物料组其他员工在场的情况下也不留一点面子，让江淮好不尴尬。

4月底，在生产部的例行总结会议上，江淮在汇报库存时，提及目前仓库空地较大，一旁的刘大明抢白道："上个月你不是说仓库没有空地了吗？怎么现在又觉得仓库太大了？"

江淮气红了脸，一句话也说不出来。

"当时，我非常生气，觉得他什么都好像针对我似的。"江淮回忆说，"由于公司要求提高资金周转率，降低了一些经常性物料的储备，这些都是我们之前没有预想到的，也是刘大明非常清楚的事情。但他太小心眼了，总爱把事情指向我。我想我总不能那么窝囊，低声下气的，我也就改变了一直主动和他沟通的态度。"

之后，用张伟的话说，他们两个是针尖对麦芒，平时见面一句话不说，一到会上就相互挖苦，谁也不让谁，找到对方的不是就极尽讥讽之能，经常在会上吵得不可开交。两人之间的关系已经上升为矛盾，难以调和了。

就在张伟苦思解决办法时，5月12日下午，刘大明怒气冲冲地找到他，声称不再和江淮一起合作。

刘大明告诉张伟，今天生产二线的一名女工晕倒在岗位上，送往医院检查时，发现均属其个人体弱及固有的病因，与岗位工作没有任何关系。此前该位女工只是照常每天上班8个小时，并没有安排额外劳动。这事生产线的工人都知道，都可以出来作证。

谁知下午总经理知道这事后，特意找刘大明了解情况，问他因何要安排女工加班过长时间导致劳累过度而晕倒岗位上。刘大明觉得非常冤枉，竭力解释这几天虽然一直都在赶货，也安排了加班，但并没有超出正常的工作强度，工作时间一直限制在12个小时之内，而且加班是按个人意愿做出的安排。

总经理随口说他要向物料部学习，"别人也加班，但显然安排得比你们要好，工作要讲究安排得当，尤其是我们的流水线。"

回到生产线，一肚子气的刘大明询问了几个工人是谁造谣，回答都说是物料组那边的工人传出来的。

"江淮向来就喜欢拆我的台，这回肯定就是他在造谣生事。"刘大明非常肯定地说。

"当时我有点哭笑不得"，张伟说，"一般来说有工人晕倒在岗位上，多数人都会想当然地认为是加班所累。所以物料组的工人只是猜测，而总经理也只是随口说的，刘大明想得实在太多了。"

刘大明非常认真地告诉张伟，江淮这段时间以来从来就不和他打招呼，工作沟通都是让助手跑腿，以前一到周末都会相约到外面聚一聚的，现在他压根就不来找我了。所以"事情肯定没那么简单，谁敢说他江淮没在总经理面前就这件事情说过我什么？"

"最后我劝服了刘大明，但他们之间的矛盾与隔阂更大了。影响到生产的正常运行，公司多次出面干涉。"张伟非常无奈地说，张伟私下问过江淮，他听到这件事时感到莫明其妙，说他也是听到底层的工人说是加班劳累过度晕倒的，至于谁先传出来的，他也不清楚。显然肯定是刘大明太过敏感了。

至于因何没有主动和刘大明打招呼，江淮的解释是，之前刘大明从来就不给他好脸色，久而久之，他也不搭理刘大明了，这是刘大明理亏。但不主动和他打招呼，并不代表我"肯定就会瞅准机会给他'穿小鞋'。"

一边是叫屈，一边是愤愤不平。"开始我是不愿意面对他们两个之间的冲突，觉得员工之间的这种冲突很难处理，认为自己作为上司还是回避为好，没想到越闹越大。"张伟非常遗憾地说。

（资料来源：https://wenku.baidu.com/view/2516cfc5ad51f01dc281f188.html?from=search.）

问题：

1．请问案例中江淮和刘大明冲突的主要原因是什么？应该如何处理？

2．关于原材料是否应该低价处理的问题中，刘大明和江淮之间的冲突属于什么类型的冲突？这种冲突对组织来说会有什么样的影响？

第四篇

组织系统

第十二章 组织结构设计

引导案例

阿里巴巴集团自 1999 年创立以来最大的一次组织结构变革在 2013 年上演。2013 年 1 月,阿里巴巴宣布,将集团分拆为 25 个事业部,新体系由战略决策委员会和战略管理执行委员会构成,分别由董事局和 CEO 负责。在集团分拆后,2013 年 1 月 15 日马云又把削权之刀指向自己,再度称,5 月 10 日自己将辞去 CEO 职务,主要负责阿里巴巴董事局的战略决策,他本人将退出经营第一线。

阿里巴巴的两个大动作的理由就是,想让阿里年轻人更好地成长,有更好的发展机会。一个优秀的组织除了要让年轻人能更好成长,有更大的发展空间,同时也不能忽视经验丰富的老员工利益。阿里巴巴大力起用年轻人,培养年轻人,如果不能平衡老员工的利益,不能让老员工的利益得到合理保障,培养接班人的目标也很难达到,这个组织队伍的稳定也很难得到保障,很难建立起一个有凝聚力的组织,一个有稳定发展前途的组织。

上述事例说明,马云先分拆集团,准备辞掉 CEO 职务时面临的最大风险就是保证组织队伍的稳定,让新老员工和谐发展。

(资料来源:http://www.donews.com/net/201301/1722771.html.)

和阿里巴巴一样,现代组织的生存和发展面临着各种竞争压力和机会,必须根据环境的变化不断调整组织结构,才能更好地应对外界变化,巩固组织的市场地位,提升组织竞争力。任何一个组织,无论大小,不管复杂还是简单,都需要做好两方面的基本工作:一方面需要把组织目标分解成各项具体的工作;另一方面又要保证这些分散的工作可以结合成一个有效的整体,使"整体大于部分之和",通过分解与合成使得组织成为一个分工协作的系统。不同的组织具有不同的结构,同一组织在不同时期也具有不同的结构,组织结构对于组织的效率和员工行为均具有重要影响。因此,对于一个组织而言,如何进行组织结构设计,如何使此结构适应战略、规模和环境的变化,这些问题便是本章将会分析的内容。

第一节 组织结构设计的要素

在实现组织目标的过程中,组织中的个体会有任务分工,会有组合以及相互协调。组织结构就是对工作任务如何进行分工、组合与协调的方式进行的界定。有的学者认为，组织结构有静态和动态两层含义：静态含义是指组织结构的框架体系，它可以用组织结构图、职位说明书和组织手册等来表示；动态含义是指各组织要素之间的相互关系，即组织的责、权、利的分配关系，这一关系是由组织的分工协作引起的。

恰当地设计组织结构，对于实现组织目标，提高组织效率是十分重要的。通过组织结构设计既可以把完成组织目标所需要的人和事编排成便于管理的单位，又可以把组织各个部门、各个岗位连接成一个有机整体，从而大大提高组织的运行效率，降低组织的管理成本，实现组织目标。

码 12-1

管理者在进行组织结构设计时，必须考虑六大关键因素：工作专门化、工作部门化、指挥链、管理幅度、集权与分权、正规化。

一、工作专门化

工作专门化是指把组织中的工作任务进一步划分成单独工作单元的程度。工作划分得越细，则工作的专门化越强。

工作专门化的实质是一个人不是完成一项工作的全部，而是把工作分解成为若干步骤或部分，每一步骤或部分由一个人独立去做。专门化特点规定了组织结构中管理层次的分工（即分级管理）、部门的分工（即部门划分）和职权的分工。专业化分工能够提高生产效率，亚当·斯密在《国富论》中写道："生产一枚针需要 18 道工序，如果进行专业化分工，不同的工人负责不同的工序，分工合理的话，10 个人每天就能做出 48000 枚针，平均每个工人每天可以制作出 4800 枚针。但是如果他们都是独立完成所有工作，他们中没有一个人一天能制作出 20 枚针，也许一枚都不行。"

早在 20 世纪初，福特汽车公司的创始人亨利·福特（Henry Ford）通过建立汽车生产线而富甲天下、享誉全球。他的做法是，给公司每一位员工分配具体的、重复性的工作，例如，一位员工只负责安装汽车的右前轮，另一位员工则只负责安装左前轮，这种通过把工作分化成较小的、标准化的任务，使工人有明确的分工任务，并且反复进行同一操作，掌握熟练技术，从而提高了工作效率。这种做法使福特公司能够每 10 秒钟生产出 1 辆汽车。20 世纪 40 年代后期，工业化国家大多数生产领域的工作都是通过工作专门化来完成的。专门化的分工在组织方面的体现，就是大家所熟悉的传统的组织分工模式。工作专门化能够提高生产效率主要有以下三个方面的原因：

1）工作专门化可以使个体不断重复同样的工作，个体的工作技能水平容易提高，从而提高生产效率，对高度精细和复杂的操作工作尤其是这样。

2）工作专门化可以减少工作任务间的转换时间，使工作效率得到提高。

3）工作专门化降低了员工招聘和培训的难度。专门化分工之后，对员工能力的要求会下降，更容易招聘到合适的员工，而且成本也比较低。同时，员工的技能也更容易通过培训得到提升。

工作专门化尽管是一种重要的组织机制，但是它并不是提高生产效率的不竭源泉。20

世纪 50 年代以前，专门化得到普遍推广，世界上的大多数类似福特汽车公司的管理实践也证明了工作专门化能够提高组织工作效率，具有经济上和技术上的优势。但到了 20 世纪 60 年代后，越来越多的证据表明，由于工作专门化的深入发展和应用，人的非经济性因素的负面影响（表现为厌烦情绪、疲劳感、压力感、缺勤率上升、流动率上升等）超过了其经济性影响的优势，反而影响了组织目标的实现。长期的工作专门化还阻挡了工人的创造性的发挥，阻碍了组织内部技术工人的合理流动、组织资源不能共享等，如图 12-1 所示。

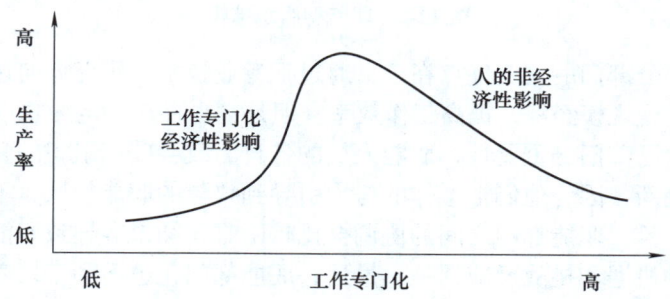

图 12-1　工作专门化的经济性和人的非经济性

（资料来源：达夫特. 组织理论与设计 [M]. 王凤彬，等译. 北京：清华大学出版社，2008：17.）

因此，管理者们不能一味追求工作专门化，强调通过专门化来提高生产率。有些工作反而不能过于专门化，依据前面我们学习的工作特征模型，工作特征模型认为具有多种技能参与、任务比较完整的工作更能够唤起员工的内在工作动机，这些工作特征与专门化是相反的。所以在进行工作分工时要考虑到工作专门化程度对生产效率带来的正向积极影响，也应该考虑到工作专门化对员工心理可能产生的不利影响。

二、工作部门化

一旦通过工作专门化完成任务细分之后，就需要把分散的工作组合成一个整体，工作的组合可以分为横向组合和纵向组合，横向组合起来的基础就是部门化。

工作部门化是指在工作专门化基础上，严格按照工作领域的划分，区分不同的部门，把各个有关的或者类似的工作进行归类合并，使性质相同或者相似的工作可以进行有效协调，从而形成专门化的部门。

不同的组织，部门化的基础不一样。常见的工作部门化有职能部门化、产品部门化、地域部门化、流程部门化以及顾客部门化五种方式。

1. 职能部门化

对工作活动进行分类主要是根据活动的职能。根据职能进行部门的划分是比较常见的划分部门的方式。职能的变化可以反映组织的目标和活动。例如，一个制造型组织按照基础职能划分不同的部门，比如生产、销售、技术、财务和人事等，如图 12-2 所示。

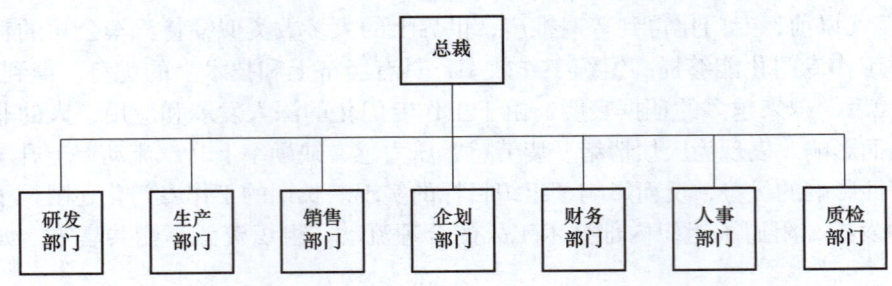

图 12-2　职能型组织结构

这种按职能划分部门的主要优点在于：通过把专业技术、研究方向接近的人分配到同一个部门中，来实现规模经济，提高工作效率。但是它也存在一定的缺点：首先，各职能部门往往会强调自己部门的重要性，职能人员的各自为政会破坏组织的整体性。其次，职能部门化不利于创新，因为他们把个体的努力引导到狭隘的职能领域，不利于合作和跨领域的思想交流。而且，职能部门之间的协调会比较困难，结果会导致职能型组织对其所面临的环境中的各种机遇和挑战反应迟钝。最后，职能部门化也不利于培养有全方面能力的人才。

2. 产品部门化

产品部门化是指根据产品来设立管理部门、划分管理单位，把同一产品的生产或销售工作集中在同一部门中。在大型、复杂、多品种经营的企业里，按产品划分部门往往是比较常见的划分部门的方式。例如，宝洁公司会针对公司的每一项主要产品（如汰渍洗衣粉、帮宝适婴儿纸尿裤等）成立专门的部门，由一位高层管理者管辖，他对该产品的所有活动承担责任。常见的产品型组织结构如图 12-3 所示。

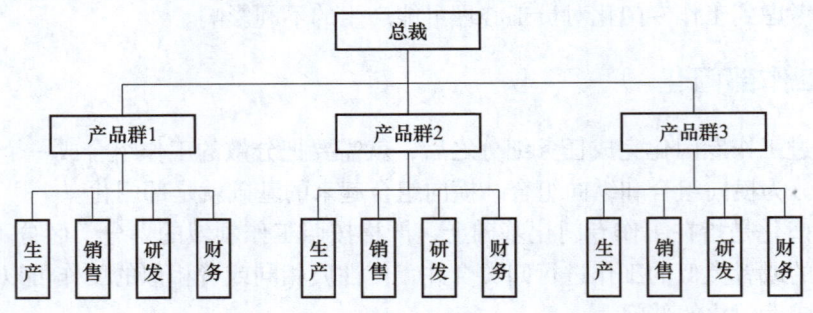

图 12-3　产品型组织结构

产品部门化的优点在于：它使得企业的注意力以及努力放在产品上，提高产品绩效的稳定性；容易适应产品与服务的迅速发展与变化，任何一种产品发展到一定程度，就可以分化出去，成为一个新的独立分部，这使得每一个分部都能保持一个适当的规模，避免部门的无限膨胀带来管理的复杂化；为高层管理人员的培养提供可测量的训练场所，能全方面地锻炼人才。产品部门化的缺点在于：对人才的能力要求较高，必须有更多的人员具有总裁那样的能力，才能保证各产品分部的有效经营；由于总部和分部职能的重复，从而增加了组织的成本。例如，如果每个部门都有自己的研发职能，就需要成倍的昂贵设施、设备和人员；分部拥有较大的权利，在一定程度上会增加总部对分部的控制难度，由于分权和控制的不当，很可能使得企业的整体性受到破坏，严重时导致瓦解。

码 12-2

3. 地域部门化

地域部门化是指按工作所在的地域范围来划分部门。这种方法较多用于一些地理位置比较分散的组织，特别适用于规模大的组织，尤其是跨国公司。例如，就营销工作来说，根据地域，可以划分为东北、西北、西南、华中、华南等地域，然后实行分片区管理。常见的地域部门化的组织结构如图 12-4 所示。

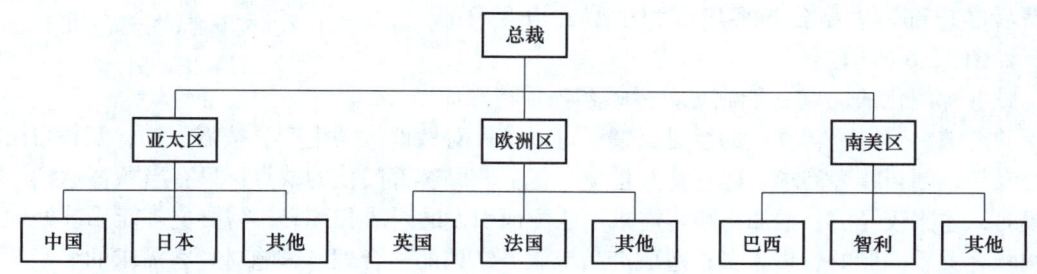

图 12-4 地域型组织结构

地域部门化的优点是：责任到地域，放权到地域，每一个地域都是一个利润中心，每一个地域部门的主管都要负责该地域的业务盈亏；有利于地域内部协调；对地域内比较了解，有利于服务和沟通；每一个地域主管都要担负一切管理职能的活动，这对培养通才管理人员大有好处。地域部门化的缺点是：随着地域的增加，需要更多具有全面管理能力的人员，而这些人员通常难以得到；每一个地域都是一个相对独立的单位，加上时间、空间上的限制、总部难以控制。

4. 流程部门化

流程型结构是根据产品的生产过程、工艺流程、设备或者服务的流程来进行部门划分，每个部门负责一个流程。例如，铝管工厂在生产铝管时必须经历四个步骤，每一个步骤都由独立的部门负责：首先，负责将金属铸造成巨大胚料的铸造部；其次，负责将胚料挤压成铝制管件的锻压部；再者，负责把管件做成形状各异的铝管的制管部；最后，负责切割和清洗铝管的成品部。流程型组织结构如图 12-5 所示。

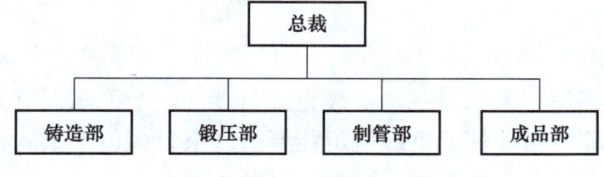

图 12-5 流程型组织结构

流程部门化的优点在于：组织能够充分利用专业技术和技能来取得经济优势；简化了

培训，容易形成学习氛围。流程部门化的缺点是：部门间的协作比较困难，只有最高层对组织绩效和获利负责；不利于培养综合素质较高的管理人员。

5. 顾客部门化

顾客部门化是指根据目标顾客的不同利益需求来划分组织的业务活动。在激烈的市场竞争中，顾客的需求导向越来越明显，组织应该在满足市场顾客需求的同时，努力创造顾客的未来需求。顾客部门化顺应了需求发展的这一趋势，根据不同类型的服务对象来划分部门，进行专门化服务。例如，银行为给不同的顾客提供服务，建立了个体消费者客户部、大型公司客户部和小型公司客户部等，如图 12-6 所示。

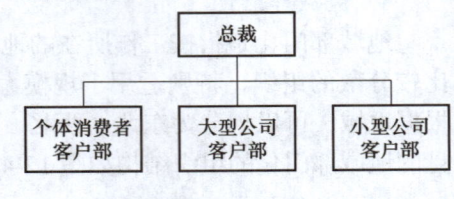

图 12-6　按顾客划分部门的组织结构图示例

顾客部门化的优点：能满足目标顾客各种特殊而广泛的需求，获得顾客真诚的意见反馈；可以有针对性地按需生产、按需促销；发挥自己的核心专长，创新顾客需求，建立持久性竞争优势。顾客部门化的缺点：只有当顾客达到一定规模时，才比较经济；增加与顾客需求不匹配而引发的矛盾和冲突；需要更多能妥善处理和协调顾客关系问题的管理人员；造成产品或服务结构的不合理，影响对顾客需求的满足。

当大型组织进行部门化时，可以综合利用上述各种方法，以取得较好的效果。20 世纪 90 年代以来有两大倾向较为普遍：一是以顾客为基础的部门化越来越受到青睐；二是坚固的职能型部门被跨越传统部门界限的工作团队所替代或补充。

三、指挥链

部门的设计是关于组织的横向结构，解决组织内部人员的横向组合问题。在进行组织结构设计时还需要考虑组织的纵向结构，即人员怎样从上到下进行组合，这就是设计指挥链或是命令链的问题。

指挥链是一种从组织最高层贯穿到最基层的不间断的职权线路，它表明组织中的人是如何相互联系的，清晰界定谁向谁报告。

在设计指挥链时，一个关键的问题是职权的确定。职权是指一个职位所具有的发布命令和要求他人服从命令的权力。为了方便管理，组织为每个管理者在指挥链中安排一个位置，承担一定的管理职责，并给予一定的职权以便完成其职责。传统的指挥链设置强调以下三个原则：

1. 统一指挥原则

统一指挥原则是指每个人只对一位上级直接负责。一个下属人员只接受一位管理者的命令。如果统一指挥原则被破坏，下级就可能要处理来自多位上级的相互矛盾的要求和优先权的问题，会增加下属的工作压力，可能会引发冲突。

2. 权力制衡原则

在设计指挥链时要考虑权力制衡机制，权力制衡原则是指无论哪一个层级的管理者，其权力运用必须受到监督和约束。管理者的权力执行必须要有制衡机制，要加强对权力运行的制约和监督，把权力关进制度的笼子里，否则就会导致权力滥用。

3. 责、权、利对等原则

无论哪个层级的管理者，其需要履行的职责、拥有的权力以及最后得到的权利应该是对等的。如果拥有的职责大于拥有的权力，那么个体想要很好履行职责，会遇到阻碍，因为缺乏相应的权力；如果个体的职责与所得到的权利不对等，个体就缺乏承担相应职责的动力，可能觉得不值得。

在20世纪80年代以前，指挥链和统一指挥原则几乎是组织结构设计不可违背的原则，但是，近些年来，随着信息技术和网络技术的发展，组织内部的沟通越来越便利，再加上组织现在都强调授权式管理，所以，指挥链已经不像原来那么重要了。原来只有高层管理者才能了解的信息，借助于信息技术的手段，员工们也可以很快得到；借助于网络技术，员工可以快速地与组织中的任何员工进行交流。过去只能由管理者做出的决策，现在已经授权给基层员工来进行处理了。命令链、职权甚至统一指挥等概念的重要性已经大大降低了。

四、管理幅度

管理幅度是指一位管理者能够直接有效地指挥下属成员的数目。

例如，有的部门一位管理者可以管理20名员工；有的部门一位管理者只管理6名员工。管理幅度一般跟组织的管理层级直接相关，管理层级是指一个组织设立的行政等级的数目。管理幅度越大，那么同样规模的组织中其管理层级就越少。管理层级取决于组织规模和管理幅度的比值，组织规模一定，管理层级与管理幅度成反比。

管理者的管理幅度要适度，如果管理者的管理幅度过宽，一位管理者需要管理人员的数量就比较多，那么管理者可能对下属就无法提供必要的领导和支持，对员工绩效会带来不利影响。就像大学里，辅导员或班主任需要管理的学生太多的话，就没办法对每一位学生给予足够必要的关注；导师们带的学生过多，就没办法给每位学生必要的指导。而且，管理幅度增加，必然会导致管理岗位数量减少，这也会导致员工在管理通道上的晋升机会减少，对员工的激励将会下降。但是管理幅度过窄，势必导致管理层级增加，管理人员的数量也会越多。举例来说，如果基层员工的总数为4096人，一家单位的管理幅度为4，一个单位的管理幅度为8，那么要想管理4096名操作人员，管理幅度为4的组织中需要设立7个管理层级，总体需要配备1365名管理人员；而管理幅度为8的组织中需要设立5个管理层级，总体需要配备585名管理人员。从数字的对比可以看出，差异是非常巨大的，如图12-7所示。

什么是最佳的管理幅度？对这个问题并不存在着固定的标准答案。一个工作部门的管理幅度多大才最理想，主要取决于需要协调的工作量。管理幅度受很多因素的影响，有领导方面的因素，如领导的知识、能力、经验等；也有被领导者的因素，如被领导者的素质、业务熟练程度和工作强度等。如果员工是比较成熟的，工作能力和责任心都比较强，那么管理者不需要进行太多的指导和控制，管理幅度可相应增大；还有就是工作本身的因素，比如工作任务的性质，如果下属的工作任务比较常规，重复性高，那么管理者的管理幅度就可以增大；管理幅度也受业务管理方面的影响，如管理业务的复杂程度，所承担任务的绩效要求、工作环境以及信息沟通方式等。在设置管理幅度时，应该对以上几个因素综合加以考虑。

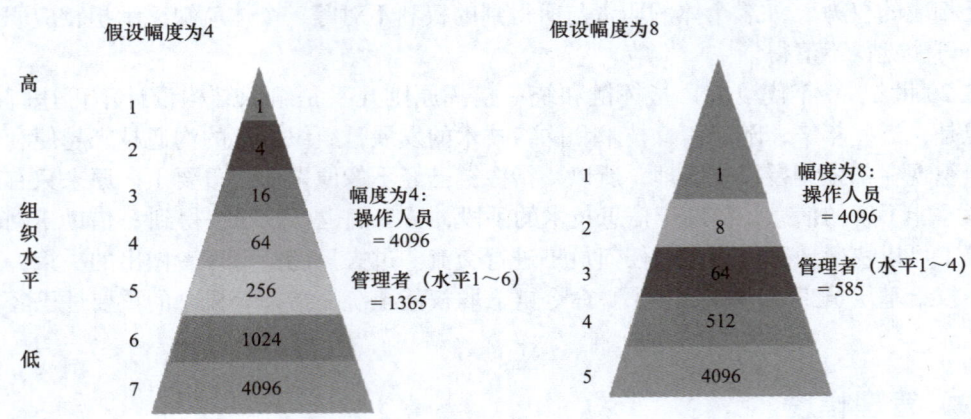

图 12-7　管理幅度和管理层级之间的关系

近年来，组织结构设计的发展趋势是加大管理幅度，减少管理层级，使组织结构扁平化。这个发展趋势是与加快组织决策速度、增加组织灵活性以及快速满足顾客需求等组织的发展需要相关联的。由于市场环境变化加快，市场竞争加剧，组织不得不紧跟市场变化，增加灵活性，加快决策过程，加速产品的更新换代速度，以及更好地满足顾客需求，提高顾客的积极体验。组织要想快速反应，就必须减少管理层级，组织结构就要进行相应的调整，扁平化就是其中的一个发展趋势。

五、集权与分权

集权化指组织内决策集中于单独一点的程度。这个概念只包括正式权威，也就是说，某个位置固有的权力。集权与分权是一个相对的概念。

集权是指决策权在组织系统中较高层次的一定程度的集中。

分权是指决策权在组织系统中较低层次的一定程度的分散。

一般来讲，如果组织的高层管理者在做出决策时，根本不考虑或较少考虑较低层级人员的意见，那么这个组织就是偏集权化的；相反，如果较低层级的员工参与做出决策的过程，或他们实际上拥有一定的决策自主权，那么组织的分权化程度就比较高。

绝对的集权化和过分的分权化都不利于组织的发展。过分集权会降低决策的质量和速度，降低组织的适应能力和应变能力，致使高层管理者陷入日常管理事务中，难以集中精力处理组织发展中的重大问题，降低组织成员的工作热情，并妨碍对后备管理队伍的培养，从而可能对组织的长远发展造成不利的影响。组织作为一个统一的社会单位，要求内部的各方面政策是统一的，过度分权则可能对组织的统一性起到某种破坏作用；而且，分权要求接受权力的管理人员或者员工拥有比较高的素质和相关管理能力。

近年来，分权化的趋势比较突出，这与组织为了应对快速变化的市场以及快速响应顾客，满足顾客需求的需要是相一致的。分权不仅能够快速响应市场和客户需求，增加组织的灵活性，而且可以调动员工的积极性和主动性。分权可以通过两种途径来实现：一是改变组织设计中对管理权限的制度分配；二是促成主管人员在工作中充分授权。

六、正规化

正规化是指在组织内部工作实行标准化的程度。

在一项高度正规化的工作中，员工对于自己的工作职责、什么时候做以及怎样做等都有明确的规定。在高度正规化的组织中，有大量的规章制度、有对于工作流程的详尽规定，员工的自主性比较低；而正规化比较低的组织中，工作行为相对而言没那么程序化，员工对自己如何开展工作有一定的处理权限。工作的正规化程度越高，员工自行决定工作方式的权力就越小。

组织之间或组织内部不同工作之间正规化程度差别很大。从组织间的角度来看，一般来讲，大企业和持续时间比较长的企业越倾向于正规化，而小企业和持续时间较短的企业正规化程度相对弱一些。从组织内部不同工作角度来看，销售人员工作自由权限就比较大，他们的推销用语也不要求标准划一，而另一种极端化的情况是流水线工人，他们必须遵守一系列详尽的规章制度。所以说，组织之间或组织内部不同工作之间正规化程度存在差别。

第二节　常见的组织结构设计

一、职能型组织结构

在职能型组织结构中，人们按共同职能对工作活动做自下而上的归类，如图12-8所示。在职能型组织结构中，涉及各特定工作的知识和技术被统一起来，使组织有了有价值的知识深度。当有深度的专长对达到组织目标很重要时，当必须通过垂直等级对组织加以控制协调时，当组织的运作效率很重要时，职能式组织结构比较有效。如果不必进行水平协调，这一结构也相当有效。

职能型组织结构的优点是：

1）职能部门能够分担经营者的责任和职能。

2）职能型组织结构决策权往往集中在高层，比较集权化管理，所以组织能够对组织中的人、财、物等资源进行合理的统一调配。

3）从事相近专业的人放在同一部门内，可导致规模经济，使人力和设备的重复最小化，并且通过专业交流，提高职能人员的专业能力。

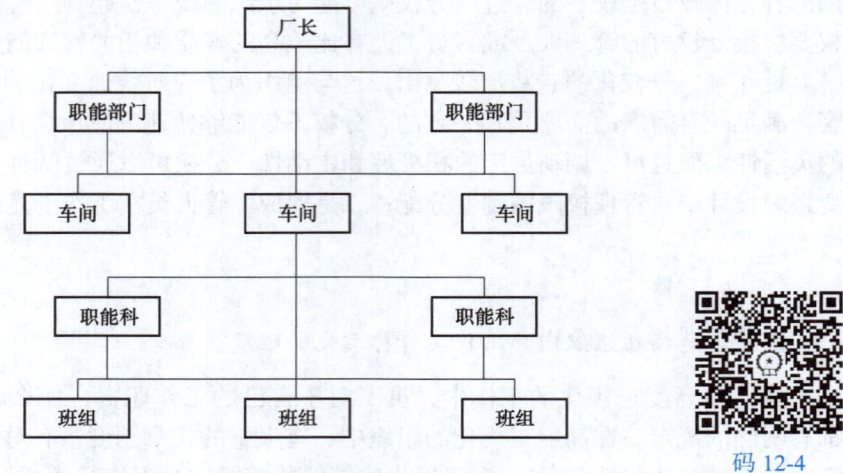

图 12-8 职能型组织结构图

这一结构也有它的缺点，缺点在于当环境发生变化时，需要多个部门协调合作，职能型组织结构反应较慢。由于员工在不同部门，跨职能的交流协调通常很差。因此，难以面对变化中的需要进行及时反应和创新。另一个问题在于，垂直等级可能负荷过重，要做的决定很多，高层经理对问题的回应不够快。此外，员工常常看不清组织的总体目标，因为他们只关注自己的职能领域。

二、事业部制组织结构

事业部制组织结构最初是由美国通用汽车公司总裁阿尔弗雷德·斯隆于 1924 年提出的，因而也称为"斯隆模型"，它是目前国内外大型组织普遍采用的一种组织形式。其主要特点是："集中决策，分散经营"，即在集权领导下实行分权管理。它把组织的生产经营活动，按产品和地区的不同，建立不同的经营事业部，同时，每个经营事业部都是一个利润中心，在总公司的领导下，实行统一政策、分散经营、独立核算、自负盈亏。事业部制组织结构如图 12-9 所示。

事业部制组织结构有独特的自身优势：

1）每个事业部有自己的决策权力，对于事业部，组织通常采用分权式管理，决策权在事业部，可以快速响应市场和应对客户需求，提高客户满意度，同时有利于发挥事业部的主动性和创造性。

2）事业部作为独立的利润核算单元，容易考核事业部的业绩，更好地为组织的后续发展战略提供依据。同时，各个事业部之间可以有适当的竞争和比较，能增强组织的活力。

3）各个事业部自主经营、责任明确，可以自主管理，组织的高层管理者能够从具体的管理事务中解脱出来，管理的幅度可以适当扩大。

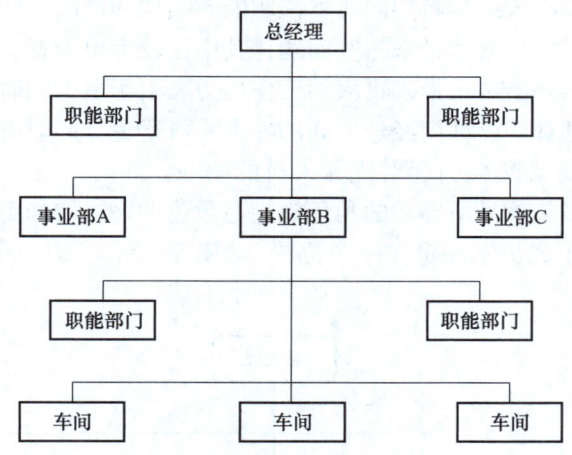

图 12-9　事业部制组织结构图

但是事业部制组织结构也会有自己的问题：

1）各个事业部都需要配置相应的职能机构，会造成职能人员资源重置和浪费。

2）各个事业部独立经营，独立核算，各分部可能关注自身利益高于组织整体利益，各个分部之间的协调比较困难。

3）决策分权，导致组织对于不同产品的整合和标准化管理比较困难。

在组织的具体运行中，事业部制又可以根据组织在构造事业部时所依据的基础不同区分为区域事业部制、产品事业部制等。区域事业部制以组织的市场区域为基础来构建组织内部相对具有较大自主权的事业部门；而产品事业部制则依据组织所经营的产品的相似性对产品进行分类管理，并以产品大类为基础构建组织的事业部门。

三、矩阵制组织结构

矩阵制组织结构是在职能型垂直形态组织系统的基础上，再增加一种横向的领导系统。该结构出现以来，已成为改进水平协调及信息分享的一个方法。它的一个独特之处是它有双重权限路线。矩阵制组织结构既不同于管理中的"水平"组织联系，也不同于其"垂直"组织联系。它是为了加强组织内各职能部门之间，职能部门与规划项目之间的协作，把组织内各部门有机联系起来，把集权与分权更好地结合起来而建立的一种有效的、多功能的组织结构，如图 12-10 所示。

矩阵制组织结构最明显的特征是它打破了统一指挥的概念。它具有双重指挥链，矩阵制组织结构中的员工同时有两个上司：职能部门经理和产品项目经理。职能部门化的优势在于将同类专家安置在同一部门，这样可以使人员精简到最少，而且专业资源可以跨越具体产品被所有部门共享，有利于提高组织内各项资源的利用率。但是职能部门化最大的弱点是难以协调来自不同职能部门的专家，从而保证任务的有效执行。而产品部门化则正好跟职能部门化具有相反的优势和劣势。产品部门化有利于加强不同专业人员之间的协调，有效完成任务。所以矩阵式结构希望同时发挥职能式结构和产品事业部结构的优势。但是在发挥两者优势的同时，也必然带来一些问题，其中比较突出的就是会带来混乱，使组织增加争权夺利的倾向，并给员工带来更大的工作压力。由于员工同时隶属于产品经理和职能经理管理，产品经理和职能部门经理之间的冲突不可避免。同时不同的产品经理都希望得到最优秀的专家，这必然会引起对优秀人员的争夺。同时，员工由多个管理者同时管理，必然会带来由于多头领导所导致的角色模糊与角色冲突，增加工作压力，降低员工工作满意度。另外，由于成员不固定在一个位置，稳定性差，所以，员工容易有临时观念，有时责任心不够强。

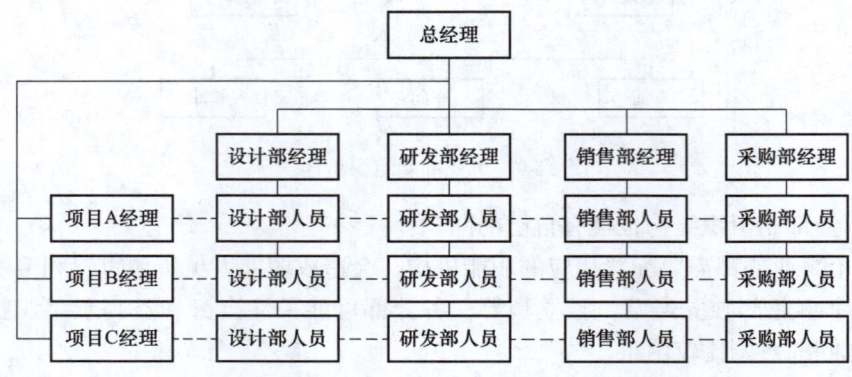

图 12-10　矩阵制组织结构图

这种组织结构形式较多出现于以完成工程项目为主的组织。为了完成某一项目，由各职能部门抽调人员组成项目部，该项目部包括了完成该项目所必需的各类专业人员；当项目完成后，各类人员另派用场，此项目部也不复存在。

四、组织结构设计的新方案

随着信息经济、网络经济、知识经济的不断发展，近年来，许多组织的高层管理者都一直在努力寻找新型的能够使组织更有竞争力的组织设计方案，从而使组织结构的发展产生新的变化。

（一）团队型组织结构

近几年，团队已经成为很受欢迎的组织工作及活动方式。为了完成重要任务，有效的团队必须一起工作、共同承担责任，团队成员不仅仅是名义上的团队，更重要的是在团队中成员具有自由和自主性、拥有能够使用不同的技能和天赋的机会、有完成一项完整的、可识别的任务或产品的能力、从事的任务或项目对他人有着重大影响，打破了部门界限，并将决策权下放到了工作团队本身，这些特征可以提高成员的激励水平，增加团队的有效性，成员对工作的责任感和主人翁感更强。在更多的时候，尤其是针对大型组织，团队结构往往被作为传统的金字塔式组织结构的补充，这样使组织能够在享有传统金字塔式组织结构标准化所带来的高效率的同时，又能因为团队的存在而增强灵活性。

（二）虚拟型组织结构

虚拟型组织是指两个或两个以上相对独立的经济实体，为迅速向市场提供各种产品和服务而在一定的时空范围内结成动态联盟，以更强大的结构成本优势和机动性完成单个组织难以承担的市场功能的组织结构形式，图 12-11 显示了这种结构。"如果可以租借，为什么一定要拥有呢？"这句话是选择虚拟型组织结构的最好理由。

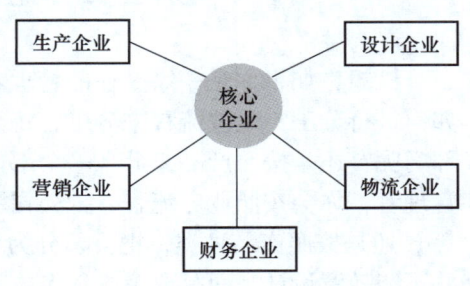

图 12-11 虚拟型组织结构图

在该组织中有一小群管理人员，企业的大部分基本职能都移交给外部的力量，即实行外包。企业管理人员的主要工作是监督企业内部的经营活动，协调为本企业进行生产、分配及其他重要职能活动的各组织之间的关系。实质上是利用现代的计算机信息技术等多种联系方式，对可以利用的各种社会资源进行充分整合及运用的过程。企业对所有的生产工作、销售工作、研发工作等进行综合衡量，只做自己最擅长的工作，以追求利益最大化和工作方式的灵活性。这种结构的主要缺陷是企业主管人员对企业的主要职能活动缺乏强有力的控制。

（三）无边界组织结构

通用电气公司前总裁杰克·韦尔奇创造了"无边界组织"这个词，用来描述他理想中的通用电气公司的形象，他预想中的无边界公司应该将各个职能部门之间的障碍完全消除，工程、生产、营销以及其他部门之间能够自由流通，完全透明。无边界组织所寻求的是缩短命令链，对控制跨度不加限制，取消各种职能部门，代之以授权的团队。无边界组织的主要特点包括以下三个方面：

1）通过取消组织垂直界限而使组织的结构趋向扁平化，使等级秩序作用降到最低限度。组织看上去更像一个粮仓筒而不是金字塔。通用电气公司用来取消组织垂直界限的做法有：引入跨等级团队（由高级主管、中级主管、基层主管和员工组成）；让员工参与决策；360 度绩效评估（员工的绩效由其同事及其上、下级共同评定）。

2）为消除组织的水平界限，以功能团队取代职能部门，围绕公司的工作流程来组织活动。例如，施乐公司现在通过多专业交叉的团队参与整个工作流程，而不是围绕狭窄的职能任务来开发新产品，团队要参与整个过程。

3）无边界组织能够正常运行的技术原因之一是计算机网络化，这使得人们能超越组织内外的界限进行交流。例如，电子邮件使成百上千的员工可以同时分享信息，并使公司普通员工可以直接与高级主管进行交流；计算机网络也使商品供应商可以及时查看自己经营的商品在商店的存货情况等。

第三节　组织结构设计的影响因素

试想，如果你是一家企业的管理者，面对众多的员工和众多的工作内容，你会对他们如何进行分工？是按流程来分工，每个人从事流程中的一个环节，相同环节的人组成一个部门呢？还是按照产品来分，一个部门负责一种产品呢？例如，你是一家广告制作公司的管理者，你会按照业务流程，把公司分为市场部、产品设计部、制作部、印刷部及运输部等；还是按照产品种类，把公司分为名片业务部、宣传手册业务部等？事实上，组织结构并不能随意设计，而是要考虑很多方面的因素。其中，主要的影响因素有组织战略、组织规模、技术条件和环境因素。

一、组织战略

组织战略是指组织依据自身资源、能力和使命，在考虑各类利益相关者的情况下对自身进行定位的方式。组织战略是一个组织区别于其他组织的目的和竞争性要素，它们决定组织的经营范围、战略业务单位、资源分配、行动计划以及员工、客户和竞争者之间的关系等。

对于战略和组织结构关系的研究由来已久，最早是由美国的阿尔弗雷德·钱德勒在1962年出版的《战略与结构》一书中提出，他认为组织结构要服从组织发展战略。也就是说，组织结构要随发展战略而改变，不同的战略要求不同的业务活动，从而影响管理职务和部门的设计。具体表现为战略收缩或扩张时组织业务单位或业务部门的增减等。而且，战略重点的改变会引起组织工作的重点改变，从而导致各部门与职务在组织中重要程度的改变，并最终导致各管理职务以及部门之间关系的相应调整。

一般来说，组织的战略选择有三种：创新战略、成本最小化战略和模仿战略。相应地，组织就会选择不同的组织结构与之适应。创新战略是指组织主要通过开发或引进新产品和服务的方式参与竞争的战略。这种组织注重独特的创新能力，积极开发员工的潜能，关注外部环境变化。正因为如此，实施创新战略的组织需要有机式结构提供灵活性和自由流动的信息。实施成本最小化战略的组织则努力通过机械式结构取得高效率、稳定性和严密的控制，奉行这种战略的组织要求非常严格地控制产品或服务的成本，为了达到这个目标，工作专门化、标准化的程序设计、高度集中化显得非常必要，普通消费品公司和物流公司等大多实行这种战略，对于它们，显然最好采用机械式结构。实施模仿战略的组织则同时使用这两种结构，一方面，通过机械式结构保持紧密的控制和低成本；另一方面，又借助有机式结构寻求新的创新方向。即组织既能不断推出新产品和服务，又能保证生产成本最低。它追求的是风险最小化以及利润最大化。在一种新产品或新市场的开发潜力被创新组织证明之后，这种公司通过积极模仿形成自己的"新产品"，然后用标准化的组织降低生产成本，打败竞争对手。事实上，很多大公司都采用这种战略。这种战略要求组织既要有灵活的组织结构保证创新力，又要有高度专门化、正规化的组织结构保证低成本，因此融合有机式结构和机械式结构成了它的组织特点。

二、组织规模

组织规模是指一个组织所拥有的人员数量以及这些人员之间的相互作用关系。组织的规模往往与组织的成长或发展阶段相关联。伴随着组织的发展，组织活动的内容会日益复杂，人数会逐渐增多，活动的规模和范围会越来越大，这样，组织的结构也必须随之调整，才能适应成长后的组织的新情况。

组织规模的大小决定了组织结构设计的复杂性。规模小的组织，往往一个员工身兼数职、内部虽有一定分工，但不是很细；组织管理往往是集权式的，总经理对生产、销售、财务、人事的管理全权负责；组织内部层级不多，管理跨度较大。相反，一个大型组织，人数众多，内部分工比较细，往往会采取一种标准化甚至机械化的方式运作，并且呈现出高度的复杂性。为了方便对员工的管理，大型组织会设较多的层级和部门，也会更多采用规章制度去影响员工行为。

尽管近年来一些行业事实上的合并形成了巨型组织，但是组织的平均规模正在缩小。不仅在美国，而且在其他发达国家也出现了同样的情况。小规模的组织具有较好的灵活性，能够迅速地对环境做出反应。小型化的组织采用扁平化的、有机的、自由流动性的管理方式来鼓励创业和创新。小型组织的优势会产生这样一个悖论：小企业的优势使它在获得成功的同时又能成长壮大，对于这个问题，有人提出了大企业和小企业混合的理论：即将大企业的资源和小企业的简单灵活性结合起来，方法是通过分权化和减少层级制。

三、技术条件

技术是指组织把投入转化为产出的各种工具、方法、设置和装置，它不仅包括机器设备，而且也包括工作程序。任何组织都需要采取某种技术，从而把人、财、物、信息等资源转化为产品或服务。在组织设计时，应充分考虑技术条件对组织的要求。

影响组织结构的两个重要的技术性因素，分别是工作活动的多样性和可分解性。多样性是指团队或工作单位的标准流程之外可能发生的例外事件的数量。可分解性是指从资源的投入到产出的转换过程能够简化为一系列的标准步骤。

有的工作是常规性活动，意味着员工一直都按部就班地执行同样的任务，当例外事件发生时，依靠既定规则来处理，几乎一切都是可预测的。当员工执行的任务具有高多样性和低分解性时，他们就要运用自身的技能来处理这些不可重复的特殊情况，研究项目团队就经常遇到类似情形。这些情况要求具备一个有机的组织结构，这种结构是低正规化的，拥有高度分散的决策权，团队成员间主要通过非正式沟通进行协调。

每一类组织都有其特定的组织结构形式，成功的组织是那些能根据技术的要求而采取合适的结构安排的组织。如今，随着计算机技术在生产中的广泛应用，以及自我管理团队推动创新、提高质量和降低成本的发展趋势，许多组织正在尝试使他们的组织更加精干灵活，以利用复杂技术的价值创造竞争优势。

四、环境因素

环境特征是组织结构选择必须考虑的因素。外部环境的迅速变化和复杂程度加剧了环境的不确定性。在不确定性环境中,组织必须保持灵活性,保持一种随时对环境变化做出反应的状态。

早在20世纪60年代,一些学者就指出组织结构深受其所处环境的影响,即受到环境构成要素本身的变动以及要素之间关系变动的影响。对大多数组织来说,环境领域可以进一步细分为任务环境和一般环境两个层次。任务环境是指组织与之发生直接的相互作用,并且对实现目标的能力有直接影响的那些环境要素。任务环境一般包括行业、原材料、市场等方面,还可能包括人力资源和国际状况。一般环境是指那些对企业的日常经营可能没有直接影响,但会有间接影响的各种环境要素。一般环境包括政府、社会文化、经济形势、技术以及资源等要素。其中,詹姆斯·汤姆森(James Thomson)认为可以从环境的复杂程度(环境构成要素是简单还是复杂)和环境的变化程度(环境构成要素是少变还是多变)两个方面,把组织环境分成四种不同类型,见表12-1。

表12-1 组织环境类型及其不确定性评价

环境类型	环境描述	不确定性评价
简单而平稳的环境	环境要素较少,有关环境要素具有较多的相似性,有关要素的变化也小	低不确定性(简单+稳定) 环境要素较少,且要素相似;要素保持不变或变化稳定
相对平稳而复杂的环境	环境要素多,各要素之间有一些类似性,而有关要素变化程度较小	低不确定性(稳定+复杂) 环境要素较多且要素不相似;要素保持不变或变化缓慢
相对动荡而简单的环境	环境要素较少而且因素之间有相似之处,但因各要素含有持续性变化,因而具有持续的动荡性	高不确定性(简单+不稳定) 环境要素较少且要素相似;要素变动频繁,且不可预测
动荡而复杂的环境	环境要素多,各要素之间差异性大,而且诸要素变化的速度快且持续性差	高不确定性(复杂+不稳定) 环境要素多且要素不相似;要素变动频繁,且不可预测

(资料来源:刘畅.组织行为学概论[M].北京:清华大学出版社,2007:265.)

此外,也有研究通过环境容量、环境稳定性、环境复杂性三个维度来考察环境对组织的影响。环境容量是指环境可支持组织发展的程度,丰富和不断成长的环境可带来丰富的资源,这可以使组织面临资源短缺时有缓冲的余地。环境稳定性反映在稳定维度上,当环境中不可预测的变化太多时,环境处于动态中,管理人员很难对各种决策意见的未来结果进行准确预测,决策比较困难。环境复杂性即环境要素的异质性和集中状况,简单的环境是同质的、单一的,复杂的环境异质性强,分散程度高。研究表明,环境的不确定性影响着组织的形态。不确定性低时,组织形态偏于机械型,组织着眼于眼前的运作。在不确定性高时,组织的形态偏于有机型,组织重视计划与预测。环境的变化,尤其是产品和技术方面的变化可能使组织中部门之间的地位及相互关系发生变化,即某些部门的地位变得重要起来或者某些部门的地位变得相对逊色。在这种情况下，部门角色的变化可能加剧部门间的隔阂和冲突。因此，当环境不确定性因素增强时需要各部门之间协调一致，横向协调是尤其必要的，这意味着要格外重视通过团队、任务小组以及横向的信息共享来加强协调。

本章核心概念

组织结构　工作专门化　工作部门化　指挥链　管理幅度　集权　分权　正规化　职能型组织结构　事业部制组织结构　矩阵制组织结构

思考题

1．什么是组织结构？组织结构在组织运作中的作用是什么？
2．组织结构设计的基本内容有什么？
3．影响组织结构设计的因素有哪些？
4．战略与组织结构存在怎样的关系？请举例说明。
5．管理幅度和管理层次之间是什么关系？它们对组织的集权和分权会产生怎样的影响？

讨论题

1．工作专门化对现代组织的意义何在？是不是工作越细分越好？为什么？
2．试讨论组织采用矩阵制组织结构时通常需要具备什么条件。

案例分析

海尔的组织架构演变

海尔集团历经三十多年发展，提出了五个战略发展目标，通过三次大的组织变革助力战略目标落地，海尔集团的组织变革从最初的被动进行到主动变革，再到前瞻性的预判调整，为其他组织发展带来了三大启示：一是主动求变是根本，二是观念理论要创新，三是战略思想及事件探索要具有前瞻性。

战略目标决定组织结构，组织结构支撑战略目标。每个战略阶段的交替，都需要组织结构变革以保障战略目标的实现。海尔战略发展的五个阶段，如图12-12所示。

（一）海尔组织结构变革历程

1．正三角组织结构——控制组织的稳定性服从领导

海尔在品牌化战略、多元化战略和国际化战略的实施过程中，需要明确的目标管理模式，即能够有效坚决地执行战略目标。因此海尔集团采用正三角组织结构，这一组织结构的特点为：执行文化为主导，服从领导，分工专业化。领导掌握全面信息，是决策的中心，市场、用户与基层员工信息不对称；水平层部门及职位多，垂直层级数多，水平层和垂直

层沟通、控制和协调成本高。这一模型的弊端很明显：对用户需求反馈速度慢，对环境变化应对不足。

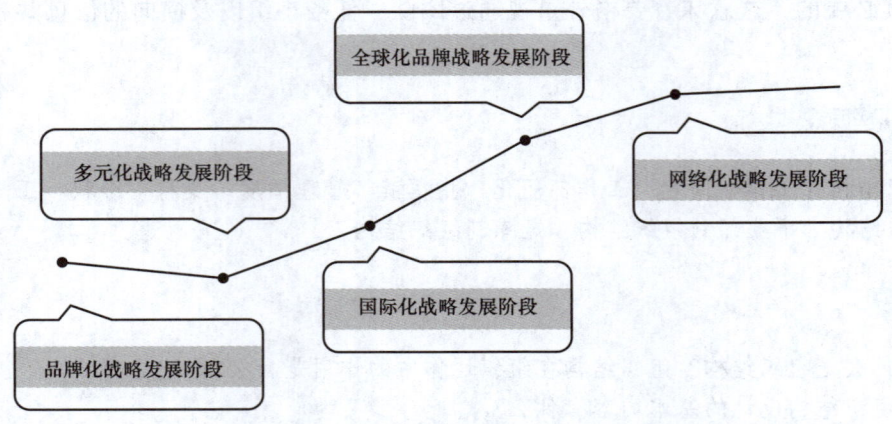

图 12-12　海尔战略发展的五个阶段

2．倒三角组织结构——从服从领导到服从客户

实现全球化品牌战略发展阶段，员工需要直接面对市场，拉近与用户的距离，快速获取外部信息，倒逼组织给予专业服务和资源，迫使领导者搭建更好的机制使得专业服务和资源能够高效协同应用。服从领导转为服从用户，引导海尔组织结构升级为倒三角组织结构，通过设置三层经营体，一级经营体直接面对市场和用户，二级经营体提供专业服务和资源，三级经营体搭建机制，初步实现了快速响应市场的需求。两种组织结构如图 12-13 所示。

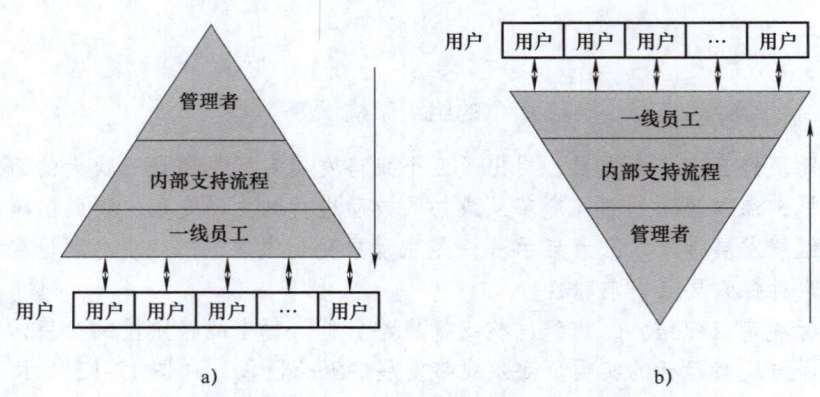

图 12-13　海尔的两种组织结构图

a）传统"正三角"组织结构　b）"倒三角"组织结构

3．平台型组织——建立最紧密的价值创造关系

海尔在网络化战略发展阶段，信息技术快速发展，使得传统行业受到极大冲击，以前的大规模生产模式在消费者心中没有了市场，消费者定制化需求越来越多，想要保住市场,必须实现与用户的零距离交互,获取用户需求。张瑞敏提出海尔要达到"企业无边界,管理无领导,供应链无尺度"的"三无"境界,通过"企业平台化,员工创客化,用户个性化"初步构建并运行了平台型组织,如图12-14所示。

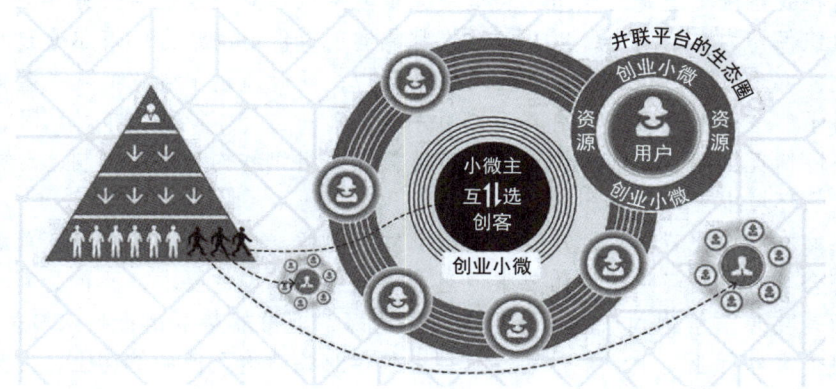

图12-14　平台型组织结构

（二）海尔为什么要进行组织结构变革

市场环境在不停变化,企业规模不断壮大,海尔集团最初为了实现活下去的目标,被动实施变革,通过"砸冰箱"唤醒员工对于品牌化战略的认知,通过正三角的组织结构,使得品牌化战略、多元化战略、国际化战略得以实施,并树立了海尔的执行文化。

随着人们物质的丰足,人们消费意识的觉醒,消费者的需求越来越多样性,逼着企业要快速贴近市场需求变化,对用户需求给予快速反馈。海尔在壮大过程中意识到这一情况,开始随着市场节奏主动做出调整,让一线（贴近市场的经营体）掌握更大的话语权,生产制造、供应链环节（二级经营体）做好支持,领导层（三级经营体）创立良好流程梳理机制,提出了"人单合一"管理模式,使得用户作为"首要资源"融入海尔的组织管理体系。通过倒三角组织架构,海尔实现了组织的高度扁平化,使得权力从高层领导手中释放出来,分散到不同的自主经营体中,"用户第一"的基因植入到海尔人的心中。

"用户第一"的思想在海尔内部不断发展最终形成了用户导向的主流价值观,海尔集团内部员工通过与用户交互获取创意,为了更快更好地让创意实现,需要快速与其他部门沟通协作,需要更多资源的接入和使用,因此员工对于平台化的需求越来越高,海尔从倒三角向平台化转型过程是一个典型的前瞻预判型战略落地执行的范例。

（三）海尔的组织结构变革的启示

海尔历经三十多年,在今天我们依旧能够看到它焕发勃勃生机,有几点值得我们深入思考和借鉴:

第一,从被动改革到主动求变。海尔从最初一个几近倒闭的状态,到为了活下去不得不开始做转变的阶段,再到现在"激活休克鱼""人单合一"等众多案例被国际、国内企业与学界研究学习,海尔从一个消极的状态,转变为积极思考努力实践的管理领袖,这种敢于试错、不断试错的精神是值得学习的。

第二，观念上的不断创新。海尔是最早提出用户概念的企业，用户源自市场，为了快速响应市场，整个组织思维的导向从生产者转为消费者。企业价值是由用户决定的，每位员工在组织中创造的价值，也是由用户来决定，由市场来决定。就是这样的理念，使得海尔无论是在战略制定还是组织结构转型中，都能站在行业的最前沿。另外，通过机制创新使得大组织保持内在的活力，以及每个人都能够创造价值的活力。海尔通过小微化和员工的创客化，实现了将大组织化为小公司保持活力，同时通过平台化实现了整体的系统效率。无论对于哪个行业而言，只有真正把用户放在第一位上才能获得市场认可，结合市场及自身的实际情况，建立起能够快速反应市场需求的组织结构和发展机制，这样才会在不断变化的市场环境中生存下来。

第三，站在全球化背景下，从互联网的角度去思考。海尔的探索是具有前瞻性的。海尔的探索符合整个中国经济转型的要求。当前中国经济转型的要求，不再是简单地追求规模成长，而是要追求结构和产能的转换。海尔的探索，虽然整个销售收入增长并不明显，这是因为整个家电行业处于调整时期，而且海尔在业务结构及产品结构上，发生了结构性的变化。海尔在智能化产品、消费者个性化产品的创新上，确确实实上了一个台阶，产品结构得以优化。所有的转型和变革不能只看眼前利益，转型期间必然面对很多问题，诸如：业绩压力、内部员工面对变革时的不稳定心态、以及中层人员对于战略理解传达的误差导致的一些问题等，这些都是不可避免。互联网时代，当前经济转型调整过程中，组织转型是必须进行的，被动的转型只能适应一时发展，可能没有等到转型完成就已经倒下。

（资料来源：http://www.xdjd.cn/Article/519101/1_10_286_287/0/2001E869FCC8/Article.aspx.）

问题：

1．海尔新的组织结构具有什么特征？
2．海尔的组织结构变革反映了组织结构的哪些发展趋势？

第十三章

组织变革与发展

引导案例

商业环境变化的加快，使组织内部架构和流程与外部环境中的关键因素相适应变得至关重要，特别是客户需求与组织可以实现的价值主张，二者要"契合"。

要保持与外部环境的"契合"，组织就必须具备必要的动态能力，快速感知客户和市场需求的变化，通过不断转型抓住各种机会。这意味着不管是组织架构，还是资源配置方向和方式都要保持高度的灵活性和流动性。在中国，有一家公司在积极适应市场变化方面做得非常出色，即华为公司。华为认识到，要满足市场上不断变化的需求，最佳方法就是根据客户需求调整内部组织。那么华为是怎么做的呢？

第一，成立三大业务集团与服务集团。华为采取被称为"拧麻花"的混合结构，即将事业部组织的某些特点，与职能平台以及区域销售支持结合起来。其组织架构不是围绕特定产品设计，而是创建了三个综合业务集团，每个集团针对特定的竞争对手争夺市场。在三大业务集团背后，又有三个服务集团提供支持，主要目标为提升应变速度、敏捷性和灵活性。第一个服务集团由数个共享功能平台组成，包括财务、人力资源、采购、物流和质量控制，为三大业务集团提供必要的支持服务。第二个服务集团是区域销售组织，协助三大业务集团与世界各地的客户建立联系。第三个服务集团名为"产品和客户解决方案"，其功能是整合内部研发资源，为三大业务集团的客户提供产品和整合信息。

第二，不断发展的灵活型组织架构。多年来随着客户需求变化，华为多次大幅调整组织架构。逻辑很简单：只要客户需求改变，产品供应就要改变，提供产品的组织当然也要改变。2002年之前，华为的组织结构是集中控制、功能驱动，基于产品线运作，而且层级分明。2003年，华为意识到这种结构反应太慢，便进行了相应调整。四年后，华为发现客户的新需求是定制网络解决方案，但要想抓住机会就得整合不同产品线、职能部门甚至不同区域的资源和能力。华为毫不犹豫地拆散了原有结构，再一次进行调整。华为设立了7个地区办事处，覆盖全球市场。后来华为认识到，市场覆盖范围过大会影响办事处的响应速度，于是将地区办事处调整为16个更为灵活的分区办事处。为了支持定期重组，华为还经常创建新的子公司，向客户提供更优质的服务。

（资料来源：http://www.sohu.com/a/233243747_168180.）

从上述华为的案例可以看出，组织为了应对和适应不断变化的外部环境，需要不断地对自身进行变革。"最终存活下来的不是最强壮的物种，也不是最有智慧的物种，而是那些对环境做出最快反应的物种。"达尔文的这段话同样适用于当前竞争激烈的市场环境，组织必须正确地认识变革并采取必要的措施进行有效变革。

第一节 组织变革

一、组织变革的概念与类型

（一）组织变革的概念

组织变革（organizational change）是指组织为了实现自身目标，根据外部环境和内部因素的变化，对组织现状主动地进行修正、改变和创新的过程。

从本质上来说，组织变革是组织为了适应环境的变化以更好地生存和发展而对组织所拥有的人力、物力、财力和权力等资源以及收益进行的重新组织和分配。

对于变革的概念，需要把握以下三点：

1）变革是一系列活动的总和，是一个过程，而不是某一个时点的事件。
2）变革的目的是实现某一预定的目标，是为了适应组织内外部环境的变化，实现从现有状态到预定状态的转变。
3）变革必须基于对组织原有状态的准确把握。

（二）组织变革的类型

图 13-1 展示了一个组织变革分类法，这一通用的分类法适用于所有类型的变革（如行政变革、技术变革等）。其中，适应性变革的复杂度、成本和不确定性最低，抵制变革的潜在力量也最低。适应性变革是指在组织内部同一单元重复原有的变革或在不同单元实施类似的变革。例如，一家百货商店的适应性变革可能是在每年繁忙的盘点周里实施 12 小时工作制变革，该百货商店的会计部门则可能在报税期间效仿上述变革来延长工作时间。

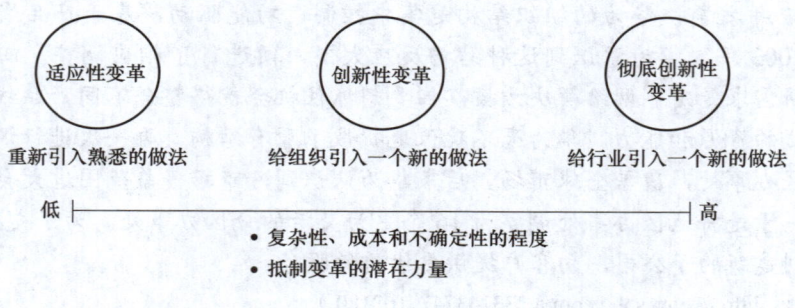

图 13-1 组织变革的一般分类

创新性变革的复杂性、成本和不确定性及抵制变革的潜在力量都是中等程度。例如，一家高科技企业试行弹性工作制，我们就可以认为该企业引入的这项新举措属于创新性变革。对新举措缺乏了解会给员工带来较大的不确定性，因此与适应性变革相比，创新性变革在实施过程中会遇到较大的抵制力量。

复杂性、成本和不确定性程度及抵制变革的潜在力量最高的是彻底创新性变革。这种类型的变革最难实现，给员工的工作安全感带来的威胁最大，但是，彻底性变革也可能给组织带来最大的好处。

二、组织变革的动因

组织变革受到多种动因的驱动，大致可以分为两类：一类是组织外部环境的变化，另一类是组织内部因素的变化。

（一）组织外部环境的变化

对于组织而言，外部环境包括一般外部环境和具体外部环境。

组织一般外部环境指组织面临的 PEST 环境：政治法律（political）、经济（economic）、社会文化（social）和技术（technological）等外部环境因素。组织外部环境的变化可能会对组织经营活动形成制约（如日益严格的环保要求等），也可能会放松原有的制约（如新技术的采用等），还有可能对组织的具体外部环境产生影响（如行业内管制的放松，可能会降低进入壁垒，导致行业内竞争更加激烈）。

1. 政治法律

政治对组织的生存和发展有着深刻的影响。政局和政策的稳定，将会给组织带来一个稳定的变革环境；如果政局不稳，则会给组织带来极大的生存威胁。任何一个组织的活动都是在国家的法律和政策范围内进行的。当法律和政策发生改变之后，组织也必须做出相应的调整，否则，其生存和发展都会受到不同程度的影响。

2. 经济

经济萧条一般会阻碍组织的发展，甚至会威胁到组织的生存，为了最大化降低经济萧条的不利影响，组织就需要做出相应的变革以更好地适应经济环境；经济繁荣一般情况下都会给组织带来很好的成长机会，但是如果组织不调整自己来充分利用这些机会，那么组织的发展必然要受到影响，甚至会因竞争对手对机会的充分利用而陷入困境。

3. 社会文化

如果一个社会普遍存在求稳的心理，那么必然会给组织的变革带来很大的阻力，而在崇尚创新的社会，组织必然对变革习以为常。文化的发展也会对组织变革产生深刻的影响。文化是指一群人的行为规范和共同的价值观。行为规范是指普遍存在的行为方式，它形成并存在于群体中；共同价值观是指群体中大多数人的重要关注点和目标，它较易影响群体行为且不易改变。

4. 技术

技术的发展对组织的生存和发展有着不可估量的影响。组织外部发生的技术进步，要求组织做出积极的回应：放弃目前正在使用的、相对陈旧的技术，改用新兴的、先进的技术。这样组织才能保持竞争力。而采用新的技术，必然会导致组织内部生产、管理、沟通等方式的改变，这就必然要求组织发生变革。随着现代科学技术的突飞猛进，技术革新的速度越来越快，设备、产品的迅速更新和工艺改革的日益频繁，对组织的影响也越来越大。例如，信息技术的迅速发展，使组织中的决策方式、信息处理过程、管控模式、沟通渠道等发生了根本性的转变，这就要求组织在工作方式、组织结构等方面进行相应的变革，提高组织效率，以适应新形势的变化。

组织具体外部环境的变化。组织具体外部环境是指与实现组织目标直接相关的外部环境（如顾客需求的改变）。一个组织具体外部环境的变化，取决于组织所提供的产品或服务的范围及其所服务的细分市场。迈克尔·波特的"五力模型"是常用的组织具体外部环境分析工具。组织具体外部环境的变化对组织的影响特别明显和强烈，也是组织变革外部动因的主要来源。

（二）组织内部因素的变化

1）组织运行状况不佳，经营业绩和效益下降。组织良好的运行状况是实现组织目标的必要条件之一。如果深入分析组织长期绩效滑坡的原因，通常可以发掘出组织运行状况不良的根源。例如，美国通用汽车公司按照"集中政策下的分散经营"思想进行组织改革，虽然被称作"近代组织管理的一次革命"，但分析其变革背景可以发现，该公司是在内部缺乏统一管理、外部面临经济恐慌的形势下才开始进行组织变革的。

2）组织结构的缺陷。在内外环境的变化下，组织设计和运行不可能完美无缺，组织结构的缺陷是导致经营业绩下降的原因之一。这方面的问题主要包括：机构臃肿、人浮于事；部门之间关系不好、推诿扯皮严重、冲突频繁；组织无法对环境的变化做出灵活的、富有创造性的反应。

3）组织战略改变。美国管理学家阿尔弗雷德·钱德勒提出了"结构跟着战略变"的观点。组织在战略发展的每个阶段，都需要相应的组织结构与之匹配。例如在数量扩大战略阶段，组织结构就比较简单，往往仅有一个办公室执行单纯的生产或销售职能；在地域扩张战略阶段，简单的组织结构已不适应，需要代之以具有若干职能部门的组织形式；在纵向一体化战略阶段，为保持各单位之间的密切联系，管理权力需要集中在上层，从而形成集权的职能型结构；而在多样化经营阶段，组织需要更广泛地授权，因此常采用分权的事业部制结构。

4）组织规模扩大。大型组织与小型组织在组织结构、管理方式、集权程度及人员结构上存在明显的区别。随着组织规模的扩大，组织的管理层次增多，工作分工细化，部门数量增加，职能和技能日益专业化，组织结构趋向复杂化；随着报表、文件和书面沟通增多，程序化规则取代直接监督而成为协调的主要手段，组织的管理趋于正规化；大型组织的集权程度通常较低，中层管理人员拥有较大的权力，同时，人员结构也发生变化，直线管理人员比率呈下降之势，而职能参谋人员的比率在逐渐扩大。这些特征反映了组织随着规模的扩大，组织设计需要在许多方面做出相应的调整。

5）人力资源变化。随着教育水平的提高和高等教育的普及，员工素质和能力也在不断提高。同时，随着社会文化的变迁，员工工作态度和行为也表现出多元化的特点。这种状况对任何一个组织而言，都是一个巨大的压力。为适应人力资源开发的需要，组织设计和运行就必须给人的能动性和创造性的发挥创造有利条件，以便更好地调动他们的工作积极性，并提高组织对内外环境的适应能力。

三、组织变革阻力的来源及对策

组织变革中的阻力，指人们反对变革、阻挠变革甚至对抗变革的制约力。变革阻力的存在意味着变革不是一件易事，这就要求变革促进者需要充分了解组织变革阻力的来源及对策。

变革的阻力（change block）不一定以标准化的形式表现出来。阻力可能是公开的或含蓄的，即时的或延后的。公开、直接的阻力容易处理，含蓄的阻力难以识别，比如忠诚度的丧失、工作积极性的下降、缺勤率的上升等。同样，延后的抵制行动可能会在几周、几个月甚至是几年后才出现，因而会模糊变革与员工对变革的反应之间的联系。这些抵制变革的阻力之所以存在，是因为变革会对他们的安全、社会交往、地位、竞争或者自尊心等方面的需要和个人利益有所威胁。

（一）变革阻力的来源

变革的阻力来源于个体和组织两个方面。

1. 个体阻力源

1）习惯。人们每天都必须做出大量的决策，为了应付这种复杂性，人们往往依赖于习惯化或模式化的反应，但是当人们面对变革时，以一贯方式做出反应的倾向就会成为阻力源。

2）经济因素。第二种个体阻力源是经济因素。如果人们担心自己不能适应新的工作任务或新的工作规范，尤其是当报酬与个体的生产效率息息相关时，工作任务或工作规范的改变会引起个体对工作收入的担心，这种担心就会成为变革的阻力源。

3）对未知的恐惧。对员工而言，变革是用模糊和不确定性代替已知的东西，这种模糊和不确定性会导致担忧和焦虑的心理，从而导致员工对变革的抵制。例如，如果全面质量管理的引进意味着生产工人不得不学习统计过程控制技术的话，一些人就会担心他们是否能够顺利掌握这些技术，因此，他们可能就会抵制全面质量管理的引进。

4）选择性信息加工。个体通过知觉来认知世界，为了保证认知的完整性，个体有意识地对信息进行选择性加工。他们只会接受自己认可的信息，而忽视那些对自己已有认知形成挑战的信息。

2. 组织阻力源

抵制变革的组织阻力源主要有以下五个方面：

1）结构惯性。组织具有固有的机制以保持其稳定性。例如，人才引进时会挑选符合组织要求的员工进入组织，并以一定的方式塑造和引导员工的行为，使他们位于某一特定岗位按照特定的方法完成特定的工作，如此反复，使组织形成一种固定的结构，这就是结构惯性。因此，当组织面临变革时，结构惯性就会成为抵制变革的反作用力。

2）变革的有限性。组织由一系列相互依赖的子系统组成。组织在实施变革时不可能只对一个子系统实施变革而不影响到其他的子系统，这种影响可能会成为变革的阻力。例如，如果只改变技术工艺而不同时改变组织结构与之配套，技术变革就不大可能获得成功，所以子系统中的有限变革很可能因为更大系统的问题而变得无效。

3）对专业性的威胁。组织中的变革可能会威胁到一些群体的专业技术知识。20世纪80年代初，个体计算机的引入遭到了许多信息系统部门的反对，因为这种计算机能够使管理者绕过信息系统部门直接获取相关信息，这就对信息系统部门所掌握的专业技术构成了威胁。

4）对已有的权力关系的威胁。任何决策权力的重新分配都会威胁到组织长期存在的权力关系。例如，在组织中引入参与决策或自我管理的工作团队，就常常被基层和中层管理者视为一种威胁。

5）对已有的资源分配的威胁。组织中控制一定数量资源的群体常常视变革为威胁。那些最能从现有资源分配中获利的群体，常常会对可能影响未来资源分配的变革感到忧虑。

除此之外，组织文化、固定投资以及组织间协议等组织因素也可能会成为变革的阻力因素。

（二）应对变革阻力的策略

变革阻力影响了变革的顺利进行，然而，阻力客观上对变革也具有一定的积极意义。例如，阻力迫使管理者重新审视变革方案，做出合乎实际的修正，从而加强变革内容与形式的正确性，降低出现严重问题的可能性。变革管理领域的新兴观点认为变革阻力应该被认为是变革的资源，而不是变革的障碍。首先，抵制事件是变革过程中深层次问题的反映。它们是一种信号，说明变革促进者没有充分明确能够支持组织有效变革的潜在条件。其次，抵制应当被认为是建设性冲突的一种形式，它可以潜在地提升决策能力，包括发现一些更好的方法来促进组织的成功。最后，从公平和动机的角度来看，对阻力进行分析能够潜在地提高过程的公平性。此外，阻力间接地促进了管理者与员工之间的交流，为管理工作的顺利开展创造了条件。

应对组织变革阻力的策略有以下六种：

1. 沟通

这种策略假设产生阻力的原因在于信息失真或沟通不良。通过与员工进行沟通，使他们充分了解客观情况，认识变革的必要性，从而减少变革的阻力。沟通可以通过个别交谈、小组讨论、备忘录或报告来实现。当变革的阻力确实来自于沟通不良，并且管理者与员工之间相互信任时，沟通会更有效。

2. 参与

让员工直接参与变革的决策过程，会让员工觉得变革是包括自己在内的大家的事情，而不是上级强制推行的，因此更容易接受变革决策的结果。具体而言，就是在变革决策之前，把持反对意见的人吸引到决策过程中来，对组织存在的问题和目标进行讨论，并提出建议。如果参与者具有一定的专业知识，能为决策做出有意义的贡献的话，那么他们的参与还可以提高变革决策的质量。

3. 促进与支持

采取一系列帮助性、支持性的措施，从心理和技能上帮助员工解决他们自身存在的问题。如果员工对变革怀有恐惧、担忧的心理，可以向他们提供心理咨询或短期的带薪休假。对于技术上难以适应变革的员工，可以提供技术培训。

4. 谈判

如果强大的阻力来源于某些具有强大影响力的员工或部门，可以通过谈判给予这些员工或部门一定的补偿以换取他们对变革的支持，至少换取他们不反对变革的承诺，但其潜在的高成本也是不容忽视的，一旦变革促进者为了避免阻力而对一方做出让步时，很可能面临其他权威者的勒索。

5. 操纵与收买

操纵是指幕后的控制。通常采用的操纵手段有歪曲事实使事件显得更有吸引力，封锁不受欢迎的信息，制造谣言使员工接受变革等。例如，工厂的管理者威胁员工，如果不接受全面的工资削减方案，工厂就要关门，而实际并没有这种打算的话，管理层使用的就是操纵手段。收买是一种包括操纵和参与在内的形式，通过让阻力领导者承担重要变革角色来吸纳他们参与到变革过程中。

6. 强制

应对变革阻力的最后一项策略是强制，即强制推行变革，直接对抵制者施加压力。采取这种方法的变革促进者必须是组织强有力的领导者。这种方法不宜孤立地使用，最好结合其他方法一起使用，而且一般也不宜作为变革的主要方法。

四、组织变革的模型

（一）勒温的变革模型

库尔特·勒温是计划变革理论的创始人，他提出了组织变革的三阶段模型，用以解释如何启动、管理并稳定变革过程。这三个阶段分别是解冻（unfreezing）、变革（changing）和再冻结（refreezing）。

1. 解冻

这个阶段主要是创造变革的动机。在这一阶段，组织必须清醒地认识到新的现实，舍弃旧的观点和行为方式。把组织成员期望的行为与他们当前表现出来的行为的差异传递给他们，可以帮助员工理解变革的必要性和紧迫性。

标杆分析法（bench marking）是一种帮助组织解冻的技术。标杆分析法是指组织将自身绩效与其他组织进行对比以从绩效更好的组织身上学习的过程。对比分析得到的数据最终用于解冻员工态度并激励员工变革组织内部流程以保持竞争力。在解冻阶段，管理者也需要设计相应机制以减少阻碍。

2. 变革

这是组织变革发生的阶段，是从过去状态向新的状态转变的关键步骤。变革是一个学习过程，需要给员工提供新信息、新行为模式和新的视角，指明变革方向，实施变革，进而形成新的行为和规范。在这个阶段，应该重视为新的工作态度和行为选择榜样，采用角色模范、专家演讲、群体培训等多种途径,通过学习、模仿,将态度和行为转化为员工的心理过程。

3. 再冻结

这个阶段的目标是稳定变革。再冻结把组织稳定在一个新的平衡状态,目的是保证新的工作方式不会轻易改变,这是对支撑这一变革的新行为和态度的强化。该目标可以通过给予员工机会展示他们所获得的新行为或态度来实现。员工采用新行为或态度后,再运用积极的强化来鼓励员工保持这些组织期望的变化。

(二)系统变革模型

系统变革模型的基本观点是:任何变革,无论大小,在整个组织内部都将产生瀑布效应(cascading effect)。例如,分配某个个体到新的工作群体将会同时影响新旧两个工作群体。

系统变革模型为管理者提供了一个决定变革内容和评估变革成果的框架。该模型由四个部分组成:输入、战略规划、变革的目标要素和输出,见图 13-2。

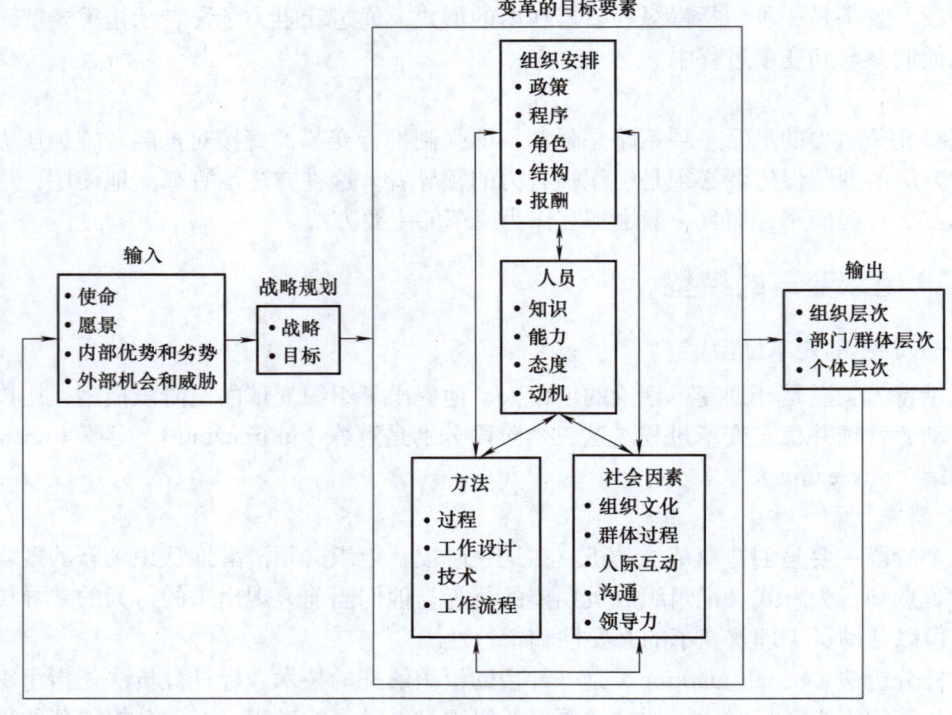

图 13-2 系统变革模型

(资料来源:克赖特纳,基尼奇. 组织行为学 [M]. 北京:中国人民大学出版社,2018:468.)

1. 输入

输入部分包括组织内部的优势与劣势,外部的机会与威胁。基本结构是组织的使命与愿景。组织的使命陈述(mission statement)描述一个组织存在的"理由",而组织的愿景是组织所追求的长期目标,用于描述组织想要成为"什么"。

2. 战略规划

战略规划描述了组织长期发展的方向和实现计划结果所需的行动。战略规划的基础之一是 SWOT 分析的结果。SWOT 分析可以帮助组织制定战略，以实现期望目标。

3. 变革的目标要素

变革的目标要素（target elements of change）是组织中能被改变的部分。它们类似于变革的杠杆，管理人员可以利用不同的目标要素影响组织的不同方面，具体应该选择哪个杠杆则应该根据对具体问题的诊断，或者是根据实现变革目标所需采取的行动来决定。

图 13-2 中，变革的四个目标要素分别是：组织安排、社会因素、方法和人员。每个变革的目标要素包含一个子集，里面有更为详尽的组织特征。在考察变革的目标要素时，需要注意以下两点：第一，连接每一个目标要素的双向箭头意味着变革会波及整个组织。例如，改变报酬制度以激励团队而不是个人（一种组织安排），可能会影响组织文化（一种社会因素）。第二，"人员"要素是变革目标要素的中心部分，因为所有的组织变革最终都会影响到员工。当管理者着重考虑变革对员工的影响时，组织变革更有可能获得成功。

4. 输出

输出是指所期望的变革结果，这些结果要与组织战略规划相一致。变革可以直接指向组织层次、部门/群体层次或个体层次。当变革的目标是组织层次时，变革会更加复杂和难以管理，其原因是组织层次的变革会影响到模型里列出的多项变革目标。

（三）科特的八步骤模型

约翰·科特（John P. Kotter）是领导学和组织变革管理领域的专家。他坚信变革的失败是由于管理高层在执行变革的过程中犯了错。基于这些错误，科特提出了一个包含八个步骤的组织变革模型。

表 13-1 列举了科特模型的八个变革步骤，基本涵盖了勒温模型的三个阶段。最先的四个步骤代表的是勒温的"解冻"阶段，第五、六、七步代表"变革"阶段，最后一个步骤是"再冻结"阶段。科特模型的价值在于为管理者成功领导组织变革提供了详细的建议。重要的一点是，科特的研究表明跳过某些步骤将影响变革效率，而且管理者最常在变革的开始阶段犯错。

表 13-1 科特模型的八个变革步骤

1	用令人信服的理由解释为何需要变革，以此来创造一种紧迫感
2	与拥有足够权力的人形成联盟来领导这次变革
3	创建一个新的愿景来指导变革，并制定相关战略来实现该愿景
4	在整个组织中宣传该愿景
5	清除变革的障碍，向员工授权，以使他们为组织愿景的实现而努力
6	规划、实现和奖励短期"胜利"，这些胜利会推动组织不断实现新的愿景
7	巩固成果，重新评估变革，在新的计划中做出必要的调整
8	使新的工作办法及行为模式制度化，成为组织文化中新的内容

（资料来源：KOTTER J. Leading change: why transformation efforts fail[J]. Harvard Business Review, 1995, 35(3): 42-48.）

五、组织变革的管理

（一）推行组织变革的方法

组织变革是一个过程，有着自身的规律和模式，如果不遵从一定的规律和方法进行变革，那么变革就会导致组织的无序和混乱。因此，有效的变革需要遵循一定的方法。下面我们将介绍四种主要的方法：行动研究方法、肯定式探询方法、未来探索方法、并行学习结构方法。

1. 行动研究方法

勒温提出了组织变革的行动研究（action research）方法。行动研究认为，有意义的变革是行为导向（改变态度和行为）和研究导向（验证理论）的一种结合。

一方面，变革过程必须是行动导向的，因为最终的目标是要带来变革。行动导向意味着诊断现有问题并采取可以解决这些问题的干预措施。另一方面，变革过程是一项研究性学习，因为变革促进者要将概念性的框架（比如团队变动或组织文化）应用到真实情境中去。与任何一项研究一样，变革过程包括收集数据以更有效地诊断问题以及更系统地评估理论在实践中运用的效果。

在行动和研究的双重框架下，行动研究方法采用了开放式系统的观点。它认为，组织有很多互相影响的部门，所以变革促进者要预见这些干预行为的后果。总体来说，行动研究是诊断变革需求，引进干预过程，然后评估行动计划的有效性并稳定变革的过程。

行动研究的具体过程如下：

1）形成客户—咨询顾问关系。行动研究通常假设变革促进者产生于外部（比如一个咨询顾问），所以变革过程开始于形成客户—咨询顾问关系。咨询顾问需要确定客户对于变革的准备程度，包括人们是否受到激励去参与这个过程，是否愿意接受有意义的变革，以及是否具备完成这一过程的能力。

2）诊断变革需求。行动研究是一项通过系统分析现状来仔细诊断问题的问题导向活动。组织诊断通过对正在运行的系统进行数据收集和分析以识别变革的方向，例如，通过对员工和其他利益相关者进行面谈和调查来识别问题。组织诊断还包括让员工参与决定以下事项：合适的变革方法、实施变革的行动安排以及评价变革成功的预期标准等。

3）引进干预行为。行动研究模型中的这一步需要采用一次或多次行动来纠正问题。比如组建高效率团队、管理冲突、构建更好的组织结构或改变组织文化。一个重要的问题是变革应该要以多快的速度发生。一些专家提倡渐进式变革（incremental change），即组织微调系统然后小步地朝着理想状态转变。另一些专家则主张激进式变革（radical change），这种变革是指果断迅速地对系统进行彻底变革。激进式变革可能会对员工心理造成比较大的不良影响，而且常常没有改正的机会。但当组织与环境严重不匹配时，渐进式变革是有风险的，它会使组织面临生存的威胁。

4）评估和稳定变革。行动研究建议以在诊断阶段建立的标准为参照，评估干预行为的有效性。如果评估后认为干预行为达到了预期的效果，变革促进者和参与者就要稳定新的环境，也就是三阶段模型中的再冻结过程。薪酬、信息系统、团队规范和其他的一些条件必须被重新设计以支持新的价值观和行为。

行动研究方法自从20世纪40年代被提出来之后就一直主导着组织变革思想。然而，一些专家指出行动研究也存在局限性，即行动研究的本质是问题导向，侧重于关注群体或系统的消极动态而不是积极的机会和潜力。关于行动研究的这一担心，促使另一种更积极的组织变革方法便诞生了，即肯定式探询方法。

2. 肯定式探询方法

肯定式探询（appreciative inquiry）是通过寻找组织（或团队）的优势和能力，然后转变或运用这些认识以获得未来组织（或团队）的成功和个人幸福。因此肯定式探询是基于新兴的积极组织行为哲学而产生的。积极的组织行为哲学认为，关注于生活中积极的而不是消极的方面会增加组织的成功和个人的幸福。也就是说，这种方法强调发展优势而不是直接改正问题。

肯定式探询往往将探询直接指向成功的事件或其他成功的组织。这种外部的关注成为行为塑造的一种形式，它要求对组织的关注点重新定向，将关注点从自身的问题上移开从而增加引进其他组织成功经验的可能性。当参与者很清楚自己的"问题"或正饱受"问题"之间消极关联的痛苦时，肯定式探询尤其有效。肯定式探询的积极导向可以使群体避免产生消极的紧张感，并通过关注积极的方面构建充满希望的美好未来。

图13-3展示的肯定式探询的"4-D"模型（以这个方法的四个阶段命名）开始于发现（discovery）——识别被观察事件或组织的积极因素。当参与者讨论他们的发现，展望理想组织的可能情形时，他们就进入了梦想（dreaming）的阶段。当参与者将自己的想法公之于众时，肯定式探询过程便进入第三个阶段，被称之为设计（designing）阶段。设计包括对话过程，参与者非常乐意听取其他每个人的模型和假设，最终形成一个团队共同的模型。事实上，他们形成了未来应该是怎样的共同愿景。随着模型逐渐成形，团队成员又会将关注点转移到各自所遇到的情境。在肯定式探询的最后一个阶段，实施（delivering）也被称为实现，参与者在他们构建模型的基础上建立具体的目标和组织方向。

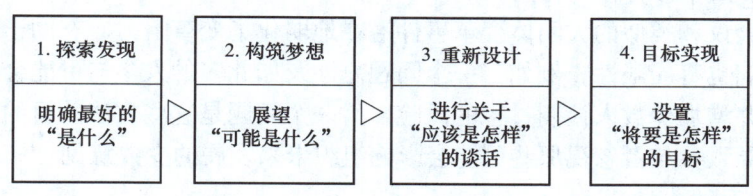

图13-3 肯定式探询的"4-D"模型

（资料来源：麦克沙恩，格里诺. 组织行为学[M]. 北京：机械工业出版社，2011：366.）

肯定式探询是在20世纪末被提出的，但它在被提出近20年后才开始流行。应用肯定式探询而成功进行组织变革的事例出现在许多组织中，包括英国广播公司、加拿大轮胎公司、墨西哥雅芳公司、美国运通公司、绿山咖啡烘焙公司和亨特集团等。然而，专家提醒肯定式探询并不总是组织变革的最佳方法，事实上，这一方法也并不总是成功的。首先，肯定式探询需要参与者愿意放弃以问题为导向的方法；其次，该方法没有给出适用的情境，也就是说，我们并不知道在哪种情况下肯定式探询是组织变革的有效方法，而哪种情况下不是。总之，肯定式探询对于解释组织变革过程有很大的贡献，但我们也要理解它的潜力和局限性。

英国广播公司开启肯定式探询进程

英国广播公司（BBC）需要更具创造性的举措来扭转日益减少的听众数量。但是员工却抱怨无线广播设备、电视和互联网广播并未提供一个创造性的工作环境。为了找出怎样才能更具创造性，公司发起了员工磋商的未来探索过程，并称之为"就是想象"。10000多名员工（大约40%是BBC的员工）在六个多月内参加了200多次会议。这些会议产生了98000个想法，这些想法被归结为15000个独特的建议，最终产生了35项具体措施。当时BBC受人尊敬的局长格雷格·戴克（Greg Dyke）认为肯定式探询提供了珍贵的指导，"这给我很有效的变革行动指南。"他说，"我会正视着员工说'这是你告诉我们的你想要的'。"

（资料来源：麦克沙恩，格里诺．组织行为学：原书第5版 [M]．北京：机械工业出版社，2011：365．）

3．未来探索方法

肯定式探询在小的团队也可以用，但这一方法经常适用于拥有较大员工规模的组织，比如参与变革员工数超过10000的英国广播公司，肯定式探询经常被认为是大团体组织变革的干预行为之一。另一个大团体干预行为被称为未来探索（future search），又被称为探索会议和开放技术，"把整个系统放在室内"意味着这一过程试图把尽可能多的员工和利益相关者与组织系统联系起来。未来探索会议往往是多天会议，在会议上员工被要求识别趋势和问题并为这些问题寻找答案。例如，位于曼彻斯特坎顿的爱玛森康明化学制造公司就依赖一次将经理、管理员和生产工人编组成五个利益相关者团队的未来探索会议确定了提高工厂安全、效率和合作的行为。

未来探索会议和类似的大团体变革事件潜在地弱化了变革阻力，有助于变革过程的质量保障。但它们也有局限性，例如，一个问题总涉及如此多的人参与可能会限制人们做出贡献的机会，并增加少数人控制过程的风险。另一个问题是这些方法的目的在于达成集体共识，这可能导致参与者忽视那些可能会影响组织未来发展的少数意见。

4．并行学习结构方法

并行学习结构（parallel learning structures）是高参与度的组织变革方法，它是指由来自组织各个层级的员工以增加组织学习为目的而组成独立于正式等级制度之外的学习组织，通过学习并将所取得的成果在组织中进行推广以推动变革的方法。理论上，并行学习结构中的参与者非常自由，可以更有效率地解决组织的问题。

荷兰皇家石油／壳牌基于并行学习结构法建立了一个更加以客户为中心的组织结构。不同于一次性地彻底改变整个组织，主管们和六个国家的一线员工（如加油站经理、卡车司机和营销专员）团队参与持续一周的"零售训练营"。参与者了解到所在区域的竞争性趋势，并被教会使用能够识别新机会的功能强大的营销工具。这些团队回去之后开始研究各自的市场并提出改进方法。四个月之后，训练营的团队成员返回参加第二次的研讨会，在研讨会上，每个方法都得到了荷兰皇家石油/壳牌主管的评论。每个团队有60天的时间将其思想付诸行动，然后回来参加第三次研讨会来分析哪个办法是有效的，而哪个是无效的。并行学习的过程不只能产生新的营销方法，它还使参与者在回到各自的区域之后富有激情地向其他同事和上司宣传这种新的营销方法。

（二）创建学习型组织

管理者们和组织理论家们一直在寻找新的方法对这个相互依赖且不断变化的世界做出有效反应，学习型组织在21世纪初引起了他们极大的兴趣。本部分将阐述学习型组织（learning organization）的特征，以及管理学习的方法。

学习型组织是一个不断发展其适应与变革能力的组织。正如个体要学习一样，组织也要学习。大多数组织进行的是单环学习（single-loop learning）。当发现错误时，改正过程依赖于过去的常规程序和当前的政策。与此相对照，学习型组织运用的是双环学习（double-loop learning）。当发现错误时，其改正方法还包括对于组织目标、组织政策和常规程序的修改。双环学习向组织中根深蒂固的观念和规范提出挑战，它有利于人们提出截然不同的问题解决办法，并在改进的过程中得到巨大飞跃。

表13-2归纳了学习型组织的五个特征。在这种组织中，成员们摒弃旧的思维方式，学会以开放的心态对待彼此，理解组织真正的运作方式，制定每个人都认同的规划或愿景，然后为实现这个愿景而共同工作。

表13-2 学习型组织的特性

序号	特性
1	有一个大家认同的共同愿景
2	在解决和从事工作时，摒弃旧有思维方式和常规程序
3	成员们将组织的整个过程、活动、功能以及与环境的相互作用视为一个相互关系系统的组成部分
4	人们之间坦率地相互沟通（跨越纵向和横向界限），不必担心受到批评或惩罚
5	人们摒弃个人利益和部门利益，为实现组织的共同愿景一起工作

（资料来源：罗宾斯，贾奇.组织行为学：16版[M].孙健敏，王震，李源，译.北京：中国人民大学出版社，2016：515.）

学习型组织的支持者们打算把它作为解决传统组织中固有的三大基本问题的一剂良药，这三大问题是分工、竞争和反应性。首先，基于专业化的分工制造了"壁垒"，从而把一个组织分割成各自为政而且常常相互冲突的领域。其次，过分强调竞争常常会削弱合作。在管理层团队中，成员之间为了显示谁更正确、谁知道得更多、谁更有说服力而相互竞争；各分部之间本应相互合作、共享信息，他们却也在相互竞争；项目小组的领导者相互竞争以显示谁是最好的管理者。最后，反应性是指管理者注重解决问题而不是积极创新。问题解决者尽力避免发生某些事情，而创新者则努力给现有状态带来新的东西。对反应性的一味强调会排挤创新和改进，鼓励人们为"救火"而忙碌。

如果我们把学习型组织看作是建立在以往大量组织行为学概念基础上的一个理想模

式，会帮助我们更好地理解学习型组织的内涵。没有一家组织会在过去或未来完全具备表13-2中所列出的所有特征，所以，应该把学习型组织视为一个要为之奋斗的理想目标，而不是对组织中的现实活动的描述。同时，还应注意学习型组织与以往的一些组织行为学概念的关系，如质量管理、组织文化、无边界组织、建设性的冲突和变革型领导等。比如，学习型组织对做出质量管理的承诺进行不断改进，它表现为重视冒险、开放、成长这样的具体文化特征，它通过打破由于等级层次和部门分工带来的障碍而寻求一种"无边界"的状态，它强调不同意见、建设性批评和其他功能正常的冲突的重要性。为了实现共同的愿景目标，学习型组织需要采用变革型领导等领导风格。

为了使所在组织成为一个学习型组织，管理者可以采取以下措施：

1）确立战略。管理者要明确表明他对变革、创新和不断改进的承诺。

2）重新设计组织结构。正式的组织结构可能会成为制约学习的严重障碍。通过以下方法可以强化人们之间的相互依赖关系、减少人们之间的界限：使组织结构扁平化、取消或合并一些部门以及更多运用交叉功能工作团队。

3）重塑组织文化。学习型组织以冒险、开放和成长为特征。管理层以其言谈（战略）和举止（行为）奠定了组织文化的基调。也就是说，管理者需要通过行动证明他们提倡冒险并允许失败，这意味着，既要鼓励那些抓住机遇的人，也要鼓励那些犯了错的人。管理者还需要鼓励功能正常的冲突。

第二节　组织发展

一、组织发展的概念

组织发展（organization development）的思想是由行为学家和组织管理心理学家在20世纪60年代首次提出。组织发展与组织变革的关系十分密切。一般而言，组织变革的目的是使组织得到发展，以适应组织内外环境的要求，但有些变革可能没有使得组织向前发展。组织变革是组织发展的一种重要手段，组织发展不仅包括组织变革过程，也包括组织变革后的巩固过程。因此组织发展与组织变革的关系可以用图13-4表示。

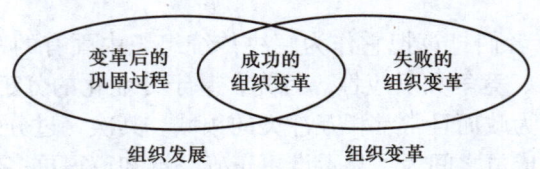

图13-4　组织发展与组织变革的关系

组织发展是指一种基于行为科学研究和理论的、有计划的、系统的组织变革过程。它是组织为了适应内外环境的变化，而对组织进行改进和更新，以使组织达到最佳化和高效化。

二、组织发展的条件

组织发展应该是有计划的、有目标的、有充分准备的、系统的活动，因此，组织发展应该满足下列条件。

1）明确的发展要求。当组织在其发展过程中，确实有变革和发展的迫切需要时，才能对组织实行变革和发展。由于人们普遍存在求稳和消极避世的心理，往往更容易忽视组织发展的需求，即当已出现组织发展的明确需求时，因以上两种心理的影响，而可能延误组织发展的适当时机。

2）明确的目标和规划。有了明确的目标和规划，才能避免组织发展迷失方向、偏离正轨甚至失败，从而保证组织发展有序进行。"凡事预则立，不预则废"，由于组织发展涉及面广，不确定性因素众多，明确的目标、充分的准备和规划就显得异常重要。只有这样才可以减少组织发展过程中的阻力，降低失败的可能，而组织发展的失败，很容易对组织的生存造成威胁。

3）素质良好的组织发展专业团队。要想实现组织发展的成功必须拥有对组织发展敢于承担责任且充满信心的领导层和各类专业人员组成的团队。专业的组织发展人员在组织发展过程中担当规划者和实施者的角色。有些组织在和咨询机构开始合作后才发现没有相应的人员对接，这对组织发展是不利的。

4）运作良好的信息沟通渠道。运作良好的信息沟通渠道是信息快速准确传递和反馈的基本保障，而信息的高效传递又是组织发展成功的先决条件之一。通过运作良好的信息沟通渠道，不仅可以尽量减少信息的误传、失真与丢失，而且可以减少信息的延误。

5）健全的激励机制。健全的激励机制可以充分调动组织成员的工作积极性、主动性，尽可能减少阻力，为组织发展创造一个良好的氛围。

三、推进组织发展的方法

组织发展的方法按照层次可以分为个体层次、群体层次和组织层次，见表13-3。

表 13-3 组织发展的层次和方法

组织发展的层次	组织发展的方法
个体层次	敏感性训练、技能培训、管理能力培训、过程咨询、职业生涯开发
群体层次	团队建设、群体间关系的开发
组织层次	调查反馈

1. 敏感性训练

敏感性训练（sensitive training）也称为实验室训练、交友小组或 T 小组，是指通过受训者在团体学习环境中相互影响，提高受训者对自己的感情和情绪、自己在组织中扮演的角色、自己同别人的相互影响关系的敏感性，进而改变个人和团体的行为，达到提高工作效率和满足个人需求的方法。

在训练中，受训者处于一种自由、开放的环境，讨论他们自己以及相互间的互动过程，并且在讨论中有一位行为专家给予引导，该专家可以提出自己的看法，以使受训者受到启发。但对受训者来说，主要是通过其他参加者的言语和行动受到启发和教育。

敏感性训练的目的是让受训者更加了解自己，了解自己如何看待别人和别人如何看待自己，使自己对人际行为更加敏感，更容易与人相处。具体的目标在于提升以下五方面能力：

1）对受训者行为及其在社会关系中扮演的角色的自我意识和洞察；
2）对他人行为的敏感性；
3）对社会、不同群体间及人与人之间情况的判断能力；
4）受训者成功地干涉群体间或群体内的情况，以提高成员的满意度、效率和产出的能力；
5）受训者不断分析其人际交往行为，以获得更有效、更满意的人际关系的能力。

2. 技能培训

技能培训是组织为了适应外部竞争环境的变化，有计划、有组织地向普通员工提供新知识和新技能的培训课程。考虑到成人的特点，培训不仅仅是基本知识的讲授，更重要的是在活动中、实际操作中学习，真正将这些技能稳定下来，成为员工未来发展和提升的基础。

3. 管理能力培训

许多管理者是经验型的，没有受过科学的管理技能培训，更多的是依靠在实践中获得的经验进行管理。随着市场竞争的加剧，管理者的管理能力迫切需要提升，管理能力培训既包括做事能力的培训，例如制定战略、科学决策的能力，也包括带队伍能力的培训，如领导团队、处理冲突的能力。

4. 过程咨询

过程咨询（process consultation）旨在通过外部顾问的帮助，对管理者的沟通渠道和方法、人际关系、领导风格等进行全面的诊断和分析，找到管理者的优势和不足，并提出相应的改善办法。

外部顾问为了熟悉组织环境和管理者，可以进入组织与管理者共同工作，发现管理者遇到的问题，作为参谋，分析问题并协助解决问题。通过这种活动，管理者可以更加明确地了解各种问题出现的原因，以及解决这些问题的具体办法和技巧，并将这些方法和技巧内化到自己的管理过程中。

5. 职业生涯开发

随着市场经济体系的逐步完善，人们职业发展的高度直接与个人的物质待遇挂钩。然而，人生来就是有差异的，经过后天环境和教育的塑造后差异会更大。如何根据每个人的心理、生理和社会地位差异，设计符合每个个体特点的职业发展路径，是实现组织和个人双赢的重要保证。

组织可以通过绩效考核和面谈，为员工的职业发展方向和道路提供帮助；通过岗位空缺信息的发布和采用公开竞聘的方式，让员工的理想变成现实。

6. 团队建设

团队建设（team building）是指利用高度互动的群体活动来增强团队成员之间的信任

和坦诚，提高团队绩效。团队建设通常包括目标设置、团队成员间的人际关系开发、用来明确每个成员的角色和责任的角色分析，以及团队过程分析。

7. 群体间关系的开发

组织发展关注的一个重要领域是不同群体之间的恶性冲突。群体间关系的开发（intergroup development）致力于改变不同群体对彼此的态度、观念和刻板印象。在这种方法中，首先让每个群体各自组织会议，讨论该群体对自己的认识、对其他群体的认识以及其他群体是如何看待自己这个群体的。然后各群体之间共享这些信息，讨论这些看法之间的异同之处。尤其要认真阐述不同之处，并寻找导致分歧的原因。

一旦找到了冲突或问题的根源，这些群体就可以进入下一阶段——制定解决方案来改进各群体之间的关系。而且，还可以从发生冲突的各群体中抽出成员来组成新的群体，以进行更深入的诊断并找出解决方案。

8. 调查反馈

调查反馈（survey feedback）是评估组织成员所持的态度、发现成员之间的认知差异并消除这些差异的一种工具。这种方法可以让组织成员直接指出问题所在，或是通过访谈的方式来确定那些重要的问题。该工具通常以问卷形式进行，可以针对个人，也可以针对整个部门或组织。问卷主要询问员工对各个方面的认识、理解和态度，其中包括决策实践，沟通效果，部门间的合作以及对组织、工作、同事和上司的满意度。

当问卷汇总、统计分析后，再把结果反馈给员工，进行讨论，鼓励员工发表意见，但只是对事不对人，试图寻找解决问题的办法。

四、组织发展的推行者

首先，领导者在组织中的地位决定了组织领导者往往会更多地担当起组织发展推行者的角色；其次，组织发展的推行者应该是组织发展的研究专家，他们更重视组织的技术、结构和战略；再次，研究组织发展相关领域（如组织设计、奖励系统、全面质量、信息技术和企业战略）的研究者，也可以是组织发展推行者，在这些相关领域中，越来越多的专家正在日益丰富他们在组织发展方面的经验和才能，而他们主要是通过在大规模项目中同组织发展专家进行合作或参加组织发展培训课程来增长经验的；最后，还有一类组织发展的推行者，即管理人员，他们从组织发展中提高能力，并将其施展到自己的工作领域中去。

本章核心概念

组织变革　变革策略　行动研究方法　肯定式探询方法　未来探索方法　并行学习结构方法　学习型组织　组织发展

思考题

1. 组织变革的类型有哪些？

2．应对组织变革阻力的变革策略有哪几种？
3．推行组织变革有哪些方法？
4．请简要分析组织变革与组织发展的区别和联系。
5．在组织中，哪些人会扮演组织发展推行者的角色？

讨论题

1．假设您是某银行分行服务部的副经理，您注意到其中一些分行的服务排名持续处于低位，即使这些分行与其他分行在资源和员工特征上没什么明显的不同。试描述在其中一个分行可以解决这些问题的肯定式探询过程。

2．一个著名的组织理论家说："组织变革的压力源自环境，保持稳定的压力来自组织内部。"您同意这种说法吗？为什么？

案例分析

海尔：平台化 HR 助力企业变革

进入互联网时代后，企业和消费者之间信息不对称的情况正在彻底改变。移动互联网、大数据和智能制造等技术的普及，将商业带入数字化时代，企业竞争正在演化为用户选择权的竞争。在这种态势下，曾经等级森严的树状组织结构因无法快速响应市场需求，容易滋生权力斗争，将逐渐被淘汰。企业面临的挑战是：如何针对新的生产方式和市场环境，将战略转向以用户为中心，重新配置企业资源。

中国传统家电制造业海尔集团首 CEO 张瑞敏认为，互联网带来三大颠覆：第一，企业大规模制造变成大规模定制，生产线需要随之改变；第二，去中心化，互联网时代人人是中心，也就没了中心，没有了领导，层级制度要改变；第三，分布式管理，全球都是企业的人力资源部。

从 2005 年起，张瑞敏开始对海尔进行颠覆式的组织结构改革，大胆提出"人单合一"的创新构想，并从 2010 年开始正式进入实质性变革。对于海尔的这场大手术，张瑞敏曾这样形容：这是一次堂吉诃德式的冒险，但我们要努力保持不让冒险成为牺牲。

事实上，为了配合转型，海尔人力资源部也在进行着一场深刻的变革——不仅要从架构上响应海尔组织扁平化的变革需求而进行重构，还要在职能上服务于组织转型的成功。这对人力资源部来说是一个巨大的挑战。配合"人单合一"的变革，海尔的人力资源管理最终拆分为"按单聚散"和"按单预酬"两个职能平台，对于海尔的 HR 部门来说，这是个无先例可循的创新。

早在 2005 年，海尔就在集团内提出了"人单合一"的概念。"单"是指市场和用户需求。例如，某地区需要 1000 万台空调，或者某型号冰箱需要模块化技术——只要是市场和用户所需的价值，就是海尔的"单"。"人"是指员工，包括海尔在线或在册的员工，在线员工指和海尔合作的非海尔员工；在册员工则是海尔集团内部的雇员。简单来说，"人单合一"要求海尔员工发现市场上用户需要的价值（"单"），并通过实现这种价值来获得赢利。长期没有"单"的员工，将失去自己的岗位。通过"人单合一"，企业所有资源都和市场需求直接对接，这对以前挡在资源和市场之间的中层管理者冲击巨大。

2013年海尔裁员1.6万人，张瑞敏在谈话中称2014年将继续减员1万人。对这场闹得沸沸扬扬的裁员事件，张瑞敏在演讲中提到，"（减掉的）主要是中间的管理层，而且一些业务变成智能化之后就不需要那么多人了。"

"人单合一"重塑了海尔的组织结构，打破了职能和层级，去掉了中层这道"隔热层"。员工围绕"单"重新组合，形成自主经营的小团队。然而，变革之路并非一蹴而就，从2010年至今，海尔的组织结构改革历经了"自主经营体""利共体"和"小微"（即小型或者微小型企业）三个阶段。

对于人力资源等职能部门来说，这三个阶段的一个重大变化就是从职能化到平台化的转变。海尔集团副总裁王筱楠说，"职能型HR聚焦于内部员工，所以相对比较封闭，是金字塔形的。转成人力平台后，相对比较开放。过去"预"和"留"的可能是一个人或是一个团队、一个组织，按单聚散后，我们就不是那个流程了，而是按照单来聚，这样它就不光是在这个平台上，它们可以有在册的，也有在线的。"

因此，海尔在进入小微阶段之后只剩下三类人：平台主、小微主及小微成员。小微独立运营，只对用户负责，充分享有决策权、用人权和分配权。"小微"和平台之间是"市场结算"关系，平台的报酬源自"小微"，通过"对赌机制"两者"事先协同"，决定最终的报酬分配。

所谓对赌，就是事前的价值承诺，比如事先一方承诺可实现的销量或者绩效，如能实现目标则得到多少薪酬，如不能实现则得到多少薪酬。"小微"是配置资源的主体，不但不需要"倒逼"平台，平台反而要主动为小微提供支持，如果平台满足不了小微的需求，这个平台就相当于无"单"，也就无"酬"，会面临解聘危机。这种情况一旦出现，小微可以在海尔外部寻求资源，这种"无疆界"的方式在某种程度上拓宽了企业的能力。

另一方面，优秀平台也可以"小微化"，比如海尔的日日顺物流平台，是一个目前拥有9万辆车的"车小微"。这些车辆都不是海尔的车，但在海尔的物流平台上进行调配，并对其他厂商开放，日日顺物流平台已经成为一个效益很不错的小微。不久前日日顺与阿里巴巴达成了战略合作，为其提供服务。

2014年海尔热销的"雷神"游戏笔记本，就是"人单合一"机制下一个笔记本小微的产品。最初游戏本的机会是由三个20多岁的海尔员工发现的。截至2014年6月底，海尔共有类似"雷神"这样的小微公司169家。

（资料来源：http://www.hbrchina.org/2018-1101/6812.html.）

问题：

1．导致海尔进行变革的动因有哪些？

2．海尔的这场变革是否会对薪酬机制造成影响？如果会，又将如何影响薪酬机制？请举例说明。

3．海尔的这场变革带来了哪些好处以及潜在的风险？

第十四章 组织文化

引导案例

作为全球第二大通信设备供应商,也是全球领先的信息与通信解决方案供应商,华为公司三十年来所取得的骄人成绩堪称中国企业史上独一无二的壮举,华为人俨然是一群善于"拼命"的狼。作为最重要的团队精神之一,华为的"狼性"文化可以用几个词语来概括:学习、创新、获益、团结。

用"狼性"文化来说,学习和创新代表敏锐的嗅觉,获益代表进攻精神,而团结就代表群体奋斗精神。华为公司主张团队作战,厌恶个人英雄主义。"胜则举杯相庆,败则拼死相救",在华为公司还一直存在着一种忧患意识,任正非时刻都在提醒着华为的冬天可能到来。而对待忧患的方法就是要求团队团结,不能丢失狼性。华为人认为只有这样,"华为才能找到过冬的棉袄"。

正是这种文化使全体华为人更加认同组织的目标,并把自己的人生追求与公司的目标结合起来;同时,也是这种文化调节了人与人之间、个人与团队之间、个人与公司之间的相互利益关系,从而形成文化对华为人行为的牵引和约束,也使得华为公司越走越远。

(资料来源:https://doc.mbalib.com/view/71f89148325236ba251c918635333fc8.html。)

在一个组织中,组织文化总是潜移默化地影响着组织中员工的行为,就像华为公司的"狼性"文化总是引导着华为人的行为和企业的发展。组织文化就像一个大染缸,只要是在这个缸里染过,就会带有相似的颜色。那么什么是组织文化?组织文化有哪些功能?组织如何创造与维系组织文化?这些是本章将要回答的问题。

第一节 组织文化的内涵与功能

一、组织文化的定义

组织是按照一定的目的和形式而建构起来的社会联合体,每个组织都有自己特定的组织文化。什么是组织文化呢?不同学者对于组织文化的理解和定义有所差异。

埃德加·沙因认为,组织文化是在组织成员相互作用的过程中形成的,为大多数成员所认同,并用来教育新成员的一套价值体系。

吉尔特·霍夫斯泰德认为,组织文化是一种"组织心理"及组织的潜意识,它一方面在组织成员的行为中产生，另一方面又作为"共同的心理程序"引导这些成员的行为。

特雷斯·迪尔（Terrence. E. Deal）和阿伦·肯尼迪（Allan A. Kennedy）认为，组织文化是价值观、英雄人物、典礼仪式、文化网络、组织环境的凝聚。

约翰·科特（John P. Kotter）和詹姆斯·赫斯克特（James L. Heskett）认为，组织文化是指一个组织中各个部门，或者至少是组织高层管理者们所共同拥有的组织价值观念和经营实践，是组织中各个职能部门或地处不同地理环境的部门所拥有的共同的文化现象。

尽管组织文化是非常复杂的，关于组织文化的定义也是纷繁多样的，但目前以下定义还是得到了比较广泛的认同的，即：

组织文化（organizational culture）是指组织成员的共同价值观体系，它使组织独具特色，区别于其他组织。

如果仔细分析的话，这种共同的价值观体系实际上是组织所重视的一系列关键特征。研究表明，组织文化具有以下七个方面的维度，见表 14-1。

表 14-1　组织文化的七个维度

维度	描述
创新与冒险	组织在多大程度上鼓励员工创新和冒险
关注细节	组织在多大程度上期望员工做事缜密、善于分析、注意小节
结果导向	组织管理人员在多大程度上集中注意力于结果，而不是强调实现这些结果的手段与过程
以人为本	管理决策在多大程度上考虑到决策结果对组织成员的影响
团队导向	组织在多大程度上以团队，而不是个人工作来组织活动
进取心	员工的进取心和竞争性如何
稳定性	组织活动重视维持现状或者是重视成长的程度

以上每一种特点都表现为一个从低到高的连续带。从这七个特征来评价组织文化，就能得到组织文化的有机构成图。组织成员对组织所持的共同感情，在组织中做事的方式，组织成员应有的行为方式等，都建立在这幅有机构成图上。对一个组织文化的特性，可以考察以上七个要素所表现的程度，从而确定其组织文化的类型和个性特点。

二、组织文化的相关概念

（一）主文化与亚文化

组织文化代表组织成员的一种共同认识，这在前面定义组织文化时就已经明确了。因此，我们认为在组织中来自不同背景、处于不同层次的员工会用相似的词汇来描述组织文化。但是，组织文化具有一些共同特征，并不意味着既定的文化中不存在亚文化，大多数组织中都存在主文化和亚文化。

主文化（dominant culture）是指组织中核心的价值观为组织中大多数成员所认可和共享。当我们说组织文化时，一般就是指组织的主文化，是一个组织区别于其他组织独特的个性。亚文化（subculture）通常会出现在大型组织中，反映了组织中部分成员面临的共同问题、形式和经历。亚文化的形成通常是由于组织内部部门的设计和地理上的间隔。例如，研发部既拥有主文化的核心价值观，又拥有研发部成员的独特价值观；同样地，如果组织的某个办公室或单位远离组织总部，它也会表现出不同的个性特点。在这种情况下，组织的核心价值观仍占主流，但为适应本单位的特殊情况会有调整。

如果组织没有主文化，而是由多种亚文化构成自己的组织文化，那么，组织文化对人行为的影响作用就被大大削弱了。因为在这种情况下，对于恰当与不恰当的员工行为就没有统一的解释。正是组织文化中"共同的价值观"，使组织文化成为引导、塑造人们行为的有力工具。但我们也不能忽视许多拥有亚文化的组织，他们也能影响员工的行为。

（二）强文化与弱文化

强文化（strong culture）是指组织拥有并广泛共享的核心价值观念，强文化主导维度通常会高于其他维度，并塑造着该组织成员的文化个性和工作方式；弱文化（weak culture）是指组织没有典型的可指导全体员工行为的核心管理理念，组织所拥有的文化因素多来自于社会文化，组织文化特点不鲜明，主导价值观不突出，社会多元文化被成员广泛认同，导致社会文化的影响力超过组织自身文化的影响力。

在拥有强文化的组织中，组织的核心价值观得到组织成员强烈的认可和广泛的认同。接受这种核心价值观的组织成员越多，他们对这种价值观的信仰就越坚定，组织文化就越强。相应地，组织文化越强，对员工的行为就会产生越大的影响，因为高度的共享和强烈的认同在组织内部创造了一种很强的行为控制氛围。例如，海底捞公司建立了一种强劲的服务文化，员工对自己应该干什么、怎样干都十分清楚，公司文化对他们的影响十分深远。

强文化与降低员工的流动率有更直接的联系。在强文化中，组织成员对组织的立场有着高度一致的看法。这种目标的一致性导致了内聚力、忠诚感和组织承诺，而这些特征反过来又使员工离开组织的倾向降低；在弱文化环境中，组织文化缺乏核心价值观，组织的宗旨理念、经营哲学、价值标准没有被员工完全认同，员工行为的规范主要靠规章制度和奖惩条例，企业难以形成较高的文化凝聚力和战斗力。

（三）组织文化与民族文化

如果要对不同国家的组织中员工的行为进行精确的预测，则必须考虑民族差异，尤其是民族文化的差异。那么在这一点上似乎应该考虑一个问题：民族文化凌驾于组织文化之上吗？比如，IBM公司设在德国分公司是更可能反映德国的民族文化，还是IBM公司的组织文化呢？

以往的研究表明，民族文化对员工的影响比组织文化对员工的影响要大。因此，IBM公司设在德国慕尼黑分公司的员工，受德国文化的影响可能要比IBM公司的组织文化大。这说明，组织文化对员工行为的影响很大，而民族文化的影响更大。在考虑员工行为的影响因素时，更应考虑到民族文化的作用。

但如果考虑到招聘录用阶段的自我选择的话，跨国公司在员工选拔的过程中，会雇佣那些与组织的文化相匹配的员工，而不是符合本国人典型特点的员工。例如，IBM 公司在意大利设立分公司，招聘员工时，会较少地考虑那些典型的意大利人，而是雇佣更适合在 IBM 公司做事的员工。自主性需求较强的意大利人可能更愿意到奥利维蒂公司工作，而不愿到 IBM 公司工作。因为奥利维蒂的组织文化是非正式和非结构化的，允许员工拥有比在 IBM 公司更大的自由度。事实上，奥利维蒂公司倾向于雇佣那种缺乏耐心、喜欢冒险、富有创新精神的员工，这些特点恰恰是 IBM 公司意大利分公司在招聘新员工时故意避开的人。

三、组织文化的结构

（一）沙因的三层次结构

关于组织文化的结构，埃德加·沙因提出了"三层次说"。沙因根据文化的抽象性和具体性，将文化分成可见的人工饰物（observable artifacts）（人工制品与创造物）、外显价值观（espoused values）和深层的基本假设（basic assumptions）三个层次，并且认为只有基本假设才是文化，其余的只是文化的衍生物。

第一层：人工饰物。人工饰物是指那些能够看得见、听得见、摸得着（如制服），但却不易被理解的文化产品，包括实物布局、办公环境、着装要求、标语、噪声标准等方面。观察人工饰物比较容易，困难的是了解人工饰物所包含的意义以及他们之间有怎样的联系。尽管文化的这一层次对外部成员来说是最显而易见的，但这些"物质形态"却揭示了组织的一些重要特征，如果你不是这种文化中的一员，可能很难理解它们的真正内涵。人工饰物是文化最明显的层次，也是文化的初级层次。在这一层次中，人们可以看到物理空间、群体输出的技术、书面的和口头的语言、艺术作品等。

第二层：价值观。主要包括组织策略、组织目标、规章制度和行为规范等，即什么是好的，什么是坏的等。沙因并没有明确指出如何评估组织价值观的方法，但他对组织价值观的两点分析为我们提供了有益启示。第一，沙因并不认为管理者所倡导的所有价值观都能有效地转变为组织成员的价值系统，区分组织"提倡的价值观"和组织成员实际上"信奉的价值观"是有必要的。对于组织成员而言，只有当使用一种策略、制度、行为规范等解决问题取得成功并将其分享到整个组织时，组成成员才会认同这种价值观，特别是那些与基本假设一致的价值观容易被组织成员认为是理所当然的。第二，一些价值观在组织内部似乎是无法被证实和检验的。在这种情况下，通过组织外在的文化环境——社会，取得检验是可能的。也就是说，组织成员是否认同了组织管理者所倡导的价值观可以通过在其与社会交往中进行检验。例如：通过用人单位来评价毕业生是否具备母校倡导的价值观念是比较可靠的。

第三层：基本假设。组织文化的核心或精华是早已在人们头脑中生根的不被意识到的假设、价值、信仰、规范等，由于它们大部分出于一种无意识的层次，所以很难被观察到。当解决问题的方法被反复运用后，就会成为理所当然。当初由于某种价值观所支持的假设得以实现，后来渐渐被当作是事实，我们就会认为事情本来就是如此。这种"无意识"的基本假设是将组织希望构建的价值观转化为组织成员自身的无意识行为和认同。例如，银行可能有一种固有的假设，即顾客期望他们的钱能以高度严格的方式来管理，所以他们以严谨细致的态度对待工作；反之，广告公司则可能假设它的顾客要求一个富有挑战性和创造性的环境，他们甚至敢向权威提出疑问。沙因认为，基本假设是组织文化中最深、最基本的一个层次，是文化的精髓。人们对它坚信不疑，任何成员、任何形式的冒犯都是不可想象的。

组织文化三个层次的关系如图14-1所示。

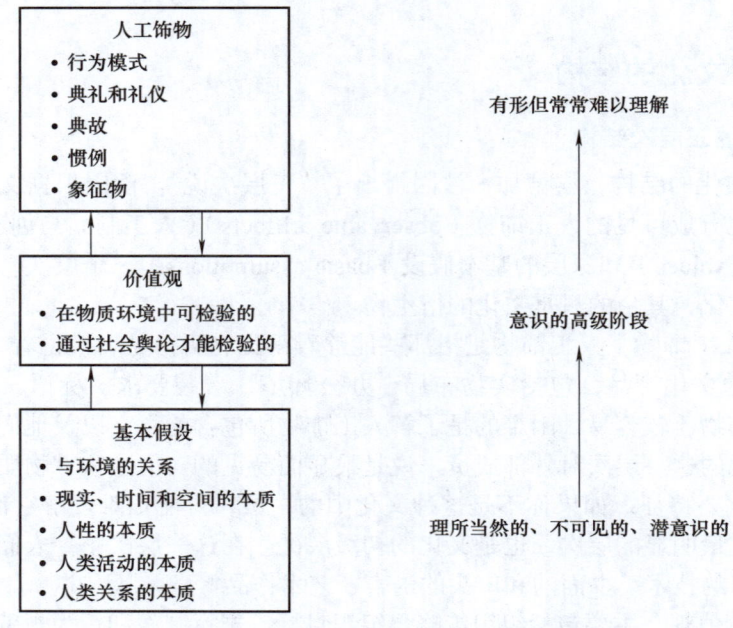

图14-1　组织文化三个层次的关系

（资料来源：沙因. 组织文化与领导力[M]. 马红宇，等译. 北京：中国人民大学出版社，2011：18.）

其实，虽然以往学者将组织文化划分为不同的层次，但其核心观点都认为组织文化总体看来可分为物质文化和精神文化。组织文化的核心是价值观。无论源于何种理论，所有关于组织文化的研究者使用的都是相类似的术语和结构，赋予组织文化这一概念的基本含义也是一致的。

（二）组织文化的四层次结构

对组织文化层级结构较为流行的一种划分方式为四层次结构，它将组织文化划分为精神层、制度层、行为层、物质层四个层次，如图14-2所示。

1. 精神层

处于组织文化最核心层级的是精神层。精神层主要包括企业使命、愿景、价值观及企业精神、经营哲学等，其核心内容是价值观。它是组织文化中相对稳定的部分，企业价值观一经形成，就处于比较稳定的状态，价值观贯穿于组织文化发展的各个环节。企业价值观是企业制度与企业经营战略的主要思想保证，直接指导并决定组织的决策结果和日常经营行为。精神层决定了制度层、行为层和物质层。

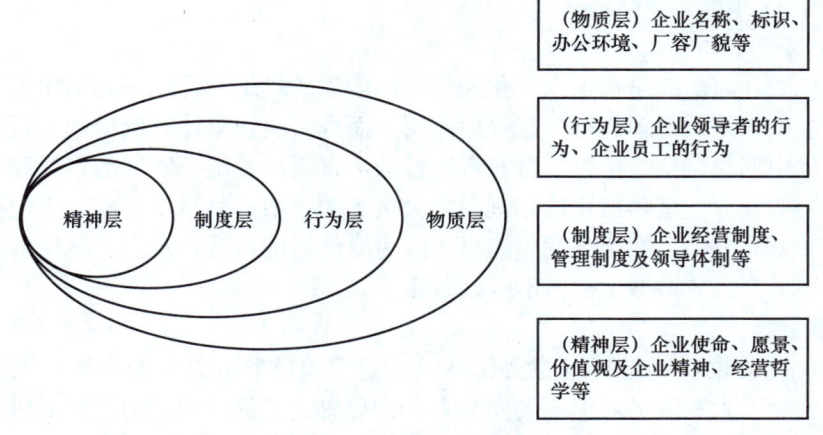

图 14-2　企业文化四层次结构

(资料来源：陈春花，乐国林，等.企业文化[M].3 版.北京：机械工业出版社，2018：90.)

2. 制度层

精神层之外的层级是制度层。制度层是具有组织文化特色的各种规章制度和行为准则的总称，主要包括组织的经营制度和管理制度等。制度层是精神层和行为层的中介。精神层直接影响制度层，并通过制度层影响行为层和物质层。组织基于组织的价值理念来制定与之相符合的一系列的规章制度、行为准则以保证组织的价值理念等精神层能够得以有效体现。

3. 行为层

第三个层次是行为层。行为层主要是指组织之中领导者以及员工的行为表现。组织的价值理念需要通过员工的行为表现出来，如果组织文化不能落实到员工的行为，就不是真正的文化，而是一种口号。组织中员工的行为表现是组织文化真正的体现，反映出组织文化精神层的价值理念能否有效落地。

4. 物质层

最外层的是物质层。物质层是反映组织内在价值观和经营理念等的外显特征，如组织的外显标识、服装、建筑、办公室布置等。物质层的内容同样反映组织的价值理念。例如，办公环境的布置可以反映出组织中管理层与员工的地位差异；办公设施可以反映出组织对员工的关注程度等。

四、组织文化的功能

组织文化对组织行为的影响是无形且持久的。组织文化来自组织，且一旦形成某种独立的组织文化，它就会反过来对组织产生巨大的能动作用，在很大程度上会影响组织成员的行为，甚至超过正式的责权关系、管理制度所发挥的作用。但是，组织文化也存在着与组织环境是否适应和匹配的问题，因此组织文化对组织行为可能产生积极的影响，也可能产生消极的影响。

（一）组织文化的积极功能

1. 导向功能

组织文化的导向功能是指组织文化能将全体职工的思想行为统一到组织发展的目标上来，不仅对组织个体的心理与行为起导向作用，而且对组织整体的价值观和行为起导向作用。组织文化中那些概括、精粹、富有哲理性的语言明示着组织发展的目标和方向，这些语言经过长期的教育，潜移默化地铭刻在广大员工的心中，使员工能够自觉地把行为统一到组织期望的方向上去。在优秀的组织里，因为有鲜明的指导性观念，基层的员工在大多数情况下都知道自己应该做什么，不应该做什么。

2. 凝聚功能

组织文化的凝聚功能是指组织文化可以让组织成员形成强烈的集体认同感，并形成组织对成员的吸引力和成员对组织的向心力，指导着员工的行为，为员工提供了言谈举止的标准，是一种社会黏合剂，有巨大的凝聚作用，把整个组织聚合起来。组织文化之所以可以增强组织的凝聚力，是因为组织文化有同化作用、规范作用和融合作用。这三种作用的综合效果，就是组织文化的凝聚功能。这种功能主要是通过目标的凝聚和价值的凝聚把员工牢牢地联结起来，为实现共同的理想而聚合在一起，形成强大的凝聚力和向心力。

3. 激励功能

人们在自己喜欢的环境下工作，积极主动，富有热情和创造力，最终可以提高工作动机，提升群体凝聚力、满意度，降低离职率。组织文化的激励作用是指组织文化能使全体员工看到自己组织的特点和优点，认识到自己工作的意义，产生热爱本组织的荣誉感、自豪感，激发出巨大的工作热情。这种功能可以在组织成员的心理上持久地发挥作用，避免了传统激励方法的强制性与被动性以及由此引起的各种短期行为和不良后果。

4. 约束功能

组织文化的约束功能是指组织文化对每位组织成员的思想、心理和行为具有约束和规范的作用。组织文化对组织成员的约束是一种软约束，这种约束来自于组织文化氛围、团队行为准则和道德规范。团队意识、社会舆论、共同的习俗和风尚等精神文化内容，会造成强大的使个体行为从众化的团队心理压力，从而使组织成员产生共鸣，而产生自我控制。组织文化就像润滑剂，使组织内部关系和谐，不因利益关系及个人习惯爱好的不同而发生矛盾。

5. 辐射功能

良好的组织文化不仅对内部成员产生影响，而且通过各种渠道向社会辐射和传播。一方面，可以树立组织在公众中的良好形象。具有优秀组织文化的企业，必将树立良好的组织形象，这种形象会给组织的生产经营带来有形和无形的效益，也能使组织的知名度和信誉度大为提高。另一方面，优秀的组织文化也可以在一定程度上推动社会文化的良性发展，会在社会上留下各种印象，起到以点带面的辐射作用。

组织文化及其价值观产生以后，具有相对的独立性和继承性。由价值观产生的特定的心理气氛，使所有员工受到熏陶而接受其影响，从而使组织文化得以延续和发展。即使更换领导，这种文化依然存在，本组织的特色和竞争力依然能够保持，这就是组织文化的功能所在。

（二）组织文化的消极功能

上面所列举的组织文化的许多功能对组织和员工都有重要价值，但是我们也不应忽视文化，特别是强文化对组织效能可能存在着的潜在的负面作用。组织文化的消极功能主要体现在以下三个方面。

1. 削弱个体的创造性

当新员工加入组织时，管理人员一方面希望新员工能够接受组织的核心价值观，否则这些新员工就难以适应以至于不能被组织接受；另一方面，管理人员又想公开地认可并支持这些员工带来的差异。强文化施加了较大的压力，使新员工服从组织文化。他们限定了组织可以接受的价值观与行为方式的范围，很明显这就导致了两难问题。组织雇用各具特色的个体，是因为他们能给组织带来多种选择上的优势；但当员工处于强文化的作用下，试图去适应文化的要求时，这种行为与优势的多样化就丧失了。因此，如果强文化大大削减了不同背景的人带到组织中的独特优势，它就成了组织的一个束缚，这种束缚在从事研究和开发等强调个人潜能发挥的领域中尤为明显。

2. 阻碍组织的变革

由于组织文化是组织在长期运营过程中形成的，具有历史继承性和稳定性等特点，所以组织文化一经形成，在较短的时间内便不易改变。组织文化在对变革的抵制方面常表现选择性知觉，也称为文化过滤。组织文化可能比较突出组织中的某些要素，强调组织行为的一贯性，使得成员很难考虑用其他方式处理问题。因此，在一个拥有强文化的组织中，人们很可能被某种思维方式主宰，很难接受变革，缺乏变革的氛围。例如，通用汽车公司就发生过类似的现象，通用汽车公司有许多内部培养起来的经理，他们受到公司强文化的长期影响，当通用汽车内部发动变革时，他们作为组织文化的代言人便开始出来阻挠变革的进行。

3. 阻碍组织的兼并和收购

通常情况下，高层管理者在做出兼并或收购的决策时，主要考虑的是融资优势以及产品的协调性。但是，组织文化的相容性越来越成为他们重点关注的对象，收购过程能否真正实施似乎与两家企业的组织文化能否相融更有关系。美国银行收购查尔斯·施瓦布（Charles Schwab）公司就是一个典型的例子。美国银行于1983年买下施瓦布公司，是其拓展经营领域、实行多样化经营战略的一个举措。但两个公司天生是冤家，美国银行作风保守，而施瓦布公司咄咄逼人，喜欢冒险。两个公司之间的差别在其高层管理人员所驾驶的汽车上最为显著。美国银行的高级管理人员开的是公司提供的四车门的福特车和别克车，而施瓦布公司高级管理人员开的车却是公司提供的法拉利、宝马和保时捷等。虽然施瓦布公司利润丰厚，有助于美国银行拓展业务，但施瓦布公司的员工无法适应美国银行的工作方式。在1987年，施瓦布最终又从美国银行买回了他的公司，这桩联姻宣告结束。一些研究发现，在许多情况下，组织文化造成的问题可以使周密的兼并计划流产，例如，一个尚处于创业阶段、喜欢创新与冒险的小公司被一家规章和登记制度森严的保守的大公司收购时，组织文化冲突会非常强烈。

第二节　组织文化建设

任何组织文化都不是凭空产生的，其形成并非一朝一夕的事情，需要长时间的积累、沉淀。而一个优秀的组织管理者，不仅应强烈地意识到组织文化的存在，而且应该注重提倡和发扬组织中优秀的传统精神，摒弃和消除组织中不良的观念和风气，使组织文化趋于完善，维系和传承好组织文化。

一、组织文化的创建

组织现行的惯例、传统、做事情的一般方式，在很大程度上都是由组织创始人的价值观、性格特征、经营理念等决定的。这就促使我们要追寻组织文化的最初源头，组织的创始人。组织的创始人对组织的早期文化影响最大，他们规划了组织发展蓝图，把特定的理念和价值观表达出来并贯彻为愿景、哲学和商业战略。当这些理念和价值观导致组织成功后，他们就会被制度化，那些反映组织创始人和领导者愿景和战略的组织文化随之出现，并不随领导者的变更而更改。组织创始人对组织文化产生无法估量的影响的例子有很多，比如索尼公司的盛田昭夫（Akio Morita）、特纳广播公司的泰德·特纳（Ted Turner）、联邦快递公司的费雷德·史密斯（Fred Smith）、玫琳凯化妆品公司的玫琳凯·艾施（Mary Kay Ash）、苹果计算机公司的史蒂夫·乔布斯等。组织文化总是带着创始人所追求的宗旨、价值观、愿景的印记，体现着创始人独有的风格和特色。

沙因及其同事曾经论证：组织文化产生的必要条件在于组织成员能够在相当长的一段时间里保持密切的联系或交往，并且该组织无论从事何种经营活动均获得相当的成就。当他们处理遇到的问题时，不断重复使用的解决问题的方法就会成为他们组织文化的一部分。有效使用的时间越长，他们就会越深入地渗透于组织文化之中。这些融入组织文化的价值观念或特定问题的解决方法可以从组织不同层次的员工中产生，他们可以是个体或群体，也可以是基层或组织最高管理者。但是那些文化力量雄厚的组织，其价值观念大都源自发起人或组织初创时期的其他领导人士。

二、组织文化的维系

组织文化一经形成，自身就可以通过多种途径生存和发展。例如，通过人员选用、制定绩效评估标准、报酬奖励制度、晋升制度、进行培训等来保证组织成员适应组织文化。对那些支持和维系组织文化的成员予以奖励，对那些违背组织文化的成员予以处罚。在组织文化的维系过程中，有三个因素起着特别重要的作用：甄选过程、高层管理人员的举措、社会化。

(一)甄选

组织在创始人个人魅力的影响下,形成了组织文化的雏形。任何新生事物都需要得到不断的强化才能变得强大起来。甄选过程就是其中一项强化剂。组织通过甄选标准的设立,筛选出与自身价值观相同或相近的应聘者,通过赢得未来员工的认同以确保组织核心理念得到巩固。如果员工同组织文化不相容,那么员工对组织的承诺和满意度都会很低,流动率会升高。所以许多组织在雇佣员工时通常将组织的价值观与员工的价值观是否匹配作为选拔的基础。从组织的角度来看,在选拔过程中剔除那些可能会危及组织核心价值观的申请人将有助于保持和维系组织文化。例如,华为以奋斗者为本的价值观决定了华为对奋斗者选拔的严谨性。华为在选择奋斗者的时候,有一个很有名的 PSD(即 poor, smart, desire 的缩写。)原则,通俗来说,就是要胸怀大志,身无分文。所以,华为招人时经常招山区、农村背景的,这种人特别吃苦耐劳,具有奋斗精神。因为如果招聘的员工本身就没有内驱力,进来后再怎么用绩效管理工具,也没什么用。另外,甄选过程也给求职者提供了一些组织的信息,候选人对组织有所了解后,如果发现自己的价值观与组织价值观冲突,就可以自动退出候选人之列。因此,甄选过程是一种双向选择,它允许雇主和求职者相互不匹配时终止他们之间的合作。这样,甄选过程通过筛选掉那些可能对组织的核心价值观构成威胁的人,起着维系组织文化的作用。

(二)高层管理者

高层管理者在强化组织文化方面主要起着表率模范的作用。组织高层往往是组织文化、组织风气的创立者,他们的价值观直接影响着组织的发展方向。"行动比语言更响亮",高层管理者的行为往往比他们说服员工的话语影响更大,更见成效。在无形之中,高层管理者的言谈举止、个人偏好都向下属传递着信息:什么样的行为是组织所认可的,什么样的价值观是组织所倡导的。高层管理者通过自己的所作所为,把行为准则渗透到组织中去。比如高层管理者在对下属进行奖励或者提升时,就会遵循组织的核心价值观,对那些同组织文化相符的员工行为予以嘉奖,从而对员工的态度和行为起到引导作用,强化组织文化。

在思科,广泛流传着这样一个故事。一位思科总部的员工看到他们的总裁钱伯斯先生,大老远地从街对面小跑着过来,这位员工后来才知道,原来钱伯斯先生看到公司门口的停车位已满,就把车停到街对面,但又有几位重要的客人在等着他,所以他只好几乎是小跑着回公司了。因为在思科,最好的停车位是留给员工的,管理人员哪怕是全球总裁也没有特权。钱伯斯给所有思科员工传递了一个重要的理念——员工是思科最宝贵的财富。

(三)社会化

不论组织的人员甄选和录用工作做得有多好,新员工都难以完全适应组织文化的要求。也许最重要的原因是,他们对组织文化不太熟悉。因此,组织要帮助新员工适应组织的文化,这种适应过程就是社会化(socialization)。

讨论社会化问题,最关键的社会化阶段是员工刚进入组织的时候。在这个阶段,组织要尽力把外来者塑造成一名合格的员工。那些不能掌握角色行为要领的员工很可能被称为"不服从者"或"反叛者",他们的结局往往是被开除或主动离职。但组织会通过各种方式

(虽然有时不明显),在员工职业生涯中使每一名员工完成社会化的过程,这更进一步地起到了维系组织文化的作用。

社会化可概括成由三个阶段组成的过程:原有状态阶段(prearrival stage)、碰撞阶段(encounter stage)、调整阶段(metamorphose stage)。第一阶段原有状态阶段是指个人在进入某一组织之前,对于某些工作或组织已经具有的态度、期望和观念。比如,许多人都在以前工作的组织或在校园中经历过一定程度的社会化过程。第二阶段碰撞阶段是指新成员进入组织之后的时期。这是社会化过程最关键的时期,是新成员的价值观与组织的价值观发生直接碰撞的时期。在这一时期,新成员看到了组织的真面目,并可能面对着个人期望与现实相脱离的问题。第三阶段调整阶段是指新成员解决了在碰撞期遇到的问题之后,观念已经发生转变的时期。只有在这个时期,社会化过程才基本完成。新成员掌握了工作所需的技能,成功地扮演了自己的新角色,并且调整自己适应了工作群体的价值观和规范。社会化过程会影响新员工的生产效率、对组织目标的承诺,最终会影响员工是否留在组织内的决定。图 14-3 描述了这个社会化过程。

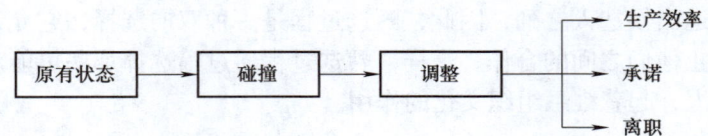

图 14-3 社会化过程

(资料来源:罗宾斯.组织行为学:第 7 版 [M].北京:中国人民大学出版社,1997:531.)

新员工在原有状态阶段可以清楚地看到自己和每个人的一套价值观、态度和期望,其中包括对将要从事的工作和所服务的对象的态度和期望。之后,他们必须解决在碰撞阶段发现的所有问题,这也意味着要经受变革,即进入最后的调整阶段。表 14-2 提供了五种方案,力图带来有效的改变。要注意的是,管理人员越是强调社会化过程中的正规化、集体化、固定化、有序性、磨平员工的个性,那么员工之间的差异就越可能被扼杀掉,员工行为的标准化和可预测程度就越高。通过控制新员工社会化的过程,管理人员一方面可以造就循规蹈矩的顺从型员工,另一方面也可以造就富有创新精神的创造型员工。

表 14-2 新员工社会化方案

方案	特点
正规化与非正规化	组织越是使员工与实际的工作环境相分离,并以某些方式对员工加以区分来明确新成员的特殊角色,组织社会化的正规程度就越高。具体的定向培训项目就是这样的例子。非正规化的社会化方案就是直接让员工去上岗工作,而不多加注意其行为角色的特殊性
个人与集体	新成员可以被个别社会化,在许多专业性较强的工作领域中就是这样做的。他们也可以结成群体,接受同样内容的培训,如新兵训练营就是这样做的
固定与可变	这是指新员工由局外人向"内部人"转变的时间安排。固定时间安排方式是先设定标准化的转变阶段,这往往是轮换式培训的特点,它也包括试用期,如会计师或律师事务所规定 8~10 年的"副职"时期,用来确定候选人是否适合于做一个合伙者。可变的时间安排则事先不规定员工的"转正"时间。比较典型的例子是员工晋升体制,在员工条件都具备之前,没有人能给他安排好晋升时间

（续）

方案	特点
有序性与随意性	进行有序性社会化的一个特点是，组织设定角色模式来训练和鼓励新员工，学徒制度和导师制就是这样的例子；而随意性社会化方案则是不设定角色模式，让员工自己去思考，去摸索
授权式与收权式	授权式社会化认为新员工的品质和资格是工作成功的必要条件，因此肯定、保留这些要素和资格；而收权式社会化方案则是试图去掉新员工的某些特点，将新员工塑造成一个标准模式

当新员工觉得在组织和工作中如鱼得水的时候，可以说社会化过程就结束了。这时候，员工已经把组织和工作群体的规范内化了，他们理解并接受了这些规范。新员工这时也能感到自己在同事眼里是一个值得信任、有价值的人。最后，他们了解了组织的评估体系，即明白了将用什么标准来测量和评价自己的工作；知道人们对他的期望，知道什么叫作"干得很好"。如图14-3所示，成功的调整过程对于提高新员工的生产效率和对组织的承诺、降低员工离开组织的倾向会产生积极的影响。

三、组织文化的传承

一个组织的文化起始于它的创建者的价值取向，同时也受社会经济、组织环境与制度的影响。组织文化的培育与传承是一项长期的任务，应采取不同的方式向全体组织成员灌输组织的价值观，并且这种灌输应当是潜移默化的。具体来说，组织文化通过组织特有的故事、礼仪和仪式、物质象征和语言来传承组织文化。

（一）故事

一个组织在发展壮大过程中总会经历许许多多的事件，这些历史事件常常被作为组织神话、英雄传说之类的流传下来，这些奇闻轶事深深隐含着组织的核心价值观，并传达着组织创始者、继任者的个人理念。例如，创始人的奋斗历史，创业者的艰辛，组织如何白手起家从无到有、从小规模的经营变成具有相当规模的大组织等。这些故事的流传，潜移默化地培育组织成员认同组织的价值观，让他们为实现组织的目标而努力，提高工作效率，增强组织活力。

在中国企业界，可能最为出名的故事莫过于海尔的张瑞敏砸冰箱事件。张瑞敏刚到海尔（时称青岛电冰箱总厂）的时候，一天，一位朋友要买一台冰箱，结果挑了很多台都有毛病，最后勉强拉走一台。朋友走后，张瑞敏派人把库房里的400多台冰箱全部检查了一遍，发现共有76台存在各种各样的缺陷。张瑞敏把职工们叫到车间，问大家怎么办，多数人提出，也不影响使用，便宜点儿处理给职工算了。当时一台冰箱的价格是800多元，相当于一名职工两年的收入。张瑞敏说："我要是允许把这76台冰箱卖了，就等于允许你们明天再生产760台这样的冰箱。"他宣布，这些冰箱要全部砸掉，谁干的谁来砸，并抡起大锤亲手砸了第一锤。很多职工砸冰箱时流下了眼泪。然后，张瑞敏告诉大家有缺陷的产品就是废品。三年以后，海尔捧回了我国冰箱行业的第一块国家质量金奖。

（二）礼仪和仪式

礼仪和仪式是为了表明和强化组织最关键的价值观，最重要的目标和最重要的人而进行的重复性活动。在仪式的重复过程中，组织所强调的信息得到传承和强化。可能最为常见的仪式就是酒店在每天开业前由酒店或者大堂经理举行的一段训话，所有的酒店员工列队倾听，并且整理装束，以最整洁、精神的面貌迎接顾客。此外，有的酒店还会要求员工高声朗读酒店口号，比如"服务第一""永远微笑""不怕失败，要数一数二"，再比如学校每年的开学典礼就是向新生灌输学校的价值观的重要方式等。这些仪式体现出本组织特有的文化内涵，反复强调着组织对员工的要求和期望，传递着组织核心价值观。

（三）物质象征

在一个组织中，谁拥有重要的资源和物质，谁就在这个组织中具有地位和重要性，他的独特能力也就是组织文化所推崇的。因此，物质象征传达了什么才是组织重视的。例如，高层管理人员办公室的大小和摆设、装饰物的档次等会告诉员工，谁是重要人物、高级管理人员希望平等的程度、恰当的行为类型，如冒险、保守、独裁、参与、个人主义等。

在玫琳凯化妆品公司为美容顾问设立的多种奖励办法中，最著名的就是象征成功的"粉红色的轿车"计划。玫琳凯公司垄断了世界上"粉红色"轿车的使用权，因而驾驶着这种颜色的轿车就象征着在玫琳凯事业上的成功。这项物质奖励传达了玫琳凯·艾施的理念：实现他们的销售指标很重要，通过努力工作和足够的勇气，他们也能获得成功。

（四）语言

语言也是文化传承的途径之一，而且是最为常用的途径。因为沟通在组织中无时无刻不在进行，语言作为沟通方式之一，承担着重要的传递信息的功能。

随着时间的推移，组织往往就形成了自己特有的名词，用来描绘与业务有关的设备、办公室、关键人物、供应商、顾客、公司产品等。一般来说，新员工经过六个月的工作之后，那些起初让他们困惑不已的新名词，就成为他们语言的一部分了。这些术语一旦为员工所掌握，就成了共同特征，把特定文化或亚文化中的成员联结在一起。

2000年，新官上任的杨元庆胸前多了一个小标牌，上面写有五个字——"请叫我元庆"。杨元庆首倡的"联想文化"闪亮出炉。自那以后，杨元庆绝对禁止联想员工称呼他"杨总"，而是叫他元庆。这项由人力资源部门发起的活动"请叫我元庆"正是杨元庆针对联想内部缺乏沟通和协作的情形，将亲情成分引入联想文化，试图以此建立一种相互信任和协作的文化。总之，这些特殊的语言、术语和行话，对于组织成员来说也是组织文化的一部分。掌握这些语言的过程，也是学习和传承组织文化的过程。

第三节　组织的跨文化管理

一、跨文化管理理论

（一）霍夫斯泰德的五种文化模式

对文化差异进行更全面的分析是由吉尔特·霍夫斯泰德进行的。大量早期的组织研究，或是只包括了极有限的几个国家，或是对不同国家的不同公司进行分析。霍夫斯泰德则相反，他的研究被认为是有史以来最大的基于组织的研究，他采用问卷的方式，通过对 IBM 公司 40 个国家的 11.6 万名员工进行分析调查，得出了民族文化的四个维度，一个维度代表文化的一个方面。后来，在加拿大心理学家迈克尔·邦德（Michael H. Bond）在远东地区研究的基础上，又补充了第五个维度。

他的巨大数据库表明，民族文化对员工与工作相关的价值观和态度起着重要影响。更为重要的是，霍夫斯泰德发现，管理者和员工的差异表现在民族文化的四个维度上：个人主义与集体主义；权力距离；不确定性规避；男性主义与女性主义。

1. 个人主义与集体主义

个人主义（individualism）是指一种松散结合的社会结构，在这一结构中，人们只关心自己的或直系亲属的利益。在信奉个人主义的社会里，个体利益优先于群体利益，在个体利益得到有效维护的前提下，才谈得上群体利益。集体主义（collectivism）是指一种结合紧密的社会组织，其中的人往往以"在群体之内"和"在群体之外"来区分，他们期望得到"群体之内"的人员的照顾，但同时也以对该群体保持绝对的忠诚作为回报。

2. 权力距离

权力距离（power distance）是指在某一社会中地位低的人对于权力在社会或组织中不平等分配的接受程度。社会如何处理这种不平等呢？霍夫斯泰德使用权力距离一词作为衡量社会对机构和组织内权力分配不平等这一事实认可的尺度。一个权力距离大的社会认可组织内权力的巨大差异，雇员对权威显示出极大的尊敬。称号、身份及地位占据着极为重要的地位。

一些公司发现，在与权力距离大的国家谈判时，所派出的代表应至少与对方头衔相当才有利。这样的国家有菲律宾、委内瑞拉、印度等。相反，权力距离小的社会尽可能减少这种不平等。上级仍拥有权威，但雇员并不恐惧或敬畏老板。丹麦、爱尔兰及奥地利是这类国家的典型。

3. 不确定性规避

我们生活在一个不确定的世界中，未来在很大程度上是未知的，不同的社会以不同的方式对这种不确定性做出反应。一些社会使其成员接受这种不确定性，在这样的社会中，人们或多或少对风险泰然处之。他们对与自己不同的行为和意见表现容忍，因为他们并不感觉因此而受到了威胁。霍夫斯泰德将这样的社会描述为低不确定性规避（uncertainty avoidance）的社会，也就是说，人们感到相对的安全。属于这类的国家有新加坡、瑞士和丹麦。

高不确定性规避的社会以成员中的高焦虑水平为特征，通常表现为焦躁不安、有压力。在这种社会中，由于人们感到受社会中不确定性和模糊性的威胁，他们创建机构来提供安全和减少风险。他们的组织可能有更正式的规则，人们对异常的思想和行为缺乏容忍，社会成员趋向于相信绝对真理。在一个高不确定性规避的国家中，组织成员表现出较低的工作流动性，终身雇佣是一种普遍实行的政策。属于这类的国家有日本、葡萄牙和希腊等。

4. 男性主义与女性主义

这是与男性和女性之间情感角色的区分相关的维度。男性主义（masculinity）是指主导价值观对于自信以及获取金钱和其他物质资料的强调程度。比较而言，女性主义（femininity）强调"女性的"价值观念——关注人际关系和生活质量。在高度男性主义的社会（如奥地利），人们承受很大的职务压力。职务和家庭角色之间存在较多冲突。在低度男性主义的国家（如瑞士），这种冲突和压力则比较少。

也有学者称这一维度为生活数量与生活质量。强调生活数量（quantity of life）的文化特征是过分自信和物质主义，其实也就是男性主义。还有的民族文化则强调生活质量（quality of life），这种文化重视人与人之间的关系，并对他人幸福表现出敏感和关心。霍夫斯泰德发现，日本和奥地利在生活数量维度上得分高；而挪威、瑞典、丹麦和芬兰则在生活质量维度上得分高。

霍夫斯泰德发现：

一个国家的个人主义程度与这个国家的富足程度密切相关。像美国、英国和瑞士等富裕的国家，都是极为个人主义的；而像委内瑞拉等贫穷的国家，则是极为集体主义的。

权力距离小的社会上级仍拥有权威，但员工并不恐惧或敬畏老板。瑞士、英国及澳大利亚是这类国家的典型。

低不确定性规避的社会人们感到相对的安全。属于这类的国家有新加坡、瑞士和美国。在一个高不确定性规避的国家中，组织成员表现出较低的工作流动性，终身雇佣是一种普遍实行的政策。属于这类的国家有法国、希腊和意大利等。

在高度男性主义的社会（如美国），人们承受很大的职务压力。职务和家庭角色之间存在较多冲突。在低度男性主义的国家（如瑞士），这种冲突和压力则比较少。详见表 14-3。

表 14-3 霍夫斯泰德文化维度举例

国家	个人主义/集体主义	权力距离	不确定性规避	男性主义
澳大利亚	个人的	小	中等	强
加拿大	个人的	中等	低	中等
英国	个人的	小	中等	强
法国	个人的	大	高	弱
希腊	集体的	大	高	中等
意大利	个人的	中等	高	弱
墨西哥	集体的	大	高	弱
新加坡	集体的	大	低	中等
瑞士	个人的	小	低	弱
美国	个人的	小	低	强
委内瑞拉	集体的	大	高	强
中国	集体的	大	高	弱

5. 长期与短期取向

组织文化的这一维度是由加拿大心理学家迈克尔·邦德提出的。长期与短期取向（long term versus short term orientation）主要考查一个民族对长远利益和近期利益的价值观，表明了一个社会的决策是受传统和过去发生事情的影响程度大还是受现在或将来的影响程度大。长期导向强调节俭和坚忍不拔，为了实现目标，以坚强的毅力恒久忍耐，拼搏到底。短期导向强调的是个人的守常，尊重传统，着重眼前的利益，注重负担社会的责任。中国和日本是典型的长期导向文化。中国文化注重长远打算，不急于求成，注重长期稳定发展。同样，在日本，国家以长远的目光来进行投资，每年的利润不是很重要，最重要的是逐年进步以达到一个长期目标。然而，在短期取向的文化里，人们关注社会责任的履行，认为此时此地才是最重要的。例如，在美国，各企业更关注季度和年度的利润成果，美国的管理者给予员工非常明确的短期绩效目标，并在逐年或逐季对员工进行绩效评估中关注利润。

（二）威廉·大内的Z理论

1981年，美国加州大学的日裔管理学教授威廉·大内（William Ouchi）通过对日、美两国成功企业组织管理模式的研究和比较，出版了《Z理论》一书。在这本书中，大内指出了日本式的管理方式及经营观念与美国式的管理方式及经营观念的差别。前者被称为J型组织，后者被称为A型组织。J型组织与A型组织的特点区别见表14-4。

表14-4　J型与A型组织的特点

	日本（J型组织）	美国（A型组织）
雇佣制度	长期/终身雇佣制	短期雇佣制
决策制度	集体决策	首席执行官决策
责任制	集体承担责任	CEO充分授权和负责
控制机制	柔性管理	刚性管理
员工考核与晋升制度	对骨干员工考核	频繁考核
员工培养与职业发展	培养"通才型"人才	招聘"专才型"人才
对员工的关怀	家庭式管理	关注工作而不干涉隐私

大内在日、美企业中发现了一批优秀的企业，它们兼具J型组织与A型组织的某些特征。大内把这类企业的经营管理方式成为Z型组织，提出了Z理论。Z理论认为，一切成功的企业都离不开信任、快速反应与亲密，因此主张以坦白、开放、沟通作为基本原则来实行"民主管理"。Z理论管理的特点包括：长期雇佣制、缓慢的评定和提升、集体决策、个人负责制、适度的专业化职业道路、含蓄控制与明确控制相结合、整体关心包括对职工家庭的关心。

考虑到由A型组织到Z型组织转化的困难，大内给出了明确的13个步骤。不过，他认为这个过程是要不断重复的，而且需要相当长的时间，比如10～15年。这个变革的过程具体包括：参与变革的人员学习领会Z理论的基本原理，挖掘每个人的正直品质，发挥每个人的良好作用；分析组织原有的管理指导思想和经营方针，关注组织宗旨。组织的领导者和各级管理人员共同研讨制定新的管理战略，明确大家所期望的管理宗旨；能通过创立高效合作、协调的组织结构和激励措施，来贯彻宗旨；培养管理人员掌握弹性的人际关系技巧；检查每个人对将要执行的Z型管理思想是否完全理解；使工会包含在计划之内，取得工会的参与和支持；确立稳定的雇佣制度；制定一种合理的长期考核和提升制度；经常轮换工作，以培养人的多种才能，扩大员工的职业发展道路；认真做好基层一线员工的动员工作，使变革在基层顺利进行；找出可以让基层雇员参与的领域，实行参与管理；建立员工个人和组织的全面整体关系。

大内在其著作中虽然没有明确提出组织文化这一概念，但实际上已指出了组织文化的重要性。他强调了Z型组织在生产、服务、职工教育等方面的经营理念。Z型组织的经营观念已超越了美国和日本固有的民族文化，成为这类组织独特的文化，揭示各组织需有自己独特的经营观念和经营哲学。

（三）帕斯卡尔、阿索斯和麦肯锡的7S管理框架

美国学者帕斯卡尔（R.T. Pascale）和阿索斯（A.G. Athos）在1981年合作出版了《日本管理的艺术》一书，把日本组织的管理方式提高到一种艺术的高度，并以此来深刻反思美国组织管理中的失误。麦肯锡管理咨询公司的丹尼尔将其誉为剖析美国组织管理错误的"里程碑"和组织管理思想研究的"指南针"。因为所述的变量的英文名称的第一个字母都是"S"，所以被称为"7S"理论。

在"7S"理论中，如图14-4所示，共同的价值观（shared value）是指组织所形成并灌输给成员的重要的根本指导思想，包括组织成员的精神、目的和价值观，该要素处于中心地位，是决定组织命运的关键性要素。战略（strategy），即组织获取和分配其有限资源的行动计划；结构（structure）是组织的构建方式、权责分配及组织结构图所具有的特征；制度（system），即信念在组织内部是如何运转的，如通过正式规划程序和非正式会议；技能（skill）是指组织员工拥有的特长和工作能力，这有赖于严格、系统的培训；人员（staff）是指组织内部重要人员的构成，如工程师、销售人员等；作风（style）是指组织的高层领导者在达成目标过程中所表现出来的行为、性格和组织的传统作风。其中，战略、结构、制度是硬管理要素，技能、人员、作风和共同的价值观是软管理要素。

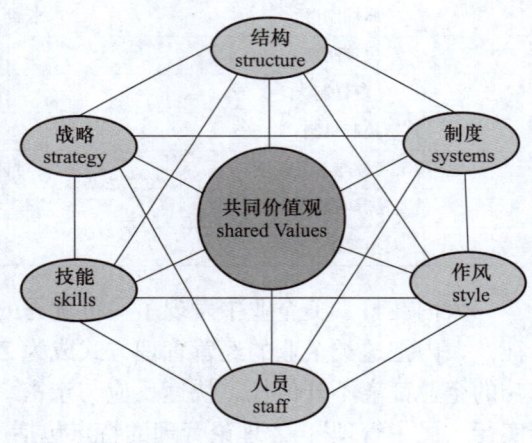

图14-4　帕斯卡尔和阿索斯的组织文化分类

帕斯卡尔和阿索斯用"7S"理论比较了日、美组织的管理实务和特点之后，得出了这样的结论：美国组织之所以在严酷的竞争面前显得疲软，是因为他们在管理过程中重视硬性管理忽视软性管理，这是因为战略、结构和制度三个硬性要素及其相互关系较易于通过定量、逻辑和系统分析进行调查研究，软性管理则较少使用定量、逻辑的方法，而许多场

合需要的恰恰是定性和非逻辑的分析方法。日本组织之所以飞速发展正是因为日本组织在不忽视3个硬性要素的前提下，较好地兼顾了其余四个软性因素，即特别重视组织文化或组织文化的核心——共同价值观。帕斯卡尔和阿索斯认为这七个要素是相互联系相互影响而不是孤立的，只有将这7个要素黏合在一起，才能使内部组织更加一体化，充分发挥其效能。

二、跨文化管理实践

跨文化管理（cross-cultural management）是指不同文化群体在交互作用过程中出现矛盾和冲突时，组织应采取文化整合措施，有效地解决矛盾和冲突，从而提高组织管理效率。

组织在不同文化背景下的经营活动，既面临巨大挑战，又存在难得机遇。适时、有效地实施跨文化管理可以帮助组织化解文化差异中的矛盾和冲突，帮助组织在不同文化环境下抓住发展机遇，变被动为主动，从而提升组织的外部形象和市场竞争力。组织实施跨文化管理，具体来说可以包括以下五个方面。

（一）识别文化差异，培养文化认同

组织要重视学习不同的文化，理解文化差异是提高组织跨文化管理的必要条件。"知己知彼，百战不殆。"要实施有效的跨文化管理，首先，必须承认和理解文化差异的客观存在，克服狭隘民族主义思想，重视对他国语言、文化、政治、经济、法律的学习，增强文化意识，善于汲取、借鉴、接受先进文化和优秀成果。其次，理解文化差异，不仅要理解东道国文化如何影响派出管理人员的行为，而且要将两种文化取长补短，着力培养双方都乐于接受的、有益于公司持续发展的特色组织文化。

（二）跨文化培训

组织要培养一批高素质跨文化管理人员。跨文化培训是实施跨文化管理最基础、最有效的手段之一，其目的是增强组织员工对不同文化的反应和适应能力。通常跨文化培训的主要内容包括语言培训、敏感性训练、环境模拟和东道国文化知识培训等。语言交流和沟通是提高跨文化适应能力的一条最有效、最便捷的途径，通过语言培训不仅可以使员工掌握东道国最基本的语言知识，促进外派员工与当地员工间的友好交流，还能使他们熟悉东道国文化中特有的表达方式，如手势、符号、礼节和习俗等。东道国文化知识培训可以请有关专家讲授东道国文化的内涵与特征，指导员工阅读有关东道国文化的书籍和资料，通过学术研究和文化交流，组织员工探讨东道国文化的精髓及其对管理人员的思维过程、管理风格和决策方式的影响等。通过上述跨文化管理培训，精心培育一支素质过硬、水平较高、适应性强、反应灵敏的跨文化管理人才队伍。

（三）加强跨文化沟通

跨文化沟通是指拥有不同文化背景的人们之间的沟通。组织要积极进行跨文化沟通交流，保障跨文化管理的有效实施。组织的跨文化沟通可以通过多种方式实现。如在组织内

部规定一种通用语言，以利于直接沟通；制定组织行为规范，要求人人遵守执行，可以规定交流中大家应该敞开心扉，不回避对方不同的观点，并尽可能用最简洁、明确的语言或符号表达真实的含义；尽量多地使用备忘录、检测表、企业简报、电子邮件通告等方式，简洁、快速、准确地传递信息；建立"员工信箱"，员工可将任何意见或建议投入信箱，以实现上情下达，畅所欲言；定期或不定期地举办中外合作问题研讨会，针对某些问题进行交流并达成共识；提倡不同文化背景员工之间建立友谊与交往，经常组织不同形式、不同层次和规模的联谊活动，以促进跨文化了解与沟通。

（四）全员跨文化管理

组织要坚持以人为本，实施全员跨文化管理。跨文化管理的关键是人的管理。一方面，跨文化管理的主体是人，即跨国公司的经营管理人员。在跨国经营中，母公司的企业文化可以通过企业的产品、经营管理模式等传递到外国分公司，但更多的是通过熟悉企业文化的经营管理人员传播到国外分公司。另一方面，跨文化管理的客体也是人，即跨国公司的所有中外员工。跨文化管理的目的是融合不同的文化，形成一种新型特色文化，而这种新型的文化只有根植于企业所有成员之中，通过企业成员的思想、价值观、行为才能体现出来。因此，既要使经营管理人员深刻理解母公司的企业文化，又要使其能够理解和把握他国文化的内涵和特点；同时，还要加强对公司所有成员的跨文化管理，让新型文化在员工中深深扎根，内化于心，外化于行，真正在管理中发挥其重要作用。

（五）建立共同价值观和特色组织文化

美国管理学家彼得斯和沃特曼曾说，他们了解的所有优秀企业都很清楚他们主张什么，并认真建立和形成了企业的价值标准。企业在东道国经营，必须形成跨文化的合力，根据企业发展战略要求和具体的经营环境，准确、科学、明晰地设定企业价值定位，尽可能地找到两种文化的结合点，发挥两种文化的优势，提高组织内不同文化背景员工对组织价值观的认可度，并在组织内部建立起统一的、有活力的、独具特色的组织文化，提高组织的凝聚力和向心力。企业在实施国际化经营过程中可以用形象标识、企业手册、宣传画册等各种方式将本企业的文化充分表达出来，从而便于本土员工的理解和逐步认同。

本章核心概念

组织文化　组织文化建设　社会化　跨文化管理

思考题

1. 什么是组织文化？
2. 文化是如何成为组织变革的束缚因素的？
3. 组织文化是如何维系的？
4. 员工是如何学习组织文化的？

讨论题

1. 社会化是"洗脑"吗？请谈谈您的看法。
2. 有人说，组织文化就是"老板的文化"，您如何看？

案例分析

德胜（苏州）洋楼有限公司（以下简称德胜公司）成立于1997年，它的前身是美国联邦德胜公司在中国上海设立的代表处，公司主要从事美制现代木结构住宅的研究、开发设计及建造。德胜洋楼是一家令人震撼的公司，在那里你看不到传统意义上举止粗鲁的农民工，他们被改造成合格的产业工人，甚至是文质彬彬的绅士。而这些文质彬彬的农民"土"工造出了最"洋"的美制木结构别墅，其房屋质量甚至超出了美国的标准，它的《德胜员工守则》被誉为中国企业的管理圣经。这家把农民工改造成绅士的企业，在企业文化管理实践上有什么秘诀呢，又是如何做到的呢？

德胜公司的企业文化围绕其价值观"诚实、勤劳、有爱心、不走捷径"为核心展开，其理念已经深深融入全体员工内心里了，成为大家共同价值取向和行为准则，总结可以归纳为：每个人首先应是一名出色的员工；轻体制，极大限度地削弱官僚风气；让德胜公司成为诚实人的天下；尊重员工，严于律己，诚实守信等。这样的企业文化，加强了管理者与工人的互动，让员工有很强的归宿感，尽职为公司服务。这些企业文化逐步推广，深入人心，德胜公司的知名度便扩展开来，也慢慢深入客户心中。

德胜公司的价值观是把"诚实"放在第一位的。德胜公司深信：制度只能对君子有效，对于小人，任何优良制度的威力都将大打折扣，或者无效。德胜公司的员工应该努力使自己变成君子，远离小人。比较典型的例子是德胜的财务报销制度。在德胜，财务报销是不需要领导签字的。这必须建立在高度信用的基础上才可以运作的一项制度。除此之外，公司无打卡制度，员工自觉做到不迟到、不早退。德胜公司认为既然是个人信用问题就应当让员工个人承担。

德胜公司价值观中"勤劳、不走捷径"的精神亦是从上至下贯穿于整个企业的。比如每个德胜人必须随身携带工牌、笔记本和笔；任何人接到客户提出的问题，无论是不是自己分内的事，都必须写下来，第一时间告知相关人员；门卫值班在没有人进出的时候可能在打扫卫生，保安没事的时候可能在捞掉水里的树叶。恰恰由于做到了快乐劳动、真诚待人、严于律己，德胜所有员工才能享受作为"企业人"的满足。

德胜公司另一个最重要的价值核心是"爱心"。聂圣哲说："爱心是管理到了最高境界的时候所不可缺少的东西。"忠诚应该是双向的，不能只单方面地要求员工对企业忠诚，企业也要对员工忠诚。企业对员工的忠诚就是爱心。

在德胜公司的企业发展过程中，其领导层对企业文化进行了大量重复的、全方位的、不厌其烦的理念灌输。公司领导人聂圣哲不仅是公司价值观和制度的设计者，也是优秀的宣传者和鼓动者，不论在什么场合，不论开什么会议，聂圣哲总会利用一切机会向干部、员工宣传灌输公司的文化、理念,不断使其深植于员工心中。德胜公司的诚实、勤劳、有爱心、不走捷径的价值观,已经真正融入全体员工的心里,变成大家共同的价值取向和行为准则,并通过举止言谈自然自发地流露出来,这就是企业不可或缺的灵魂——组织文化。

（资料来源：https://wenku.baidu.com/view/481a25dbd1f34693dbef3e60.html.）

问题：

1．在本案例中，德胜公司的企业文化是什么？有哪些特点？请加以概括。
2．结合案例，试分析领导者在组织文化塑造中有何作用？
3．德胜公司的组织文化对其持续发展起到了什么作用？

参 考 文 献

[1] 沙因. 组织文化与领导力 [M]. 马红宇, 王斌, 等译. 北京: 中国人民大学出版社, 2011.
[2] 安振. 浅析下级如何与上级有效沟通 [J]. 人力资源管理, 2018, (1): 125-126.
[3] 白新文, 刘武, 林琳. 共享心智模型影响团队绩效的权变模型 [J]. 心理学报, 2011, 43 (5): 561-572.
[4] 陈春花, 乐国林, 李洁芳, 等. 企业文化 [M]. 3 版. 北京: 机械工业出版社, 2017.
[5] 陈春花, 杨忠, 曹洲涛. 组织行为学 [M]. 3 版. 北京: 机械工业出版社, 2016.
[6] 陈国海. 组织行为学 [M]. 5 版. 北京: 清华大学出版社, 2018.
[7] 陈加州, 凌文辁, 方俐洛. 企业员工心理契约的结构维度 [J]. 心理学报, 2003, 35 (3): 404-410.
[8] 陈加洲, 凌文辁, 方俐洛. 组织中的心理契约 [J]. 管理科学学报, 2001, 4 (2): 74-78.
[9] 陈艳虹, 张莉, 陈龙. 中国文化背景下谦逊型领导的结构和测量 [J]. 管理科学, 2017, (3): 14-22.
[10] 陈志霞, 廖建桥. 组织支持感及其前因变量和结果变量研究进展 [J]. 人类工效学, 2006, 12 (1): 62-65.
[11] 杜布林. 组织行为基础: 应用的前景 [M]. 奚慧, 等译. 北京: 机械工业出版社, 1985.
[12] 杜慕群. 管理沟通案例 [M]. 北京: 清华大学出版社, 2013.
[13] 格林伯格, 巴伦译. 组织行为学 [M]. 毛蕴诗, 等译. 9 版. 北京: 中国人民大学出版社, 2011.
[14] 龚敏. 组织行为学 [M]. 上海: 上海财经大学出版社, 2002.
[15] 龚洋冉, 陈昊. 员工道德观对工作场所中员工角色外行为的作用机制 [J]. 技术经济, 2013, 32 (10): 112-120.
[16] 关培兰. 组织行为学 [M]. 4 版. 北京: 中国人民大学出版社, 2015.
[17] 孔茨, 韦里克. 管理学 [M]. 马春光, 译. 9 版. 北京: 经济科学出版社, 1993.
[18] 蒿坡, 龙立荣. 共享型领导的概念、测量与作用机制 [J]. 管理评论, 2017, (5): 87-101.
[19] 侯雁慧, 段清涵. 基于霍夫斯泰德文化维度问卷调查的跨文化管理研究 [J]. 武汉商学院学报, 2017, 31 (6): 63-66.
[20] 胡百精, 杨奕. 欲望与认同: 二十世纪早期的群体传播思想——基于特洛特群体心理和行为研究的重述与讨论 [J]. 国际新闻界. 2017, 39 (10): 55-76.
[21] 胡军辰. 组织行为学 [M]. 上海: 复旦大学出版社, 2003.
[22] 黄攸立, 李璐. 组织中的自恋型领导研究述评 [J]. 外国经济与管理, 2014, 36 (7): 24-33.
[23] 尤克尔. 领导学 [M]. 朱舟, 等译. 8 版. 北京: 机械工业出版社, 2017.
[24] 伯格. 人格心理学 [M]. 北京: 中国轻工业出版社, 2014.
[25] 金东日. 组织理论与管理案例分析 [M]. 天津: 南开大学出版社, 2006.
[26] 赖红玲, 王电建. 从霍夫斯泰德的文化维度模型看中美文化差异 [J]. 语文学刊 (外语教育教学), 2012 (7): 87-88, 127.
[27] 马林斯, 克里斯. 组织行为学 [M]. 3 版. 北京: 清华大学出版社, 2013.
[28] 马林斯, 克里斯. 组织行为学精要 [M]. 北京: 清华大学出版社, 2015.
[29] 格里格, 津巴多. 心理学与生活 [M]. 王垒, 王甦, 等译. 16 版. 北京: 人民邮电出版社, 2006.
[30] 格里芬, 摩海德, 等. 组织行为学 [M]. 北京: 中国市场出版社, 2011.
[31] 李伟, 王淑红, 刘文兴. 组织行为学 [M]. 2 版. 武汉: 武汉大学出版社, 2017.
[32] 李亚楠. 文化三层次视角下企业文化对组织公民行为的影响研究: 基于全国 211 个家族企业的实证研

究[J].现代管理科学,2016(10):51-54.
[33] 李原,郭德俊.组织中的心理契约[J].心理科学进展,2002,10(1):83-90.
[34] 廖丹,柴然,张淑谦.组织间冲突管理研究综述[J].人力资源管理,2017,(3):20-21.
[35] 刘畅.组织行为学概论[M].北京:清华大学出版社,2007.
[36] 刘小平,王重鸣.组织承诺及其形成过程研究[J].南开管理评论,2001,4(6):58-62.
[37] 龙立荣.组织行为学[M].2版.大连:东北财经大学出版社,2012.
[38] 陆培勇.从《一千零一夜》看中世纪阿拉伯社会主流价值观[D].上海:上海外国语大学,2009.
[39] 卢盛忠.管理心理学[M].4版.杭州:浙江教育出版社,2010.
[40] 克赖特纳,基尼奇.组织行为学[M].朱超威,译.10版.北京:中国人民大学出版社,2018.
[41] 斯莱文.教育心理学[M].吕红梅,姚梅林,等译.10版.北京:人民邮电出版社,2017.
[42] 秦朔,傅宗科.再创团队的辉煌:介绍彼得·圣吉和《第五项修炼》[J].企业经济,1996,(12):36.
[43] 麦克沙恩,格里诺.组织行为学(原书第5版)[M].吴培冠,张洛斐,等译.北京:机械工业出版社,2011.
[44] 麦克沙恩,格里诺.组织行为学[M].汤超颖,郭理,译.2版.北京:中国人民大学出版社,2015.
[45] 罗宾斯.组织行为学[M].孙健敏,李原,等译.7版.北京:中国人民大学出版社,1997.
[46] 罗宾斯.组织行为学精要:全球化的竞争策略[M].郑晓明,译.北京:电子工业出版社,2002.
[47] 罗宾斯.组织行为学精要(原书第13版)[M].郑晓明,译.北京:机械工业出版社,2016.
[48] 罗宾斯,贾奇.组织行为学[M].李原,孙健敏,译.12版.北京:中国人民大学出版社,2008.
[49] 罗宾斯,贾奇.组织行为学[M].孙健敏,李原,黄小勇,译.14版.北京:中国人民大学出版社,2012.
[50] 罗宾斯,贾奇.组织行为学[M].孙健敏,王震,李源,译.16版.北京:中国人民大学出版社,2016.
[51] 罗宾斯,库尔特.管理学[M].李原,孙健敏,黄小勇,译.11版.北京:中国人民大学出版社,2012.
[52] 孙健敏,李原.组织行为学[M].上海:复旦大学出版社,2005.
[53] 王晶晶.组织行为学[M].北京:机械工业出版社,2009.
[54] 魏峰,李燚,张文贤.国内外心理契约研究的新进展[J].管理科学学报,2005,8(5):82-89.
[55] 吴继霞,冷洁.对不同类型传主的人格特征研究:基于心理传记学方法的应用[J].心理科学,2014,37(4):783-789.
[56] 武欣,吴志明.团队共享心智模型的影响因素与效果[J].心理学报,2005,(4):542-549.
[57] 肖余春等.组织行为学[M].北京:机械工业出版社,2009.
[58] 谢发胜.心理契约理论国内外研究现状述评[J].企业家天地(理论版).2006,(5):127-128.
[59] 徐礼媛.企业跨文化管理的实质[J].商业文化,2017,(23):17-19.
[60] 吴玄娜,徐华.程序公正研究现状与未来展望[J].首都师范大学学报(社会科学版),2016,(6):146-153.
[61] 阎海峰,郭毅.组织行为学[M].3版.北京:高等教育出版社,2010.
[62] 叶龙,史振磊.组织行为学教程[M].北京:清华大学出版社,2006.
[63] 于珊,陈晓红.员工心理契约及其违背后工作态度的中美跨文化比较[J].系统工程,2008,26(2),53-61.
[64] 张德,吴志明.组织行为学[M].2版.大连:东北财经大学出版社,2009.
[65] 张美云,吴海娟.人际沟通与交流[M].北京:清华大学出版社,2017.

[66] 张兴贵，郭杨. 工作满意度研究的特质取向 [J]. 心理科学进展，2008，16（1）：143-153.

[67] ALLEN N J, MEYER J P. The measurement and antecedents of affective, continuance and normative commitment to the organization[J]. Journal of Occupational Psychology, 1990, 63(1): 1-18.

[68] ALLEN T D, RUSH M C. The effects of organizational citizenship behavior on performance judgments: a field study and a laboratory experiment[J]. Journal of Applied Psychology, 1998, 83(2): 247.

[69] AVOLIO B J, GARDNER W L. Authentic leadership development: getting to the root of positive forms of leadership[J]. IEEE Engineering Management Review, 2017, 16(3): 315-338.

[70] AVOLIO B J, GARDNER W L, WALUMBWA F O, et al. Unlocking the mask: a look at the process by which authentic leaders impact follower attitudes and behaviors[J]. The Leadership quarterly, 2004, 15(6), 801-823.

[71] BAKKER A B, SCHAUFELI W B. Positive organizational behavior: engaged employees in flourishing organizations[J]. Journal of Organizational Behavior, 2010, 29(2): 147-154.

[72] BLANCHARD K H, HERSEY P, Johnson D. Management of Organizational Behavior, Utilizing Human Resources[M]. London: Prentice Hall, 1969.

[73] BRATTON J, GOLD J. Human resource management: theory and practice[M]. New York: Palgrave Macmillan, 2017.

[74] BROWN L D. Normative conflict management theories: past, present, and future[J]. Journal of Organizational Behavior, 2010, 13(3): 303-309.

[75] CARR F, CALLAN T. Managing conflict in the new Europe[M]. New York: Palgave Macmillan, 2002.

[76] CHOWDHURY S. Demographic diversity for building an effective entrepreneurial team: is it important?[J]. Journal of Business Venturing, 2005, 20(6):727-746.

[77] CLARYSSE B, MORAY N. A process study of entrepreneurial team formation: the case of a research-based spin-off[J]. Journal of Business Venturing, 2004, 19(1):55-79.

[78] CONLON D E, HUNT C S. Dealing with feeling: the influence of outcome representations on negotiation[J]. International Journal of Conflict Management, 2002, 13(1): 38-58.

[79] COOPER C D, KONG D T, CROSSLEY C D. Leader humor as an interpersonal resource: Integrating three theoretical perspectives[J]. Academy of Management Journal, 2018, 61(2)：769-796.

[80] CRAWFORD C B. Theory and implications regarding the utilization of strategic humor by leaders[J]. Journal of Leadership Studies, 1994, 1(4): 53-68.

[81] CRAWFORD E R, LEPINE J A, RICH B L. Linking job demands and resources to employee engagement and burnout: a theoretical extension and meta-analytic test[J]. Journal of Applied Psychology, 2010, 95(5): 34-48.

[82] DAY D V, FLEENOR J W, ATWATER L E, et al. Advances in leader and leadership development: a review of 25 years of research and theory[J]. The Leadership Quarterly, 2014, 25(1): 63-82.

[83] DUBRIN A J. Fundamentals of organizational behavior: an applied perspective[J]. Elsevier, 2013.

[84] EISENBERGER R, HUNTINGTON R, HUTCHISON S, et al. Perceived organizational support[J]. Journal of Applied Psychology, 1986, 71(3)：500.

[85] EISENHARDT K M, SCHOONHOVEN C B. Resource-based view of strategic alliance formation: strategic and social effects in entrepreneurial firms[J]. Organization Science, 1996, 7(2):136-150.

[86] FORRESTER R, DREXLER A B. A model for team-based organization performance[J]. The Academy of Management Executive (1993-2005), 1999, 13(3):36-49.

[87] GAJENDRAN R S, JOSHI A. Innovation in globally distributed teams: the role of LMX, communication frequency, and member influence on team decisions[J]. Journal of Applied Psychology, 2012, 97(6):1252-1261.

[88] GEISTER S, KONRADT U, HERTEL G. Effects of process feedback on motivation, satisfaction, and performance in virtual teams.[J]. Small Group Research, 2006, 37(5):459-489.

[89] GORDON J R. A diagnostic approach to organizational behavior[M]. Boston: Allyn and Bacon, 1993:437-441.

[90] HARLE T. Followership:how followers are creating change and changing leaders[J]. Strategic Hr Review, 2008, 41(3): 460-460.

[91] BAILEY D E. out of sight, out of sync: understanding conflict in distributed teams[J]. Organization Science, 2003, 14（6）: 615-632.

[92] HOUSE R J. A path goal theory of leader effectiveness[J]. Administrative Science Quarterly, 1971: 321-339.

[93] HUMPHREY S E, MORGESON F P, MANNOR M J. Developing a theory of the strategic core of teams: a role composition model of team performance[J]. Journal Applied Psychology, 2009, 94(1):48-61.

[94] KANG H, ROH S. Extended exposure to trichostatin A after activation alters the expression of genes important for early development in nuclear transfer murine embryos[J]. Journal of Veterinary Medical Science, 2011, 73(5):623.

[95] KEARNEY E, GEBERT D, VOELPEL S C. When and how diversity benefits teams: the importance of team members' need for cognition[J]. Academy of Management Journal, 2009, 52(3):581-598.

[96] KOGAN N, WALLACH M A. Group risk taking as a function of members' anxiety and defensiveness levels[J]. Journal of Personality, 2010, 35(1):50-63.

[97] LUTHANS F, HODGETTS R M, ROSENKRANTZ S A. Real managers[M]. Cambridge, MA: Ballinger, 1988.

[98] LUTHANS F, LUTHANS B C, LUTHANS K W. Organizational behavior: an evidence-based approach[M]. NewYork: McGraw-Hill, 2011.

[99] MAHONEY T A, JERDEE T H, CARROLL S J. The job(s) of management[J]. Industrial Relations: A Journal of Economy and Society, 1965, 4(2):97-110.

[100] MARTIN R A, PUHLIK-DORIS P, LARSEN G, et al. Individual differences in uses of humor and their relation to psychological well-being: development of the humor styles questionnaire[J]. Journal of Research in Personality, 2003, 37(1): 48-75.

[101] MCCRAE R R, COSTA P T. Discriminant validity of NEO-PIR facet scales.[J]. Educational & Psychological Measurement, 1992, 52(1):229-237.

[102] MERCHANT C S, COSTANTINO C A. Designing conflict management systems: a guide to creating productive and healthy organizations[M]. San Francisco: Jossey-Bass Publishers, 1995.

[103] MILLWARD L J, HOPKINS L J. Psychological contracts, organizational and job commitment[J]. Journal of Applied Social Psychology,1998, 28(16), 1530-1556.

[104] MINER J B. Organizational behavior 1: essential theories of motivation and leadership[M]. New York: Routledge, 2015.

[105] MOHAMMED S, FERZANDI L, HAMILTON K. Metaphor no more: a 15-years review of the team mental model construct.[J]. Journal of Management, 2010, 36(4):876-910.

[106] MONTOYA-WEISS M M, MASSEY A P, SONG M. Getting it together: temporal coordination and conflict

management in global virtual teams[J]. Academy of Management Journal, 2001, 44(6): 1251-1262.

[107] MORF C C, RHODEWALT F. Unraveling the paradoxes of narcissism: a dynamic self-regulatory processing model[J]. Psychological inquiry, 2001, 12(4): 177-196.

[108] MORRIS J A. Bringing humility to leadership: antecedents and consequences of leader humility[J]. Human Relations, 2005, 58(10): 1323-1350.

[109] MOWDAY R, PORTER L, STEERS R. The measurement of organizational commitment[J]. Journal of Vocational Behavior, 1979, 14(2): 224-247.

[110] NAQUIN C E, TYNAN R O. The team halo effect: why teams are not blamed for their failures[J]. Journal of Applied Psychology, 2003, 88(2):332-340.

[111] ORGAN D W. Organizational citizenship behavior: the good soldier syndrome[M]. Langham: Lexington Books/DC Heath and Com, 1988.

[112] OWENS B P, WALLACE A S, WALDMAN D A. Leader narcissism and follower outcomes: the counterbalancing effect of leader humility[J]. Journal of Applied Psychology, 2015, 100(4): 1203-1213.

[113] PUNDT A, HERRMANN F. Affiliative and aggressive humour in leadership and their relationship to leader–member exchange[J]. Journal of Occupational and Organizational Psychology, 2015, 88(1): 108-125.

[114] PUNDT A, VENZ L. Personal need for structure as a boundary condition for humor in leadership[J]. Journal of Organizational Behavior, 2017, 38(1): 87-107.

[115] REGO A, OWENS B, YAM K C , et al. Leader humility and team performance: exploring the mediating mechanisms of team psycap and task allocation effectiveness[J]. Journal of Management, 2017.

[116] RHOADES L, EISENBERGER R. Perceived organizational support: a review of the literature[J]. Journal of Applied Psychology, 2002, 87(4): 698.

[117] RHODEWALT M F. Unraveling the paradoxes of narcissism: a dynamic self-regulatory processing model[J]. Psychological Inquiry, 2001, 12(4): 177-196.

[118] ROBINSON S L, KRAATZ M S, Rousseau D M. Changing obligations and the psychological contract: A longitudinal study[J]. Academy of Management Journal, 1994, 37(1): 137-152.

[119] ROBBINS S P, JUDGE T A. Essentials of organizational behavior[M]. London: Pearson, 2014.

[120] ROUSSEAU D M, MCLEAN P J. The contracts of individuals and organizations[J]. Research in Organizational Behavior, 1993, 15: 1.

[121] ROUSSEAU D M, TIJORIWALA S A. Perceived legitimacy and unilateral contract changes: it takes a good reason to change a psychological contract[R]. San Diego: Symposium at the SIOP meetings, 1996.

[122] SHERIF M. Group conflict and cooperation: their social psychology[M]. London: Psychology Press, 2015.

[123] SHIN S J, Kim T Y, Lee J Y, et al. Cognitive team diversity and individual team member creativity: a cross-level interaction[J]. Academy of Management Journal, 2012, 55(1):197-212.

[124] SMITH C A, ORGAN D W, & Near J P. Organizational citizenship behavior: its nature and antecedents[J]. Journal of Applied Psychology, 1983, 68(4): 653.

[125] TEPPER B J. Consequences of abusive supervision[J]. Academy of Management Journal, 2000, 43(2): 178-190.

[126] THOMAS K W. Conflict and conflict management: Reflections and update[J]. Journal of Organizational Behavior, 1992, 13(3): 265-274.

[127] TICHY N M, TUSHMAN M L, FOMBRUN C. Social Network Analysis for Organizations[J]. Academy of

Management Review, 1979(10).

[128] TREVIÑO L K, BROWN M, HARTMAN L P. A qualitative investigation of perceived executive ethical leadership: perceptions from inside and outside the executive suite[J]. Human Relations, 2003, 56(1): 5-37.

[129] TSUI A S, PEARCE J L, PORTER L W, et al. Alternative approaches to the employee-organization relationship: does investment in employees pay off?[J]. Academy of Management Journal, 1997, 40(5): 1089-1121.